KB243747

현대자수 이노베이션
Contemporary Embroidery Innovation

1994-2022

차영순 지음

일러두기

- 시리즈 제목은 겹화살괄호(《 》), 작품 제목은 홑화살괄호(〈 〉), 단행본은 겹낫표(『 』), 글과 기사 제목은 홑낫표(「 」)로 표기했습니다.
- 캡션은 국문-외국어 순서로 배치하였으며, 각 시리즈 제목, 작품 제목, 재료, 기법, 소장처, 크기, 제작 연도 순서로 남기되 필요한 경우 저자의 요청에 따라 기재하였습니다.
- 인명 및 지명 등 고유명사는 처음 나올 때 원어를 적고, 그 뒤로는 이름만 적었습니다.
- 일부 미공개 작품이 수록되어 있습니다.
- 작품 제목 및 재료 표기는 저자와 소장처의 표기 방식을 따랐습니다.

à mon cher Dieu,
Voici mes travaux nés dans ta lumière.
le 30, Avril, 2024.

빛으로 오시어 내 모든 작품에 영감을 주신 하느님께
2024. 04. 30.

이 책은 내가 이화여자대학교 섬유 예술 전공에서 30년 가까이 재직하며 가르치고 연구해온 작품들의 제작 과정과 결과물로서 학생들과 동료 교수 및 작가들에게 교육과 연구 자료로 필요한 정보를 담고 있다.

실과 바늘을 사용해 직물과 직물을 잇는 실용적인 작업으로부터 시작하여 천위에 실과 바늘로 그림을 그리는 예술로서의 자수의 역사는 인류 문명의 발달과 함께 각 시대의 사회, 문화, 예술의 가치와 의미를 가늠하는 공예의 한 분야로 발전해 왔다. 과거 전통 자수가 공예 기능을 중심으로 발전해 왔다면 현대에 이르러서는 현대 미술과 섬유 예술의 역사와 함께 장르 간의 융합, 또는 장르의 벽을 뛰어넘어 고유한 예술 영역으로 폭넓게 확장된 면모를 보인다.

그동안 한국 전통 자수에 대한 역사서와 작품집들은 꾸준히 발간되었으나 현대자수에 대한 저서는 거의 자료를 찾기 어려운 상태이다.

이에 본인은 30여 년간 섬유 예술 전공에서 학생들에게 자수 강의를 해오며 시대변화에 따른 커리큘럼을 작성하고 개인전 및 단체전 등의 연구 활동을 통해 발표한 작품들의 내용을 주제별로 나누어 소재와 기법에 대해 새로운 관점에서 실험 연구한 내용들을 기술하여 현대자수이노베이션이라는 제하에 이 책을 출간한다.

이 책에 실린 연구 자료들이 후학들과 동료 자수 예술가들에게 영감을 주고 필요한 방향을 제시하는 이정표가 되기를 바란다.

이 책이 나오기까지 도움을 주신 분들께 인사를 전하고 싶다. 수고를 아끼지 않은 실무진인 닷웨이브 한채린 실장, 김혜민 편집자, 워드작업과 영문 번역 및 포토샵 삽화 작업에 수고해준 Sophie C. Kim, 전호연 조교와 황윤정 조교의 수고에 감사의 마음을 전한다. 그리고 강의와 평론 활동으로 매우 바쁜 와중에도 주옥같은 서평을 수락해준 미술평론가 조은정 박사와 김지은 조형예술학 박사에게 감사 인사를 드리고 싶다.

주요 개인전 평문들을 통해 연구에 박차를 가할 수 있도록 이론적 방향을 제시한 김미상 박사에게도 심심한 감사 인사를 보낸다.

2024년 4월
차영순

Preface

I have dreamed of producing a collection which I taught and researched while working at the Department of Fiber Arts at Ewha Womans University for nearly 30 years, and it contains information needed for education and research for students, fellow professors, and artists. The history of embroidery finds its origin as a practical work of connecting fabrics using needles and becomes the art of drawing with needles. Embroidery evolves into a craft that assesses the value and meaning of society, culture, and art of each era, along with the development of civilization. In the past, traditional embroidery was developed around craft for its functionality. However, embroidery became a unique field of art through the convergence of contemporary art, fiber art, and genres.

Historical books and research on traditional Korean embroidery have been published consistently; however, it is difficult to find many documents on contemporary embroidery. I have been teaching embroidery and fiber arts to university students for over 30 years and have created a curriculum in accordance with changing times. In this book, you will find my works-based on the theme and the experiments done by the material and technique, and it is titled Contemporary Embroidery Innovation.

I hope the works in this book inspire and direct fellow and upcoming embroidery artists.

There are many people who helped me to publish this book. I would like to thank Director C.R Han from Dot*wave Design, Editor H.M Kim, and Sophie Kim, who helped me with translation, paperwork, and many other works. And thanks to my assistants H.Y Cheon and Y.J Hwang during the spring semester of 2022. Also, I deeply appreciate and thank Dr. E.J Cho and Dr. J.E Kim for the wonderful columns in this book. Lastly, I would also like to express my sincere gratitude to Dr. M.S Kim, who guided and helped me with theoretical directions to accelerate my research through his critiques, which aroused endless inspiration.

예술에 이르는 여정의 독백

아름답고 쓰임이 있는 것을 만드는 것은 인간을 이롭게 하는 행위이고, 아름답되 쓰임이 없는 것을 만드는 것은 인간을 인간되게 하는 힘의 발현이다. 후자를 일러 우리는 예술이라 한다. 전자를 행하는 사람을 장인이라 하고 후자를 행하는 이를 일러 예술가라 한다. 하지만 기계가 단순 복제를 통해 제품을 생산한 이후, 우리는 더 이상 수공의 모든 것들에 대해 전통을 반복하는 구태에 머문다고 생각지는 않는다.

수공을 수행하는 이들이 폄훼되었던 것은 누구나 할 수 있는 영역이었기 때문이다. 누구나 가능한 일을 조금 더 빨리 혹은 조금 더 예쁘게 만드는 손재주가 있다는 이유로 칭찬받는 것은 점잖은 행동이 아니긴 하다. 손으로 만든 일상의 물건들 중 옷감을 마련하거나 옷을 짓는 일은 여성의 일이었으며 자수는 규방의 일이었기에 남성과 여성의 영역이 구분되어 있던 전통사회에서는 더욱 그러하였다. 여인이라면 모름지기 수행해야 하는 당연한 일들에 섬유를 다루는 일과 자수가 들어있기에 장인의 영역에 드는 것도 아니었다.

자수를 예술이라 한 것은 그리 오래된 일은 아니다. 현재 전하는 고려 불화에 사용한 염색, 직조만 보더라도 전문가의 영역이었음을 알 수 있다. 하지만 농업을 기반으로 한 사회에서 수공, 특히 섬유 계통은 입을 것들에 해당되었기에 부업에 불과하였다. 결국 섬유를 다루는 일과 자수가 집안 여성의 일로 강조되었던 것은 사회의 변화가 요인이었다. 조선 후기 들어 궁수, 민간수 등 자수는 수출품이 되어 남성들도 섬유 계통에 종사할 정도로 산업의 모습을 띠었고 자수에 대한 입장도 변화한다. 자수는 모든 물건을 장식하는 데에 동원되었기에 곧 산업과 연계된 것이다. 이는 근대기 들어 산업미술로의 이행과 관련이 있다.

국내 최초로 설립된 여성만을 위한 미술교육기관인 여자미술강습원에서는 "예술은 사람의 생명이다."라는 제하에 자수, 도화, 편물, 조화, 재봉 등을 교육하였다. 여성들의 미술 전시회 주요 품목은 자수였으며, '예술적'으로 인정받았다. 또한 일제 강점기 전도유망한 미술인들의 요람이 된 동아일보사, 조선일보사에서 시행한 〈전조선학생미술전람회〉에서 자수는 하나의 장르로 수많은 입상자를 배출했다. 자수는 여성이 가정에서 수행하는 실생활 영역에서 교육의 장으로 옮겨와 미술과 결합, 하나의 예술적 위치에 서게 되었다. 국내 최초의 예술대학인 이화여자대학교 예림원 미술학부에 자수 전공이 있었던 것도 자수가 예술의 영역에 자리했기 때문이다.

자수가 예술로 평가된 이후조차 가사 교육의 일부로 여성의 영역에서 다루어진 기능이라는 한계는 뛰어넘기 어려웠다. 필자는 근대기 아름다운 자수를 들여다볼 때마다, 인간의 삶을 외면한 모더니즘의 배반을 확인하곤 한다. 쓸모없는 짓을 할 수 있는 행위를 하는 동물로서 인간을 인간답게 하는 것이 예술이라고 하지만, 마음을 훔치는 아름다운 것이 쓸모가 있다고 하여 예술이 아닌 것은 아니기 때문이다. 기능은 결코 순수의 하위개념이 아니다.

섬유 예술가 차영순의 이 책이 자수에서 시작하는 것이 의미가 큰 데에는 이러한 역사적 전개에 의거한다. 그는 자수에서 작품 제작을 시작한 세대이다. 섬유, 염색, 직조, 자수를 아우르는 모든 과정을 몸에 익힌 세대로, 그의 미덕은 바로 이러한 예술의 뿌리를 지키는 점이다. 매우 조형적이고 색다른 차영순의 섬유 예술은 찬찬히 들여다볼수록 뿌리를 단단히 내리고 있음이 느껴진다. 그의 작품은 엉킨 실타래에서 스르르 풀려나와 빳빳한 천에, 손가락 끝마저 튕겨내는 캔버스에 천천히 스며들게 하는 마춰된 바늘 안으로 미끄러져 들어간 부드러운 실이 사각사각 걷는 소리를 듣게 한다. 전통적인 지승공예를 현대적으로 해석한 지공예를 보여줄 때조차 그 안에서 작가는 예민한 겹침과 해체로 웅성대는 실처럼 가는 종이의 소리를 느낀다. 하물며 수많은 바늘로 찔러 만들어낸 형태의 펠트로 만들어진 입체에서야.

차영순의 작업이 구조적이며 구축성을 띤 것은 그가 회화가 아닌 자수로 작업을 시작한 덕분이다. 자수에서는 실의 종류와 꼬임, 바늘의 방향과 수를 놓는 방식에 의해 높이가 달라진다. 평평한 평면이 아니라 외부와 내부가 있고 높이와 길이가 있다. 그 입체의 공간은 마치 동양화의 여백과도 같아 수로 가득 채워진 채색화, 형태만 놓인 담담한 수묵화와 같은 경지가 느껴진다. 다양한 자수 방식에 따라 동양과 서양의 여러 양식이 혼재하기도 한다. 이 무한한 세계를 자유로이 노닐고 난 뒤 작가가 공간에 형태를 구축하게 되는 것은 당연한 수순이다.

차영순의 입체적인 회화, 회화적인 자수, 자수를 넘어선 입체와 같은 세계는 그가 동서양을 공히 학습하고 기능과 예술의 세계를 넘나들며 회화와 건축을 함께 경험하였던 데에서 온 것이다. 〈아키텍스츄어(Archi-texture)〉 시리즈는 이러한 그의 세계를 표명하는 명제이다. 〈아날로-폼즈(Analo-Forms)〉는 백인 남성 중심의 모더니즘 회화의 대각선에 있는 동양 여성 평면 회화의 결을 갖추었다. 일일이 제작한 지승을 늘어놓아 현대의 바코드를 구현한 작품은 상징을 통해 인간 가치에 대해 질문한다. 이처럼 그는 일련의 작업을 수년간 지속하며 형태, 상징, 기법에 대해 고민을 털어놓는다. 아름다운 레이스 무늬들을 선택하여 자신의 캔버스 위에 놓음으로써 오브제 개념을 실천하고, 내외부가 같은 기법으로 조형되는 보기 드문 형태감을 〈비리디타스(Viriditas)〉로 보여주었다.

시각예술의 전방위적인 경험은 작품의 재료를 자유로이 사용하게 함으로써 그의 작업을 확장했다. 그는 예쁜 데에서부터 침을 꼴깍 삼키게 하는 고급스러운 실루엣으로, 그리고 아찔한 아름다움에서부터 생의 의미를 질문하는 데로 나아갔다. 그래서 우리는 어떻게 살아야 할까, 어떤 삶을 살아내야 할까와 같은 예술의 질문에 이르는 여정을 이 한 권의 책으로 만나게 되었다. 규칙을 찾았을 때, 미의 법칙에 따라 규정되었을 때 일상의 것들은 예술과 조우한다.

자수라는 오래된 여성의 일이 예술이 되기 위해 갖추어야 할 조형의 언어를 차영순은 긴 시간 탐구하여 왔다. 현대 미술의 요건인 새로움을, 하지만 오래된 자수의 법칙을 벗어나지 않으면서 조형성을 구가하려 노력하였다. 그의 여정은 장인이 예술가가 되는 길, 생활자수가 예술이 되는 길을 밝히는 일로 점철되었다. 이 책은 여성적 방식으로서 여성주의에 매몰되지도, 자수의 미덕을 포기하지 않고 현대 미술에 이르는 길을 제시한 그의 여정을 노정하고 있다. 엄청난 물량과 과시하는 형태 속에서 보기 드물게 작고 연약하고 예민하지만 단단한 것들, 그 조용한 울림이 바로 자수이자 섬유 예술임을 인지하게 한다. 큰소리와 잘난체하는 몸짓들 사이에서 참으로 귀한 예술, 삶의 도구였던 예술을 대면하니 저절로 겸손해진다.

실로 세상 바라보기

그리스 신화에 등장하는 운명의 여신 모이라이(Moirai) 세 자매는 모든 인간의 운명과 수명을 실로 주관한다. 가장 강력한 힘을 가진 클로토(Clotho)가 실을 뽑아 생명의 탄생을 알리면, 라케시스(Lachesis)는 실을 이어 생명을 연장하고 아트로포스(Atropos)는 가위로 실을 잘라 죽음을 결정한다. 그래서 운명의 여신을 묘사한 많은 회화에서 아트로포스는 음울하고 무서운 노파의 형상을 하고 있다. 운명의 여신이 결정을 내리면 그 누구도 바꿀 수 없다는 이 신화는 인간의 운명을 결정짓는 초자연적인 힘이나 현상들을 실을 이용하여 되새기는 과정에서 비롯된 것이라 여겨진다. 천(Cloth)과 의복(Clothes)의 어원이 클로토라는 것을 알게 된다면, 인간 생활과 뗄 수 없는 운명적 매체로서 실과 천에 대해 다시 한번 생각해본다.

『현대자수 이노베이션』은 실과 천으로 새로운 길을 찾으려 했던 섬유 예술가 차영순의 인생 여정이다. 오랜 기간 후학을 양성하는 길과 연구, 예술가의 길을 동시에 걸으면서 가졌을 끝없는 책임과 인간적인 고뇌가 고스란히 녹아 있는 연구 결과물이다. 누구보다 맡은 일을 완성하는 데에 강력한 힘을 가진 차영순은 매 순간 새로운 시도에 주저하지 않았고, 전통 자수에서 현대 자수로 연결되는 나들목에서 기법과 소재, 색채,

조형성의 연구를 통해 현대자수를 보는 시각을 확장하는 데 있어 독보적인 역할을 하면서 그것이 자신의 운명이라 생각한 것 같다.

일반적으로 공예라 여겨지는 전통 자수에서부터 현대 자수 예술에 이르는 한국 자수의 발자취를 현장에 실재했던 자신의 시각과 경험을 바탕으로 연구한 부분은 매우 중요한 자료라 여겨진다. 또한, 건축적 개념과 도형, 형태와 질감, 기호와 융합, 상징과 의미라는 주요 주제어들이 실과 바늘, 직물을 매체로 표현된 작품들은 과연 자수가 조형적으로 어디까지 발전할 수 있는지를 확인해 볼 수 있다. 시간적 흐름으로 본다면 차영순은 이화여자대학교 섬유 예술과에 재직하기 시작한 1995년부터 5~6년을 단위로 새로운 소재와 기법을 연구하였다. 그 결과물은 작가의 창조적 영감을 통해 완성되었다. 특히, 건축의 외형적 질감을 섬유에서 찾아 표현하기 위해 다양한 소재 실험과 기법을 연구했던 과정은 아키텍스츄어 시리즈(Archi-texture series)에서 잘 표현되고 있다. 이후 해체주의 건축의 형태를 아크릴에 구멍 내고 실로 연결하여 회화적 이미지를 입체적으로 표현한 작품들은 자수의 영역을 섬유 예술에서 나아가 현대 미술의 영역으로까지 확장한 혁신적인 작품이다.

영국 작가 카시아 세인트 클레어(Kassia St Clair)는 '실은 총보다 강하게, 끈보다 끈길기게, 쇠보다 오래 인간의 삶과 연결되어 왔다'라고 했다. 실의 역사가 곧 인류의 역동적 역사라는 것이다. 실을 잣고 꼬아 만들어진 직물의 역사는 외부로부터 몸을 보호하는 일차적인 의미에서부터 정신적인 의미에 이르기까지 인간과 뗄 수 없는 불가분의 용도에서 탄생한 것을 강조하려는 것이다. 세로 실인 날실 사이로 가로 실인 씨실이 얽혀 직물이 탄생하게 된 직물의 역사는 태초의 수공에서부터 오늘날 기계, 컴퓨터 제작에 이르기까지 그 원리는 같다. 씨실의 짜임방식과 기교에 따라 다양한 무늬가 생겨나고 바탕의 질감이 달라지는 변화가 생기는 것이다.

차영순은 경계를 허무는 혁신의 여정 속에서도 이러한 직물의 원리를 바탕에 두고 늘 새로운 도전을 시도했다. 누에에서 뽑은 섬유 가닥들을 빗질하고 이를 모은 비단 솜을 씨줄과 날줄로 엮고 여기에 천연 호료를 넣어 압착 건조하는 과정을 통해 자신만의 직물을 만들어 낸 것이다. 오랜 노동의 시간을 통해 만들어진 비단 솜 직물 위에 벨기에 마사로 놓인 수 터치는 소재에 대한 부단한 연구 결과물과 이성을 감각적인 심상과 합체시킨 차영순의 예술적 능력이 조화를 이룬 작업이다.

'섬유 예술의 개념이 과연 언제 형성되었느냐?'라는 질문

에 가장 일반적인 답은 1960년대라고 할 수 있다. 1960년대는 미술이 가진 변화와 혁신으로 부드러운 매체(부드러운 조각, Soft Sculpture)가 반(反)예술운동의 실험적 표현 매체로 등장하면서 가부장적 남성 중심 사회에서 소외되고 억압되었던 여성의 지위와 특질을 공예의 재료와 기법으로 표현하게 된 시기다. 이를 통해 섬유를 보는 새로운 시각이 생겼다. 여기에 개인적으로 두 지점을 더 제안하고 싶다. 1919년 바우하우스(Bauhaus) 직조 공방과 더 나아가 1879년대 영국 윌리엄 모리스(William Morris)의 태피스트리 〈Acanthus and Vine〉이다. 우선 모리스는 아내 제인, 여동생 베시 버든 및 다른 사람들에게 자수를 가르쳤고 교회 자수의 중요성을 강조하면서 자수의 전통을 복구하려는 운동에 적극적으로 참여했다. 또한, 작업에 필요한 염색을 위해 많은 시간을 들여 과정을 습득하고 새로운 방법을 실험하는 데에 투자했다. 이러한 실험의 결과는 인디고 염색을 실제 산업으로 복원한 것이었다. 결과적으로 윌리엄 모리스는 생애 동안 600종 이상의 벽지와 직물 및 자수를 디자인하였고 중세 직물을 선호하여 중세 영국 자수 기술인 오푸스 앙글리카눔(Opus Anglicanum)을 기반으로 한 여러 가지 전통 기술을 부활시키게 된다.

바우하우스는 건축을 주축으로 삼고 예술과 기술을 종합

하려는 목표 아래 미술과 공예, 사진, 건축 등과 관련된 종합
적인 내용을 교육한 기관이다. 특히 직조 공방은 1919년에 시
작되어 가장 오래 유지된 핵심 공방 중 하나로, 직기를 사용한
섬유 작업으로 순수예술과의 조화를 시도하고 환경과 통합될
수 있는 디자인들을 개발하였으며, 예술과 기술의 융합을 통
해 섬유산업의 발전과 확장을 이루어낸 대표적 작업장이라 할
수 있다. 마스터였던 클레와 칸딘스키의 이론 강의는 학생들에
게 추상적, 기하학적 양식의 작업을 직조로 제작하게 했다. 초
기 회화적 태피스트리는 설화적 그림을 담는 공예적 전통에
서 벗어나면서 재현적 요소는 배제하고 명료하고 단순한 기하
학적인 형태와 근본적인 색채에 대한 이해를 토대로 제작되었
다. 이후 산업화의 영향으로 산업원형직물 디자인 제작에 초
점을 두고 산업과 협조하면서 대량 생산으로 유도, 주거 공간
이나 공공건물에 적합한 직물의 응용 가능성을 발견하면서 건
축공간에서 직물의 의미가 변화한다. 이후 군타 스 즐(Gunta
Stölzl)와 아니 알베르스(Anni Albers) 등 바우하우스 직조 공방
의 대표 작가들은 재료에 대한 실험과 소재 개발로 교육에 체
계적으로 접근해 나갔다. 그 결과, 직조는 예술의 한 장르로 인
정받게 되었다. 윌리엄 모리스와 바우하우스, 1960년대 부드러
운 조각을 차영순의 작업과 연결해 소개하고자 했던 이유는
놀랍게도 이들이 혁신과 도전이라는 공통된 가치를 추구하며

같은 궤적을 그리고 있다는 것이다. 차영순은 새로운 시도를
두려워하지 않고 소재와 기법을 융합하면서 실과 섬유라는 매
체, 그리고 건축과 산업이라는 고랑을 따라 묵묵히 걸어왔고
여전히 걷고 있다.

다시 한번 돌아보자. 인간의 감수성과 세계관에 지대한 영
향을 미치면서 보편적 언어로 세상과 소통하는 도구인 섬유
는 늘 우리 가까이 있으면서 인간의 존재 방식과 인식 과정에
큰 영향을 미쳐 왔다. 그렇다면 섬유의 본성은 무엇일까? 인간
과 섬유의 관계에 관한 수많은 질문과 나아가 확장된 섬유를
이해하고 이를 통해 섬유의 예술적 표현 가능성을 차영순의
글과 작품을 통해 살펴보는 것은 섬유의 종류와 재료, 기법, 역
사, 담론을 재검토하고 섬유의 가치를 발견하여 그것을 창의적
인 언어로 인식하는 시간이 될 것이다.

I.
자수의 역사

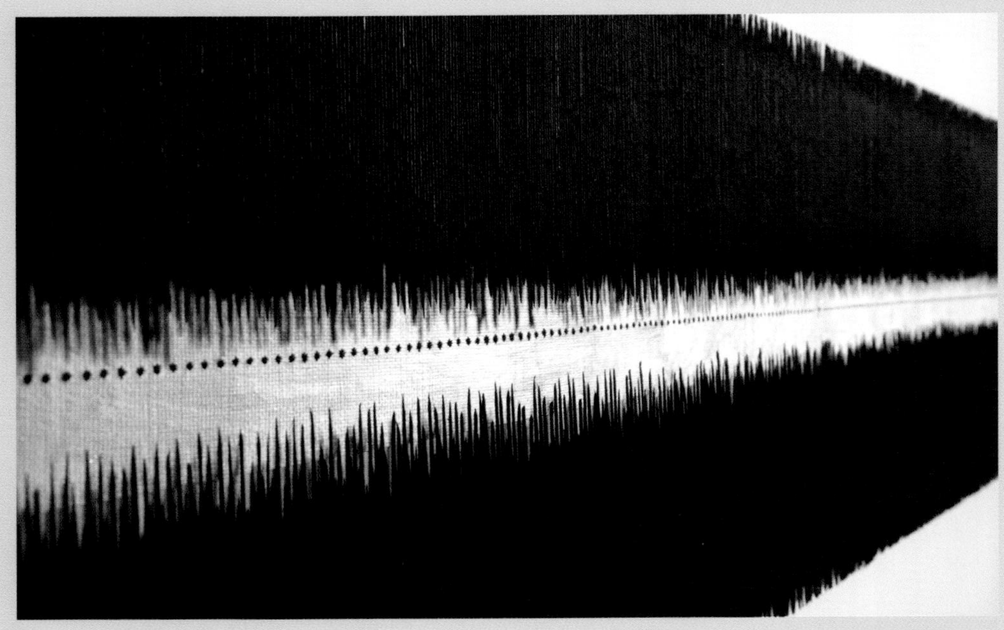

자수는 인류가 끈과 매듭을 이용해 직물과 천막을 제작, 활용한 주생활은 물론 의복을 만들어 착용한 의생활과 매우 밀접한 관계를 맺어 왔다.

인류 문명의 발달사에서 볼 때 바늘의 기능이 고도로 예리하고 섬세해짐에 따라 의복이나 생활용품에 수준 높은 미의식을 투영하는 데 일조했다. 이에 자수는 원시예술에서 현대 섬유 예술로 그 영역이 확장되었다.

누에고치를 통한 비단의 발견과 염색의 발달은 실의 아름다움을 다채롭게 만들어내었고 실과 바늘을 이용해 직물에 글자나 문양을 새기어 넣는 작업들은 그 안에 내재한 문학적 상징과 심미성은 자수를 독립된 예술의 경지로 이끌었다.

원시 자수 작업을 시작으로 고전자수, 전통 자수에서 현대자수에 이르는 자수의 변천사는 생활용품이나 감상작품을 막론하고 그 기법의 정교함과 특출난 솜씨가 예술성과 공예의 조형미를 내재한 양식으로 변화하고 발전되어 현대 섬유 예술 안에서 새로운 모습으로 급부상하고 있다.

자수예술의 변천

자수의 유래를 찾기 위해서는 선사시대에까지 거슬러 올라가야 한다. 그만큼 자수의 역사는 유구하다. 최초의 자수는 매듭, 끈, 의복, 천막 등 인간 생활과 밀접한 관계를 맺으며 출발하였다. 단순 직조에 불과했던 천이나 천막, 의복 등 생활의 필수품은 생활 및 문명의 발달로 인해 다양한 성상의 원시예술로 꽃피었다. 다양한 직물의 연결, 그리고 그 위에 여러 가지 재료, 형태나 색채로 이루어진 실을 바늘에 꿰어 그림이나 글자, 무늬 등을 새겨 넣음으로써 비로소 기능성과 심미성이 내재된 자수의 대상물로 인식되기 시작했다. 문화의 발달에 따라 추구된 장식성과 심미적 감상의 대상이었던 자수는 점차 예술성이 강한 작품의 승화되기 시작했다.

오랜 시간에 걸쳐 이루어진 발전의 결과, 현대 자수는 태고의 시원적 예술작업의 성격과 고고학적인 성격, 그리고 현대의 전위적인 성격을 동시에 지니는 예술 활동의 한 분야가 되었다. 근현대 자수 역시 여타 예술과 마찬가지로 전통적 관념으로부터 탈피해 단순한 사물의 묘사로부터 추상적 이미지로, 장식성이 강한 공예적 요소로부터 회화를 비롯한 예술적 표현으로, 평면작업으로부터 삼차원의 작업으로, 아날로그 작업으로부터 디지털 작업 등으로 그 영역을 확장하고 있다.

20세기 중·후반기에 들어 예술계에서 두드러지게 나타난 현상 가운데 주목할 것 중 하나로, 이전의 독립적이었던 제 예술 분야의 경계가 무너져 탈 장르화가 이루어진 것을 들 수 있

다. 자연히 섬유 예술 분야 역시 이 변화의 흐름에 합류했다. 아시아에서는 염색과 직조, 자수 분야에서는 손 수(繡)를 비롯해 기계자수가 성황을 이루고, 서구에서는 직조 및 태피스트리, 자수와 종이 예술 등이 비교적 골고루 발달하고 있었다.

동·서 양 대륙을 망라해 볼 때, 자수는 공히 실생활로부터 출발한 까닭에 공예 분야는 물론, 시각 예술 및 문학을 비롯한 문화 분야 그리고 산업, 공업, 경제, 정치, 사회 등 다양한 분야의 저변을 형성하고 있는 요소이기도 하다. 그에 따라 자수는 개발도상국을 위시한 곳에서의 산업, 새로이 등장한 여러 형태의 인권 중시 운동을 위한 정치·사회·철학적인 담론의 주요 매체나 주체로 등장하는 대상이기도 하다.

역으로 자수 역시 단순 예술 행위에 국한되지 않음에 주목해야 한다. 그러나 인류는 선사시대부터 수렵과 채취 생활을 하며 남성의 생활력에 의존했다. 반면, 집안을 중심으로 가사를 돌보며 생활한 여성들은 자수를 통해 가족들의 의생활을 해결하고 규방에서 남는 시간을 활용해 각종 생필품과 장신구를 제작해 왔다. 이에 자수는 유구한 역사 속에서 여성들만의 전유물로 인식되어 현대 미술사에서는 주류예술의 분야로 편입되지 못하였던 점 또한 간과해서는 안 된다. 그러나 현대에 이르러 자수는 공히 시대를 초월해 실과 바늘로 그림을 그려내는 독특한 예술 분야로 발돋움했다. 이제는 여성뿐만 아니라 성(gender)을 뛰어넘어 나날이 혁신과 변모를 향해 발전해 가는 미래 지향적 예술 양식의 한 분야가 되었다.

1. 전통 자수공예의 역사

한국 전통 자수의 기원은 삼국시대 이전에서 살펴볼 수 있을 것으로 사료된다. 고대 삼국시대 부족 국가인 고구려, 백제, 신라는 철저한 계급사회로, 지배계층의 권력 유지를 위한 위계질서의 표식으로 의복을 금이나 은으로 수를 놓아 장식함으로써 자수가 크게 성행해 복식 제도의 변화를 주도했다.

삼국시대 이전부터 시작된 한국의 자수는 의복에 수를 놓는다는 기록에서 그 역사적 기원을 찾을 수 있다. 『삼국지』 부여전에는 사람들이 회수금계로 지은 옷을 입었다는 기록이 등장한다. 회(繪)란 무늬 없는 일반 비단으로, 오늘날의 명주와 흡사하다. '수'는 천 위에 여러 가지 색깔로 수놓은 비단을 가리키며 '금(錦)'은 일정한 무늬를 넣어 짠 비단, '계(罽)'는 동물의 털로 짠 모직을 의미한다. 우리는 『삼국지』 기록을 보며 이처럼 다양한 천에 수를 놓아 옷을 지어 입었음을 추측할 수 있다.

『삼국지』 동이전 부여조에는 흰옷과 자수를 높이 평가하였다. 또, 외국에 사신으로 갈 때 중의(重衣) 또는 수의(繡衣), 직금단의(織金緞衣), 금의(金衣), 모라(帽羅) 등을 착용했다는 기록도 등장한다.

삼국시대 이전부터 지배계급들은 수로 장식한 의복들을 착용했다. 그리고 삼국시대에 이르러서는 자수가 놓인 옷차림과 장신구를 귀족계층에만 국한한 제도가 마련되었다.

현전하는 전통 자수의 유물은 대부분 조선시대의 것들로 한국 자수의 역사를 삼국시대, 고려시대, 조선시대로 나누어 기술해 보았다.

1) 삼국시대

고구려는 삼국 중 가장 먼저 대륙의 문화를 받아들여 정착, 발전시켰다. 고구려 고분벽화에서 볼 수 있는 문양과 문헌 기록에 의하면, 자수는 당시 지배계급의 복식에 보편적인 장식으로써 채용된 사실을 발견할 수 있다.

삼국 중 예술면에서 가장 뛰어났던 백제는 『삼국사기』(고이왕조)에 '오월 초 길일에 푸른 빛 바지에 금빛으로 꽃과 새 모양의 수를 놓은 관을 쓰고……'라는 기록이 있다.

『일본서기』(340년경)에 따르면 백제의 자수 기술이 일본에도 전해져 큰 영향을 끼쳤다고 기록되어 있다. (이는 "일본의 국보급 자수 '천수국 만다라'가 우리 백제 자수장에 의해 제작되었으며 그 밑그림 또한 고구려의 가서일(加西益)과 가기리(加己利)에 의해 그려졌는데, 일본 성덕태자의 죽음을 달래는 뜻으로 그가 생존할 때 흠모했던 천수국을 그려 자수로 장(帳)을 만들었다."는 기록이 그 증거다.)

신라의 자수는 소박하고 부드러움이 문화의 특징이다. 『삼국유사』에 따르면 신라 진덕여왕이 손수 짠 비단에 직접 수놓은「오언태평송」을 국가 간 친교를 위해 당 황제에게 보냈다고 전해진다.

통일신라시대인 886년에는 헌강왕이 죽자, 정강왕의 부인 김 씨가 선왕을 추모하며 석가상을 수놓은 번을 만들어 헌정하였다. 통일신라시대와 고려시대에는 불교 공양품으로 자수가 성행하였다. 태종비는 궁녀들을 시켜 5축의 수불(繡佛)을 제작하여 부처의 자비를 구하고자 했다. 장수와 명복을 기리기 위한 불교자수는 주로 왕실 여성과 궁녀들에 의해 제작되었는데 왕실과 궁중 여인들이 깊은 신심에서 제작하여 공양한 불교 자수품들이 많다.

불교자수는 비단 위에 부처의 형상과 극락세계를 형상화한 회화적 작품으로도 발달했다. 자수는 수실 한 땀, 한 땀으로 정성을 담아 제작하였기에 오래전부터 불교의 발원물과 공양품으로 많이 제작되었다.

2) 고려시대

고려시대에는 자수가 더욱 성행하여 일반 사람들의 옷에도 장식으로 수를 놓는 일이 흔했으며, 고려 말에 제작된 것으로 추정되는 「자수사계분경도」(보물 653호), 「기호산신도」 등의 작품이 전해진다. 당시 불교문화가 융성하여 불교 중심적인 자수 작품도 다수 남았다.

고려시대 자수의 특징은 불교의 중흥으로 인해 불교를 중심으로 한 작품이 많았다.

고려시대는 불교를 중심으로 한 작품들에 종교적 염원을 담아 정성을 들여 제작하곤 했으므로 불교의 발원품이나 공양품 등에 자수가 많이 채용되었다.

부처를 수놓은 부처방석, 가사, 불방석, 다라니주머니, 경전 표지, 수불(繡佛), 번기, 방석, 다라니, 탁의 등 다양한 물건을 예로 들 수 있다.

또한 왕실의 번영과 무병장수 등 여러 가지 복을 기원하는 기복신앙의 성격을 가진 불교자수는 왕실과도 깊은 관계를 맺고 있었음을 보여준다.

1356년(공민왕 5년)에 왕과 공주 등이 봉은사(奉恩寺)에 시주한 폐백은발(幣帛銀鉢), 수가사(繡袈裟) 등은 왕실에서 하사한 물건이라고 전한다. 『현우경(賢愚經)』은 불교 경전으로, 그에 적용된 자수의 문양과 기법을 보면 매우 섬세하고 아름답다. 연꽃과 석류 등에 자릿수, 열매 부분은 매듭수를 놓았고 왕실의 안녕을 기원하는 내용을 담았다.

고려시대의 복식자수는 섬세하고 세련되었다. 「고려도경」에는 자수에 관한 기록이 여럿 등장한다. 그리고 "고려왕은 상복으로 높은 오사모를 쓰고 허리띠 사이사이에는 금사와 벽사로 수를 놓았다"는 기록이 있다.

고려의 전통은 조선시대 왕실에까지 전승되어 오랜 역사를 유지하며 한국 자수의 뿌리 역할을 하게 되었다.

018

3) 조선시대

조선시대 왕실에서는 여성의 생활에서 자수가 중요한 부분이었다. 왕비가 직접 양잠과 방직의 수법을 선보였을 정도로 여성의 가내공업이 중시되었다. 조선의 자수는 수복, 강령, 길상 문양 등을 수놓아 미의 극치를 이루며 한국 전통 자수의 특징을 갖추어 나갔다. 현존하는 작품 대부분이 이 시대의 작품으로, 조선시대 자수의 특징을 뚜렷이 지니고 있다.

궁중에서는 왕과 왕비를 비롯한 각 전(殿)과 관(官)에 필요한 의복과 생활용품들이 용도, 위계에 따라 제작할 때 자수가 동원되었다. 조선시대 궁중에서는 복식을 장식하는 수방을 별도로 두어 궁내 수요의 자수를 전담하도록 하였다. 수방은 왕과 왕후, 왕가에서 입는 의복들과 장신구, 평상복 및 대신들에게 내리는 하사품인 예복 위에 다는 수보(繡補)를 제작하였다.

왕실의 공예품은 당대 최고의 재료와 기술이 집약된 예술품이라 할 수 있으며, 섬세한 바느질과 색실의 조화가 아름다운 궁중 자수 역시 장식의 개념을 넘어 예술의 경지를 보여 준다.

자수에는 많은 시간과 노동력이 필요하다. 또, 실용적 목적보다는 장식성이 강하기에 사치품 규제의 대상이 되었다. 자수로 장식된 복식은 계급에 따라 엄격하게 규제되었다. 그에 더해, 조선시대에는 청빈하고 검소한 생활을 추구하는 풍토가 강해져 자수로 장식된 물품들은 이전에 비해 보다 더 규제되기도 하였다. 조선의 왕조차 의복의 검소함을 몸소 실천하여 치장의 기능보다는 착용자의 신분 구별에 중점을 두었다.

4) 조선 후기 자수 종류

(1) 사회적 구분에 따른 문양과 수법

조선 초에는 자수가 주로 상류층에서만 사용되었으나 조선 후기에 이르러 신분 제도의 변화와 상업 및 수공업의 발달로 인해 중간 계층이 출현하면서 민가에서도 수를 많이 사용하였다.

한국의 전통 자수는 예로부터 여자들의 정서 생활에 커다란 비중을 차지했다. 자수는 단순한 공예품으로만 존재했던 것이 아니라 선조들의 삶의 철학이 내재된 감상용 예술품과 실생활에 유용한 생활용품으로 활용되었음을 현존하는 작품들을 통해 알 수 있다.

민간수는 나름대로의 미의식이 담긴 독특한 예술세계를 펼쳐 보이고 있으며, 풍속화, 산수화, 민화 등이 민간수에 응용되었다.

조선시대에 사회적 신분에 따라 착용할 수 있는 복식의 종류는 다음과 같다.

궁중 자수는 왕과 왕비를 비롯한 각 전과 관에 필요한 의복 위에 왕실의 위엄을 돋보이게 하는 자수 장식을 더하였다. 궁궐 안에는 왕실의 의식주를 살피는 일을 여성 내인들이 맡아서 하였다. 상의원에서 올리는 의복의 재료를 가지고 각 전과 궁에 소속된 침방과 수방에서 제작하였는데 수방의 역할은 상의원과 침방 등에서 지어진 의복과 장신구 등을 장식했다. 왕과 왕비, 세자와 세자빈 등의 의대를 수놓는 일은 수방의 가장 중요한 업무로써 왕과 왕비의 대례복에는 여러 가지 문양의 상징물을 장식하여 최상의 권위를 드러냈다. 왕은 종묘사직에 제사를 올리거나 혼례와 즉위식 때 아홉 가지 문양이 있는 구장복(九章服)을 착용하였다. 상의는 채색하고, 하의는 자수로 문양을 표현하였다. 가슴과 등, 양어깨에는 금실과 오색실로 수놓은 자수 용보를 달았다.

사회적 신분에 따라 수를 놓을 수 있는 복식의 종류는 보와 흉배, 후수(後綬) 등을 통해 구별하였다.

왕과 왕세자, 왕비와 세자빈의 의복에는 원형의 흉배인 보를 부착했으며 가슴과 등, 양 어깨에 금사로 수놓은 금수봉황 흉배 보를 달았다. 여성의 용보(龍補)는 금사 징금수와 금사, 오색실로 수놓았다. 왕실 여성의 흉배 중 왕비와 세자빈은 금사로 수놓은 쌍봉문 흉배를 가슴과 등에, 공주와 옹주도 봉 흉배, 궁중 여성들의 혼례복에 부착한 봉황 흉배들의 봉황문을 수놓았다.

엄격한 규제 속에서도 궁중 예복 가운데 옷 전체에 화려하게 수를 놓은 예외의 경우는 바로 활옷이다. 활옷은 공주와 옹주가 혼례 때 입었던 예복으로 조선 후기에는 민간의 부녀자들도 혼례에 한하여 착용이 허용되었다. 활옷에는 물결, 바위, 불로초, 봉황, 나비, 연꽃, 모란, 동자 등의 장수와 다복 등

을 상징하는 길상문을 수놓았다. 활옷은 수놓는 과정이 오래 걸리고 제작비도 고가여서 민가에서는 주로 대여해 입었다.

현전하는 복온공주(1818~1832, 순조)의 활옷은 복온공주가 혼례 때 입었던 자수 활옷으로, 전면은 자수와 금박, 후면은 연꽃, 목련, 불수문, 등의 화초문을 보배문과 함께 전체를 자수로 장식 활옷이다. 활옷에는 가는 꼰사를 사용해 이음수, 평수, 징금수 외에 다양한 자수 기법으로 작은 무늬들을 섬세하게 표현한 전형적인 궁수의 아름다움을 볼 수 있다.

그밖에 내명부 여인들의 대례복에도 수를 놓았다.

조선시대 궁수(宮繡)는 민가에서 보기 힘든 금사, 은사 및 여러 가지 염색사 등을 이용해 제작된 것으로 세련된 특징을 지닌다. 대표적인 궁수에는 보와 흉배가 해당한다. 왕과 왕족 및 문무 관원에게 각기 신분에 따라 다른 무늬의 도안이 적용되었다.

구장복 폐슬(蔽膝)과 왕의 일상복인 곤룡포에는 가슴과 등, 어깨 부분에 오조룡과 구름을 금사로 화려하게 수놓은 금수 오조원룡보를 붙였다. 조선 흥완군의 흉배인 금사 쌍학흉배는 비단 바탕에 연금사와 금수로 수를 놓았으며 학의 정수리는 붉은 매듭수로, 흉배의 가장자리는 두 올씩 징그어 표현하였다.

대군의 흉배는 기린으로 규정하여 바위를 모두 금사와 은사로 징금수를 놓은 기린흉배 등이 있다.

관복의 자수로는 군복의 허리띠인 후수—직위에 따라 후수

의 문양과 실의 색을 다르게 하였으며 구름과 학으로 통일되어 청색, 황색, 백색의 학을 수놓아 허리 뒷부분에 매달아 장식하였다.

문무관의 공복에도 신분과 권위를 나타내기 위해서 흉배와 후수 등 자수 장식물을 달았다. 여러 가지 동물 문양을 수놓아 장식하여 관복에 부착함으로써 상하 계급을 뚜렷이 구별하였으며 직위에 따라 수실과 문양에도 차이를 두어 수놓았다. 대소신료의 의복에 계급을 표시하기 위해 신분과 권위를 나타내는 흉배와 보 등, 의복 여러 곳에 수복과 부귀영화를 상징하는 문양을 수놓은 흉배를 하사하였다.

조선 관복의 자수 중 흉배는 1454년(단종 2)에 당상관의 흉배제도가 제정되어 1품은 공작, 2품은 운안, 3품은 백학흉배로 지정했다. 왕족과 문무백관의 상복 가슴(흉)과 등[배]에 품계에 따라 상상의 동물, 날짐승, 등의 문양을 수놓아 부착하여 계급을 표시하였다. 문관의 당상관(정3품)은 쌍학, 당하관(종3품부터 9품까지)이 착용하는 단학으로 구분하였다. 문관 당상관(정1품부터 정3품까지)의 흉배는 불로초를 물고 마주 보는 두 마리의 학을 속수 위에 색실로 평수를 놓아 입체감 있게 표현하였다. 특히 학의 깃털 하나하나의 윤곽을 나타내어 생동감을 주었다.

무관 당하관(종3품부터 9품까지)이 착용하는 쌍호흉배에는 호랑이 몸체를 징금수로, 배와 바닥과 꼬리에는 새털수로 표현했다. 조선말까지 무관 당상관 이상은 쌍호를, 당하관으로부터는 단호를 궁중에서 내리는 하사품에 수놓았다. 무관 당하관(종3품부터9품까지)는 쌍호흉배로 호랑이를 징금수로, 배와 바닥과 꼬리에는 새털수로 수놓았다. 관복을 입는 벼슬아치의 신분과 권위를 나타내는 흉배, 보통 때에 입는 옷에는, 장수와 복락, 부귀영화를 상징하는 무늬를 수놓아 입었다.

(2) 용도별 구분

자수의 활용은 왕의 방, 내당 마님 방, 사랑방 등에 장수를 상징하는 십장생 문양인 자연 문양과 풍류를 상징하는 산수를 수놓아 사용했다. 별당에는 혈연과 다남을 소망하는 포도도와 성역을 나타내는 잉어도를 수놓아 그 의미를 생활 속에서 되새기게 했다.

- 기능성을 강조한 실용적 자수

신라시대에는 부채, 마차의 장식, 집안의 치장 등 실생활에서도 사용되었다. 실용적 생활 자수품으로는 침구, 주머니, 노리개, 방석, 수저 주머니, 염낭, 귀주머니, 향낭, 두루주머니, 복장 주머니, 인두대 주머니, 안경집, 보료, 베개, 이불, 이불보가 있다.

혼인 때 마련하는 각종 보와 함에도 수를 놓았는데 사주보, 연길서보, 혼서지보, 사주함보, 납폐함보, 사주함, 납패함, 함띠 등이 있다. 무늬는 남녀를 구별하여 여성의 것은 화려하고 남성의 것은 간소화된 것을 사용하였다.

가구용 자수로는 내당 마님의 방 등에 삼층장, 버선장, 사방

탁자, 문갑, 반짇고리, 보석함, 자경, 보료 세트, 방석 등이 있다.

혼례방은 침구 등에 자수를 놓아 단장했는데 신랑, 신부가 베는 혼침, 수복문, 봉황 암수 한 쌍과 일곱 마리의 새끼를 함께 수놓는 봉침과 신부가 앉는 방석에도 봉황 한 쌍과 모란을 화려하게 수놓았다. 이 밖에 혼수 예물에도 자수품이 들어갔다.

- 심미성을 부각한 감상용 자수

감상용 자수는 고려시대부터 발달하였다. 궁중의 자수 병풍은 실의 구조상 꼬임이 세밀하고 은은한 색상의 수실로써 고도로 숙련된 수방 내인들이 만들어 민가에서 만든 자수병풍보다 훨씬 세련된 아름다움을 보인다.

일종의 실내 장식용품인 민간자수 병풍은 궁수만큼 세련되지는 않았으나 일상생활을 소재로 한 풍속화와 자연을 사실적으로 나타낸 산수화, 서민들의 정서가 짙게 담긴 민화 등을 민간수에 응용하여 나름대로의 미의식이 담긴 독특한 예술세계를 펼쳐 보였다.

민간에서 발달한 감상용 자수는 미(美) 자체만이 감상의 주된 목적으로, 그림처럼 장식이 주목적인 수가 대표적인 예다.

병풍의 무늬는 사람들의 생활 속 감정과 정서를 미적으로 표현한 것들로서 소재가 소박하고 사실적인 내용들을 대부분 묘사하였다. 바탕 그림에 따라 산수도, 화조도, 십장생도, 평생도, 백수전도 등이 있다. 이 무늬는 회화 같은 분위기의 작품이 주류를 이루는데 그중 화조도와 십장생을 가장 많이 사용했다. 화조도 병풍에는 각종 꽃나무, 봉황, 공작, 꿩, 오리, 원앙 등의 길조와 나비들이 암수 쌍으로 놀고 있는 모습이 담겨 있다.

「자수사계분경도 병풍」(보물 제653호)은 고려시대에 제작된 것으로 추정되며 4폭의 자수병풍으로 꽃나무 화분을 그렸다. 감상용 자수의 소재로 구도가 간략하고 꼰사를 사용하였다.

조선시대에는 대부분 후기의 것들이 남아 있으며 조선시대 궁중에서는 장식병풍 등에 수를 놓는 작업을 했다.

한국의 병풍 중 「구운몽도(九雲夢圖)」는 인물의 의복과 얼굴은 평수로, 윤곽선은 이음수로 놓았다.

「자수 초충도 병풍」(전(傳) 신사임당, 보물 제595호)은 8폭 병풍으로, 신사임당(1504~1551)의 초충도를 모본으로 하여 수놓은 것으로 조선시대 반푼사를 사용하였다.

왕실의 장식 자수병풍과 헌상 자수병풍은 왕실의 존엄과 가치를 드러내는 장식으로 수가 사용되었다. 왕실 가족들의 무병장수와 다복을 기원하기 위해서 자수기법을 통해 길상의 그림과 글씨를 수놓았다. 궁중은 물론 사가에서도 혼례 날 방안을 치장하는 용도로 화조수병을 제작하였는데 봉황, 원앙, 학, 물오리 등 여러 종류의 길조와 나비, 매미, 메뚜기 등이 모란, 매화, 장미, 국화, 연꽃, 석류, 오동나무 등의 꽃나무와 함께 수놓았다.

자수는 비단실의 광채가 주는 화려함으로 인해 실내장식용으로 선호되었으며 자수병풍의 대표적인 주제로는 좋은 감계가 되는 글과 장수와 복을 기원하는 백수백복도, 열 가지 장수생물을 수놓은 십장생도, 자손의 번창을 기원하는 백동자도 등이 있다. 왕의 방에는 이월도 자수를 두어 통치자의 권위와 올바른 행동을 암시하는 역할로 활용하였다. 내당 마님의 방에는 부부사랑과 화합을 상징하는 화조도를, 사랑방에는 산수도, 민화도, 관동팔경도, 장수를 상징하는 십장생 문양, 풍류를 상징하는 산수, 자연 문양을 수놓아 사용하였다. 안주수병풍(安州繡屛風)은 평안도 안주에서 남성 전문 자수업자들이 완성한 자수병풍이다.

아이들의 방에는 지적 욕구를 유발해 학덕을 기르는 문방사우도와 충효사상 및 다양한 종류의 풍속도, 경작도 등의 수를 놓아 사회를 이해하고 세계를 볼 수 있는 안목을 심어주었다.

규수들은 희(喜)와 복(福)을 추구하고 염원하는 길상 문양을 반짇고리, 인두판, 가윗집 등 온갖 자수 용품 속에 담아 넣음으로써 사실상 모든 생활용품에 수를 놓았다고 볼 수 있다.

5) 문양별 종류와 기법

(1) 문양에 따른 분류

구름, 학, 오조룡, 수복과 부귀영화를 상징하는 문양, 운안, 백학흉배, 등[배]에 품계에 따라 상상의 동물, 날짐승, 등의 문양을 수놓아 부착하여 계급을 표시했다.

문관의 당상관(정3품)은 쌍학, 당하관(종3품부터 9품까지)은 단학 흉배를 착용했다.

무관 당하관(종3품부터 9품까지)이 착용하는 쌍호흉배는 호랑이 몸체를 징금수로, 배와 바닥과 꼬리는 새털수로 수놓았다.

활옷은 공주와 옹주가 혼례 때 입었던 예복으로 물결, 바위, 불로초, 봉황, 나비, 연꽃, 모란 동자 등의 장수와 다복 등을 상징하는 길상문, 용, 꿩, 봉황, 백택, 기린 등의 동물 모양과 모란, 국화, 연꽃 등을 수놓았다.

복온공주 활옷의 전면은 자수와 금박으로 후면은 전체를 자수로 장식했고, 연꽃, 목련, 불수문, 등의 화초문과 보배문을 가는 꼰사를 사용해 작은 무늬들을 섬세하게 표현한 전형적인 궁수로 이음수, 평수, 징금수 외에 다양한 자수 기법을 사용했다.

연꽃과 석류 등에는 자릿수, 열매 부분은 매듭수로 수놓았다. 〈금강명최승왕경(金光明最勝王經)〉은 연꽃 문양, 칠보, 불꽃 문양으로 구성되었다. 화조도 병풍에는 각종 꽃나무, 봉황, 공작, 꿩, 오리, 원앙 등의 길조와 나비들이 암수 쌍으로 놀고 있는 모습이 담겨 있다.

길상의 그림과 글씨, 화조수병, 봉황, 원앙, 학, 물오리 등 여러 종류의 길조와 나비, 매미, 메뚜기 등이 모란, 매화, 장미, 국

023

화, 연꽃 석류, 오동나무 등의 꽃나무를 그려 수놓았다.

좋은 감계가 되는 글과 장수와 복을 기원하는 백수백복도, 열가지 장수 생물을 수놓은 십장생도, 자손의 번창을 기원하는 백동자도, 왕의 방에는 이월도, 내당 마님 방에는 부부 사랑과 화합을 상징하는 화조도, 사랑방에는 산수도, 민화도, 관동팔경도, 장수를 상징하는 십장생 문양, 풍류를 상징하는 산수, 자연 문양과 행운을 상징하는 그림인 길상문을 수놓았다.

(2) 기법에 따른 분류

수의 침법: 자수의 기법은 자수의 침법, 소재와 질감의 구별, 형태 구조의 질서, 배열의 차이에 따라 구별되는데 한상수 자수장은 권점무늬 사슬수 모양, 선조문 평수 모양, 면적수 새김수 모양, 체적무늬 올림수 모양으로 유형별로 구분하였다.

故김혜경 교수는 그의 저서 『수(繡)』에서 자수기법들을 다음과 같이 우리말로 명명하여 정리하였다. 자수기법으로는 평수, 이음수, 자련수, 자리수, 느낌수, 속수, 사슬수, 고리수, 징검수/징금수, 씨앗수/매듭수, 새김수, 올림수가 일반적으로 사용됐으며 그외에 문양의 생김새대로 수의 무늬를 만드는 솔잎수, 칠보수, 그물수, 거미줄수, 삼잎수, 십자수, 귓밥수, 삼각수, 끈수, 멍석수, 새털수 등이 주로 쓰였다.

이런 기록을 통해 볼 때 삼국시대로부터 고려시대 및 조선시대에 이르기까지 자수가 두루 융성했음을 알 수 있다.

조선 시대가 끝나고 일제 치하에서도 자수는 민가에서 그

맥을 이어나갔으나, 예전처럼 활발하지는 않았다. 반면 일본 유학파들의 유입으로 인해 고등 교육기관 안에서는 일본풍 자수 수업이 이루어졌다. 해방 이후에는 이화여자대학교 예림원에 자수과를 개설해 전통의 계승과 현대화의 문을 열어나갔다.

현대에 이르러 전통 자수의 위치는 우리 문화에 대한 깊은 이해와 통찰을 통해 그 진가를 인정받고 있으며 자수공예의 역사적, 문화적 가치를 이해하고 계승, 보존시키기 위해 정치, 사회적으로 제도적 장치를 마련하여 후속 연구를 이어가고 있다. 이 분야에서 무형문화재, 인간문화재와 자수장인들이 활발히 활동하고 있다.

1960년대 이후 이화여자대학교 자수과(현 섬유 예술 전공)에서는 과 창설 이래 전통 자수 교과목을 개설하여 다양한 전통문양과 자수 기법을 지도했으며 현재까지 전통 자수의 명맥이 이어져 내려오고 있다.

전통 자수의 역사와 유물, 현전하는 작품을 통해 자수의 공예적 특성과 예술성의 역할이 각 시대의 문화에 내재되어 있어 예술적 역량 및 정체성을 확인할 수 있었다.

전통 자수가 미래 사회에서 어떤 역할을 할 것인가에 대하여는 이미 반세기 전부터 전통 자수가 새롭게 조명되며 맥을 이어가고 있어 매우 고무적이다.

2. 현대 자수예술

1) 이화여자대학교 자수과와 현대 한국의 자수

본문에서는 1970년부터 2022년까지 근현대에 속하는 약 반세기로 한정하여 현대자수의 역사를 조망하고자 한다.

논의에 앞서 1960년대 이후 유럽에서 발원한 스위스 로잔 비엔날레의 혁신적인 섬유 예술 공모전에서 태동한 서양자수의 새로운 면모, 그리고 한국에서는 해방 이후 1947년에 이화여자대학교 미술대학에 세계 최초로 자수과가 신설된 점, 그리고 자수가 4년제 교과과정의 독립된 학과로 자리 잡으면서 순수미술의 영역 내에서 공예와 예술작품의 창작에 기여하게 되었기에 이 두 축을 한국 현대 자수예술의 분기점으로 삼았다.

1980년대에 들어서며 대학 4년, 대학원 2년의 자수 교육 심화 과정을 운영해 온 이화여자대학교 자수과에도 변화의 바람이 불기 시작하면서 서구식 직조와 태피스트리 과목이 도입되었다. 80년대 초 자수과는 시대의 흐름에 따라 섬유 예술과로 명칭을 변경하였고, 직조와 태피스트리, 염색 등의 보조 교과목들을 배정해 자수의 지평을 넓혔다.

자수예술 교육을 통해 학생들은 대학 및 대학원 교육을 받으며 자신들의 주관적인 조형 언어를 찾아 개념을 정립하고, 다양한 매체와의 융합을 시도하며, 자수만의 독특한 조형적 가치와 잠재적 가능성을 발굴해 나감으로써, 논문과 작품 발표를 통해 한국현대자수의 정체성 확립에 초석을 다졌다.

현대 섬유 예술사에서 행하던 섬유 재료 및 매체의 확대, 그리고 작가들의 의식 변화는 자수 작품에서도 변화의 전기를 맞이하여 평면 작품으로부터 부조적인 것으로, 부조적인 것으로부터 입체와 공간성이 강한 작품으로 확장되었으며, 장르에 있어 섬유 예술 분야에 국한되지 않는 전반적인 현대 미술의 맥락 안에서 그 활동상을 드러냈다.

현대자수는 적극적으로 광범위한 재료의 확장에 눈을 돌렸다. 그리고 표현 의도에 따라 소재를 변형시키거나 비물질화시켜 섬유 본래의 특질을 변화, 승화시킬 수 있었다. 직물, 견사, 면사를 사용하던 기존의 자수와 달리 양털, 마대, 금속, 나무, 비닐, 폴리에스터, 기타 사용 가능한 다양한 신소재들을 작품에 사용하는 움직임 역시 활발히 진행되어 실로 새로운 표현기법 및 작가 의식에 기반을 둔 독창적인 세계를 모색할 기반을 마련했다. 그로부터 자연스레 과거의 심정적이거나 심미적인 접근보다는 기능, 물리적 조건을 전제로 한 개념의 구축으로부터 출발하여 형상과 표현을 만들어내는 합리주의적 프로세스가 도입되었고, 새로운 미학적 가능성이 확장되었음은 매우 중요한 변화이다.

그 결과, 현대자수는 여타 순수 조형예술과의 조화로운 발전을 모색해 가는 동시에 타 장르와의 융합을 통한 섬유 예술

자체 내에서의 창의적 행로를 추구해 나가고 있음을 발견할 수 있었다. 뿐만 아니라 타 분야에서는 화면 전체를 추상적 형태를 지향한 손 자수로 메워 회화적 성격이 강조된 작품도 등장하였다.

80년대에 접어들어 자수는 현대 미술의 흐름 안에서 현대 자수로서 독자적인 조형예술의 세계를 적극적으로 모색하기 시작하였다. 이 시기에 현대 미술은 기존의 특정 양식에 얽매이지 않은 자유로운 발상과 매체의 실험을 통해 많은 가능성을 찾아 각자 독자적인 조형 언어를 구축하며 새로운 표현을 시도해 나가면서 장르의 구속에서 해방되는 새로운 전기를 맞이하였다. 섬유 예술의 혁신적인 조형성이 강조되기 시작한 1960~1970년대와 1980~1990년대는 신소재의 적용 및 다양한 매체와의 융합으로 인해 많은 실험적인 조형 작품들이 등장하기 시작하였다.

2) 현대 섬유 예술과 자수의 세계적 동향

세계적으로 자수에 커다란 변화의 물결이 일기 시작하게끔 한 중요한 사건과 계기가 있다. 그중 하나로, 1960년대 스위스의 '로잔 국제 태피스트리 비엔날레(International Tapestry Biennale of Lausanne)'를 들 수 있다.

이러한 움직임에 앞서 정통 태피스트리 그림에 혁신적인 변화를 몰고 온 프랑스의 장 뤼르사(Jean Lurçat, 1892~1966)의 작품을 언급할 가치가 있다. 뤼르사는 1939년부터 태피스트리를 위한 밑그림 제작에 인습적으로 행하던 단순 스케치나 색채화에서 탈피하여 템페라화를 제작하였다. 그는 새로운 화풍과 직조방식을 도입함으로써 전통적으로 유럽의 섬유 예술의 모체가 된 고전적 태피스트리의 그림에 '닭 볏과 낙엽 그림'이라 불리는 뤼르사 풍의 새로운 화풍을 도입하였고, 완전히 새로운 개념과 형식의 예술작품을 제시함으로써 태피스트리의 세계 내에 혁신적 변화의 물결을 불러일으켰다. 그는 국제 전통 및 현대직조센터 CITAM(Centre International de la Tapisserie Ancienne et Moderne)의 초대 회장으로 추대되었다. 그는 역사와 전통을 지닌 프랑스 국립 태피스트리 아틀리에의 총책임자였으며 화가, 직조가, 문학가로서 당대에 역량이 있는 인물이었다. 장 뤼르사를 중심으로 조직된 이 기구는 로잔 미술관(Musee Cantoanal des Beaux-arts de Lausanne)에서 섬유 예술 비엔날레를 정기적으로 개최할 수 있게 되었다. 그의 태피스트리는 로잔 비엔날레에 초대됨으로써 현대섬유 예술의 서막을 장식한 대표적인 작품 중 하나가 되었다.

1960년대부터 1980년대 말까지 로잔 비엔날레의 전반적인 변화와 경향은 초기 전시에서 주류를 이루었던 정통 태피스트리와 직조에만 대상을 국한하지 않고 점차 부조적인 직조, 자수, 염색 등 여러 평면 섬유 예술 작품으로부터 오브제로서의 입체 조형과 조각적인 섬유 작품, 공간, 건축, 환경과 관련된 설치 작품 등을 수용함으로써 주제와 기법, 소재 발굴에 대한 표현 영역의 확장에 문을 넓힌 계기를 조성하였다. 1960년대를 기점으로 스위스 로잔은 태피스트리를 필두로 한 현대 섬유 예술 실험의 장이 되어 각국의 섬유 예술가들에게 국제적인 명성과 실력을 인정받는 등용문이 되었다.

1960년대에 자수의 새로운 세계를 구축한 스위스 작가 리시 펑크(Lissy Funk) 박사는 태피스트리 화면에 그리는 고전적인 밑그림을 추상회화로 발전시켰다. 리시 펑크는 다양한 종류의 마사(麻絲)를 사용해 화면 전체를 부조적으로 수놓은 벽걸이용 태피스트리를 제작해 세계적 관심을 불러일으키며 진일보된 현대자수예술의 진수를 보여주었다.

로잔 비엔날레의 제12회 전시 제목인 '섬유 조각(Sculpture Textile)'은 제목 그대로 섬유의 조각성, 조소성을 통해 평면 작품을 3차원의 오브제와 입체 조형 작품으로 확장시켰다.

이 확장선상에 있던 주요 작가로는 막달레나 아바카노비치(Magdalena Abakanowicz), 땁따(Maria Wierusz-Kowalski Tapta), 릿찌 야코비(Ritzi Jacobi), 던 맥넛(Dawn Macnutt), 마리요 야기(Mariyo Yagi), 요시코 타케무라(Yoshiko Takemura), 쉴라 힉스(Sheila Hicks) 등을 들 수 있다.

당시 이에 고무된 다양한 분야의 섬유조형 작가가 국제적으로 대거 등장하였다.

눈부신 활동상을 보인 전 세계 섬유 예술가들의 등용문이었던 역사적인 로잔 비엔날레는 1988년에 정점을 찍고, 이후 내부 사정으로 인해 막을 내렸다.

3) 현대의 자수예술가들

1987년 영국 브래드포드 대학에서 열린 '크로스 스티치(Cross Stitch)' 세계대회(본 저자는 WCC-BF: World Craft Council Belgium Francophone 장학생으로 선발되어 이 대회에 참가)에서는 일본의 준이치 아라이가 수십 미터의 직물을 제시하였다. 준이치 아라이가 제시한 섬유는 구름 같은 섬유로, 손수건만 한 크기로 축소할 수 있는 초경량 섬유 신소재였다. 초경량 섬유 신소재를 선보이면서 섬유 소재의 획기적인 첨단화를 예고하며 섬유공학과 일본 전통 염직의 융합을 보여주었다. 그와 동시에 매우 가는 철선을 이용해 예민한 직조를 한 영국의 알리다 에프스트라티우(Alida Efstratiou)의 직조작품은 3차원 조형물의 운동감 있는 소프트 스컬프쳐로서의 새로운 면모를 드러냈다. 직물 위에 스피디한 기계자수 스티치로 화면을 빈틈없이 메우는 회화적 표현 방식의 자수 작품들도 다수 등장하여 자수의 회화성이 돋보이게 하였다. 펠트와 스티치, 거대한 모뉴먼탈 태피스트리 입체조형물들은 로잔 비엔날레의 연장선상에서 새로운 국면을 열어가는 영국을 통한 유럽 섬유 예술계의 발전상이라 하겠다.

영국은 미술대학 교과과정에 자수 정규 교과목을 배정하고 다양한 튜토리얼 프로그램을 마련하여 손수와 기계자수의 영역을 활성화해 실험적인 현대자수예술로 그 위상을 확립하였다.

1990년대 초부터 교토를 중심으로 하여 국제섬유 예술 비엔날레가 활성화되면서 그 역할이 유럽으로부터 아시아로 전이되었다. 당시 시작된 교토 섬유 비엔날레(International Textile Competition-Kyoto, ITC-Kyoto)는 문호를 크게 개방하여 20여 명의 소규모 정예 작가들만 선발했던 로잔 비엔날레와는 달리, 거액의 상금과 함께 100여 명의 참가자를 선발하는 대규모 국제 행사로 발전하였다.

일본의 경제부흥으로 인해 교토 비엔날레는 섬유 예술 비엔날레의 주 종목이었던 태피스트리뿐만 아니라 자수, 염색, 직조, 종이 이외에 기타 다양한 분야에 이르기까지 그 영역을 넓혀 나갔다. 제6차 출품작 중 대상 작품인 테츠오 후지모토(Tetsuo Fujimoto)의 'Work '97-XVI'는 천연사와 화학사를 이용해 기계자수로써 머신 드로잉(Machine Drawing)을 한 초대형 작품으로, 기념비적인 기계자수 작품으로 평가된다.

1990년대 말, 일본은 버블경제의 여파를 맞이했다. 이로 인해 굴지의 섬유기업들이 후원했던 교토 국제 섬유비엔날레(International Textile Competition '99-Kyoto)가 막을 내리고 중국의 베이징(Beijing)을 중심으로 한 새로운 국제대회가 탄생했다(본 저자는 교토 섬유 비엔날레에 1989년과 1999년 두 차례 당선되어 작품을 선보였다).

2000년대 들어 중국(People's Republic of China)에서는 한·중·일 아시아섬유미술제를 전진기지로 하여 중국 섬유 예술계가 현대화에 눈을 떴다. 이에 린 리첸(Lin Lichen) 교수가 주축이 되어 'FLB(From Lausanne to Beijing)'을 캐치프레이즈로 로잔 국제섬유 예술제의 명맥을 계승, 발전한다는 취지에서 북경과 상해의 미술대학을 중심으로 비엔날레를 발족해 오늘에까지 이르렀다(본 저자는 2004년, 2006년, 2008년, 2020년 4회에 걸쳐 FLB 당선작 및 수상작을 낸 바 있다).

방대한 인구와 다민족으로 구성된 중국 초기 비엔날레 출품자들의 작품은 전통 및 근대 양식의 평면 태피스트리가 주류를 이루었다. 그러나 횟수를 거듭할수록 섬유 예술의 다양한 세부 분야가 등장하면서 중국의 손수와 기계자수 작가들도 대거 참여하여 중국풍의 현대화된 자수예술의 세계를 선보였다.

비단 푼사를 이용한 양면 자수 작품으로 대상(Grand Prix)을 받은 중국자수의 특징은 극도로 섬세한 솜씨와 기술력을 자랑한다. 마치 한 폭의 동양화를 그린 듯한 회화적 평면 자수 작품으로, 관람객들로부터 많은 찬사를 받았다. 손수뿐만 아니라 기계수로도 동일한 수준의 작품을 제작해 내는 고도의

숙련된 기술력이 공존하는 중국 자수는, 소주에 위치한 자수
예술학교와 국가산업의 일환으로 비단 생산이 활성화된 중국
정책산업과의 상호작용에 의한 효과라고 이해할 수 있다.

그 밖에도 새로운 소재와 기법의 실험, 발명을 통해 다양한
주제로 활동하는 자수 작가 중 다수의 작가가 국제무대에 등
장했다. 해외에서는 현대 미술현장에서 민족적 전통성에 대한
주제로 문화예술의 보편성을 지향하며 작품활동을 하는 자수
작가들과 예술적 실천을 통한 사회적 이슈의 중재, 정치적 개
념에 대한 저항, 역사적, 인습적 고정관념과 여성성, 모성애, 여
성의 노동력 착취 및 성 정체성에 대한 이슈들을 주제로 수를
놓아 자수 작가로 왕성하게 활동하며 그 입지를 굳힌 다음과
같은 다수의 주류 예술가가 있다.

- **사진작가 반겔리스 키리스**(Vangelis Kyris, 그리스)**와 자수 장
  인 아나톨리 게오르기에프**(Anatoli Georgiev, 그리스)는 듀
  오로 활동하며 그리스의 국보급 전통의상을 착용한 인물
  사진을 촬영해 인화한 면직물 위에 의상의 특징에 따라
  금사, 은사, 금 금속사, 은 은사, 면사, 견사, 스팽글 등을
  사용해 눈부시게 빛나는 수를 놓은 융합 예술 작품을 선
  보이고 있다.

- **세브레야 인시라우스카이테-크리아우네비시에네**(Severija
  Incirauskaite-Kriauneviciene, 리투아니아)는 일상생활에서

폐기된 물품 중 철모, 다리미, 국자, 프라이팬, 자동차 등
에 구멍을 뚫고 십자수를 놓은 작품들을 다수 선보이며
부드러운 직물에 수를 놓던 기존의 소재 범위를 철, 금속
등 비섬유 물질로 그 범위를 확장하였다.

- **앤 윌슨**(Anne Wilson, 미국)은 세월의 흔적으로 퇴색한 백
  색 다마스크 질물에 생긴 구멍과 흠집에 수를 놓았다. 머
  리카락 등 신체 일부를 채취하여 실과 함께 장시간 수를
  놓는 행위에 초점을 두어 작업하였다.

- **아만다 맥카버**(Amanda McCavour, 캐나다)는 대형 공간 설
  치 작가로서 수용성 직물 위에 실을 이용해 기계수를 놓
  은 후 바탕천을 제거해 수만 남도록 하는 작업 방식을 통
  해 실과 실이 보여주는 자수의 공간성을 보여준다.

- **이탈 칼데론**(Ital Calderon, 이스라엘)은 제14회 로잔 비엔날
  레에서 캔버스 전체에 수를 놓아, 직조하지 않은 태피스
  트리 영역으로 자수를 확장한 태피스트리 자수를 선보
  였다.

- **캐롤린 바틀렛**(Caroline Bartlett, 잠비아)은 자질구레한 섬유
  조각들을 활용해 바느질한 모직물을 휴대용 둥근 자수
  틀에 매어 공간에 대규모 설치 작업을 주도하였다.

- **디엠 샤우**(Diem Chau, 미국)는 문화유산을 코드로 하여 장식적인 접시와 도자기 찻잔, 컵을 작품의 매체로 이용해 투명 실크 오간자에 수를 놓아 합체한 소재 간 융합을 통한 자수 작품을 선보이고 있다.

- **가브리엘 다웨**(Gabriel Dawe, 멕시코)는 후크와 실을 사용해 자연의 풍경과 건축 구조를 만드는 작업 방식을 사용한다. 자수의 형식을 건축의 축조 방식에 활용해 건축적으로 확장되고 변형된 작품을 제시한다.

- **주디 시카고**(Judy Chicago, 미국)는 그의 작품에서 자수, 직조, 꼴라쥬 등을 융합해 표현한. 단순하고 소박한 소규모 재료들을 이용해 섬세한 작업을 진행하며 반복적 행위의 시간을 통해 느림의 미학을 강조한다.

- **데비 스미스**(Debbie Smyth, 아일랜드)는 자수 일러스트 작가로, 치밀한 계산과 계획에 의해 미리 설정한 위치에 정확히 핀을 꽂아 핀과 핀 사이로 실이 팽팽하게 감기도록 설치하여 실과 실을 통해 표현되는 집합 이미지를 만든다. 이는 공간에 수를 놓듯이 핀 사이를 오가며 실로 이미지를 만들어 자수에 대해 긴장(tension)을 부여하여 새로운 시각으로 접근한 공간 드로잉 작업이다.

- **케이티 루이스**(Katie Lewis, 미국) 역시 벽면을 이용해 건축적인 작업을 하는 작가로, 핀과 연필, 실을 사용해 정교하고 섬세한 공간 드로잉을 수놓듯이 형성한다.

- **앨리스 캐틀**(Alice Kettle, 미국)은 영국을 중심으로 활동하는 현대 섬유 예술가다. 구상적인 직물과 기념비적 서사를 담은 태피스트리 등을 참고하여 현시대의 사건과 경험들을 바늘땀으로 그려낸다. 작품의 개별적인 바늘땀들이 모여 풍부한 색상과 서사를 표현한다.

- **마리안 베일렝하**(Marian Bijlenga, 네덜란드)는 다양한 직조 패턴으로 재직된 직물 위에 기계자수로 드로잉 및 디자인한 뒤 소형 직물로 분해해 표면 질감을 재구성한 미세한 조각들을 가는 실로 연결해 벽면에 띄워가며 고정시켜 그림자와 함께 디테일에 주목하도록 유도하여 공간에서 부상하는 설치 작업을 해오고 있다.

- **엄정윤**(한국)은 국내에서 활동한 전환기의 대표 작가로 서양의 영향을 받지 않고 독자적으로 현대자수를 발전시켰다. 이화여자대학교 자수과 1학년 자수 실기 과정에서 푼사를 사용해 '고(古)기와'를 제작해 한국 전통 자수의 미를 탁월한 솜씨로 구현해 냈다. 그 후 대학원, 교수직 기간에 새로운 자수 기법을 창안하고, 실험적인 소재로 모

사, 마사, 양털 등을 이용해 연구했으며 추상회화의 창작 과정을 통해 구습을 탈피하고 철저히 독창적인 작품세계를 구축하여 현재까지 한국 미술계에서 자수의 예술성을 높이 인정받고 있다.

- **故 김혜경 교수**는 이화여자대학교 자수과 교수로 후학을 양성하면서 '수'에서 기초 기법이 얼마나 중요한지 인식하여 수법을 체계적으로 정리했다. 이는 저서 『수(繡)』를 통해 수를 놓는 방법을 정확하게 기록하였다.
고인은 예술적인 면에서 자수를 회화와 동일 차원에 두고, 자유롭고 섬세한 심상 묘사뿐 아니라 인물과 동식물 등에 대한 사실주의적 묘사도 병행하였다. 이에 저명 화가들의 작품과 협업하여 수를 놓으므로써 색의 조화 및 기법의 미, 결을 살려 표현력이 탁월한 주옥같은 작품들을 다수 발표하였다.

- **이영숙**(한국)은 엄정윤, 故김혜경 교수와 동시대에 이화여자대학교 자수과에서 후학을 양성했다. 자수에 추상성을 적극 도입해 창작활동을 하였다. 염료를 사용해 다양한 소재에 다채로운 색상을 도입한 후 유기적인 선형의 그림들을 이음수, 징금수, 깔깔수 등으로 수놓아 추상자수의 입체적 세계를 선보였다.

- **故김인숙**(한국)은 이화여자대학교 자수과에서 엄정윤, 故김혜경, 이영숙 교수와 함께 동시대에 학생들을 지도하며 활발하게 작품활동을 한 작가다. 초기 작품들은 사실에 입각해 동식물과 풍경 등을 매우 섬세하게 회화적으로 묘사하였다. 초기에는 비단실의 질감과 광택을 감각적으로 살려 탁월한 솜씨로 풍경들을 묘사하였다. 1960년 들어 현대적 디자인을 바탕으로 마, 모섬유 등의 다양한 소재로 해체와 조합, 구상과 추상의 영역을 융합하며 현대 자수의 새로운 길을 열어나갔다.

그 외 다수의 작가가 현대자수의 예술적 가치와 깊이를 더해가며 외연을 확장하고 있으며, 여기에서는 이화여자대학교 자수과에서 자수 교육을 담당했던 자수 작품활동가를 위주로 기술하였다.

이로써 현대 자수예술의 역사를 국제 대회와 작가들의 작품을 통해 개괄하였다.

II.
작품 연구 과정

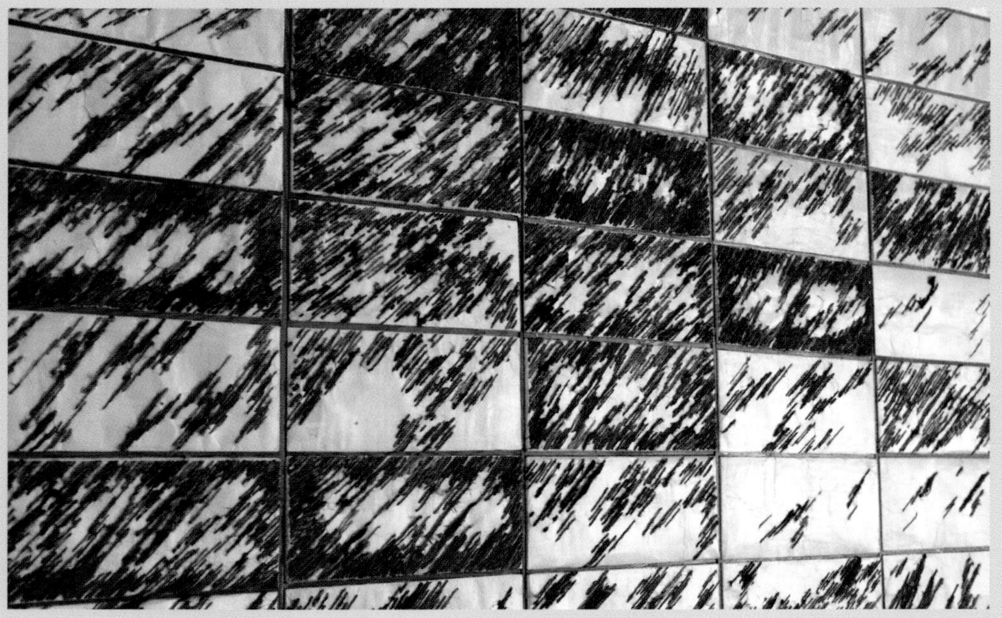

1920년대는 종전까지 현대문화를 주도해 온 서양문화사에서 가장 큰 문화적 소용돌이가 휘몰아친 기간이라 할 수 있다. 현재 자수 예술은 1920년대 이후 제2의 경제적, 정치적, 사상적, 과학적 혁신 사이에서 고전적 플라톤주의의 미학 개념을 고수하고 지키기란 어렵다. 기존의 것을 초월하여 발달한 미학 개념은 상이한 이론 및 작품 체계를 요구한다. 따라서 지난 수년에 걸쳐 작품들은 전반적으로 2차원적 섬유예술에서 출발하여 3차원적인 건축 이론을 바탕으로 나아가고 있으며 공간예술, 조경예술, 환경예술 및 설치예술을 염두에 두고 작품을 구상하였다.

작품은 19세기 건축 이론가인 G. Semper의 이론인 '직물의 매듭 이론'을 채용하였으며, 작품에 사용된 '선'은 이후 G. Semper로부터 발달하고 계승된 현대 아방가르드 예술 및 건축의 새로운 움직임과 새로운 과학사상 및 사상 분야의 움직임에서 동기와 감응을 얻었다.

아키텍스츄어 시리즈: Archi-texture series로부터의 출발

저자는 1980년대 중반부터 90년대 초반까지 유럽문화의 멜팅 팟(melting pot)이라고 할 수 있는 벨기에를 중심으로 유럽에서 섬유 예술가로 활동해 왔다. 저자의 초기 작품들은 루벵(Leuven)아카데미에서 직조와 전통에 바탕을 둔 유럽의 태피스트리(tapisserie) 작품들이 주류를 이루고 있다.

이후 깡브르(BXL)시각예술학교에서 탑타(Tapta)에게 연조각(Soft Sculpture)을 수학한 것은 그동안의 평면 장식적 작품의 성격을 탈피하여 조각적 감각을 바탕으로 벽으로부터 분리되는 건축 공간적 개념을 도입하는 촉매제가 되었다. 그곳에서 체득한 재료의 탐구 정신은 직물뿐만 아니라 다양한 재료에 대한 광범위한 관심을 불러일으켰고 3차원에 대한 공간 개념과 오브제 개념에 관심을 갖게 했다. 이는 바우하우스의 교수였던 깡브르의 설립자 앙리 반드벨드의 건축과 공예 정신에 기반을 둔 학교의 교과과정 운영 방침으로부터의 영향도 있었다.

깡브르 수학 시절 이전까지 식물성 섬유와 동물성 섬유에 한정되었던 관심이 인조섬유 및 플라스틱, 펠트, 종이 등의 연성재료는 물론 금속, 콘크리트, 유리, 고무판 등의 견고한 재료에 이르기까지 섬유의 영역에 도입시킬 수 있는 모든 취급 가능한 재료에 대한 확장을 통해 자신의 작품 세계를 건축의 세계로 적극적으로 이끌어갔다.

새로운 재료의 발견과 사용은 3차원 작품의 접근을 수월하게 하였고 섬유의 촉감과 속성 및 기법을 보유하며 새로운 창작 활동의 요구조건을 충족시키는 계기가 되었다.

양털과 모사로 공간설치 태피스트리를 제작했던 초기 작품에서 검은 고무판과 굵은 나사(볼트, 너트)로 건축적 작품 세계를 펼쳐온 스승 탑타의 영향은 새로운 재료의 발견과 함께 그녀로 하여금 건축술적인 공간예술, 조경(paysage)적인 예술과 환경예술 및 인스톨레이션을 경험하도록 동기를 부여하였다.

깡브르에서의 수학은 건축 디자인과 건축 이론을 접하는 중요한 계기가 되었으며 그녀의 작품이 아키-텍스츄어 시리즈로 건축술이 직조의 구축적(tektonic) 방식을 상당 기간 지속할 수 있는 동력이 되었다.

그녀의 작품들은 내용 면에서 볼 때 철저히 건축 지향적이다. 작품을 구성하는 이론적 바탕과 작품의 변천 과정은 섬유예술의 발단이 끈과 매듭으로부터 시작되었다고 주장하는 19세기 건축가이자 이론가였던 고트프리트 젬퍼(G. Semper)에게 있어 직조(tissage)는 조립(assemblage), 소상술(modelage)과 함께 기본적인 예술의 기술-재료적 기원이론을 구성하는 요소가 된다. 이 방법들의 혼합은 제4의 방법인 축조 즉 건축행위로 귀결된다.

젬퍼의 이론을 뒷받침하듯 현대직조예술은 그것이 비록 현대적 예술 행위에 속하기는 하지만, 현대직조의 변천 과정을 고찰해 볼 때 고대부터 이어져 내려오는 원시적인 제작술을 특별히 변형하지 않고 시간의 경과에 따라 단계적으로 시행, 변천되는 과정을 밟아왔다는 이론을 차용해 시작하였다.

작품의 개념을 20세기 후반의 현대 미술가이자 건축비평가인 조셉 리쿼트(Joseph Rykwert)의 논문 가운데서 끈이란 직물(textile)적 물체 가운데 으뜸이 되는 실례(實例)이며, 매듭(古)이란 최고(最古)의 기술의 상징이자 인류에 형성된 으뜸가는 사상의 표현에 근거하였다.

아키텍스츄어 시리즈와 본론에 기록된 전시들의 기저에는 현대문명을 이끌어온 서구의 주도적 움직임인 모더니즘에 대한 집착을 버리고, 그와 동시대의 움직임이었지만 비교적 난외의 활동에 머물고 화려한 결실을 이루지 못했던 비주류적 움직임들에서 동서 두 문화의 공통성 탐지와 교감을 향한 어떤 가능성을 모색한 여정이 담겨있다.

이 같은 사실은 색채의 선택에 있어서 다채색의 채용을 피하고 흑, 백과 같은 두 개의 색만을 사용하고 있는 점을 들어서도 설명이 가능하다. 회화사의 이론적 배경은 말레비치(Malevich)의 절대주의(Suprematism: 예) Black Square on White Ground)나 구성주의를 염두에 두고 접근했으며 여러 작품전에서 채용하는 흑백의 색채는 미니멀리즘에 대한 동조와 음양이론을 기반으로 한 한국적 사고와 미학적 개념을 서양문화의 미학적 궤도와 조화시키려 하였다.

(김미상 가톨릭 구뱅대학교 예술철학 박사 평론 중에서 추림)

1. 주제

공예는 기법과 기술력의 조화가 중요하다. 이 두 요소가 연합해서 탁월한 결과가 나올 때 우수성이 돋보인다.

자수는 기법 자체의 공예적 특성과 아름다움이 관건이다. 전체적으로 작품들은 자수 자체의 의미와 가치에 초점을 맞추어 개념 예술의 형태로 영역을 확대하고 정의를 새롭게 하여 현대예술의 관점에서 주목하여 표현하였다.

자수 작업은 '수작업' 행위의 중요성에 비중을 두었으며 작업 과정에서 노동의 수고와 신성함, 집중 속의 내적 고요와 평화를 제공하므로 수를 놓는 행위는 심리적, 정신적으로 영혼을 고양하는 작업이라 할 수 있다.

1990년대 초부터 2005년까지 개인전의 주제는 'Archi-texture' 시리즈이다. 이 시기의 작품들은 모더니즘 건축을 기점으로 하여 해체주의 건축, 포스트모던 건축, 그 밖의 동시대 건축 작품들에 관심을 갖고 연구, 분석하였다. 르꼬르뷔지에(Le Corbusier)를 비롯해 피터 아이젠만(Peter Eisenman), 다니엘 리베스킨트(Daniel Libeskind) 등의 건축가들은 내게 많은 영감을 주었다.

자수와 직조, 태피스트리 제작 과정을 거치며 3차원 작업인 연조각(soft sculpture) 작업 과정에서는 건축 외피적 질감 연구가 미학적 연구 대상이었던 바 사물의 질감 연구를 위해 섬유의 원재료인 부드러운 솜과 실을 이용해 종이, 벽돌 등의 질기고 탄력적인 견고한 실내 건축용 내장내와 유사한 매체를 제작하는 데 주안점을 두어 소재를 연구, 적용하였다.

내 작품의 소재는(medium) 겐트(Gent) 앙리 스토리(Textile Institute)에서 습득한 다양한 섬유 소재를 이용한 직조 기법을 통해 익힌 벨기에 마사(linen/flex)에 익숙해진 감성으로부터 시작되었다. 원재료인 솜을 이용해 종이를 만들고, 제사(製絲)된 실을 분해하고 분쇄하여 가루로 만든 후 종이와 벽돌로 재탄생시키는 과정을 통해 작품의 시작과 마감이 철저히 수공예적 장인정신에 의해 이루어지도록 주도하였다. 모든 작품의 소재는 솜과 실로써 이들을 해체, 조합/조립해 융합한 소상술의 총합이다.

직조학교인 앙리 스토리에서 4년간 수학한 이후, 깡브르에서의 새로운 섬유조형(Soft Sculpture) 스튜디오에서 2년간 실과 섬유를 뛰어넘는 다양한 매체 실험 연구 과정을 거쳤다. 이는 시멘트, 유리, 석탄/갈탄, 고무판(caoutchouc), 골판지 등을 이용해 빛과 그림자, 전기, 공간 등의 건축의 구성요소들을 분리, 해체, 연합시켜 건축술에 의한 조형작품의 세계로 시, 감각을 확장했다.

이 과정에서 모든 직물의 구조를 씨줄과 날줄의 관계성 안에서 접근하였고 씨실과 날실, 음과 양, 반복과 대립, 조화, 균형, 질서, 자연과 문명, 우주와 인간, 이성과 감성, 수공예, 순수성, 재료 면에서 공예적 측면을 초월한 작품의 입체화(연조각) 등에 대한 실험과 길 찾기에 집중하였다.

하나하나의 작품이 전시 공간 안에 놓여야 하는 공간 해석의 문제, 인습적 자수 공예에 대한 파격적 행보로서, 실험적 작업 방식을 전개해 나감은 자수 이노베이션으로의 방향 전환을 통해 자수의 예술적 가치를 현대 미술과 섬유 예술을 기반으로 해서 그 의미를 조명하고자 함이다. 동시대 자수예술의 새로운 방향을 모색해 온 본인의 실험을 통한 순수 창작 과정에서 시도했던 이노베이션 과정을 담아 작품 제작 과정과 그 결과물을 통해 자수예술의 가치와 미래를 조망하였다.

(1) 아키텍스츄어 시리즈 II   Archi-texture series II

037

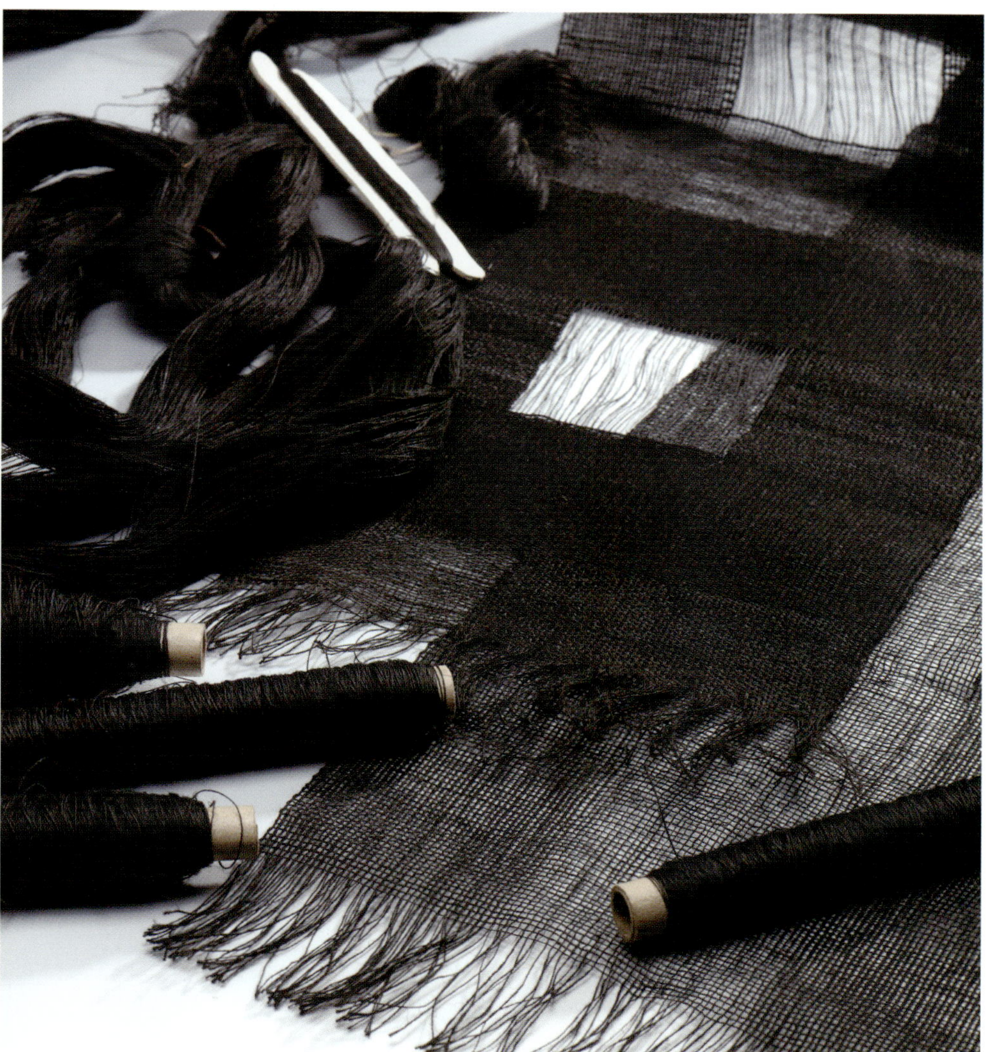

《아키텍스츄어 시리즈 II_a》(00001)
《Archi-texture series II_a》(00001)

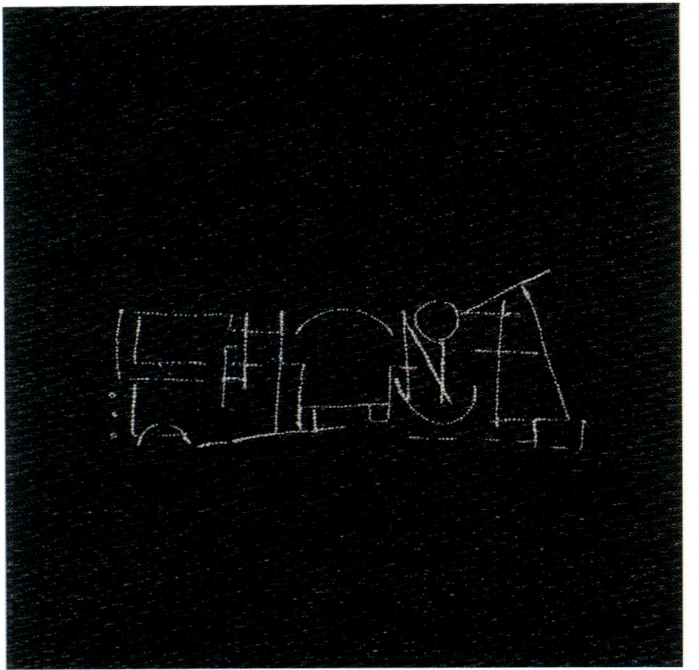

《아키텍스츄어 시리즈 II_a》(00003)
《Archi-texture series II_a》(00003)
〈도시의 얼개 1〉
〈Urbanscape 1〉

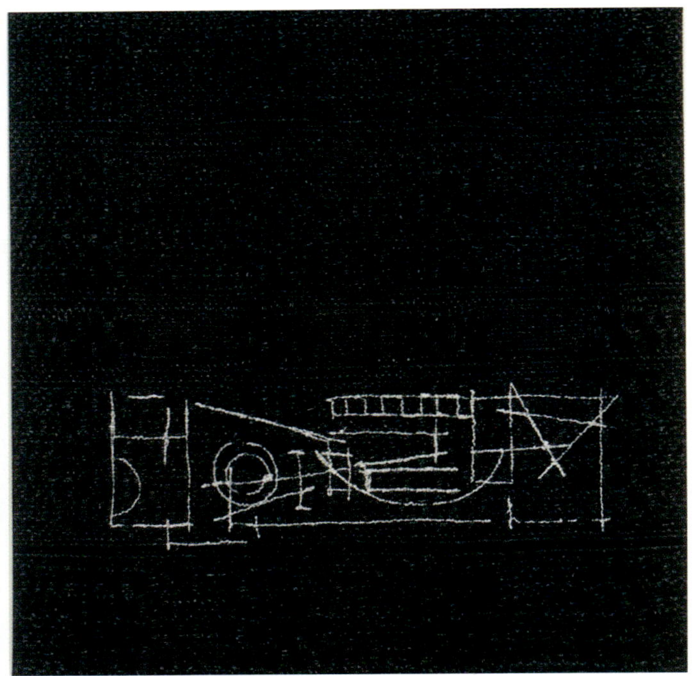

《아키텍스츄어 시리즈 II_a》(00004)
《Archi-texture series II_a》(00004)
〈도시의 얼개 2〉
〈Urbanscape 2〉

아키텍스츄어 II_a: 도시의 얼개
Archi-texture II_a: Urbanscape

- 기간: 1994년 12월 1일 ~ 12월 14일
- 장소: 서남미술전시관(I관), Seonam Art Center(1)
- 제목: 도시의 얼개 시리즈(Urban scape Series)
- 기법: 응용직조 디자인, 기계자수 드로잉, Multi-weaving techniques, Machine Stitch
- 소재: 린넨사(Black and White Linen thread/BL), 재봉사, 비스코스
- 크기: 20x20 cm

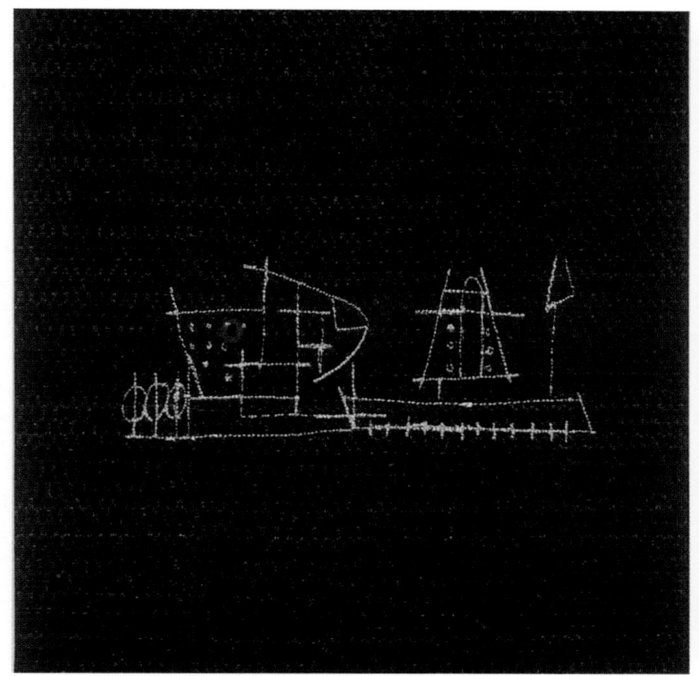

《아키텍스츄어 시리즈 II_a》(00005)
《Archi-texture series II_a》(00005)
〈도시의 얼개 3〉
〈Urbanscape 3〉

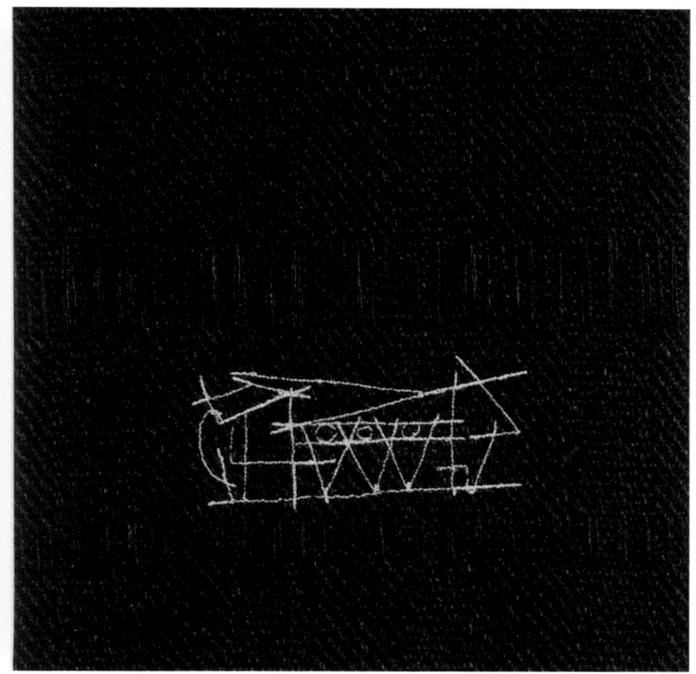

《아키텍스츄어 시리즈 II_a》(00006)
《Archi-texture series II_a》(00006)
〈도시의 얼개 4〉
〈Urbanscape 4〉

- 연구 과정: 이번 작품전의 미학 개념은 도시 이미지를 통해 문화의 상징적 텍스트의 기능을 수행하는 것으로 읽히기 위한 시도이다.

직조의 다양한 패턴을 자유롭게 응용하여 해체, 조립, 변형한 후 직조와 태피스트리 기법을 융합하여 바탕화면(캔버스)을 제작했다. 이후 도시의 얼개를 이미지로 한 선 드로잉(김미상의 도시 설계 스케치차용)을 전동기계자수로 스티치함으로써 직조의 수학적인 공식과 질서를 해체하여 파격의 미를 제시하였다.

사선, 완만한 곡선으로 이루어진 윤곽의 구성 등을 사용해 작품을 구성했다. 작품에서 보이는 선형도로 가로, 거리, 건물 윤곽에 의한 형태, 눈에 보이지 않는 도시 및 건물의 심층구조에 대한 이미지를 표현하였다. 선은 실의 밀집과 확산을 통해, 상호 긴장과 공간을 재구성한 작업이다.

《아키텍스츄어 시리즈 II_a》
《Archi-texture series II_a》
〈도시의 얼개 5, 6〉
〈Urbanscape 5, 6〉

040

《아키텍스츄어 시리즈 II_a》
《Archi-texture series II_a》
〈도시의 얼개 7, 8〉
〈Urbanscape 7, 8〉

《아키텍스츄어 시리즈 II_a》
《Archi-texture series II_a》
〈도시의 얼개 9, 10〉
〈Urbanscape 9, 10〉
《아키텍스츄어 시리즈 II_a》
《Archi-texture series II_a》
〈도시의 얼개 11, 12〉
〈Urbanscape 11, 12〉

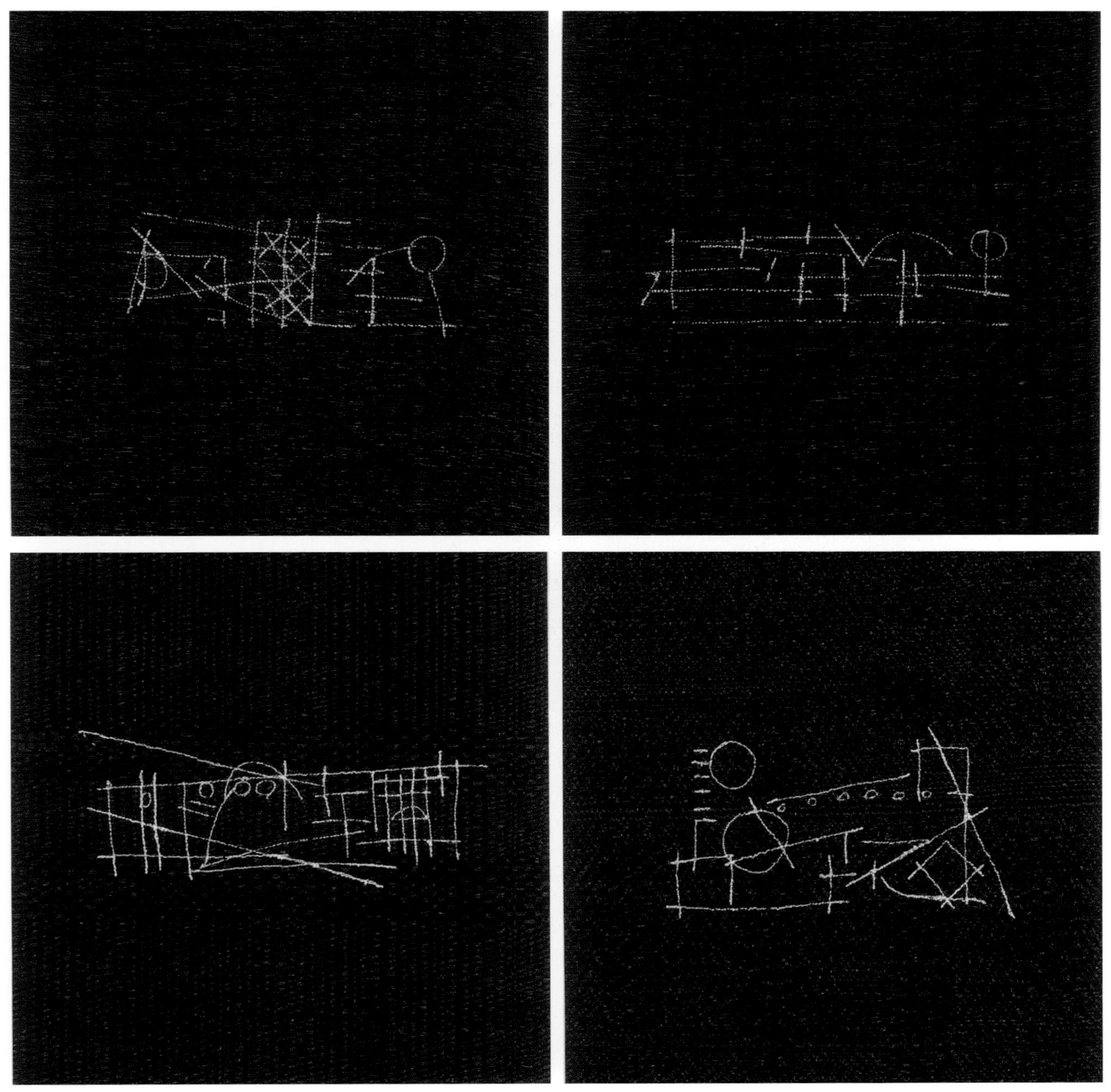

II 작품 연구과정

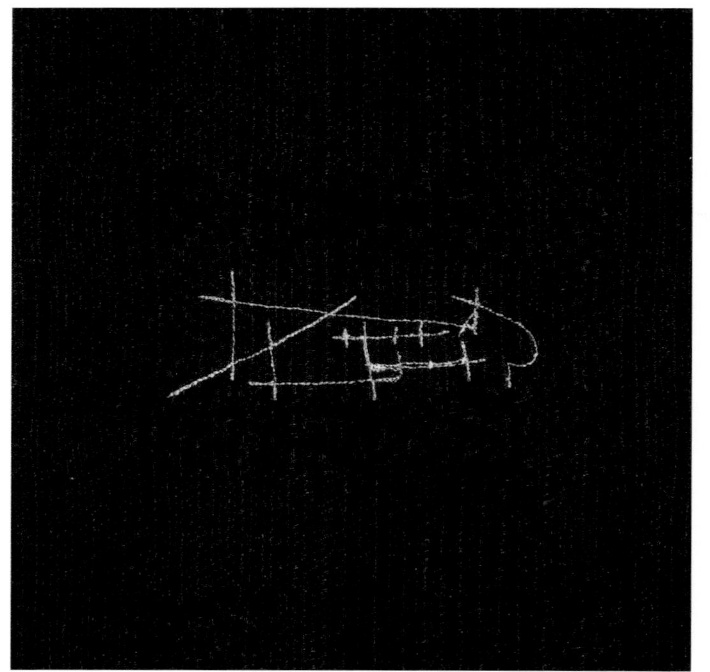

《아키텍스츄어 시리즈 II_a》
《Archi-texture series II_a》
〈도시의 얼개 13〉
〈Urbanscape 13〉

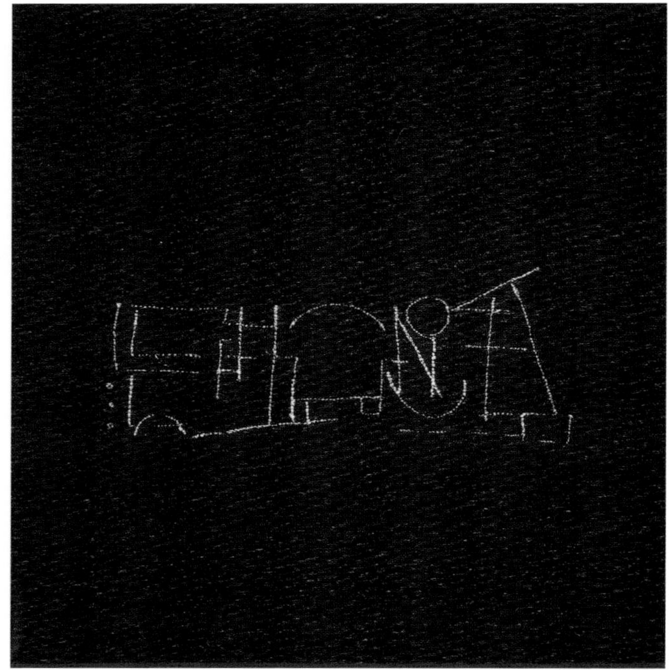

《아키텍스츄어 시리즈 II_a》
《Archi-texture series II_a》
〈도시의 얼개 14〉
〈Urbanscape 14〉

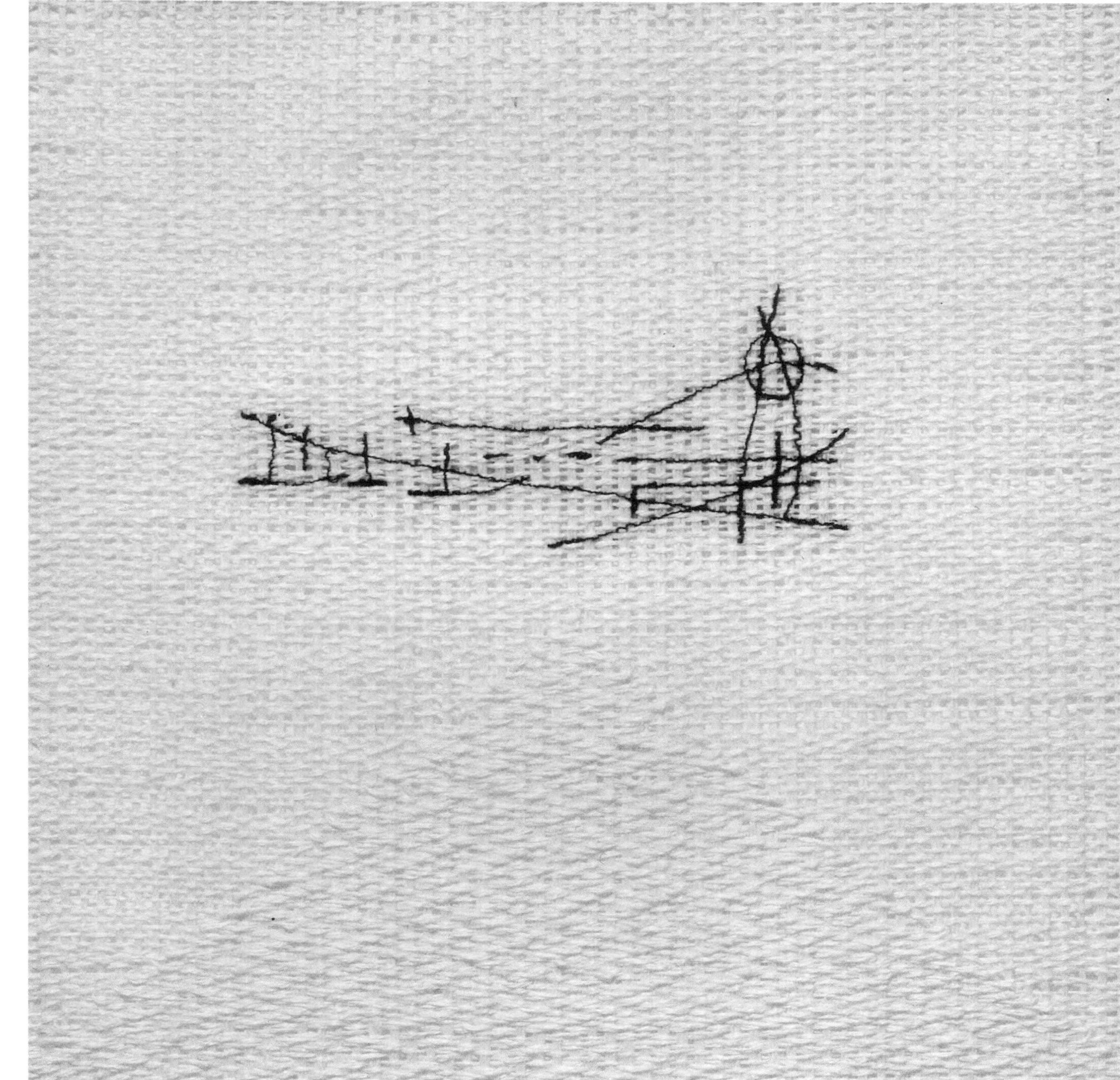

《아키텍스츄어 시리즈 II_a》
《Archi-texture series II_a》
〈도시의 얼개 15〉
〈Urbanscape 15〉

II 작품 연구과정

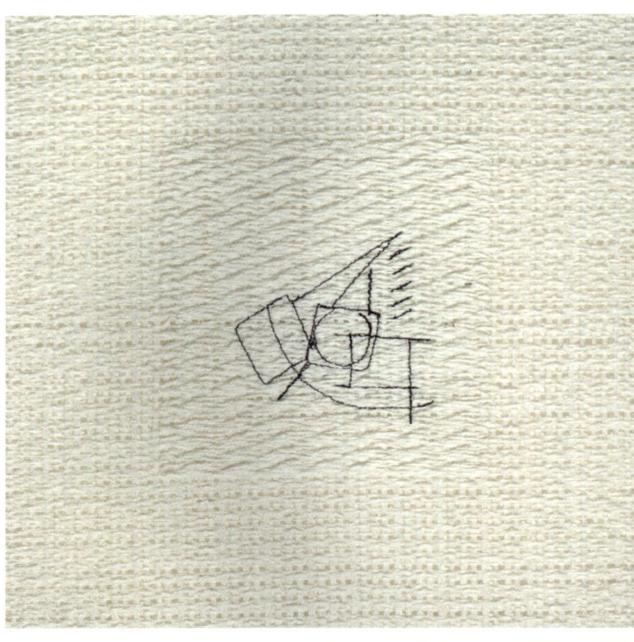

《아키텍스츄어 시리즈 II_a》
《Archi-texture series II_a》
〈도시의 얼개 16, 17, 18〉
〈Urbanscape 16, 17, 18〉

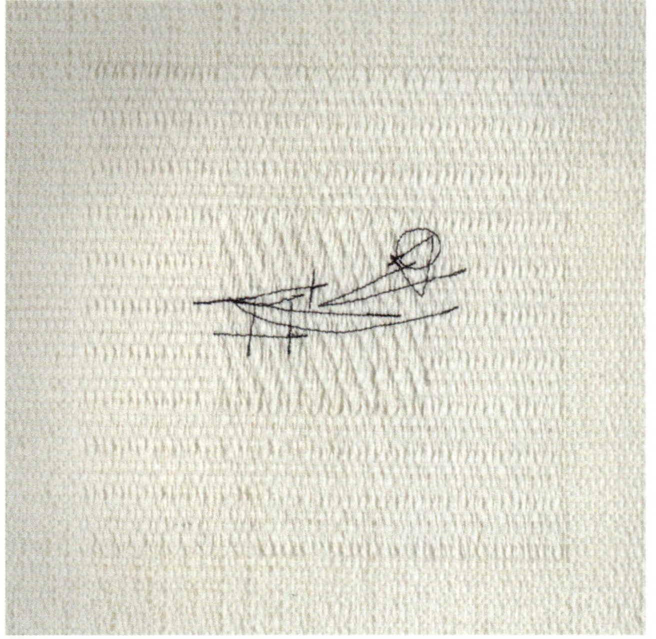

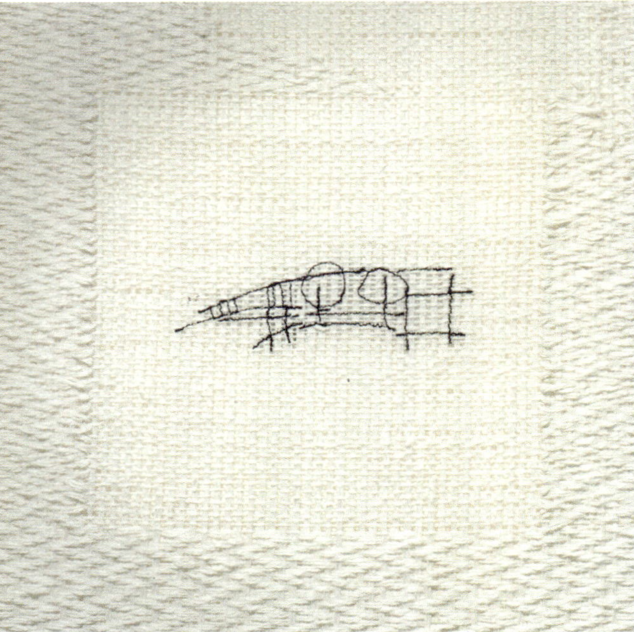

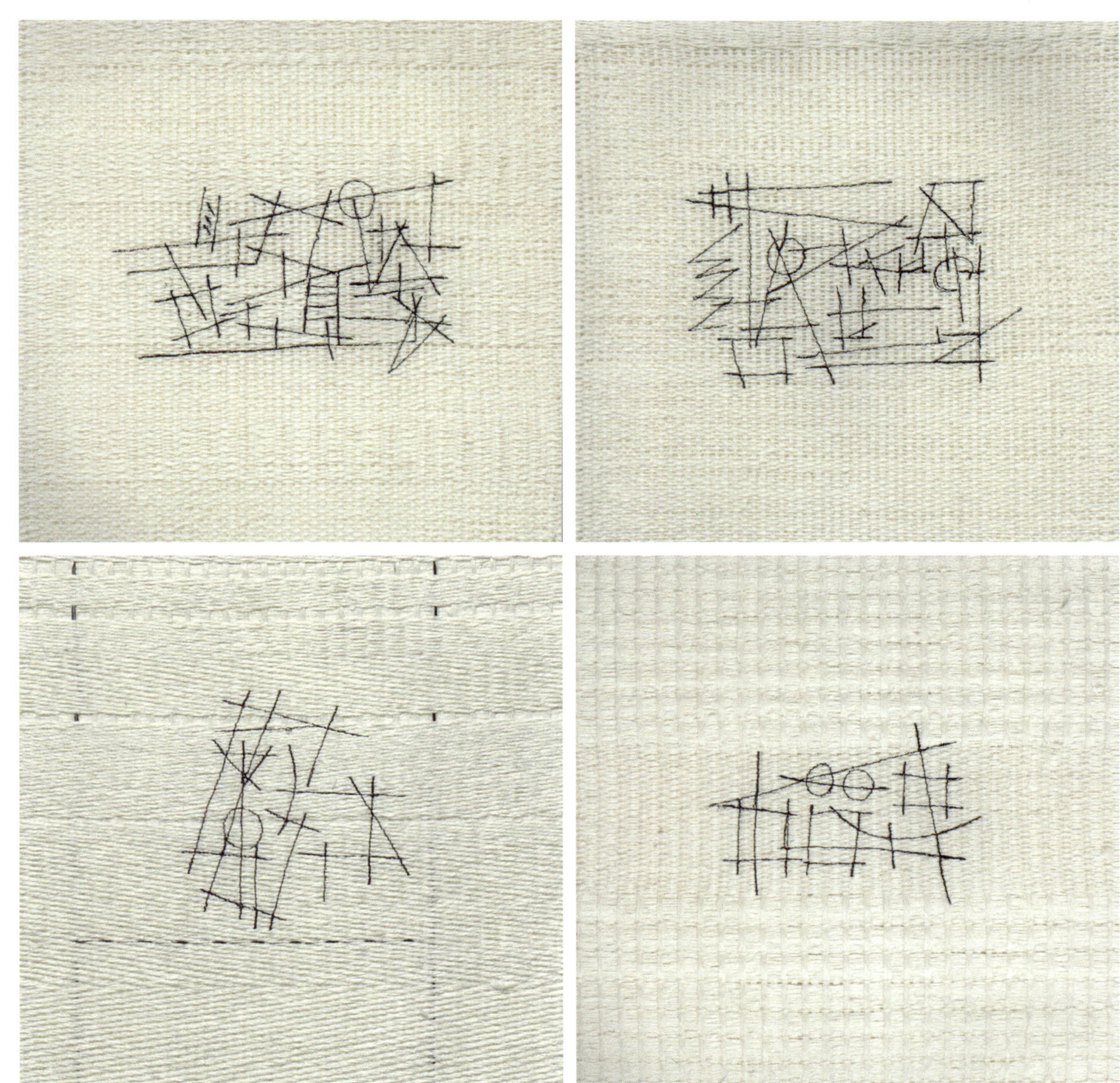

《아키텍스츄어 시리즈 II_a》
《Archi-texture series II_a》
〈도시의 얼개 19, 20, 21, 22〉
〈Urbanscape 19, 20, 21, 22〉

II 작품 연구과정

《아키텍스츄어
시리즈 II_a》
《Archi-texture
series II_a》
〈도시의 얼개 23, 24〉
〈Urbanscape 23, 24〉

046

《아키텍스츄어
시리즈 II_a》
《Archi-texture
series II_a》
〈도시의 얼개 25, 26〉
〈Urbanscape 25, 26〉

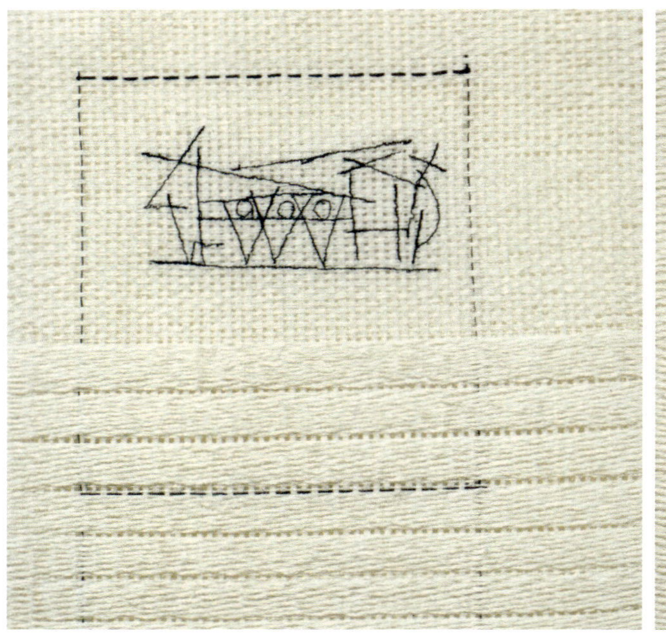

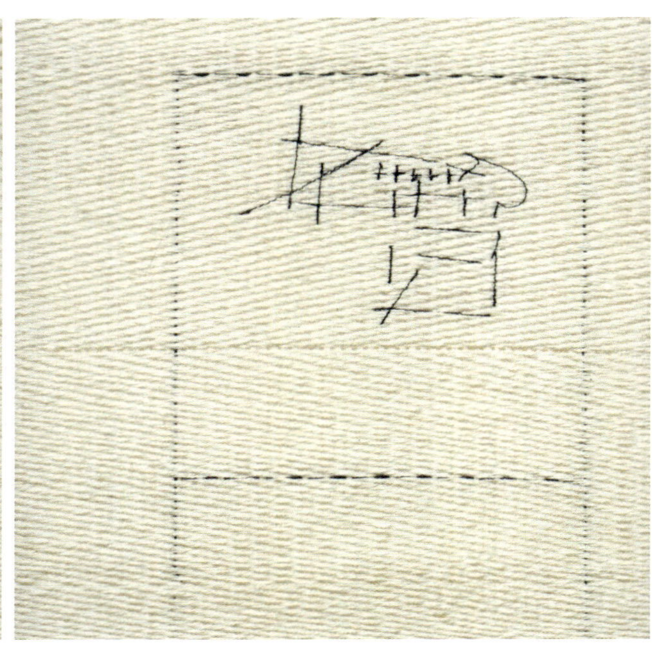

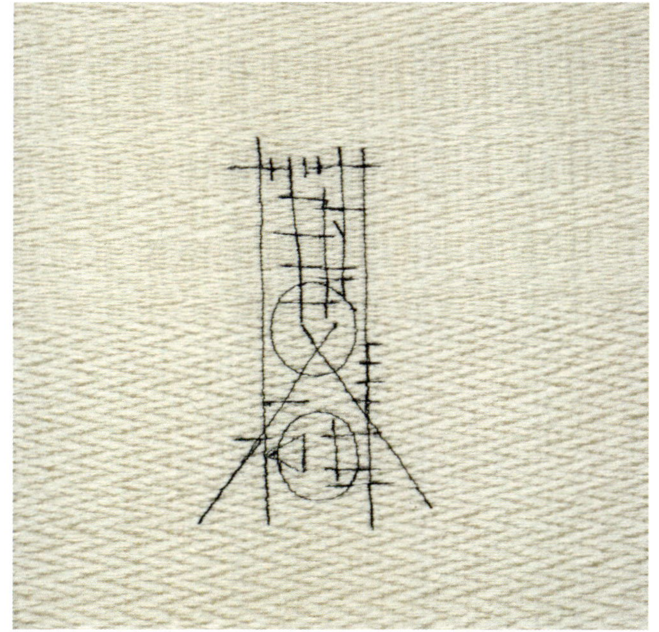

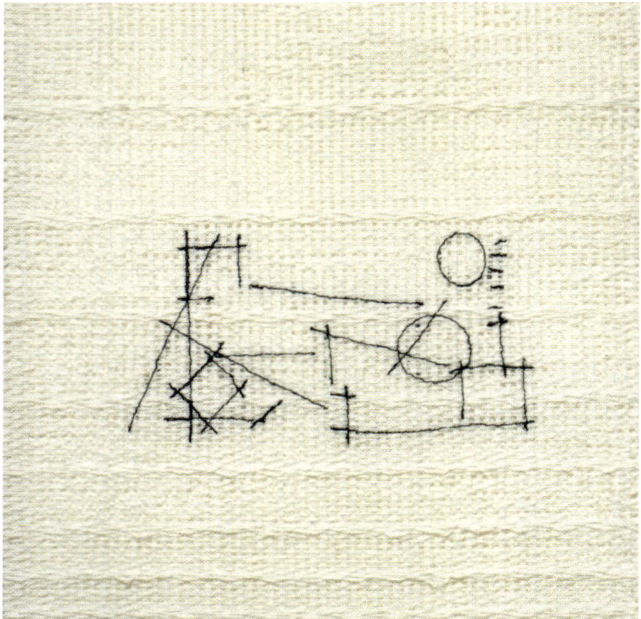

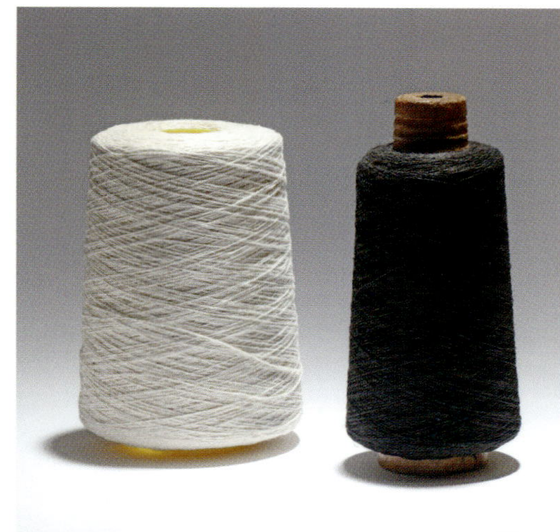

벨기에 린넨사

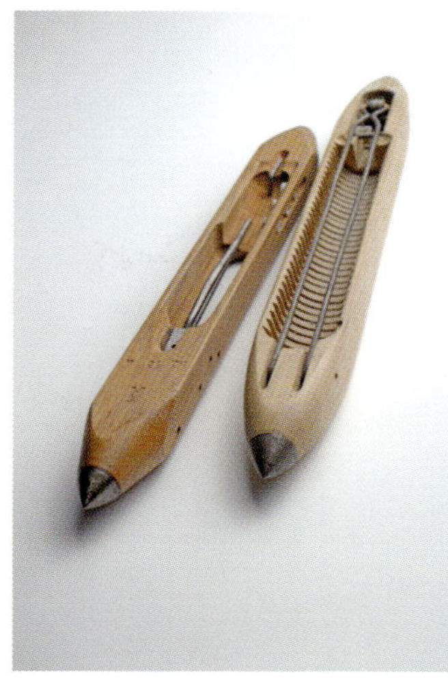

무늬 짜는 북들
Fly shuttle (좌), Boat shuttle (우)

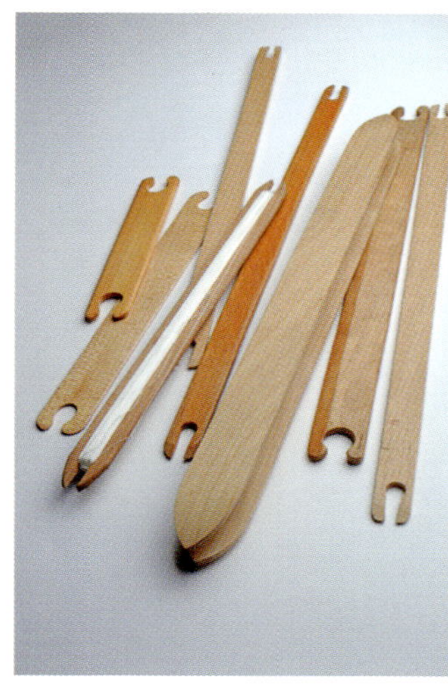

씨실용 북들
Belt shuttles (좌), Rag shuttles (중),
Stick shuttles (우)

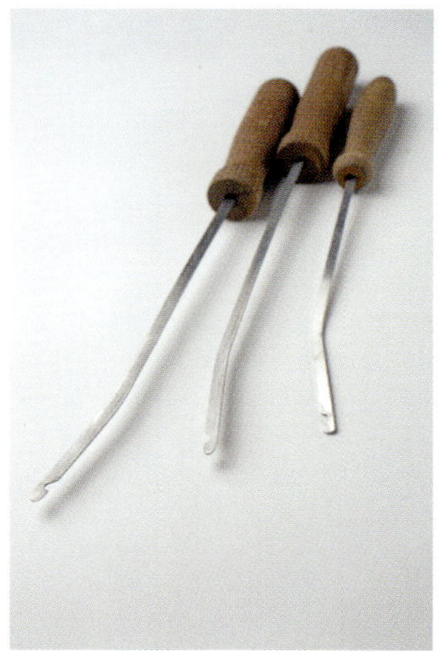

날실 종광 바늘
Heddle hook

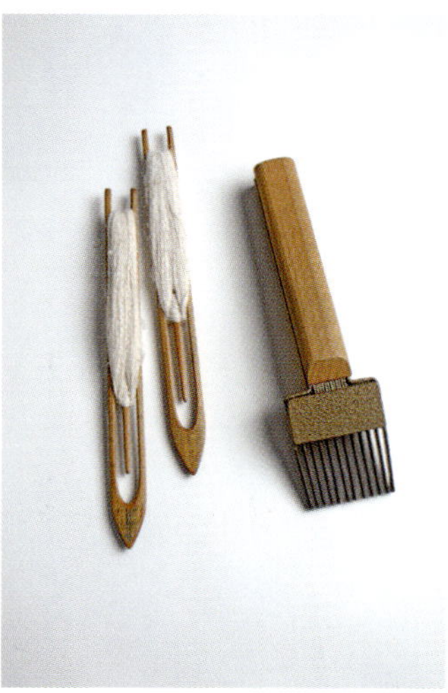

태피스트리용 타구
Tapestry Beaters

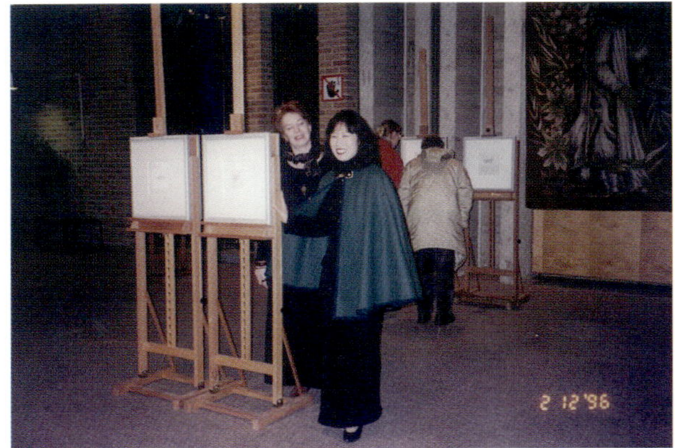

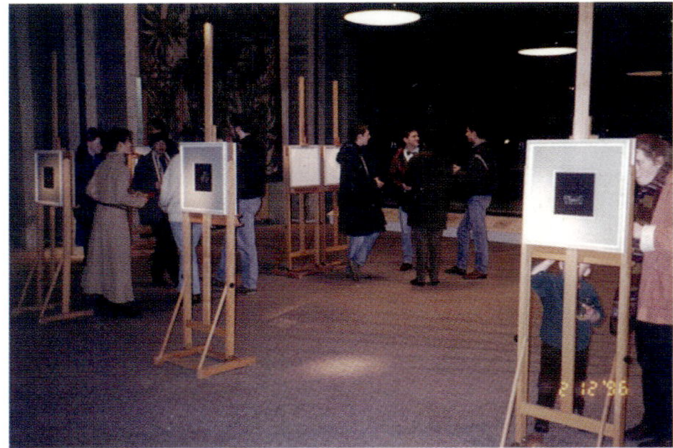

《아키텍스츄어 시리즈 II_a》
《Archi-texture series II_a》
WCC-BF(벨기에 공예가협회) 작가 Judith Hue와 함께(상)
루벵대학 본부 태피스트리 홀, 개인전 전경(하)
Vernissage, Salle de la tapisserie, Halles Universitaires,
Université catholique de Louvain

이화여대 해외 교수 인솔 프로그램 중 참가 학생들과 방문 기념
Faculty lead program
UCL-LLN 장 뤼르사 태피스트리 홀
Art, Craft&Design in Europe
2014.

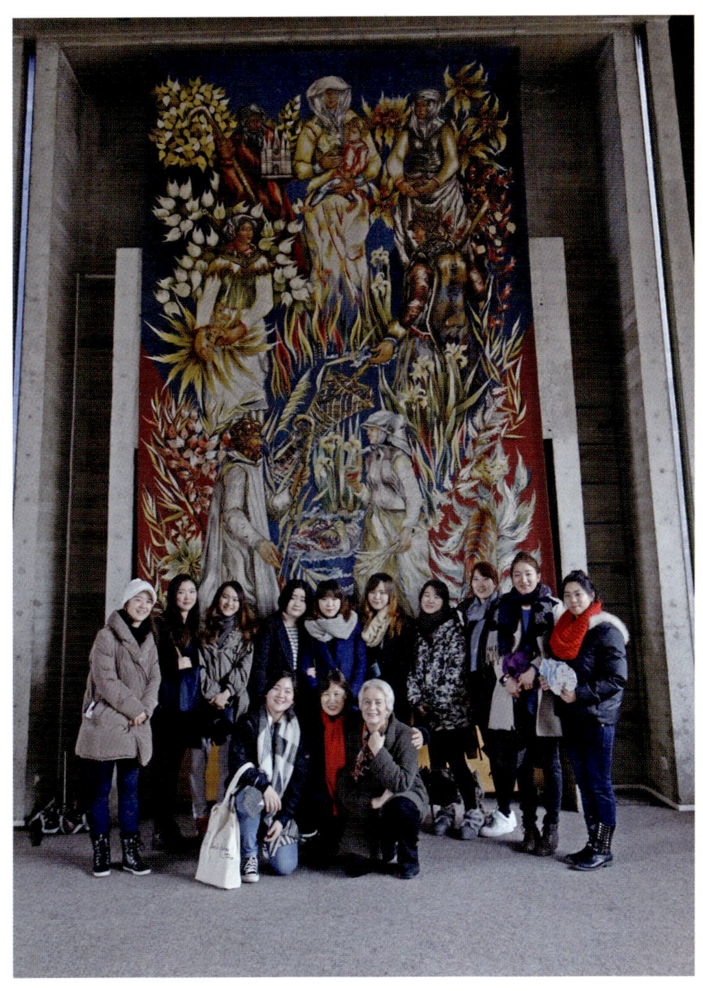

아키텍스츄어 II_b: 한국의 섬유 예술 &
Archi-texture II_b: Art Textile Coreen

- 기간: 1996년 2월 13일 ~ 2월 26일
- 장소: 루벵 카톨릭 대학 본부 쟝 뤼르사(Jean Lurçat) 태피스트리 홀, 아시아 공간(루벵-라-뇌브, 벨기에). Salle de la tapisserie de Jean Lurçat, Halles Universitaires, Université catholique de Louvain, Espace Asie (LLN, Belgium)
- 기법: 수제비단종이, 자수, 직조. Handmade Silkpaper, Outline stitch, Weaving
- 소재: 비단솜, 린넨사, Raw silk fiber, Linen threads

《아키텍스츄어 시리즈 II_b》(00001)
《Archi-texture series II_b》(00001)
〈도시 풍경〉
〈Urbscape〉
수제 비단종이, 린넨, 이음수 스티치
Handmade Silk Paper, Linen, Outline stitch
W750 x H50 cm

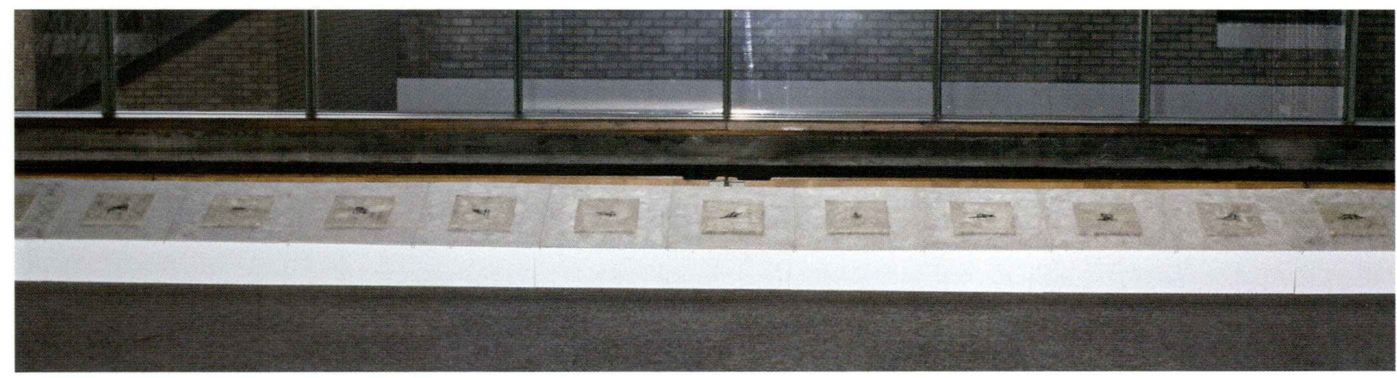

루벵대학 초청 개인전

식물성 섬유질만 이용할 수 있다는 관념을 깨고 동물성 섬유를 채택했다. 닥종이보다 광택이 우수하고 한층 더 강한 견고성을 지니는 비단종이의 특성을 어필필하였다. 또한 현대미술의 경향은 지나치게 고전적인 재료 사용에 관습화 되어 질료 중심으로 전개되는데, 이러한 경향에 구체적이고 실제적인 재료의 단계에까지 주관하고자 했다. 공예가로서 창작의 초기 단계부터 사상의 구현물인 작품 결과물에 이르기까지 영향을 미쳤다.

작품의 주조색은 흑색, 백색, 갈색이며 백색 비단섬유와 갈색의 천연색 노이실크(Nooi Silk)로 종이를 제작하여 그 위에 검은 마사(Belgian Flax)로 수를 놓아 연작으로 설치하였다.

작품은 벨지움 루뱅대학의 쟝 뤼르사 태피스트리 홀(Halle de Tapisserie de Jean Lurçat)과 아시아 공간(Espace Asie) 전용 갤러리에 총7群의 조형작업으로 설치해 전시하였다. 새로운 재료와 질감 및 자연적 색상으로 인해 빛과 공간의 조화속에 명상적이며 관조적인 동서양의 교감을 이루는 분위기를 연출하고자 하였다.

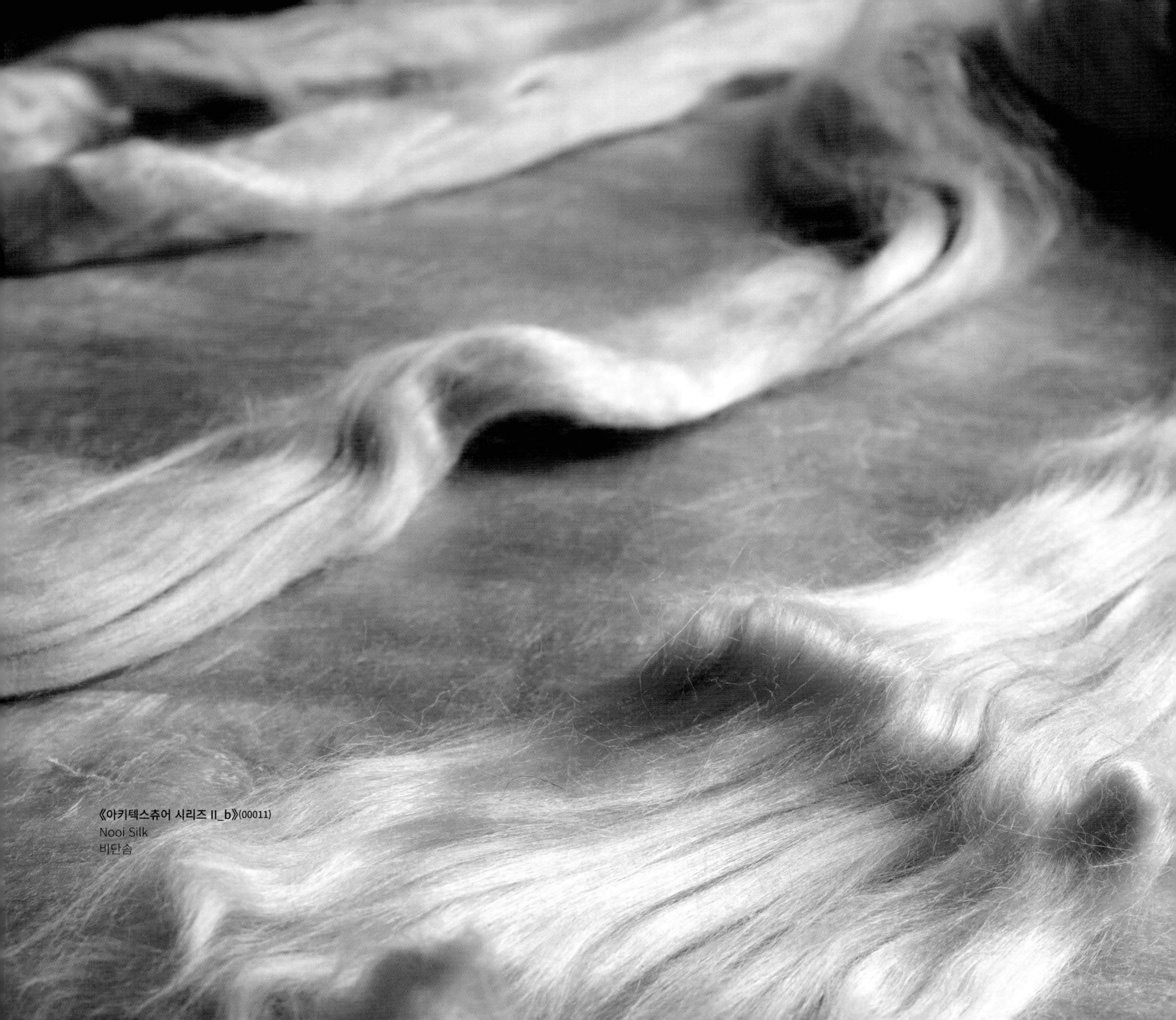

《아키텍스츄어 시리즈 II_b》(00011)
Nooi Silk
비단솜

051

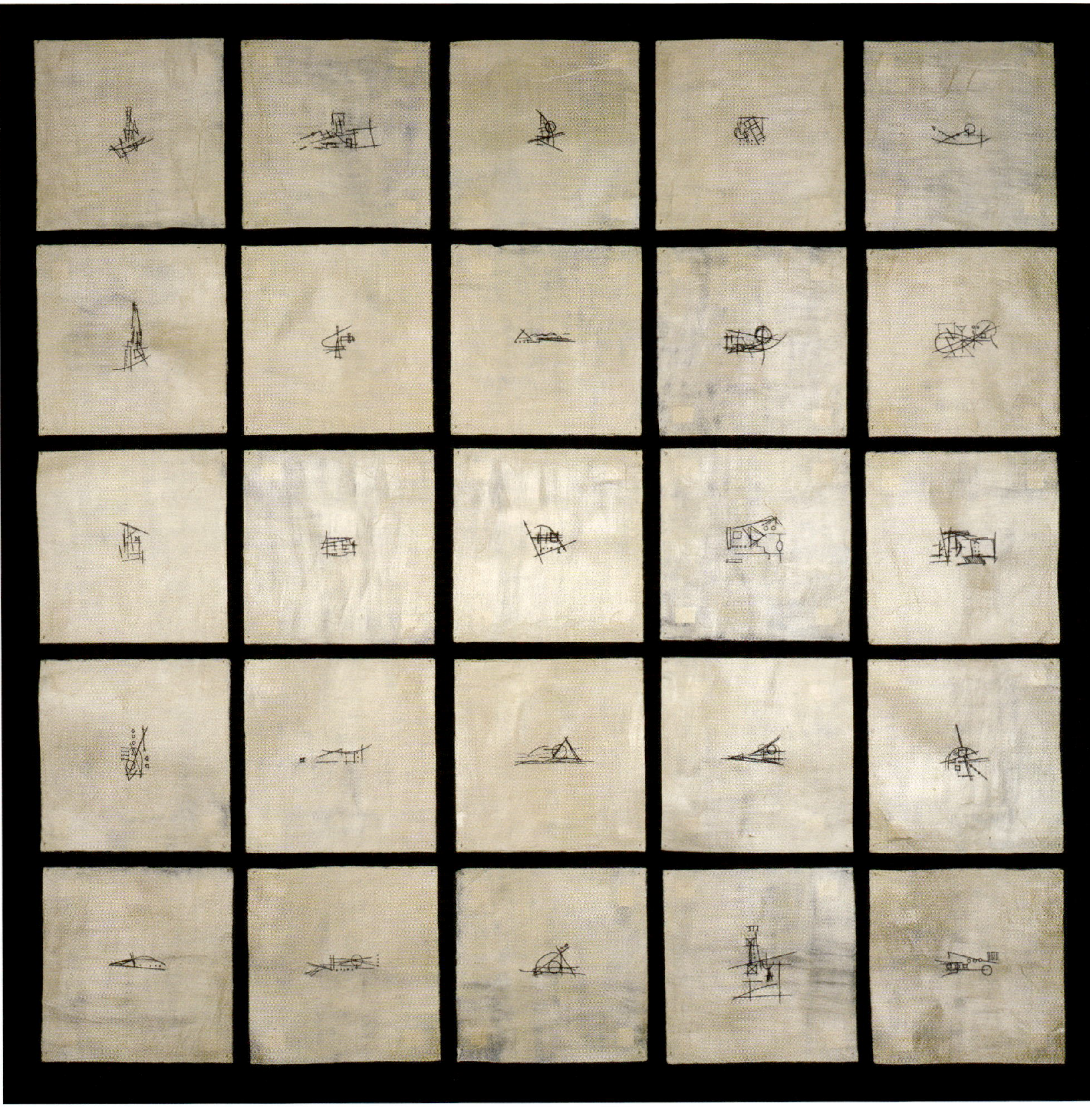

II 작품 연구과정

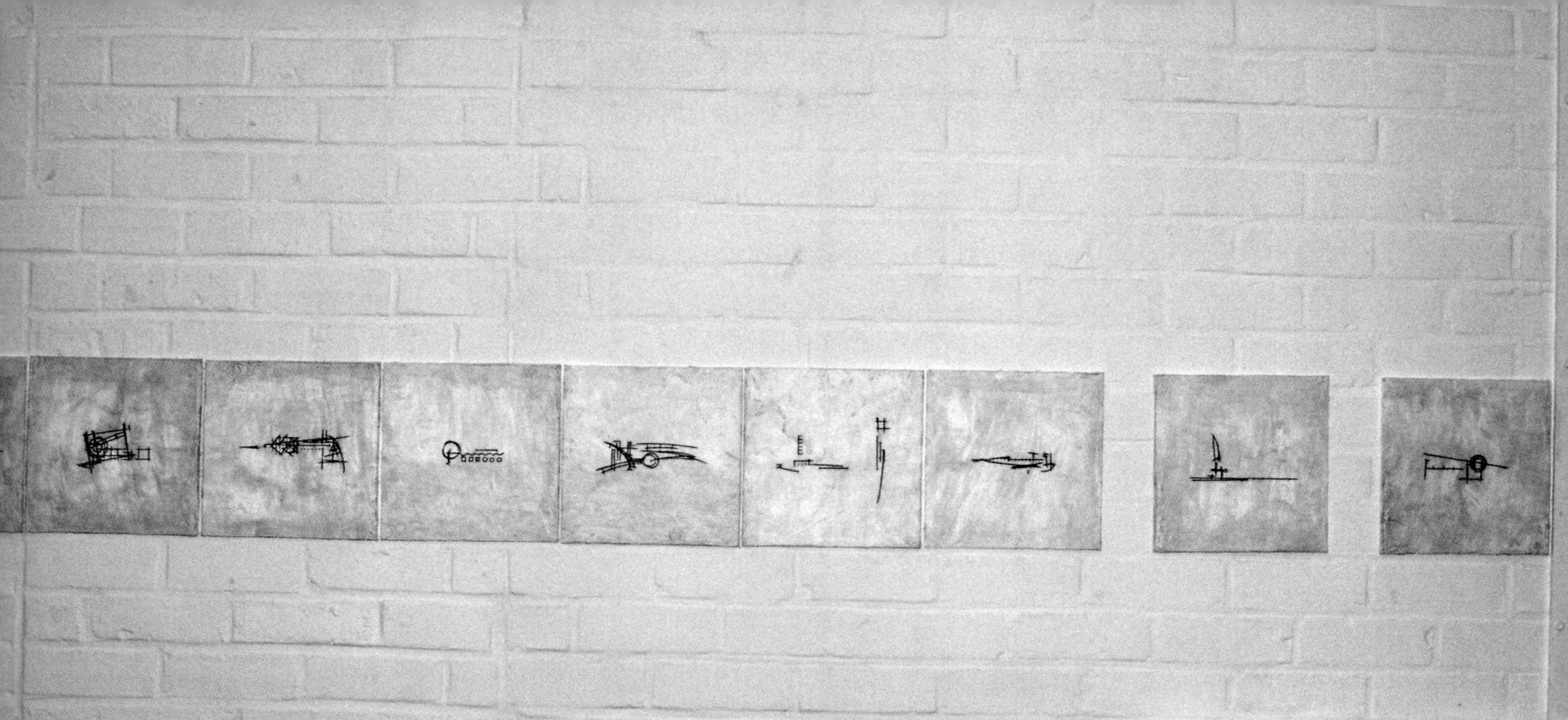

《아키텍스츄어 시리즈 II_b》(00004)
《Archi-texture series II_b》(00004)
〈도시 풍경〉
〈Urbscape〉
수제 비단종이, 린넨사, 이음수
Handmade Silk Paper, Linen threads, outline stitch
W125 x H25 cm, W25 x H25 cm(ea)

Nooi Silk, 베이지색 비단종이에 자수

정형화되지 않은 도시 이미지를 자수 기법으로 묘사했다. 각 작품을 piece work로 제작해 벽면에 공간을 두어 빛이 투과될 수 있도록 설치하여, 빛의 투명성 효과를 살려 비단 섬유결의 흐름을 극대화하였다. 작품마다 각기 다른 내용을 구사하여 관람자 스스로 고유한 해석을 할 수 있도록 유도하였으며, 저마다 시각적으로 관조하면서 명상할 수 있도록 하였다. 표백되지 않은 비단의 자연 색상과 부드러운 섬유속의 운동감을 통해 섬유(Fiber)의 그래픽 효과를 꾀하였다.

《아키텍스츄어
시리즈 II_b》(00005)
《Archi-texture
series II_b》(00005)
〈도시 풍경〉
〈Urbscape〉
수제 비단종이,
린넨사, 이음수, 평수
Handmade Silk Paper,
Linen threads,
Outline stitch
W75 x H75 cm

053

C. Y. S. '96

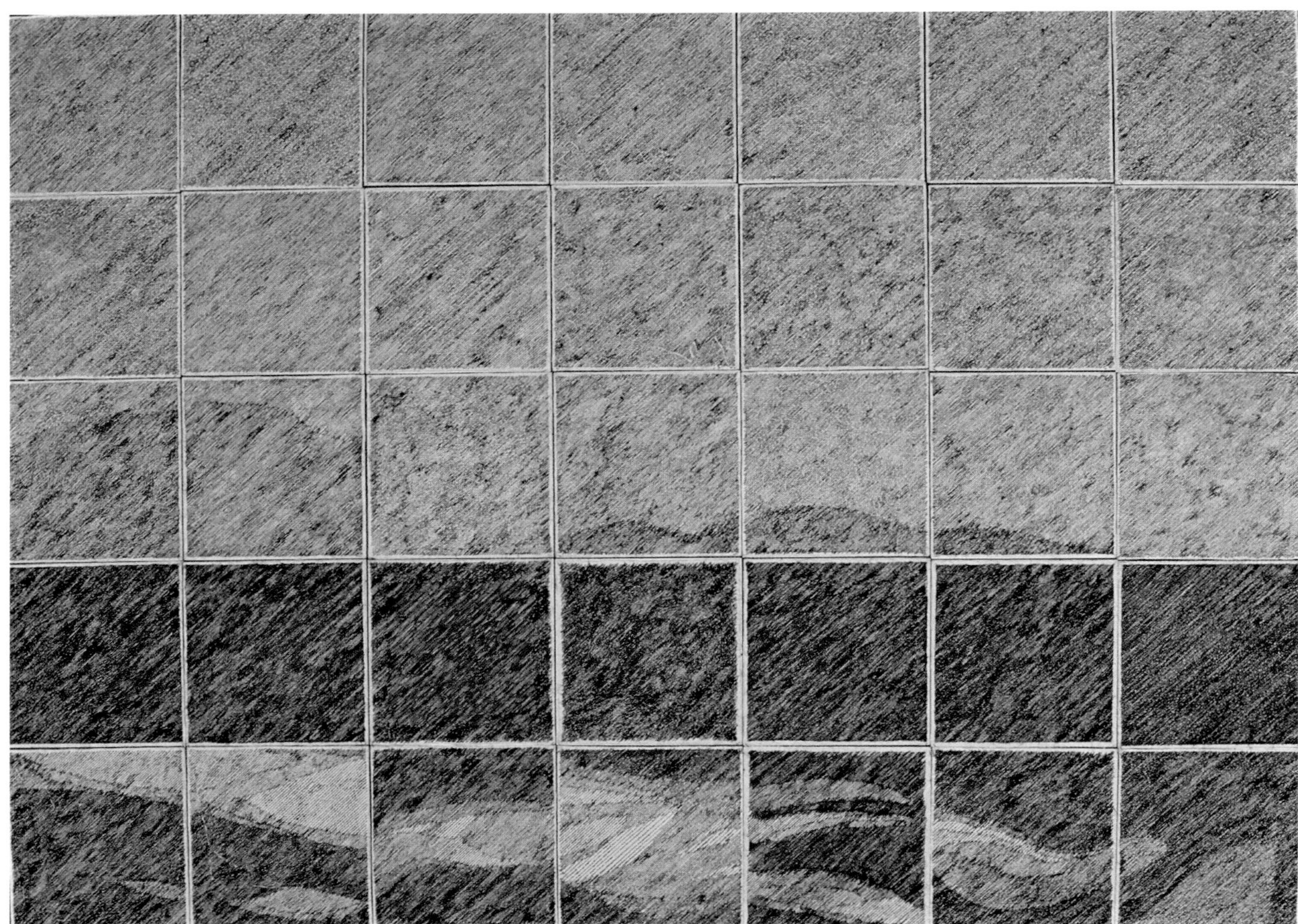

《아키텍스츄어 시리즈 II_b》(00006)
《Archi-texture series II_b》(00006)
〈도시 풍경〉
〈Urbscape〉
수제 비단종이, 린넨, 사선 평수
Handmade Silk Paper, Linen, Satin stitch
W75 x H125 cm

《아키텍스츄어 시리즈 II_b》(00007)
《Archi-texture series II_b》(00007)
〈도시 풍경〉
〈Urbscape〉
수제 비단종이, 비단실, 이음수
Handmade Silk Paper, Linen
threads, Embroidery
W70 x H70 cm

055

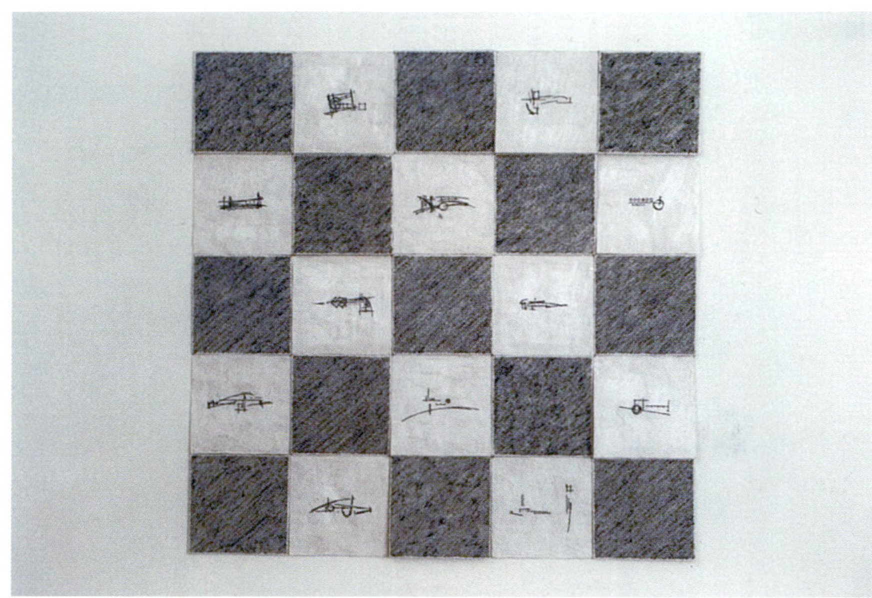

《아키텍스츄어 시리즈 II_b》(00008)
《Archi-texture series II_b》(00008)
〈도시 풍경〉
〈Urbscape〉
수제 비단종이, 린넨사, 자수
Handmade Silk Paper,
Embroidery, Linen thread

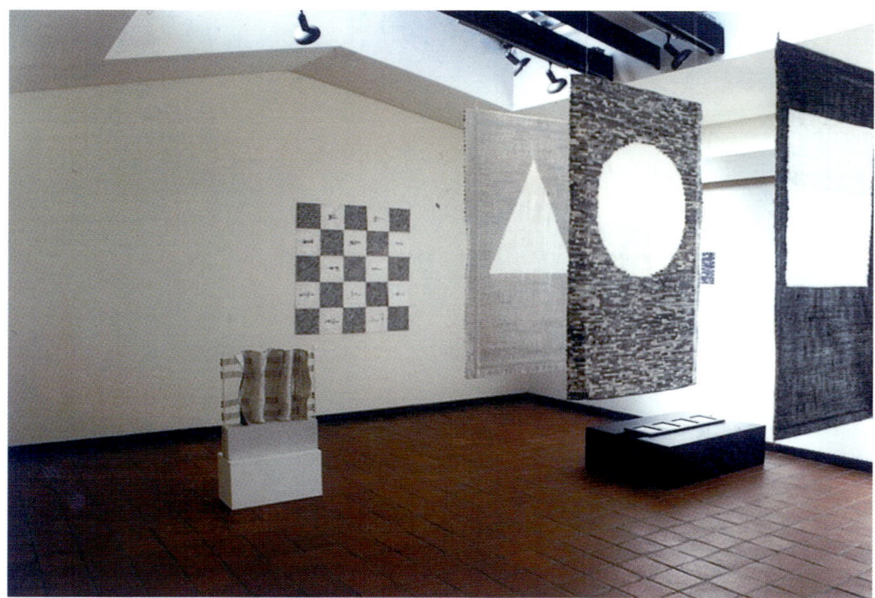

《아키텍스츄어 시리즈 II_b》
《Archi-texture series II_b》
벨기에 섬유그룹 '조망' 전, 세트라,
반 훔벅-피론 주 뮤지엄
'Doorzicht' Artistieke Textiel Groep,
et cetra' Provincie museum,
Van Humbeeck-piron,
뢰븐, 벨기에
Leuven, Belgium
1996.

2. 아키텍스츄어 III: 벽　Archi-texture series III: Wall

- 기간: 1997년 5월 1일 ~ 5월 30일
- 장소: 서남미술전시관 2(동양증권사옥), Seonam Art Center
- 기법: 수제비단종이, 자수 Handmade Silk Paper, Embroidery
- 소재: 비솜(Raw Silk Fiber), 린넨솜(Linen Fiber), 린넨사(Linen threads)
- 연구 과정: 본 전시는 '벽'을 주제로 한 작품으로 구성했다. 실제 벽을 캔버스로 사용해 작품을 벽에 흡수시키고자 의도한 프레임 구성을 활용하였다. 1990년대 초부터 현재까지 건축적 개념을 섬유예술에 도입해 건축적 질감을 작품에 표현한 것으로 작품의 주제와 개념은 본인이 고안한 신조어인 Archi-texture (Architecture+Texture)로 섬유예술과 전통의 영역을 아우르며 건축 외피적 섬유 질감을 매우 촉각적으로 표현한 작품들이다.

섬유 벽돌들은 수틀을 사용하지 않고 수제비단종이에 수를 놓은 후 벽돌을 만든 것으로, 직물의 씨실과 날실 구조로 짜인 동물성 종이 위에 굵기가 고르지 않은 거친 린넨사의 자수의 결이 건축적 질감을 돋을새김으로 드러내도록 표현하였다. 바느질의 침투가 쉽지 않아 자수의 난이도가 높은 작업이다.

'함께 결합하여(con-) 짜인 직물(texture)' 즉 조직물(contexture)이라는 의미를 내포하고 있는 소재들은 건축예술의 본질 가운데 하나인 견고한 구축성(tectonicity)을 취한다.

기법 자체는 장식성이 강한 공예적 테크닉이나 Giles Deleuze가 제의하는 회화(繪畵)에 있어서 요소를 추출하고 고립시켜 추상화를 꾀하는 것과 동일한 방법을 적용하였다.

각 작품은 비단섬유종이로 구축되어 촉각 가능한 섬유의 미세한 선 구성을 기반으로 해 비단솜이 놓인 결에 따라 시각적 산책을 유도하였다.

(김미상 박사 평문 일부 발췌)

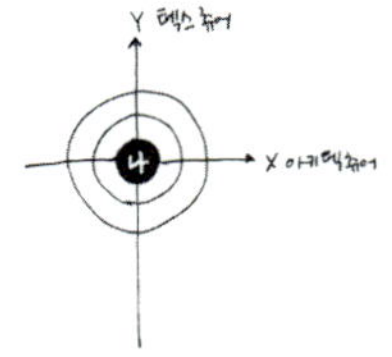

《아키텍스츄어
시리즈 III》
도록 좌표

《아키텍스츄어
시리즈 III》(00002)
**《Archi-texture
series III》**(00002)
비단솜, 투명수지유리,
비단망사
Raw Silk Fiber,
Plexiglass, Tulle
1997.

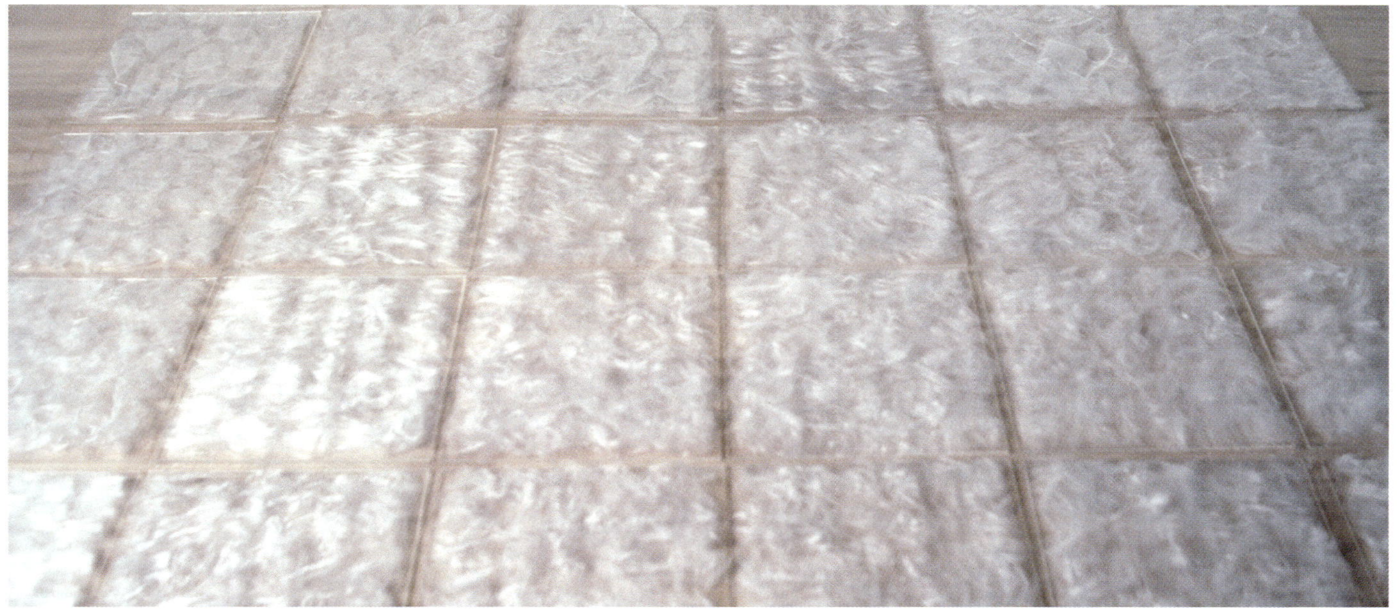

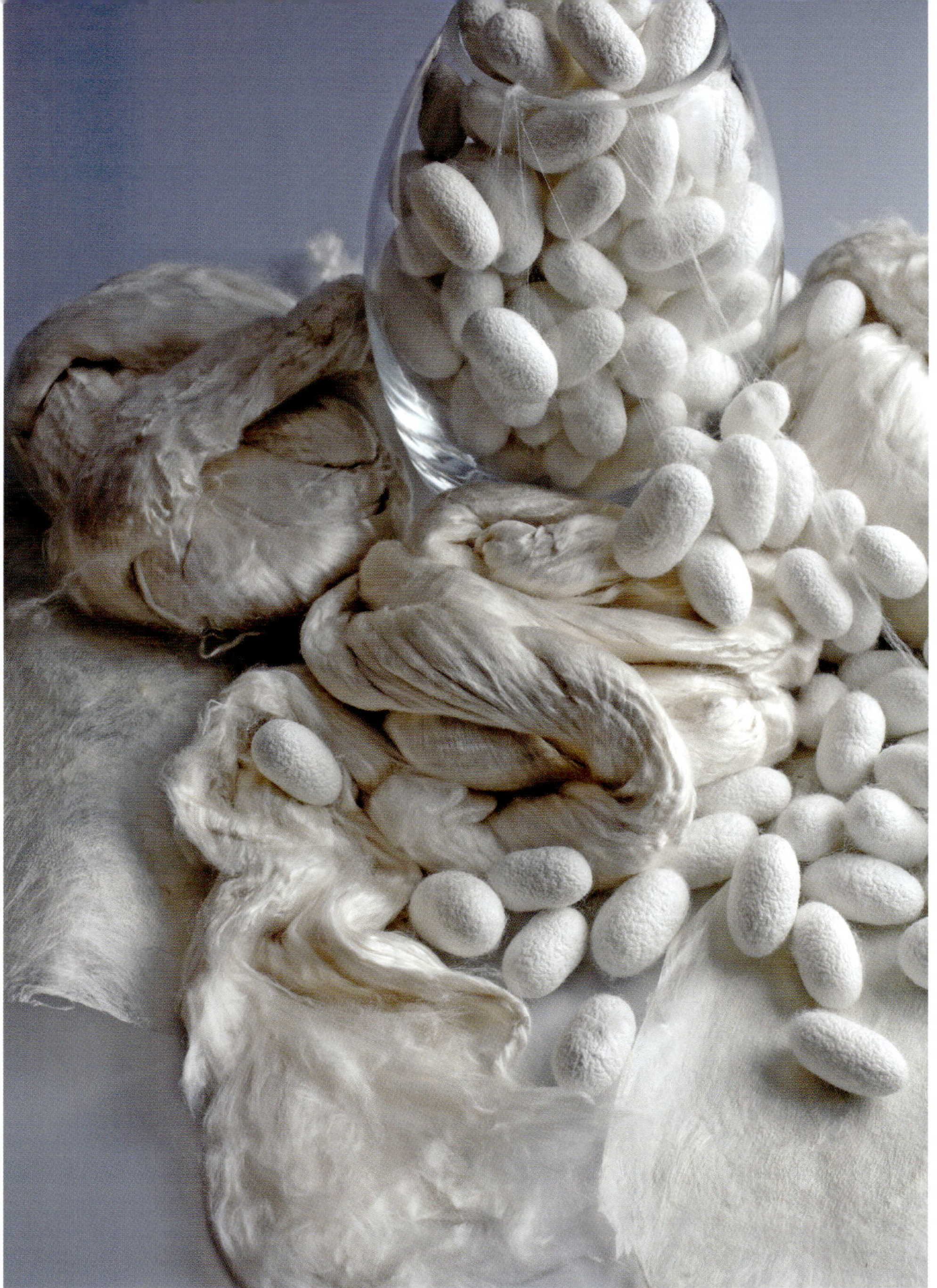

《아키텍스츄어 시리즈 III》(00024)
《Archi-texture series III》(00024)
비단솜, 누에고치
Raw silk fiber, Cocoon
1997.

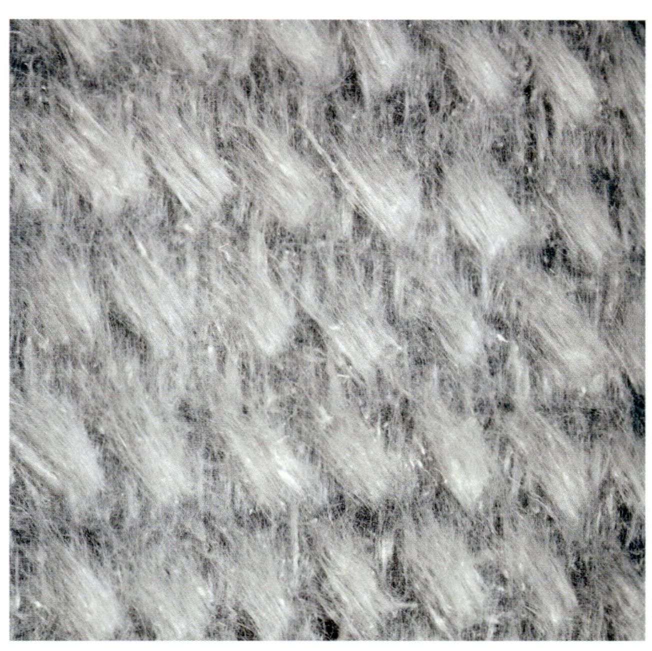

《아키텍스츄어 시리즈 III》(부분)
《Archi-texture series III》(detail)
린넨솜
Raw linen fiber
1997.

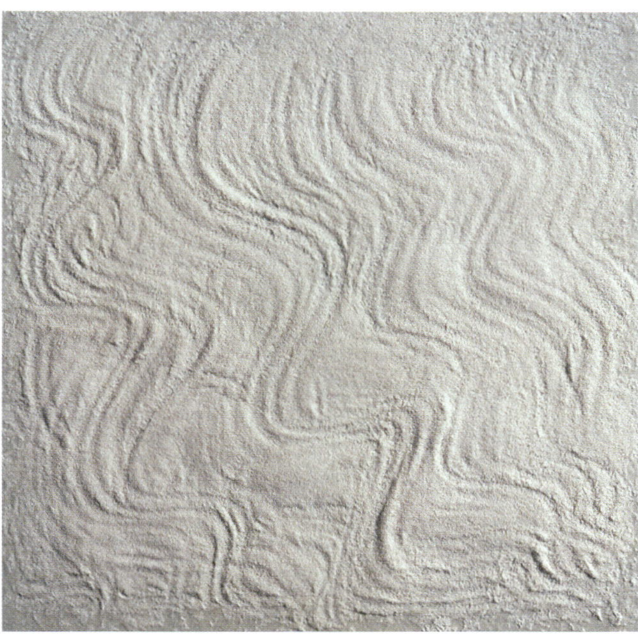

《아키텍스츄어 시리즈 III》
(00004)
《Archi-texture series III》
(00004)
비단솜, 린넨사 가루,
린넨종이벽돌
Raw silk fiber, Linen
powder, Linen paper brick
W80 x H80 cm, 1997.

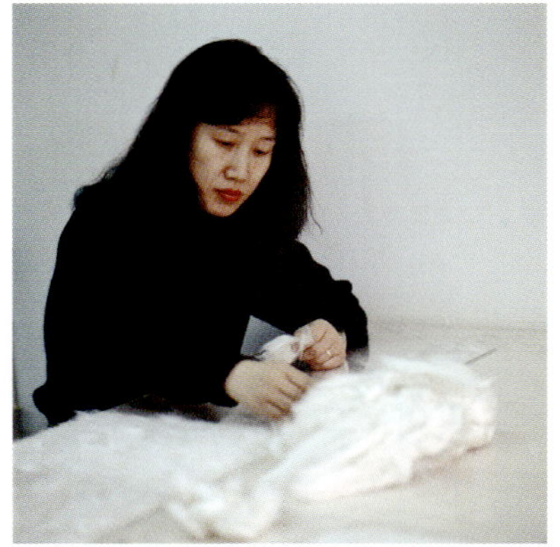

《아키텍스츄어 시리즈 III》
(00001)
《Archi-texture series III》
(00001)
비단종이 제작과정
Silk paper making process
1995.

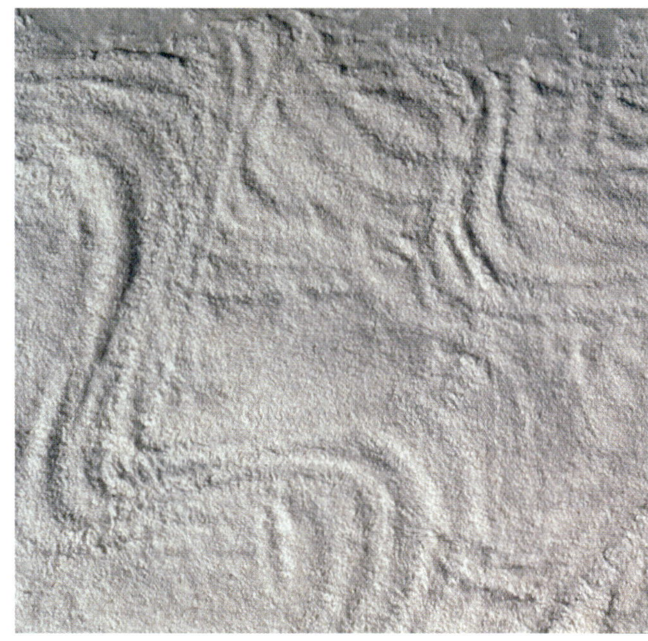

《아키텍스츄어 시리즈 III》
(00005)(부분)
《Archi-texture series III》
(00005)(detail)

060

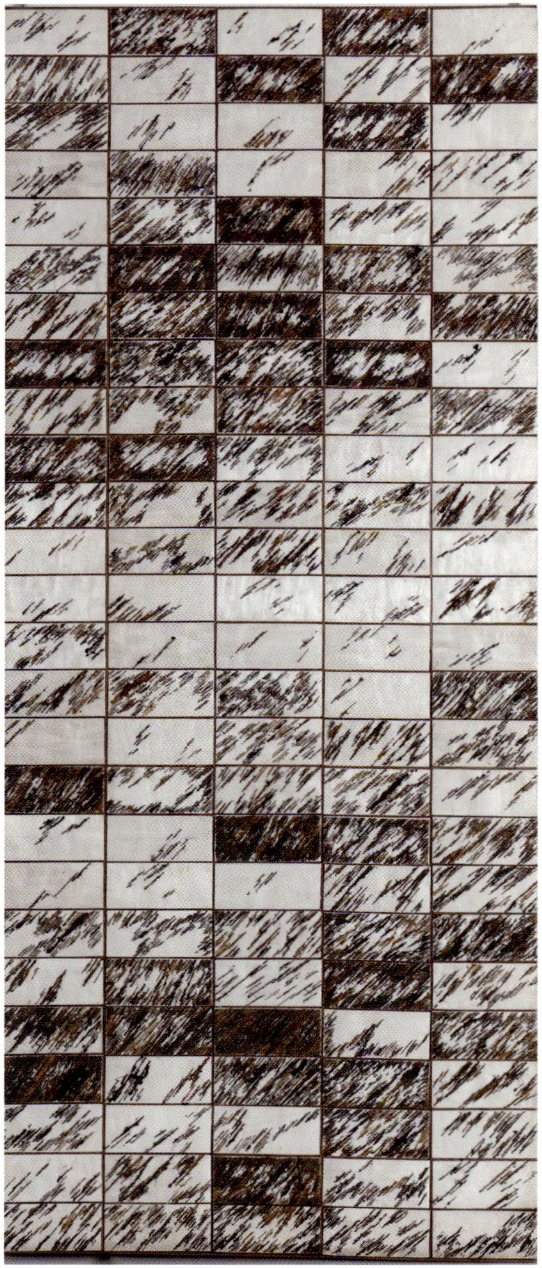

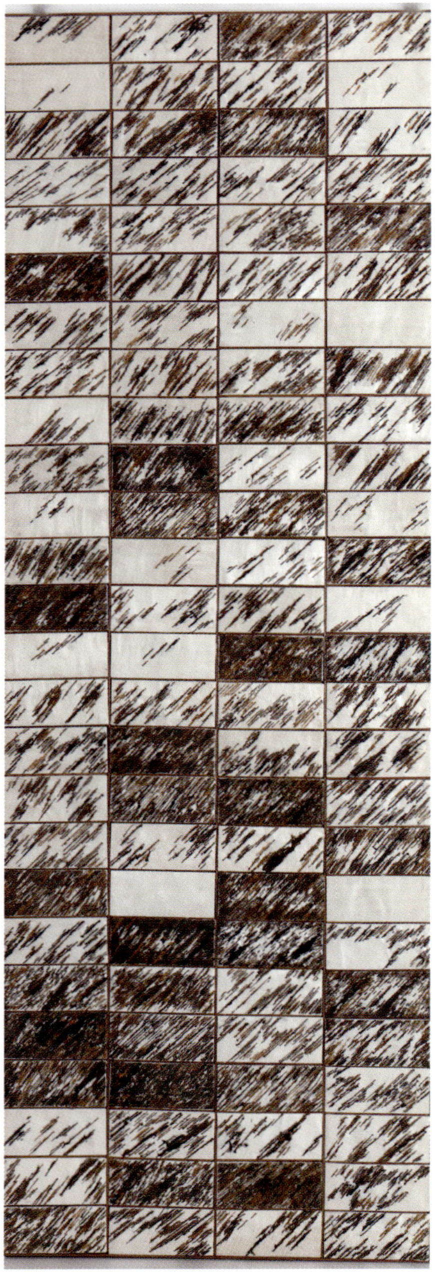

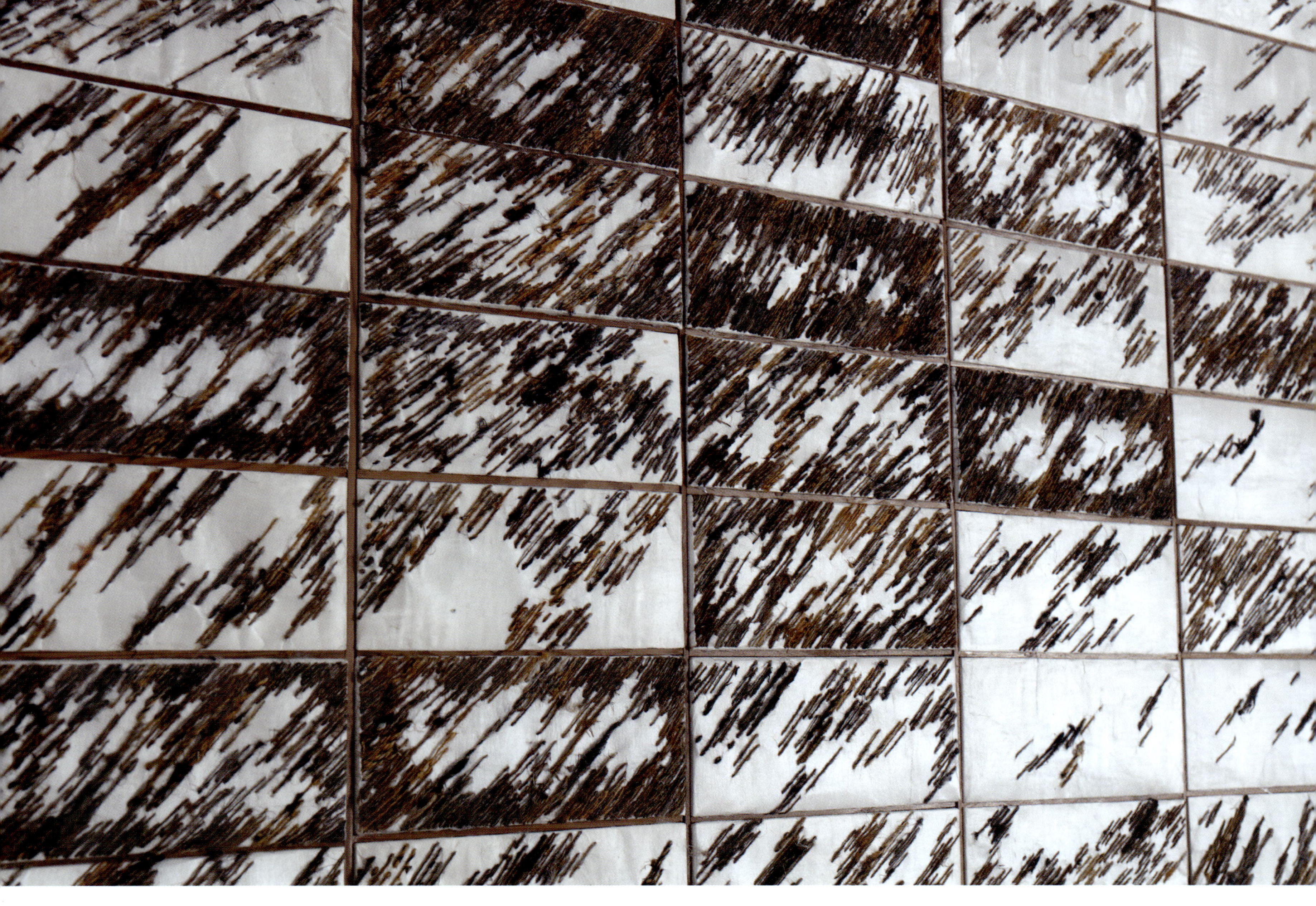

《아키텍스츄어 시리즈 III》(00008C1)(부분)
《Archi-texture series III》(00008C1)(detail)

II 작품 연구과정

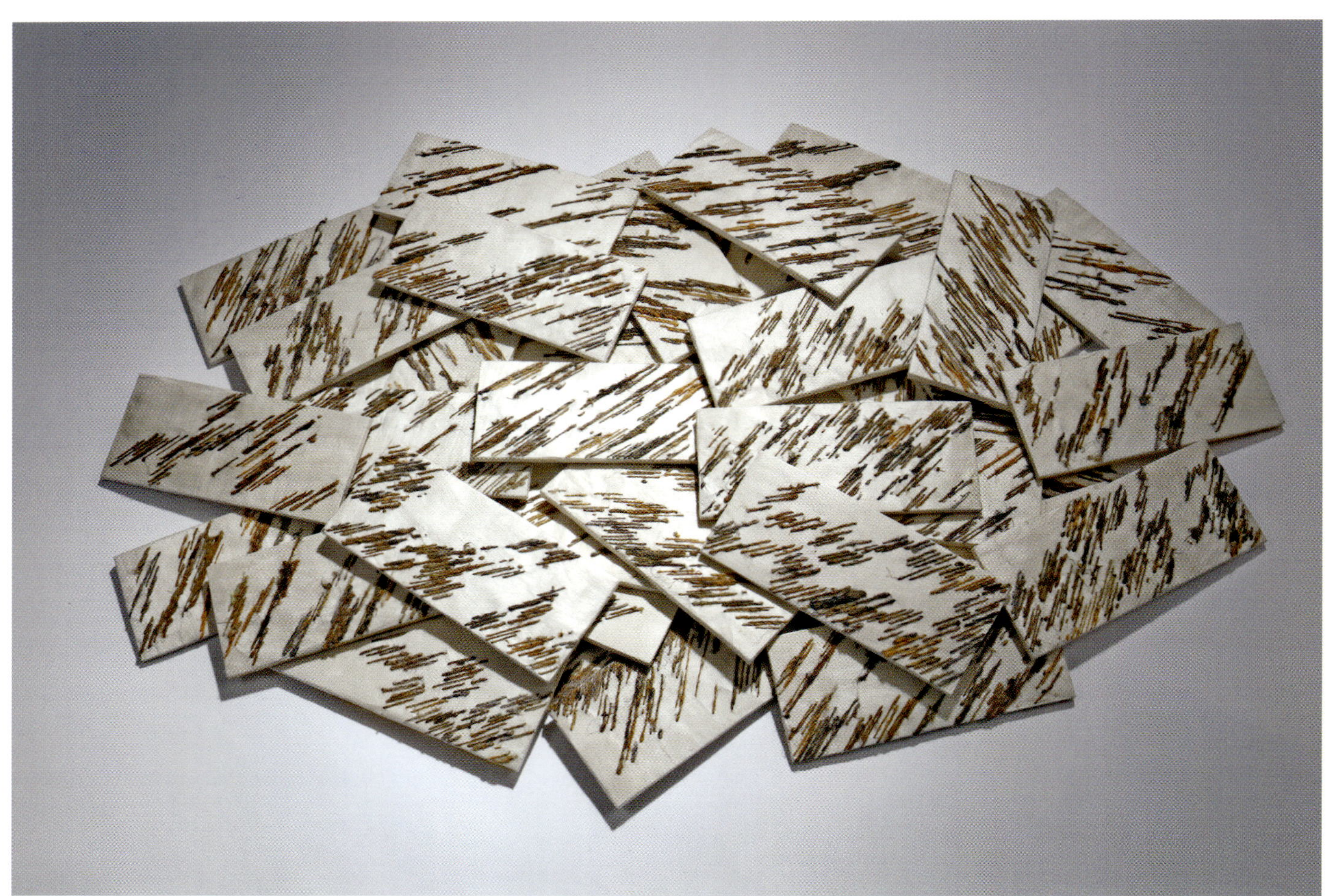

《아키텍스츄어 시리즈 III》(00012C1)
《Archi-texture series III》(00012C1)
수제 비단종이, 린넨사, 자수 벽돌
Silk Paper, Linen threads, Embroidered bricks
W21 x H9 x D5 cm(ea), 1997.

RESEARCH

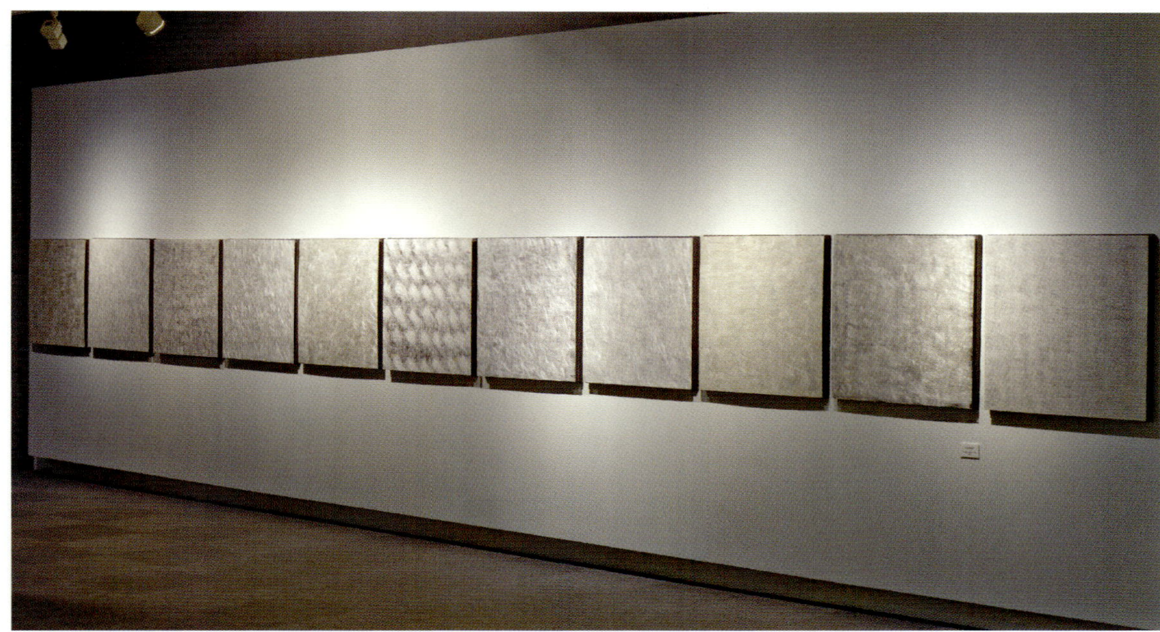

《아키텍스츄어 시리즈 III》
(00010)(11개)
《Archi-texture series III》
(00010)(11ea)
린넨, 수제 비단섬유,
종이판
Raw Linen Fiber, Raw
Silk Fiber, paper plates
W660 x H60 cm(ea), 1997.

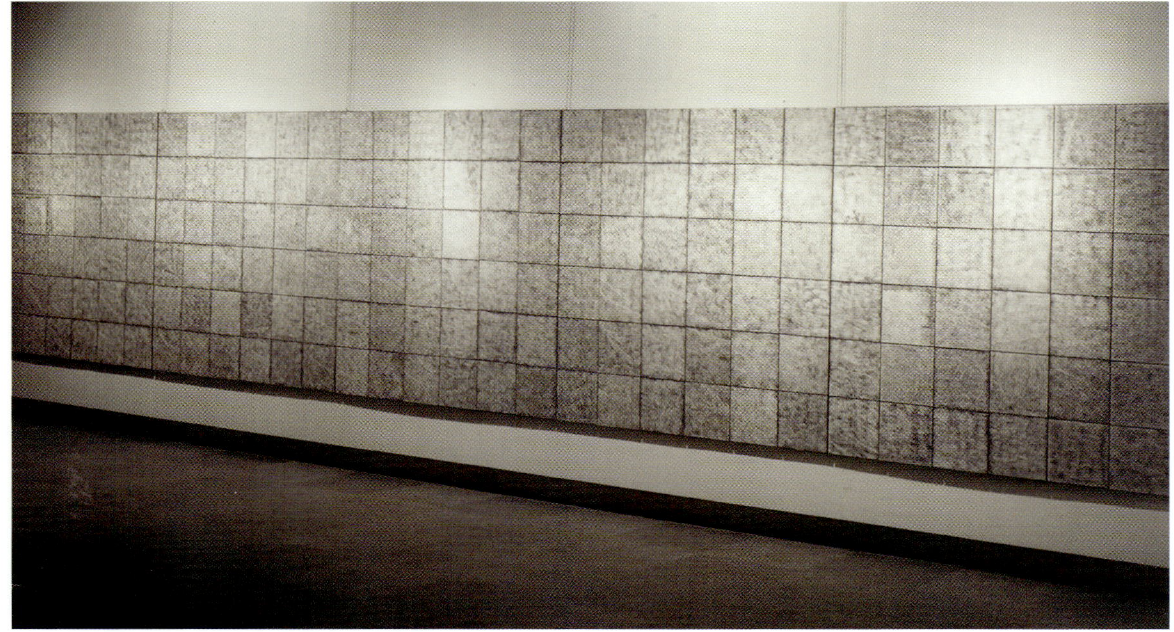

《아키텍스츄어 시리즈 III》
(00013)
《Archi-texture series III》
(00013)
〈구름풍경(雲景)〉
〈Cloudscape〉
비단솜, 비단망사,
축융한 수제 비단종이
Raw silk fiber, tulle,
Felted handmade silk
paper
일본 교토 국제 섬유예술
공모전 당선작
ITF(International Textile
Competition), Kyoto, Japan
W735 x H147 x D3 cm,
1997.

063

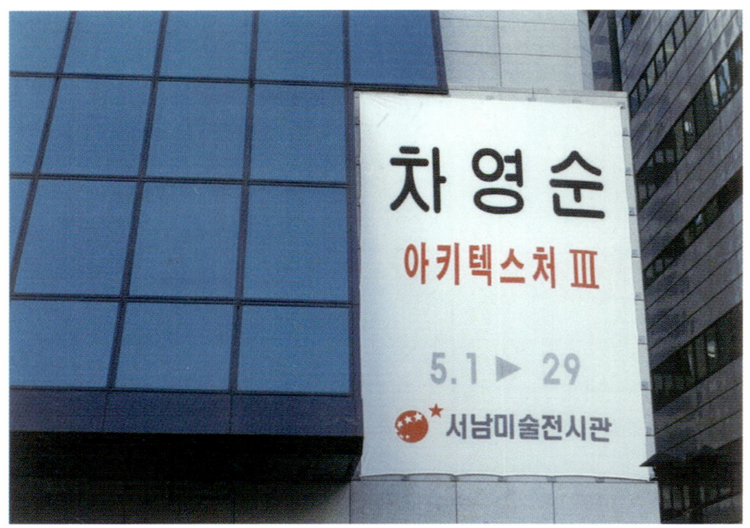

《아키텍스츄어 시리즈 III》
(00014)
《Archi-texture series III》
(00014)
서남미술관 외부 전경
Facade of Seonam
Art Center
1997.

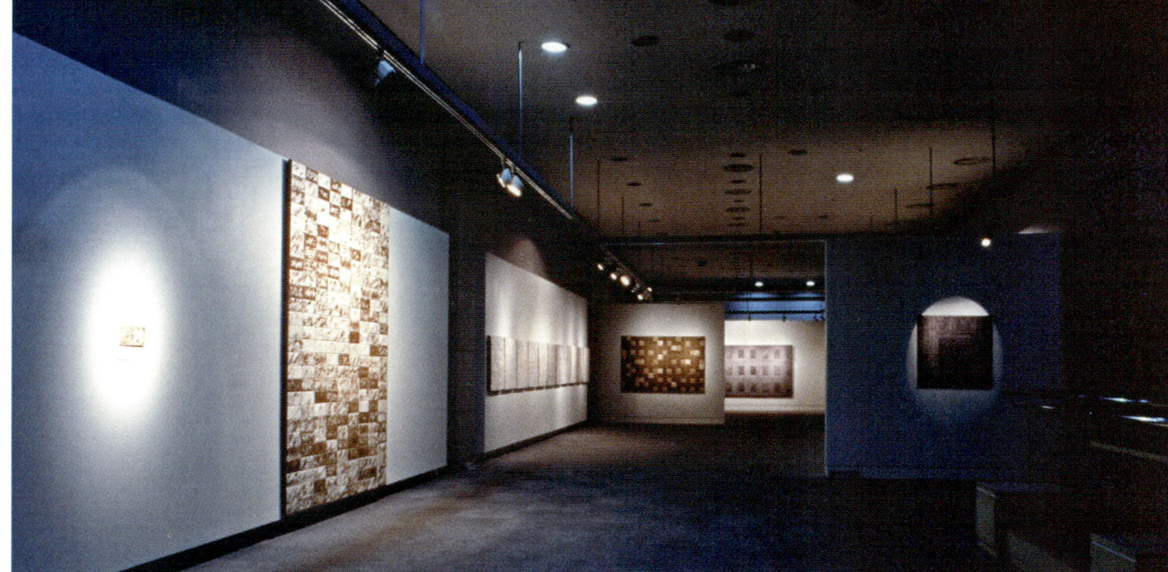

《아키텍스츄어 시리즈 III》
(00011)
《Archi-texture series III》
(00011)
서남미술관 전경
Seonam Art Center
W108 x H247 cm,
W87 x H247 cm(wall size),
1997.

064

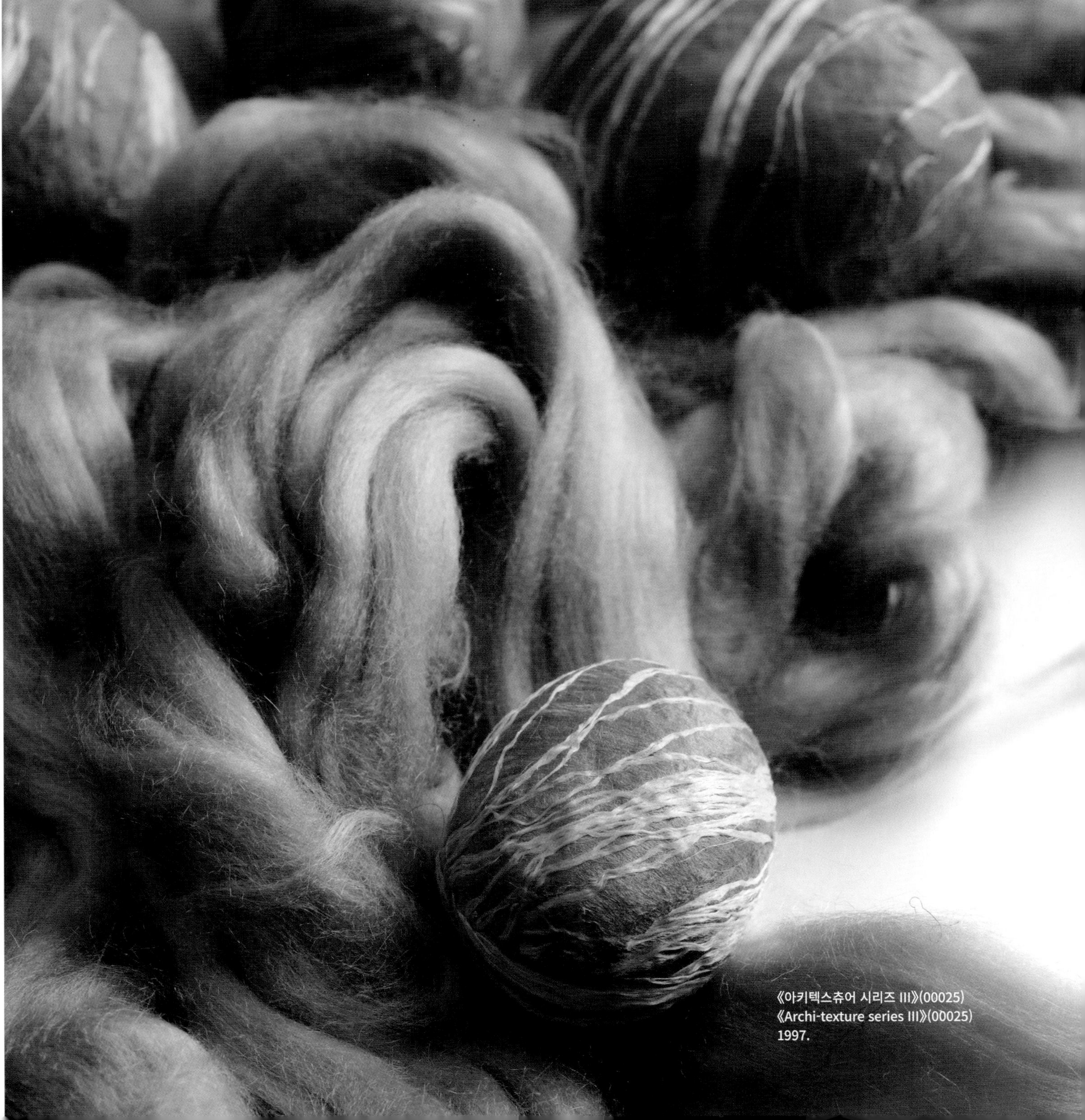

《아키텍스츄어 시리즈 III》(00025)
《Archi-texture series III》(00025)
1997.

1. 흰색 린넨 소재
   White linen Powder(BL)
2. 흰색 린넨 소재
   White linen Powder(BL)
3. 연갈색 린넨 소재
   Beige linen powder(BL)
4. 연갈색 린넨 소재
   Beige linen powder(BL)
5. 밤색 린넨 소재
   Brown linen powder(BL)
6. 회색 린넨 소재
   Grey linen powder(BL)
7. 밤색 린넨 소재
   Brown linen powder(BL)
8. 흰색 린넨 소재
   White linen Powder(BL)
9. 스위스 비단 망사
   Silk Tulle(CH)

* BL: 벨기에, CH: 스위스
* BL: Belgium, CH: Switzerland

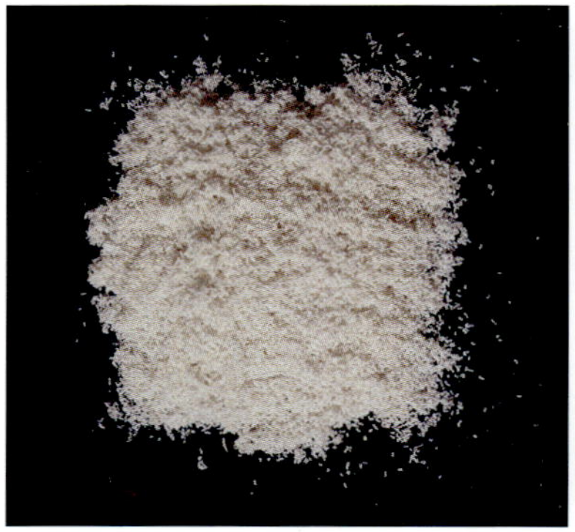

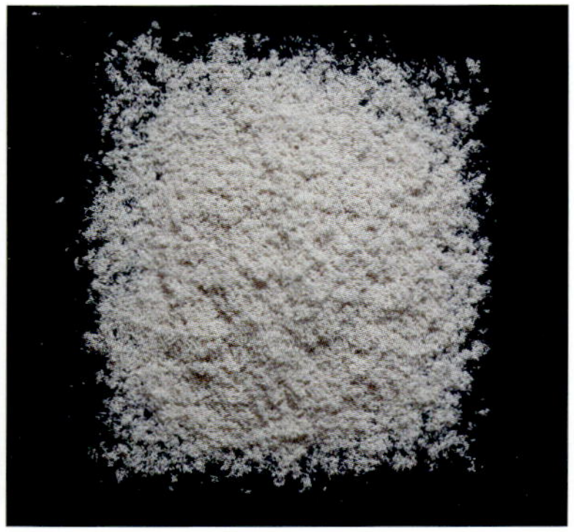

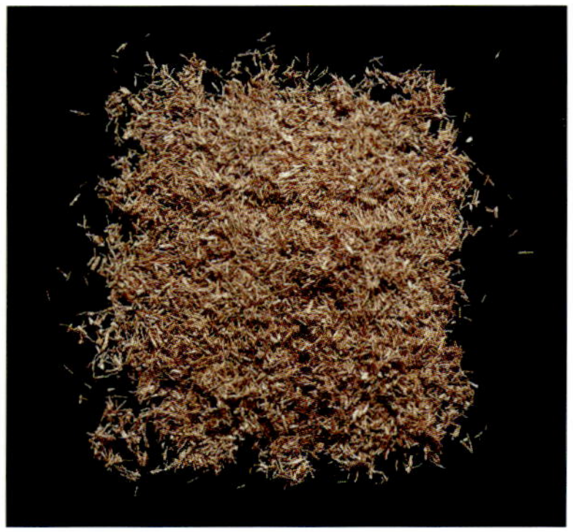

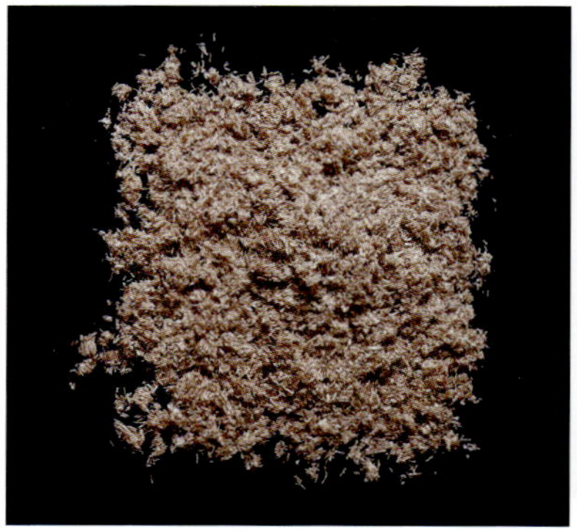

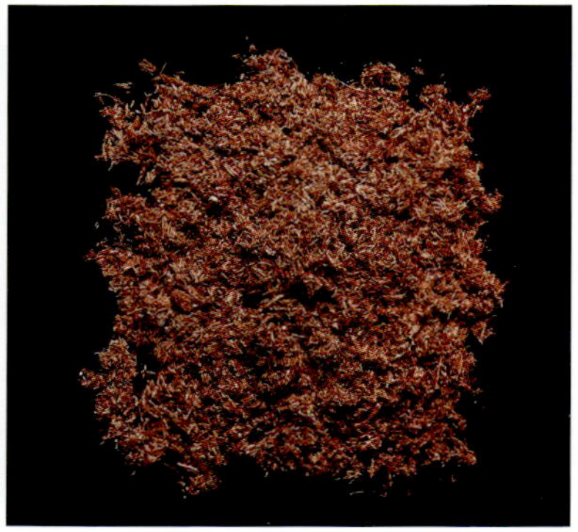

066

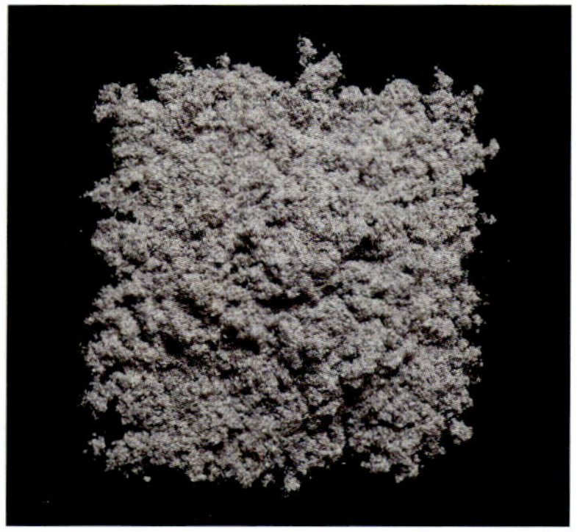

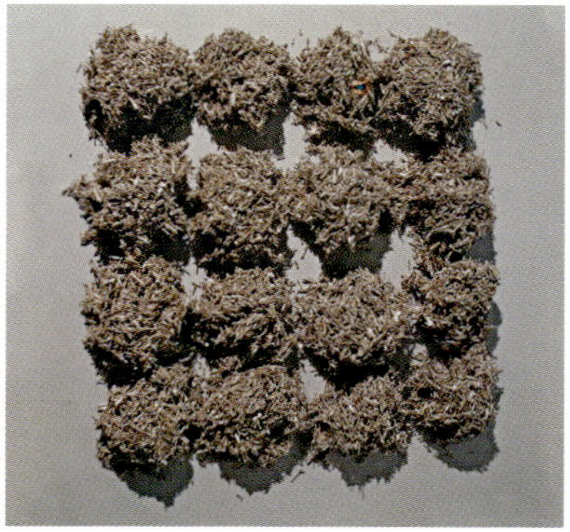

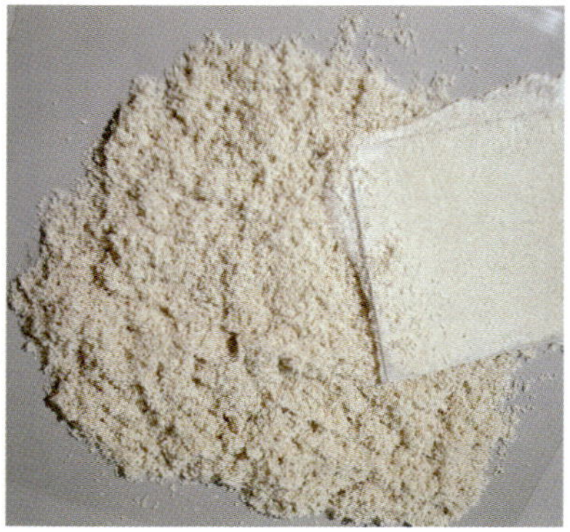

《아키텍스츄어 시리즈 III》(00015~00020)
《Archi-texture series III》(00015~00020)
다양한 린넨사 가루, 기계자수
Handmade silk paper,
Machine embroidery, golden threads
1997.

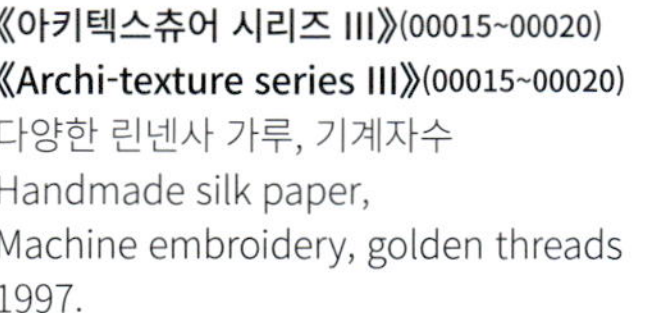

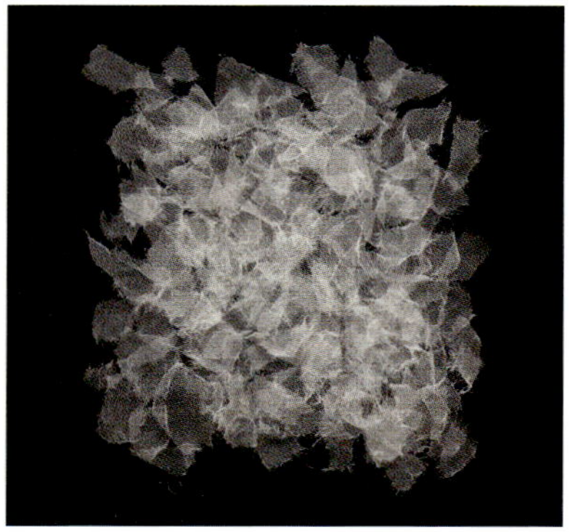

3. 아키텍스츄어 IV: 연장성 Archi-texture series IV: Ex-tension

- 기간: 2000년 5월 3일 ~ 5월 12일
- 장소: 금산갤러리
- 기법: 수제비단종이, 기계자수, Handmade silk paper, Machine embroidery, golden threads
- 소재: 노이실크(Nooi Silk), 금사(golden threads)
- 연구 과정: 아키텍스츄어의 주제를 꾸준히 지속하며 실내 건축의 장식적인 환경과 연관시킨 작품들이다.

각 작품의 유닛에 상호 텍스트성(inter-textuality)을 조성하여 감상 및 시각적인 폭과 방향의 연장성을 살리고 있다.

작품은 주어진 공간의 성격을 한층 더 강화해 특화하였고 설치예술의 성격을 부여하였다.

주조색인 황금색은 빛을 연상시키는 비잔틴 이콘(icon)에서 성상화의 배경에 주로 사용된 금색이 신앙의 확장성을 나타내는 주된 색으로 초자연적이고 초월적인 성격을 지니는 금사(金絲)를 상징적 의미에서 채용하였으며 실이 동양의 정서에서 '끈'과 '유대관계'를 의미한다는 점에 주목하였다.

작은 정사각형 단위체로 분열시킨 작품 조각들에 투입한 자수 기법은 수직, 수평의 방향을 달리한 평수 기법을 사용하여 평면 회화에서 동일한 색상의 재료가 놓인 방향에 따라 색의 변조를 일으키는 현상에 착안하여 변화를 유도했다.

또한 다양한 직물들의 조직 형태를 자수로 표현한 것뿐만 아니라 직조의 기본 패턴들을 시각화하는 일종의 유형학적 접근을 시도하였다.

이는 작가 자신이 습득한 직조, 자수 및 여타 섬유예술의 상호관계를 테크닉과 설치 방법, 미학적 의미로 한데 엮어 하나의 소우주로 탄생시킨 것이다.

원소재인 비단솜을 사용하여 만든 수제비단 종이 위에 일정한 방법으로 수를 놓아 평면적인 작업의 결과물을 통해 건축과의 연관성을 갖도록 하였다. (김미상 박사 평문에서 발췌)

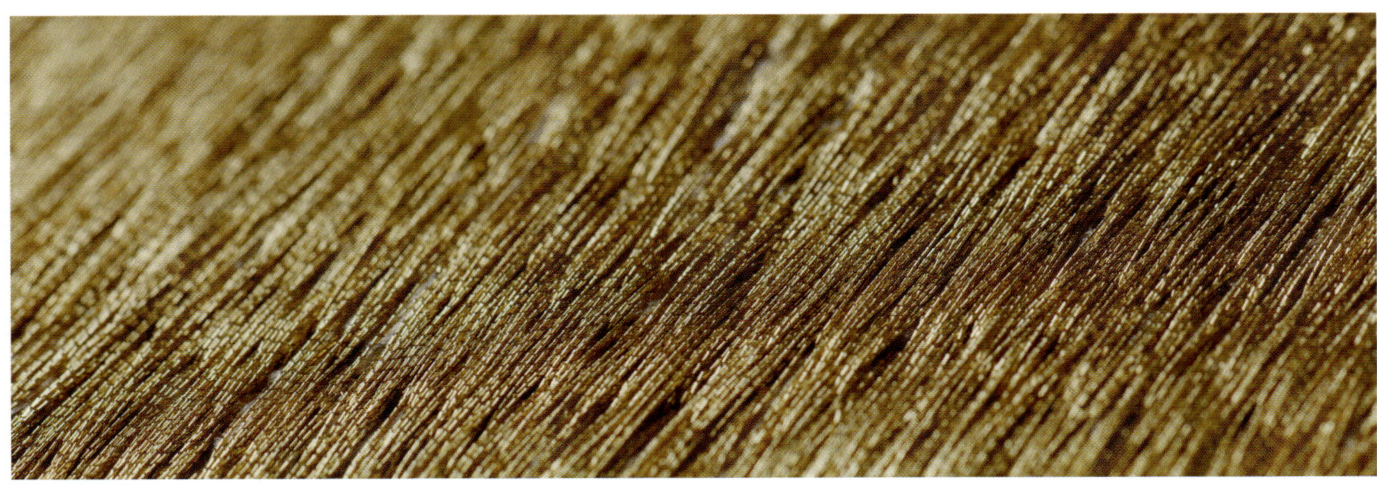

《아키텍스츄어
시리즈 IV》(00004)(부분)
《Archi-texture
series IV》(00004)(detail)

068

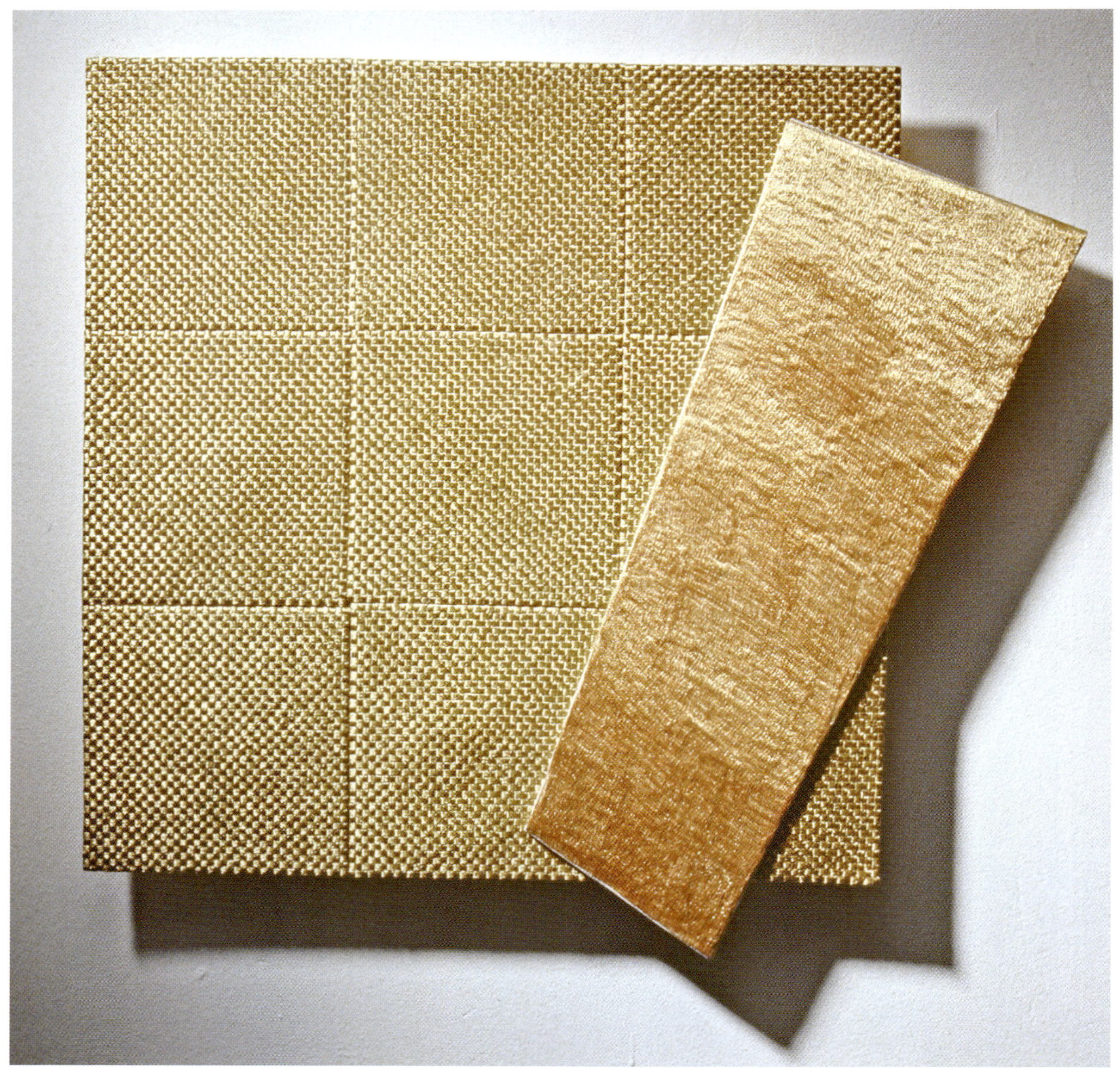

《아키텍스츄어 시리즈 IV》(00001)
《Archi-texture series IV》(00001)

4번 금사, 수제 비단종이, 평수
Golden thread, Handmade silk paper, Satin stitch
W80 x H70 cm, 2000.

RESEARCH

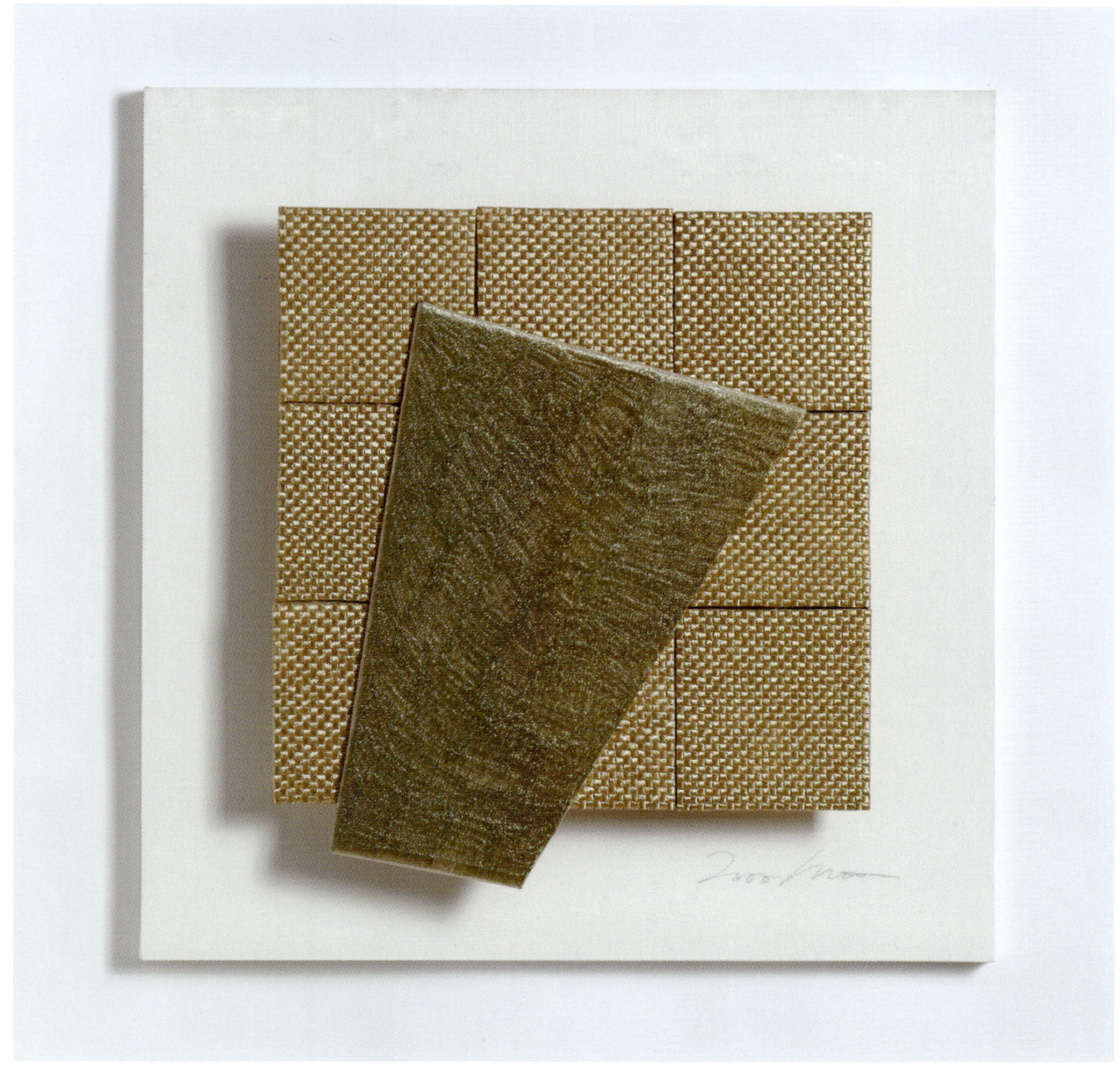

《아키텍스츄어 시리즈 IV》(00002)
《Archi-texture series IV》(00002)

수제 비단종이, 기계수
Handmade Silk paper, Machine Embroidery
W80 x H70 cm

II 작품 연구과정

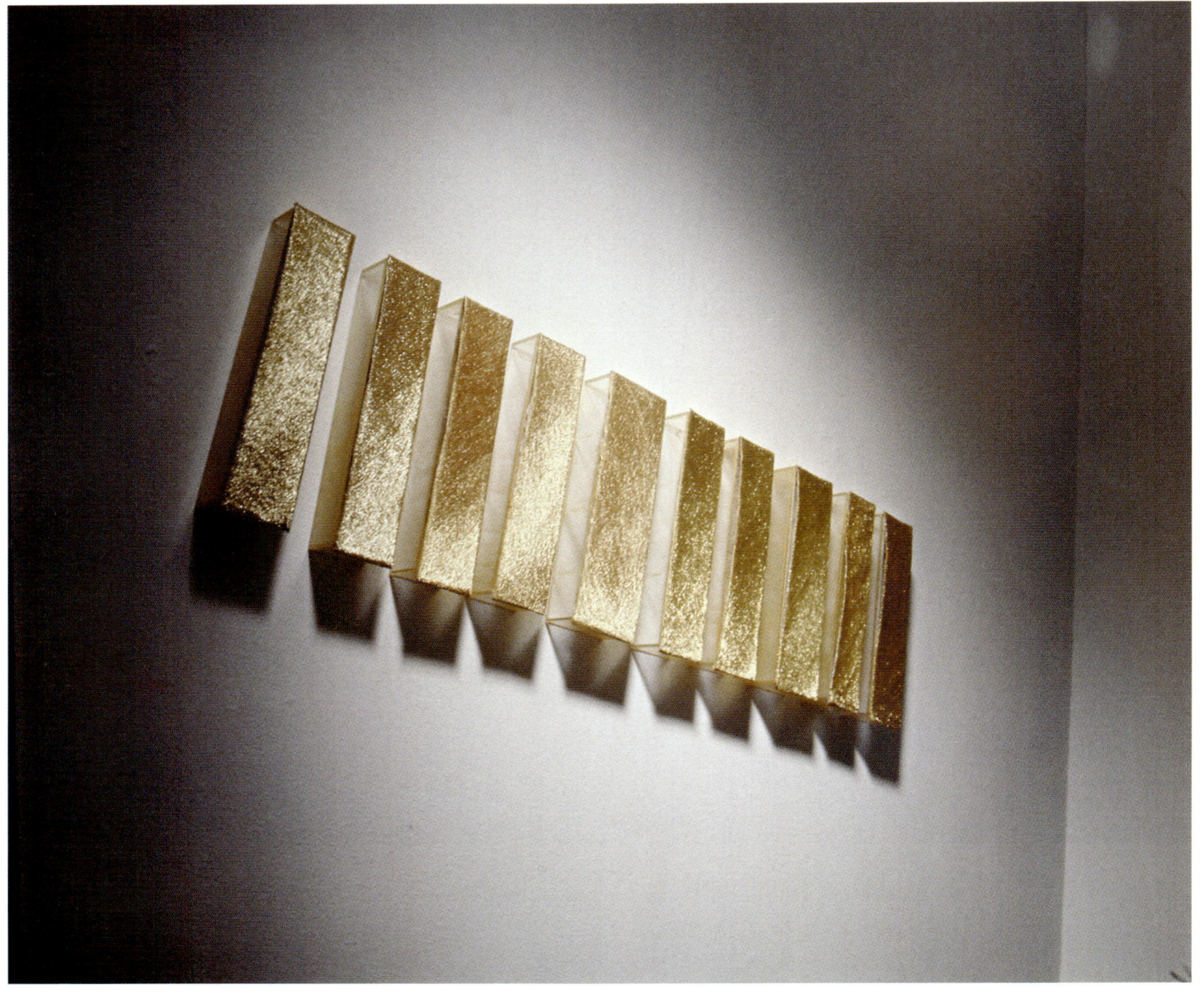

《아키텍스츄어 시리즈 IV》(00004)
《**Archi-texture series IV**》(00004)

1번 금사, 수제 비단종이, 수지비닐, 평수
Golden thread, Handmade silk paper, Plexiglass, Satin stitch
W70 x H24 cm

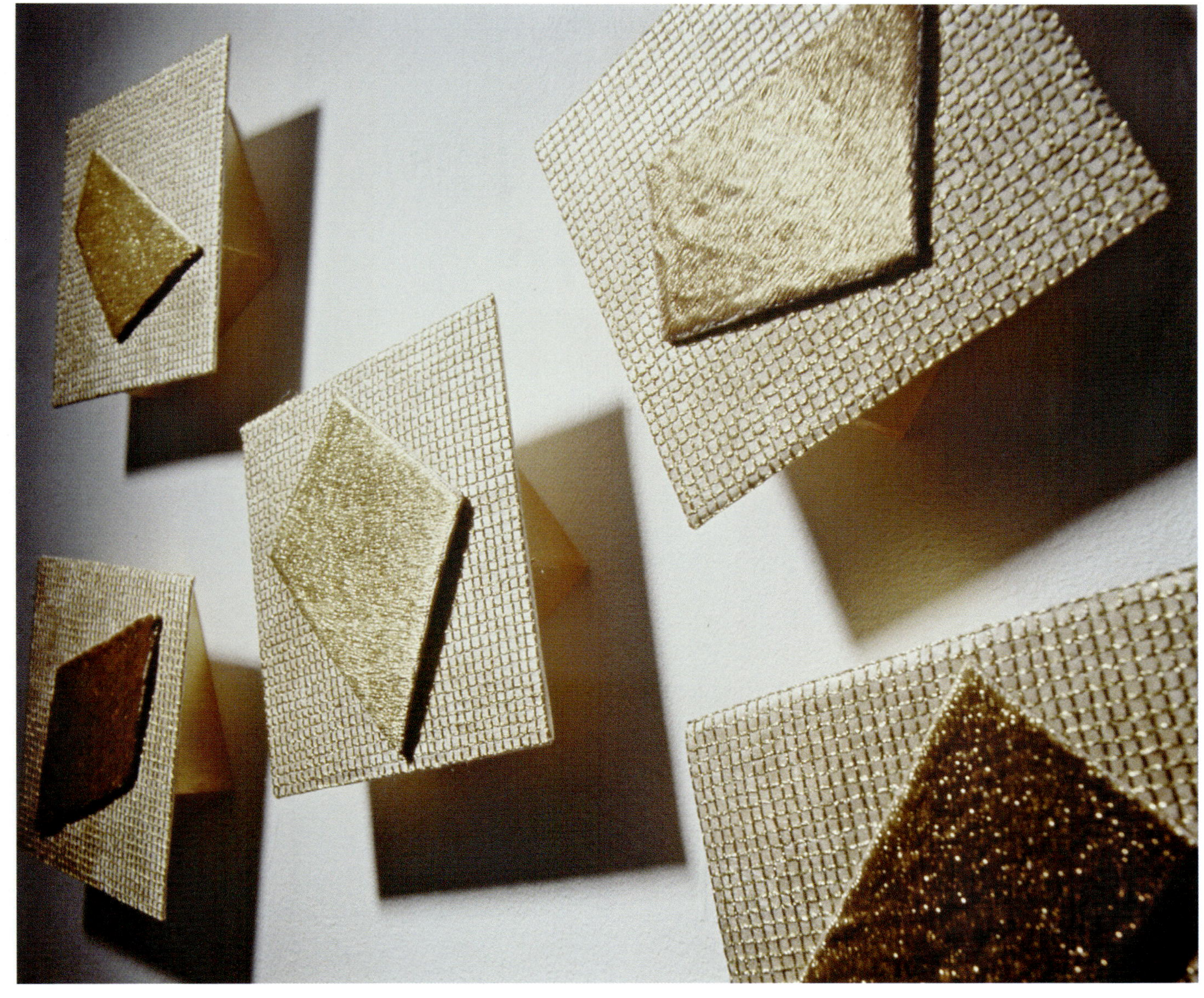

《아키텍스츄어 시리즈 IV》(00005)
《Archi-texture series IV》(00005)

금사, 수제 비단종이, 아크릴, 평수
Golden Thread, Handmade Silk paper, Plexiglass, Satin stitch

II 작품 연구과정

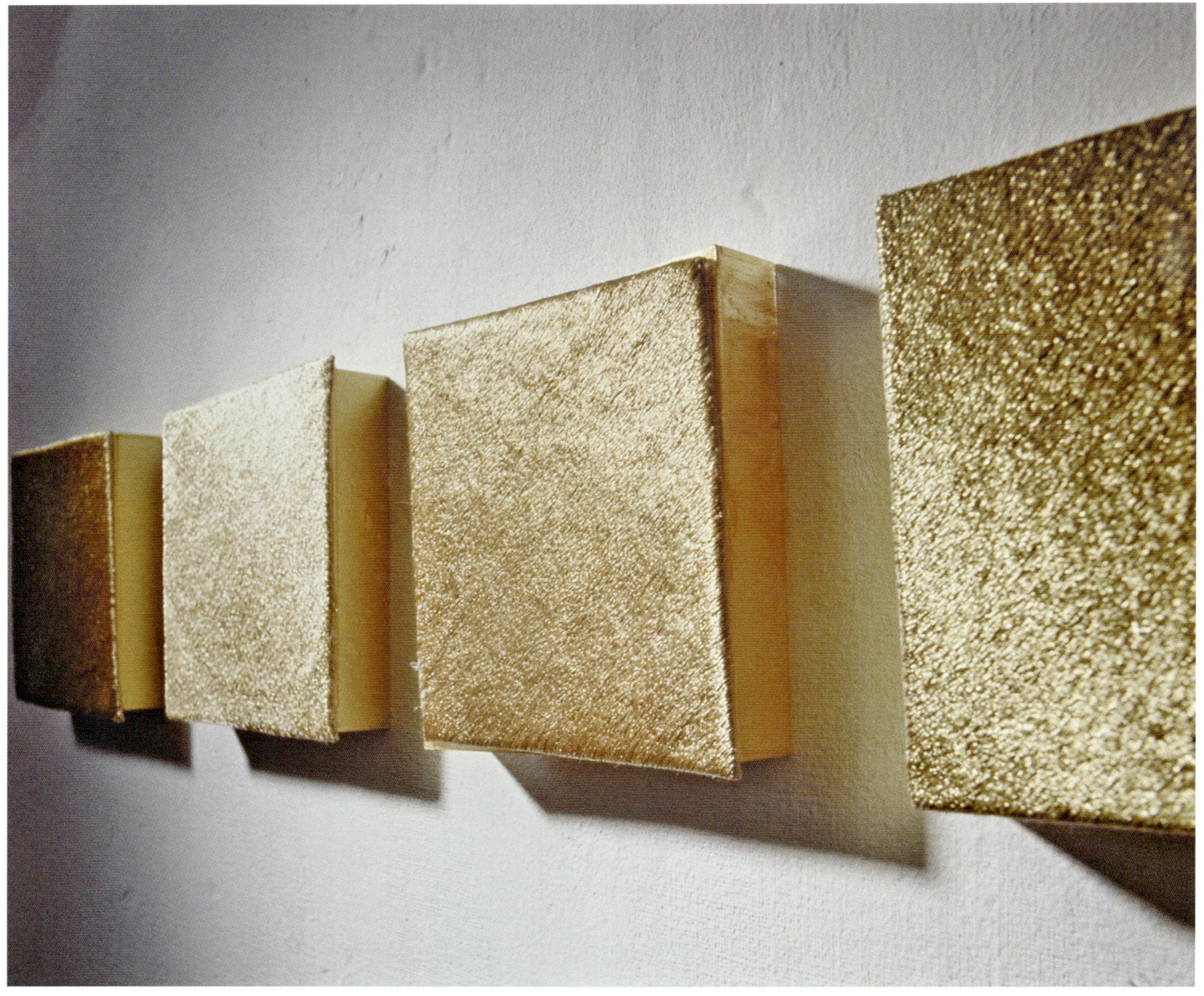

《아키텍스츄어 시리즈 IV》(00006)
《Archi-texture series IV》(00006)

8번 금사, 수제 비단종이, 투명 아크릴판, 평수
Golden thread, Handmade silk paper, Plexiglass, Satin stitch
W70 x H24 cm

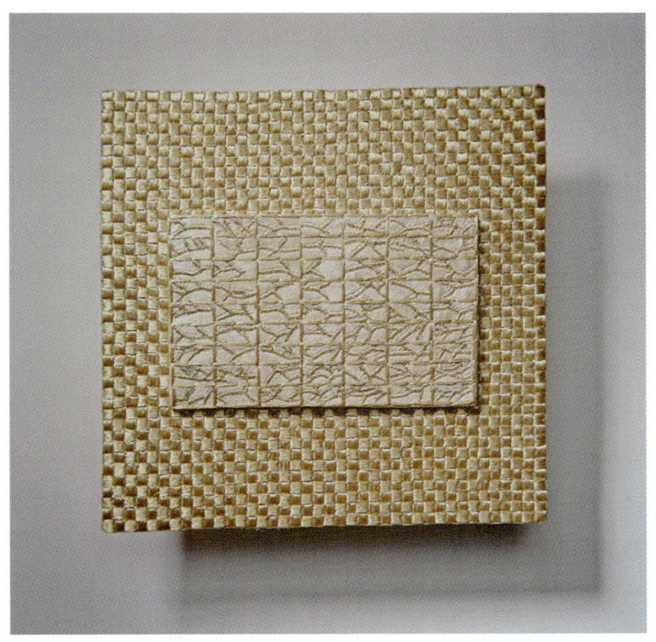 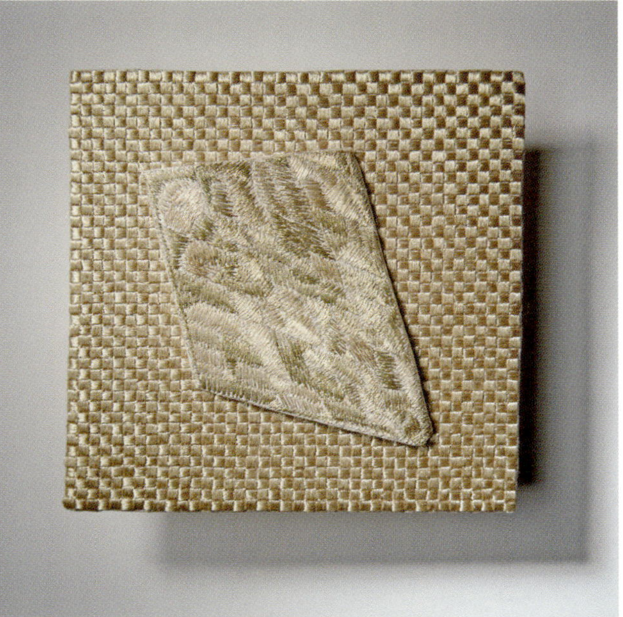

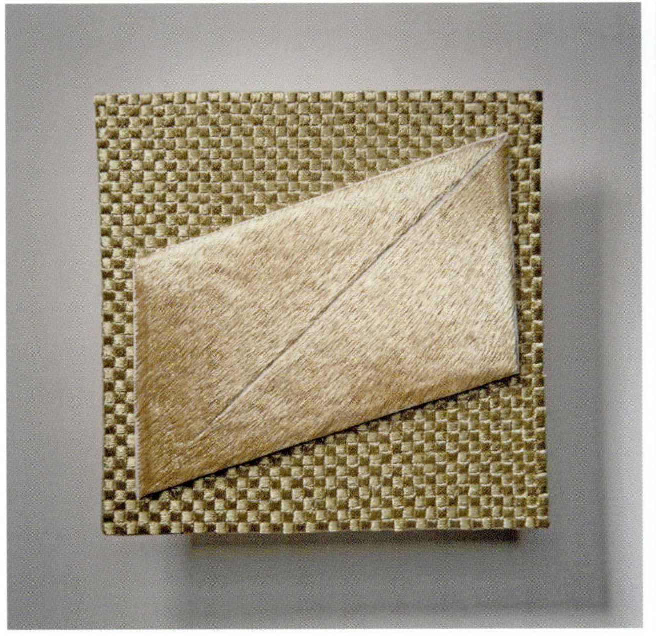 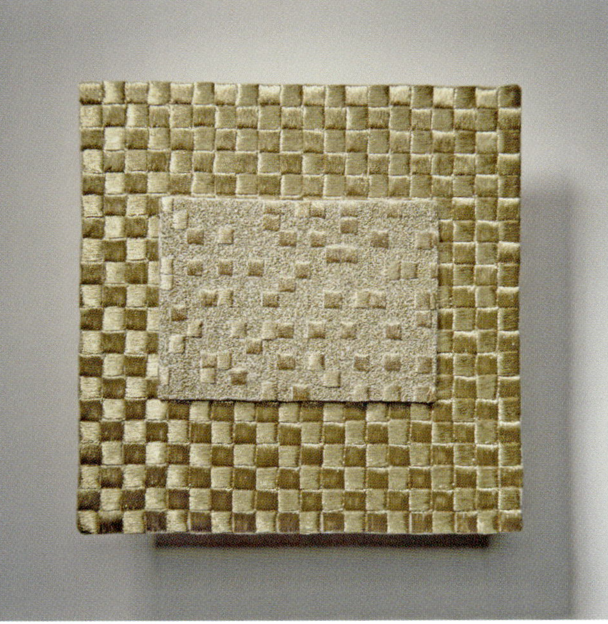

《아키텍스츄어 시리즈 IV》
(00019)
《Archi-texture series IV》
(00019)
9,12,14번 금사,
수제 비단종이, 자수
Golden threads,
Handmade silk paper,
Embroidery
W20 x H20 cm

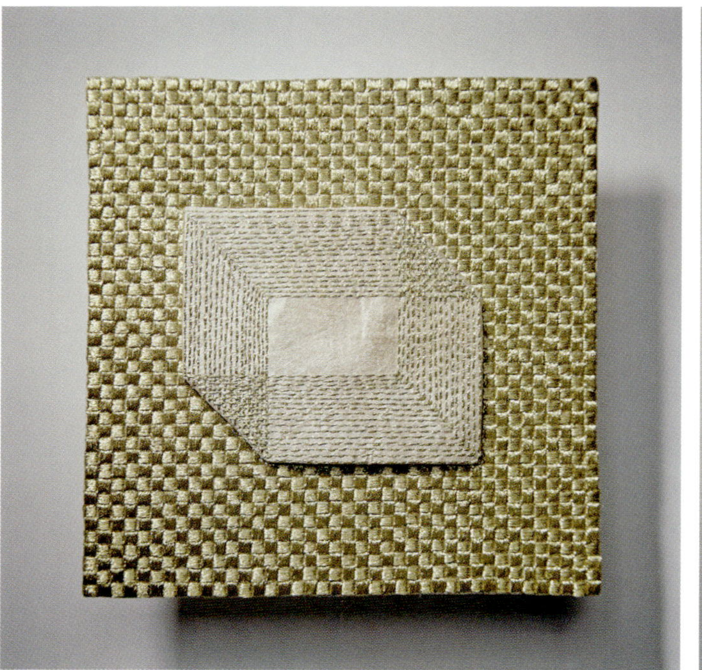

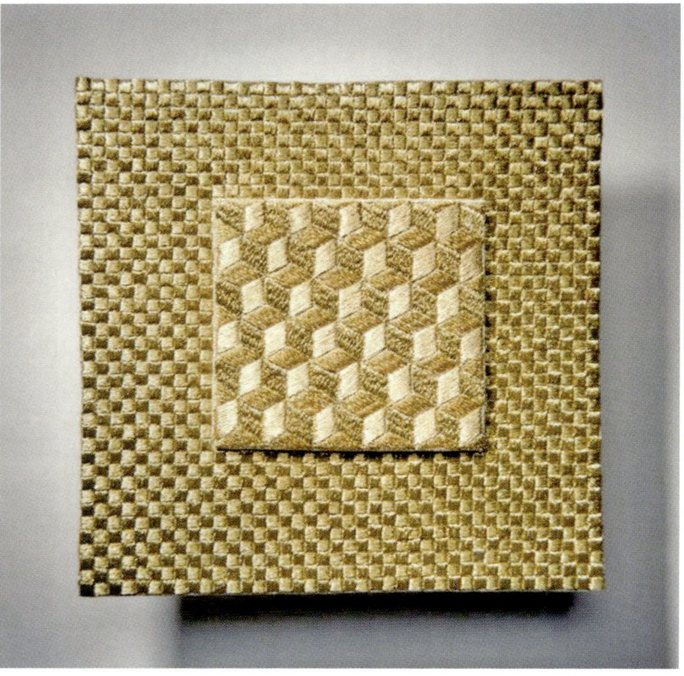

《아키텍스츄어 시리즈 IV》
《Archi-texture series IV》
14번 금사, 수제 비단종이, 자수
Golden thread, Handmade silk paper, Embroidery,
W20 x H20 cm

《아키텍스츄어 시리즈 IV》
《Archi-texture series IV》
14번 금사, 수제 비단종이, 새틴 스티치
Golden Thread, Handmade Silk paper, Point stitch, Satin stitch
W20 x H20 cm

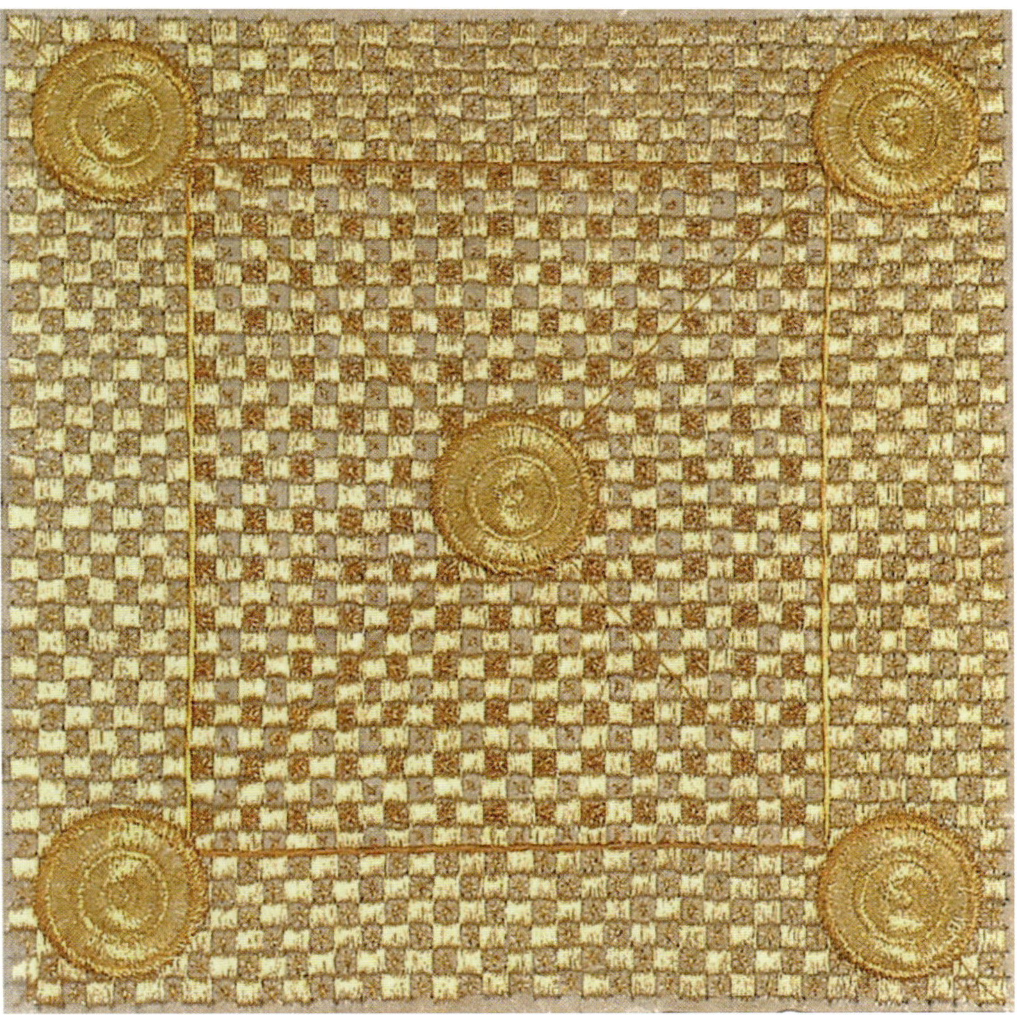

《아키텍스츄어 시리즈 IV》
《Archi-texture series IV》
금사, 자수, 컴퓨터 자수
Golden thread, Embroidery, Computerized Machine Stitch

Ⅱ 작품 연구과정

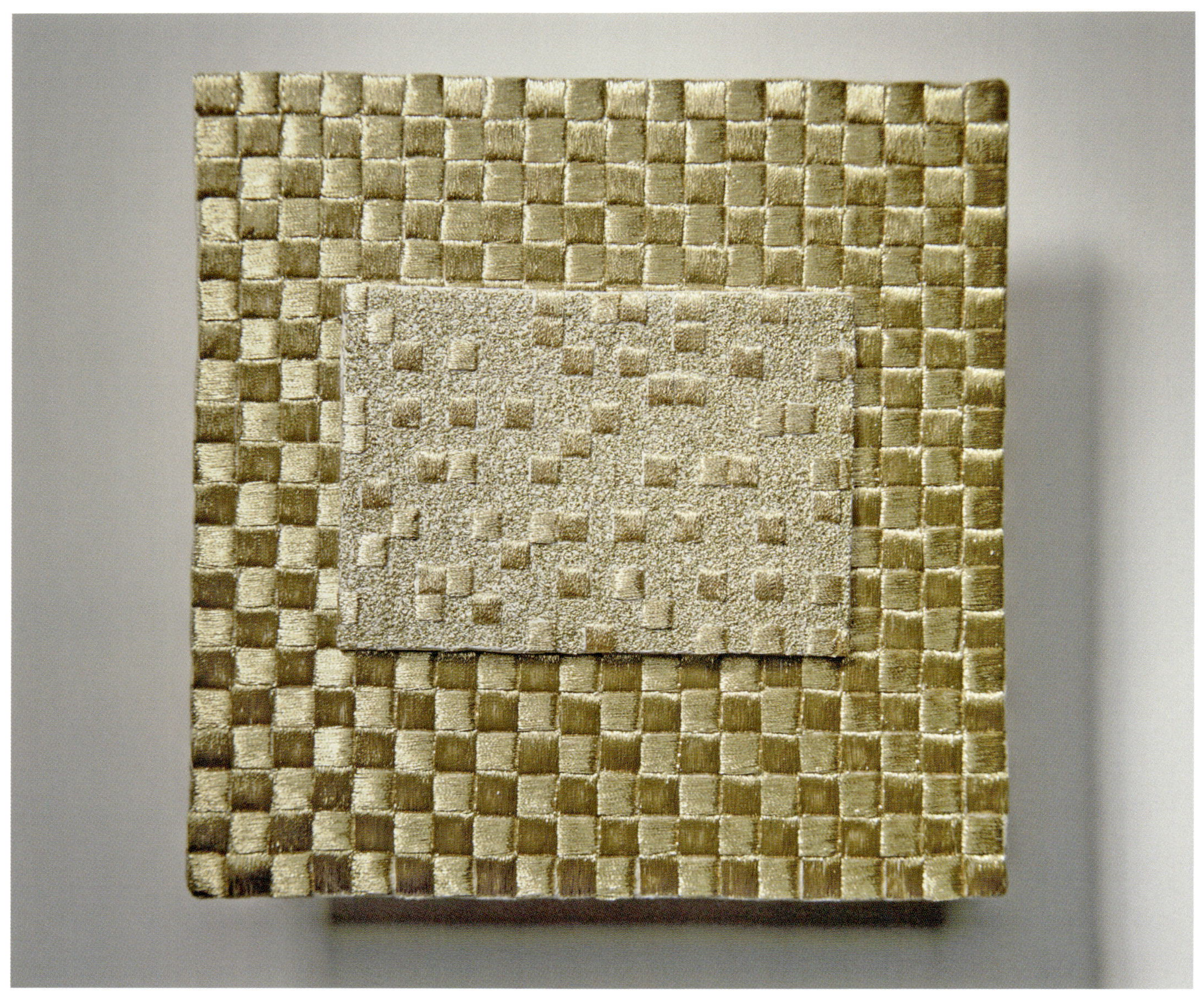

《아키텍스츄어 시리즈 IV》
《Archi-texture series IV》

13번 금사, 수제 비단종이, 자수
Golden thread, Handmade silk paper, Embroidery
W20 x H20 cm(ea)

RESEARCH

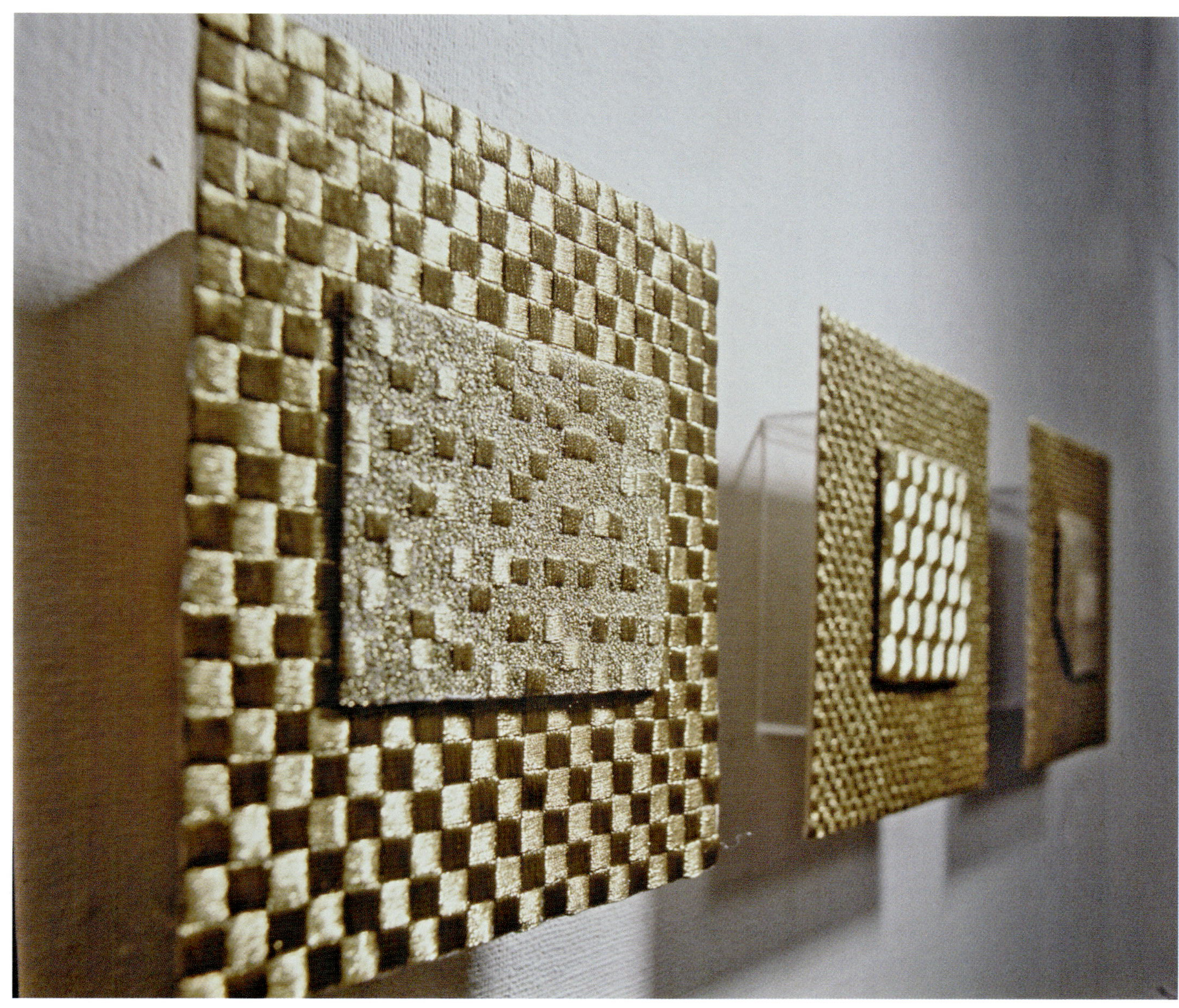

《아키텍스츄어 시리즈 IV》(00007)(부분)
《Archi-texture series IV》(00007)(detail)

II 작품 연구과정

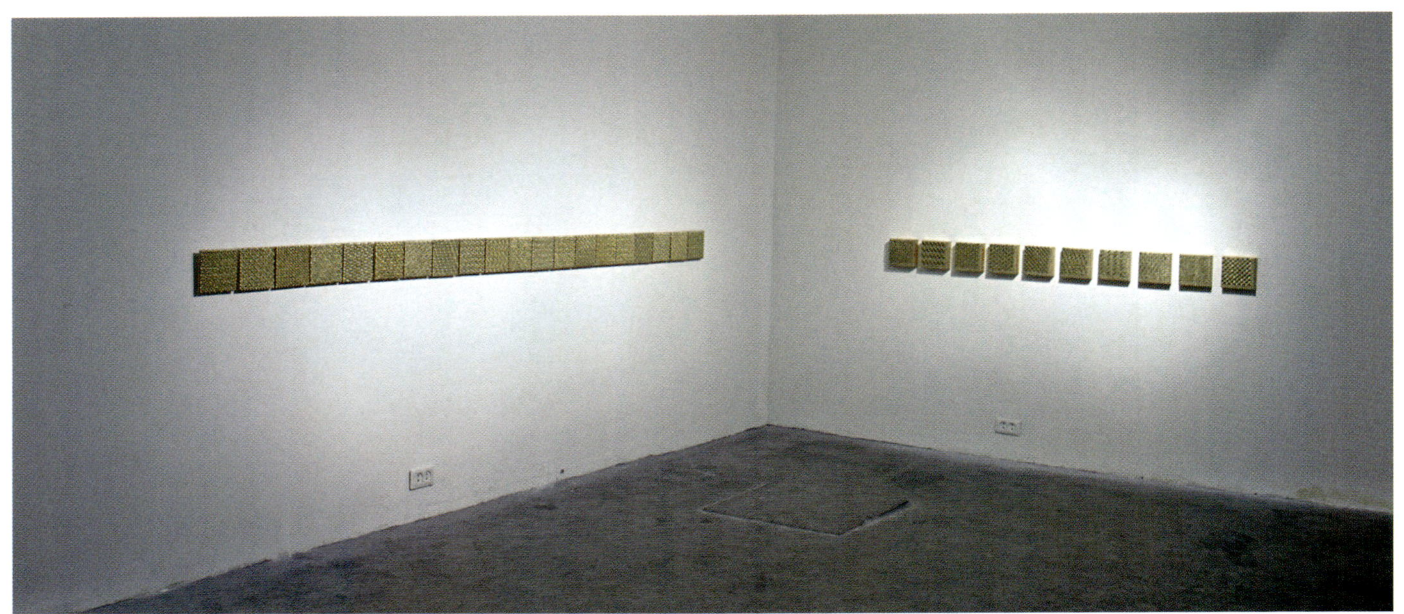

《아키텍스츄어 시리즈 IV》(00024)
《Archi-texture series IV》(00024)
2층 전시장 전경

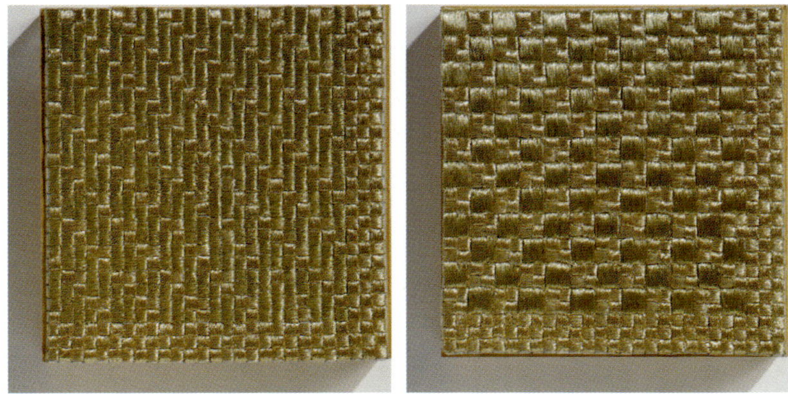

《아키텍스츄어 시리즈 IV》(000015, 00014)(부분)
《Archi-texture series IV》(000015, 00014)(detail)

RESEARCH

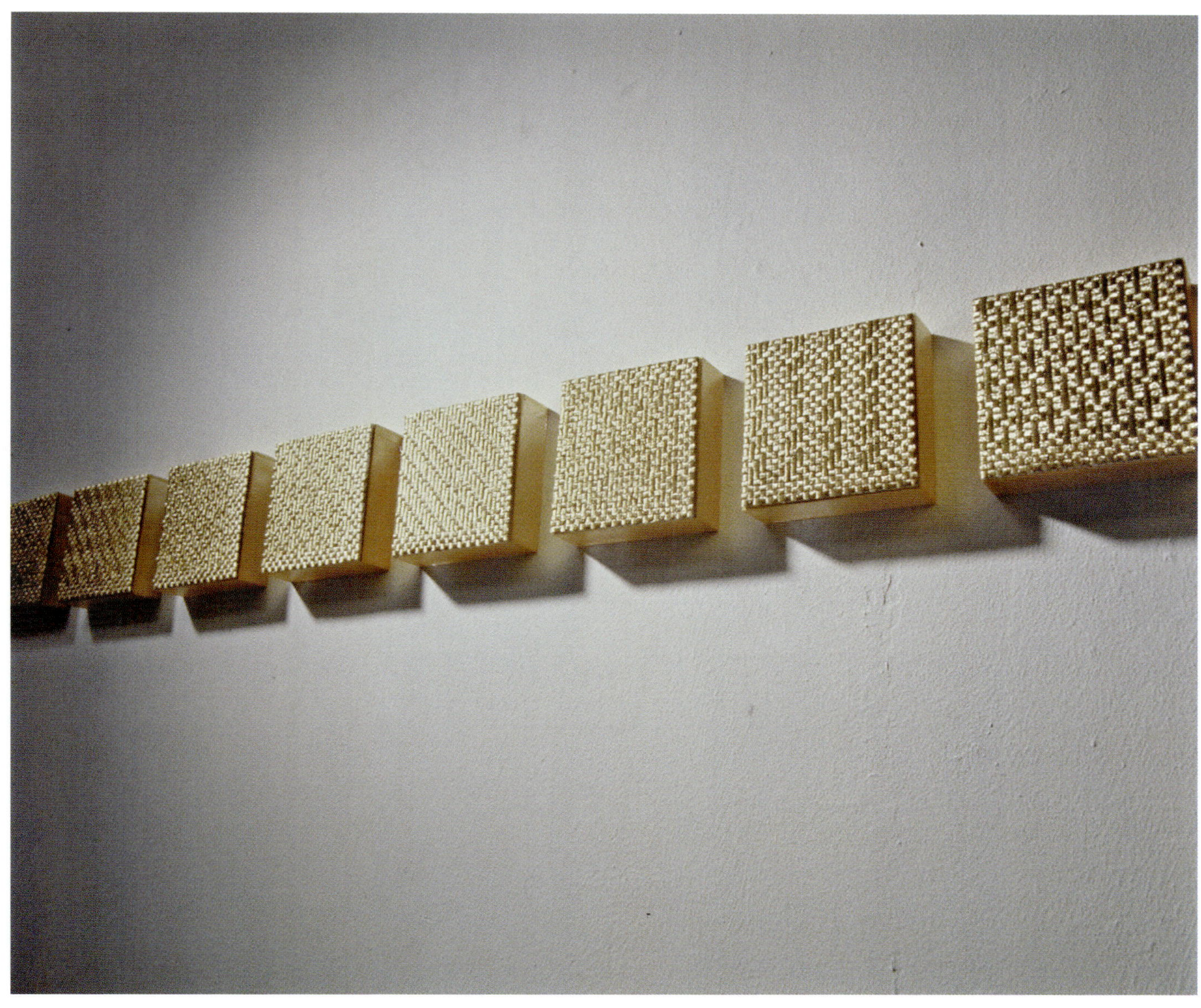

《아키텍스츄어 시리즈 IV》(00008)
《Archi-texture series IV》(00008)

금사, 수제 비단종이, 자수
Golden thread, Handmade silk paper, Embroidery
W140 x H15 cm, 13.5 x 13.5 x 4 cm(ea)

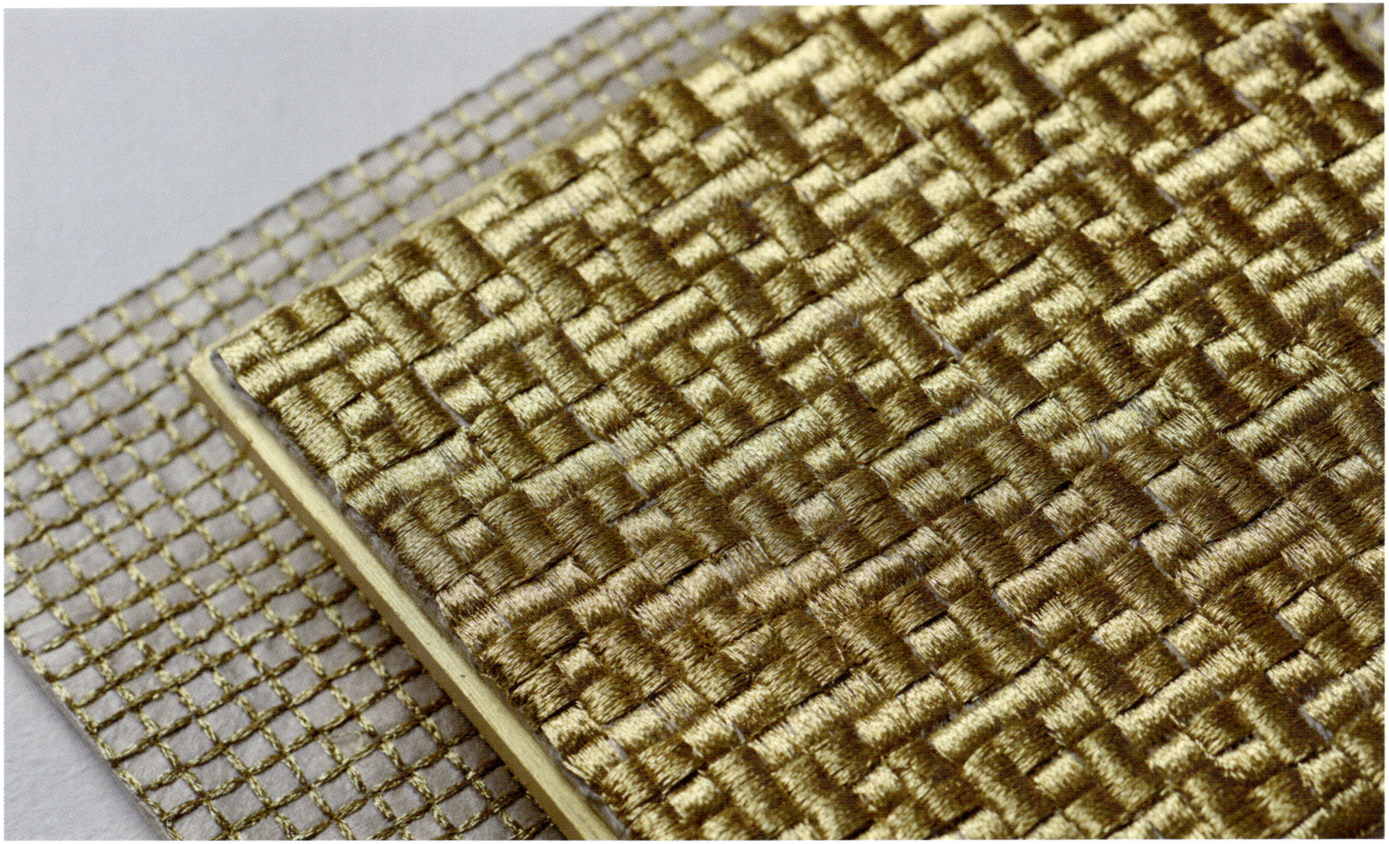

《아키텍스츄어 시리즈 IV》(00024)(부분)
《Archi-texture series IV》(00024)(detail)

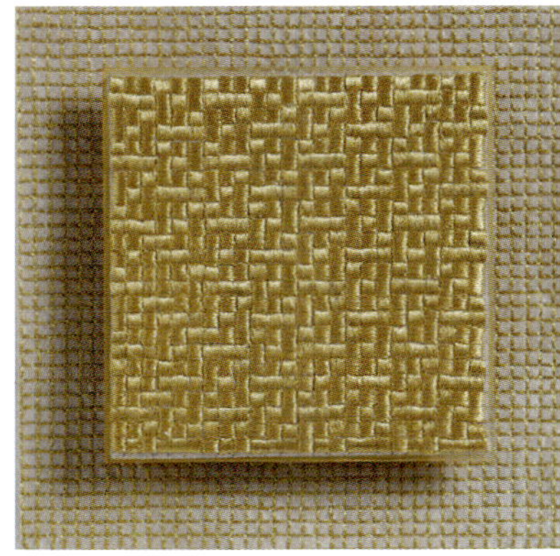

《아키텍스츄어 시리즈 IV》
(000015, 00014)(부분)
《Archi-texture series IV》
(000015, 00014)(detail)

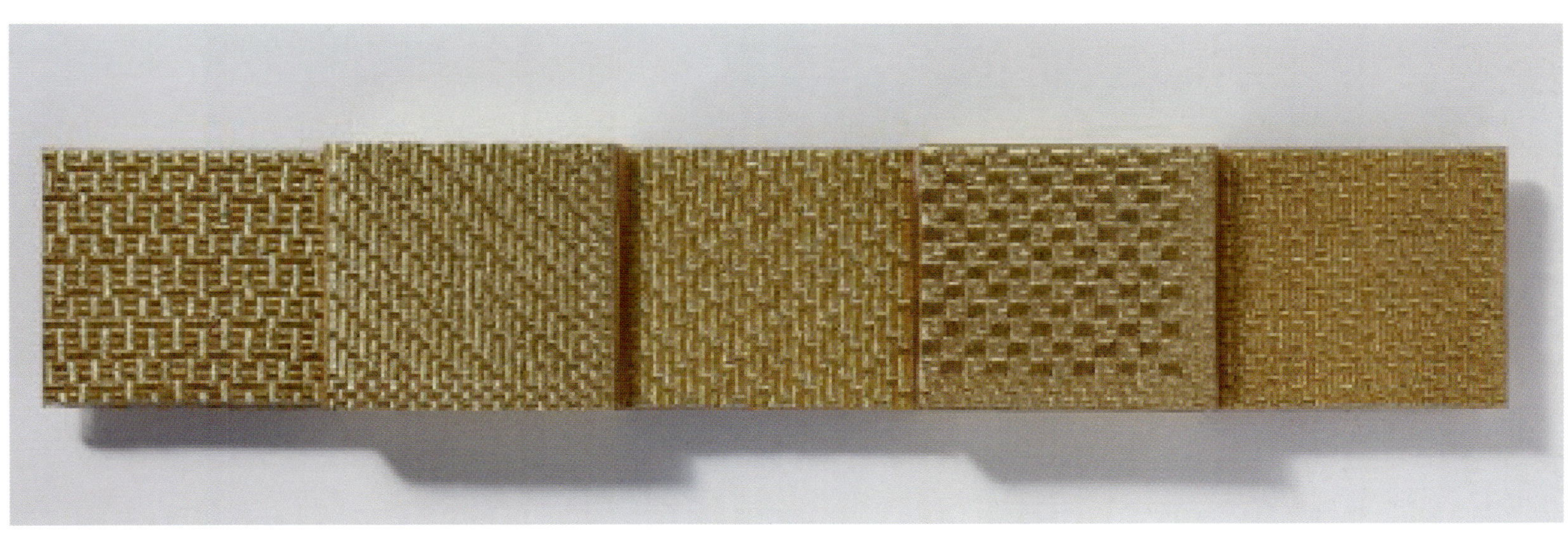

《아키텍스츄어 시리즈 IV》(00024)(5개)
《Archi-texture series IV》(00024)(5ea)
금사, 수제 비단종이, 자수
Golden thread, Handmade silk paper, Embroidery
W13.5 x H13.5 x D4 cm(ea)

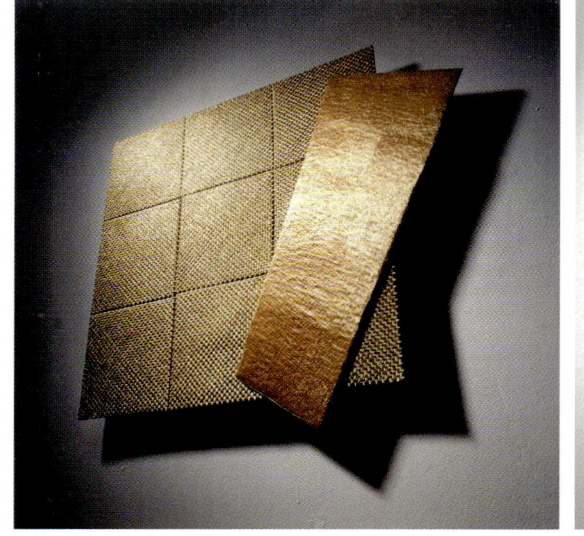

《아키텍스츄어
시리즈 IV》(00020)
《Archi-texture
series IV》(00020)
3번 금사,
수제 비단종이, 평수
Golden thread,
Handmade silk
paper, Embroidery
W60 x H45 cm

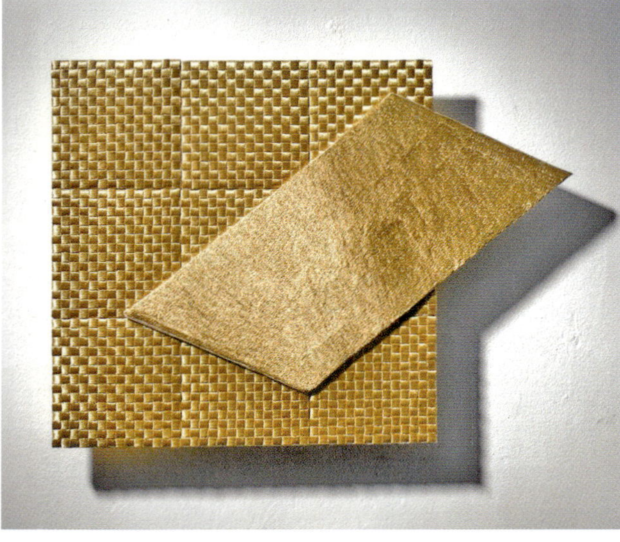

《아키텍스츄어
시리즈 IV》(00021)
《Archi-texture
series IV》(00021)
2번 금사,
수제 비단종이, 평수
Golden thread,
Handmade silk
paper, Embroidery
W45 x H50 cm

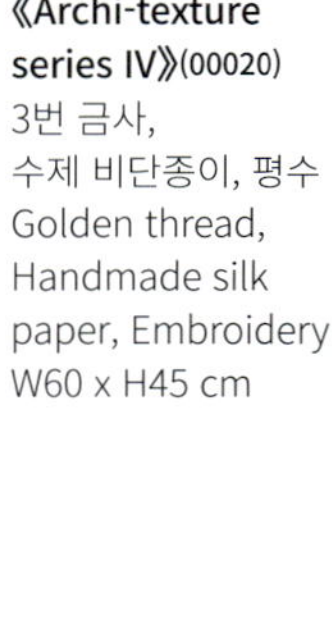

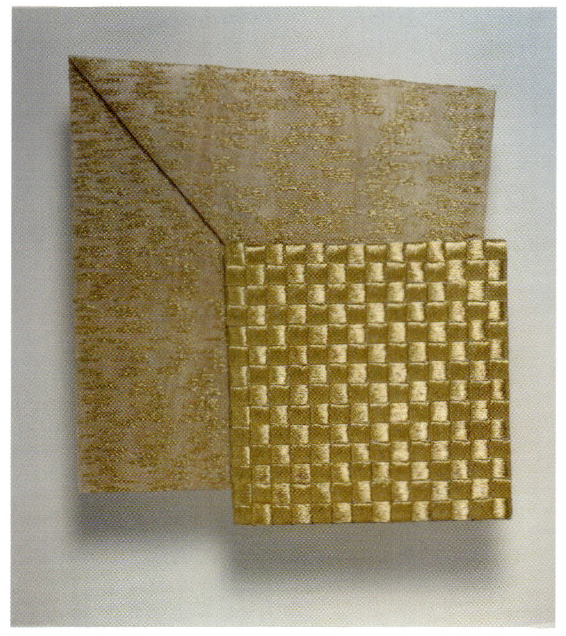

《아키텍스츄어
시리즈 IV》(00023)
《Archi-texture
series IV》(00023)
금사, 수제 비단종이,
평수
Golden thread,
Handmade silk
paper, Embroidery
W50 x H43 x D12 cm

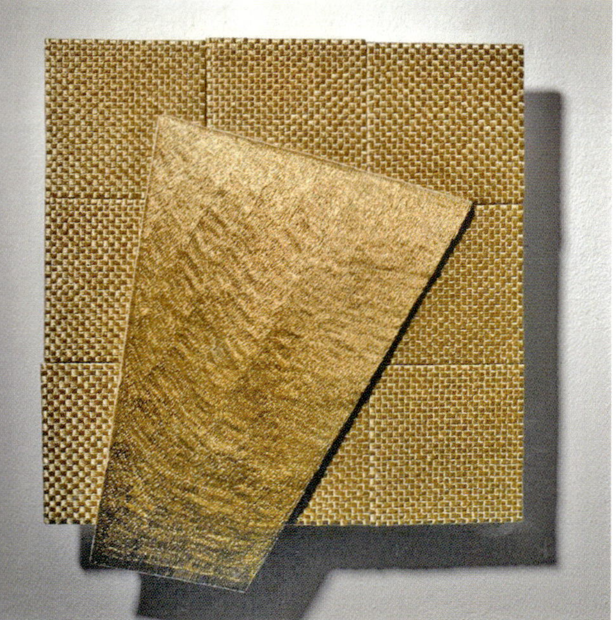

《아키텍스츄어
시리즈 IV》(00022)
《Archi-texture
series IV》(00022)
2번 금사,
수제 비단종이, 평수
Golden thread,
Handmade silk
paper, Embroidery
W45 x H50 cm

083

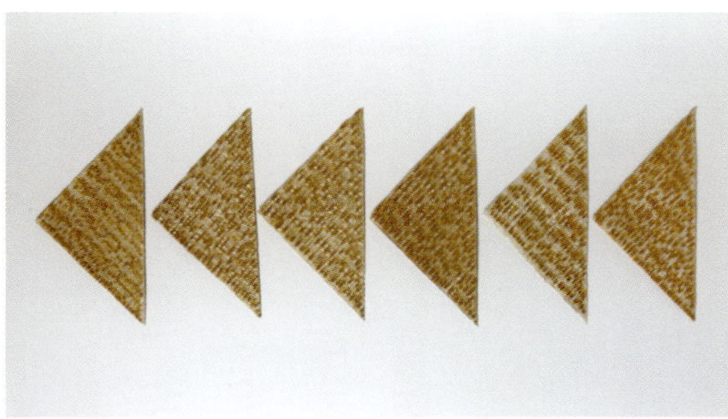

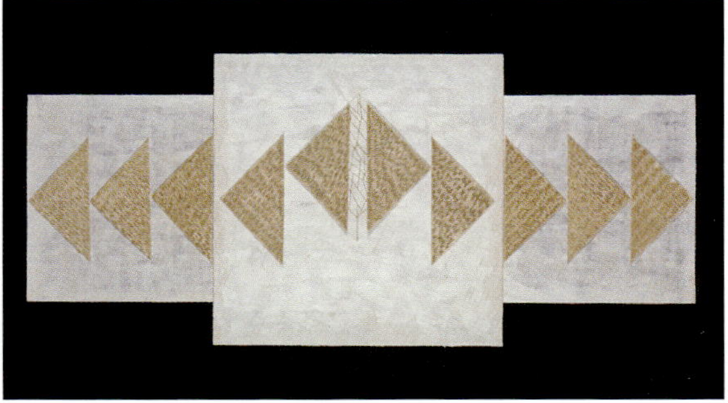

II 작품 연구과정

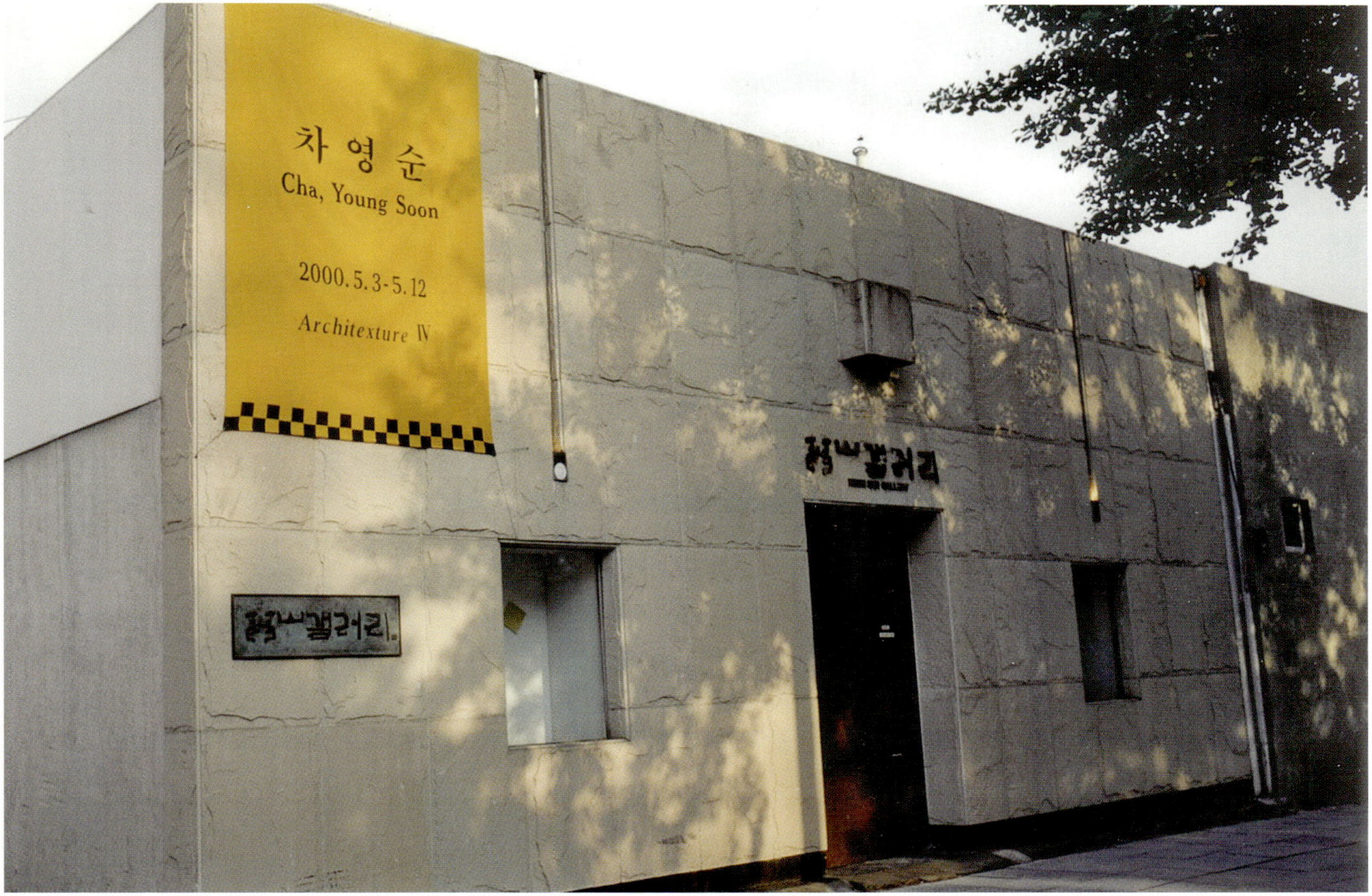

4. 아키텍스츄어 V: 컨-텍스츄어 Archi-texture series V: Con-Texture

아키텍스츄어 V: 컨텍스츄어_a &
Archi-texture series V_a: Con-Texture

- 기간: 2004년 5월 25일 ~ 6월 18일
- 장소: 갤러리 마노(Gallery Mano)
- 기법: 수제비단종이/수제린넨종이 벽돌, 자수(십자수, 난십자수, 점수, 매듭수, 선수, 흐름수, 평수, 자련수, 솔잎수), Handmade silk paper, Handmade linen paper, Embroidery
- 소재: 비단솜(Raw silk fiber), 린넨사
- 연구 과정: 섬유 예술과 건축의 영역을 아우르며 형태, 색채, 질감의 융합을 통해 존재하지 않는 비가시적 아이디어의 세계를 표현한 작품이다. 린넨사와 비단솜을 합체해 종이를 제작한 후 캔버스로 활용하여 그 위에 린넨사로 수를 놓아 직물의 질감을 구축하였다. 수작업으로 이루어진 전 과정은 수공예적 요소를 완벽히 거친 후 유니크한 창작물로 구현하였다.

표현 형태는 해체주의 건축의 선적 요소들을 도입하였으며 흰색과 노란색은 빛의 양극에서 천상의 색채를 상징하는 의미로 채용하였다.

질감은 부드러운 비단의 감촉과 광택에 린넨사 가루와 실을 혼합해 무광의 바탕화면을 구축하여 질감의 대비 효과를 강조하였다.

점 수를 통해 미세한 점들의 반복과 집합, 분산을 통한 질감 효과는 점수와 쌀알수의 혼합으로 이루어진 표면구성의 밀집과 확산을 통해 자수의 결이 지닌 역동감과 부조적 촉감을 드러낸다.

직물의 질감(Texture), 즉 작품의 표면에서 느껴지는 바탕의 결과 소재의 물리적 조건에 의한 촉각감을 관람자가 시각적으로 느끼도록 표현하였다.

084

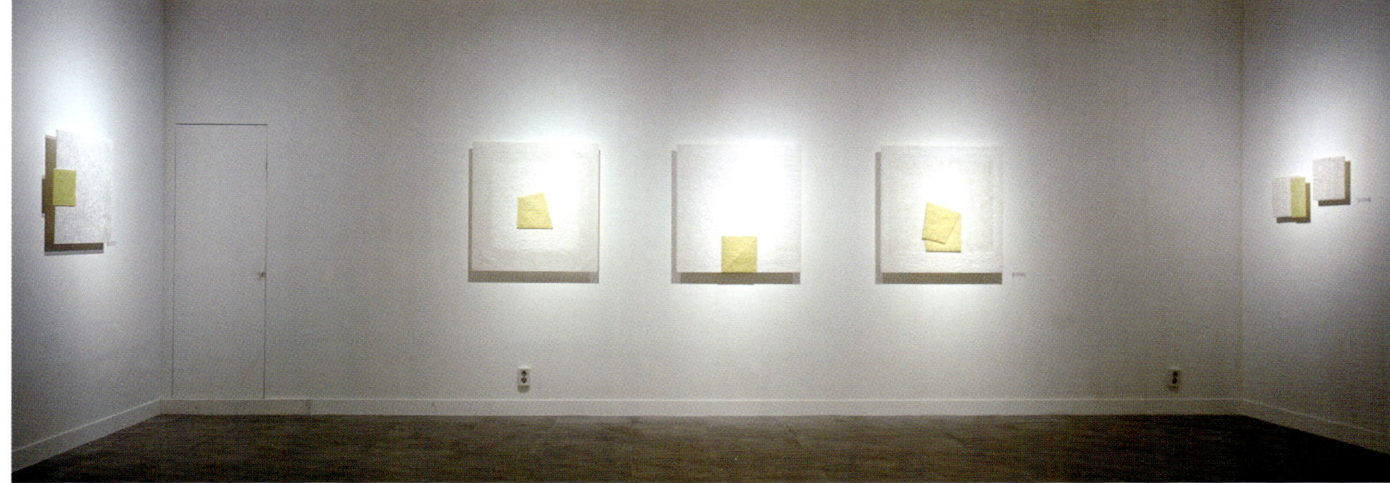

《아키텍스츄어 V:
컨-텍스츄어_a》(00003)
《Archi-texture series
V: Con-Texture_a》
(00003)
린넨 종이, 마사, 자수
Linen paper, Flax,
Embroidery
W85 x H85 cm, 2004.

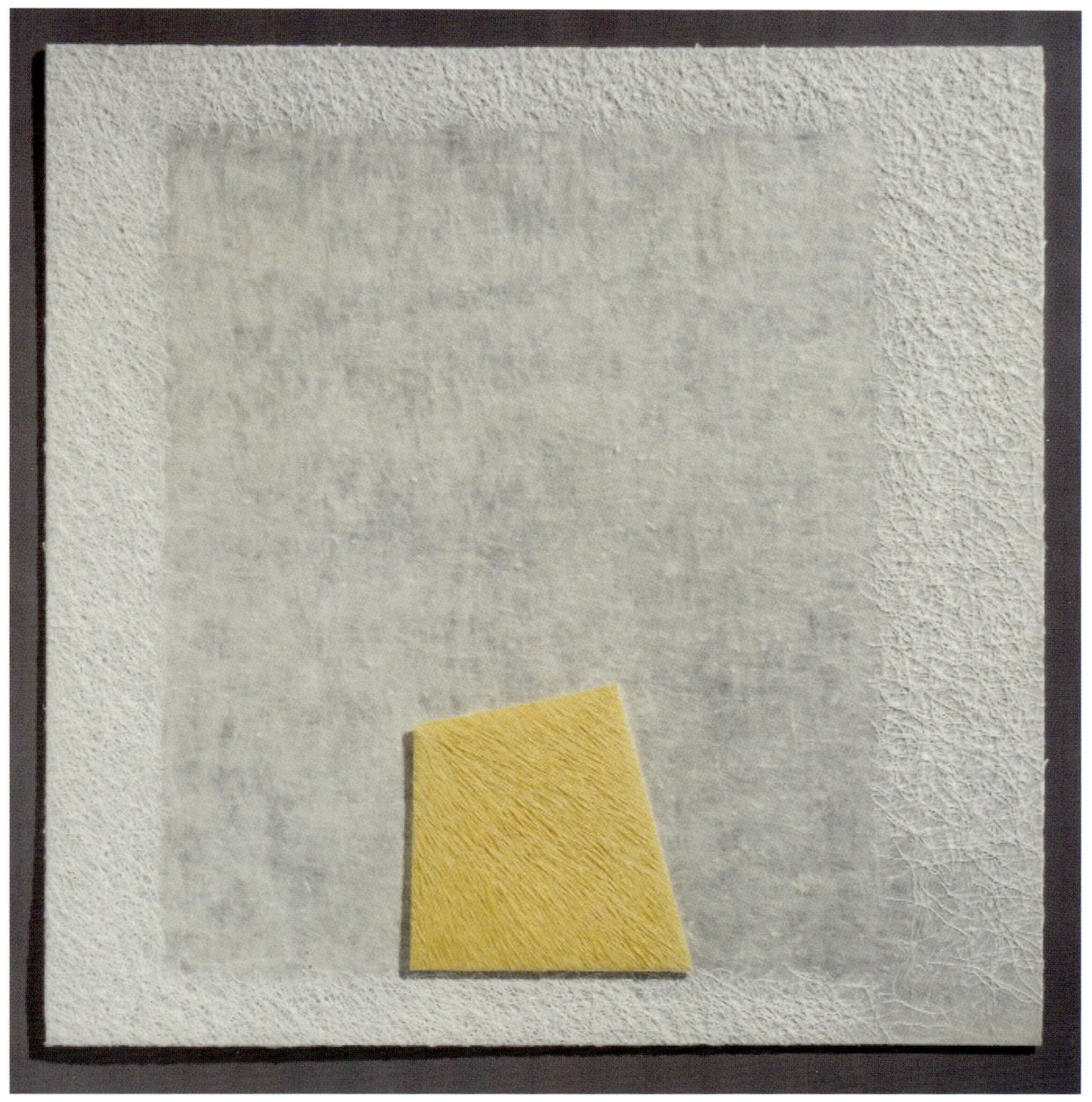

《아키텍스츄어 V: 컨-텍스츄어_a》(00001)
《Archi-texture series V: Con-Texture_a》(00001)

린넨 솜, 비단솜, 린넨사, 수제 비단종이, 자수
Raw linen fiber, Raw silk fiber, linen threads, Handmade silk paper, Embroidery
W85 x H85 x D3 cm

Ⅱ 작품 연구과정

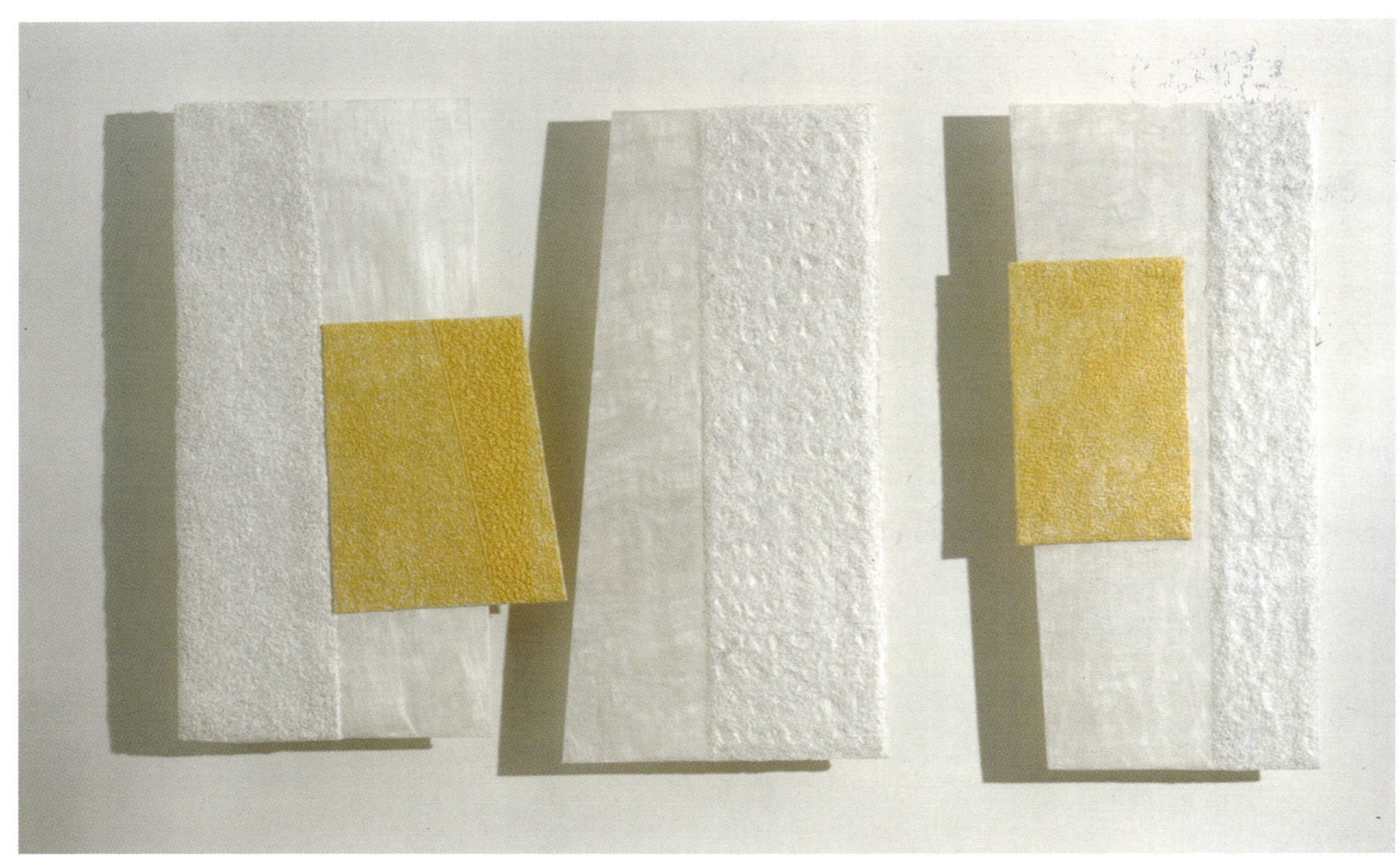

《아키텍스츄어 V: 컨-텍스츄어_a》(00006)
《Archi-texture series V: Con-Texture_a》(00006)
모시, 비단솜, 린넨사, 수제모시종이, 자수
Ramie & Raw silk fiber, Linen threads, Handmade Ramie paper, Embroidery
W120 x H60 cm

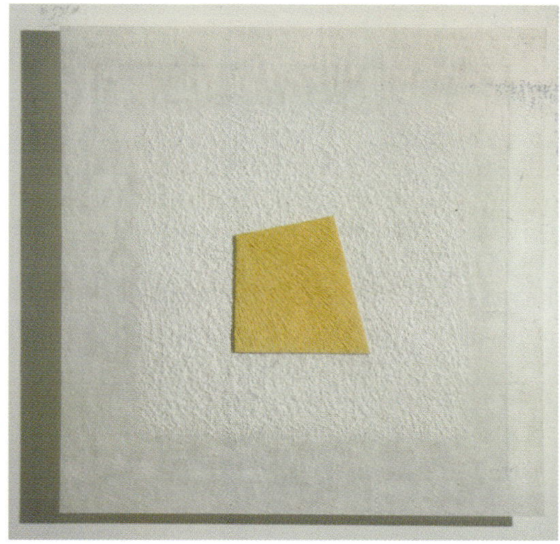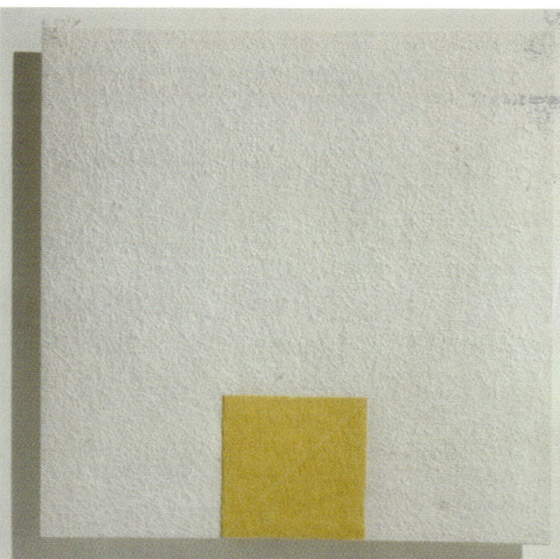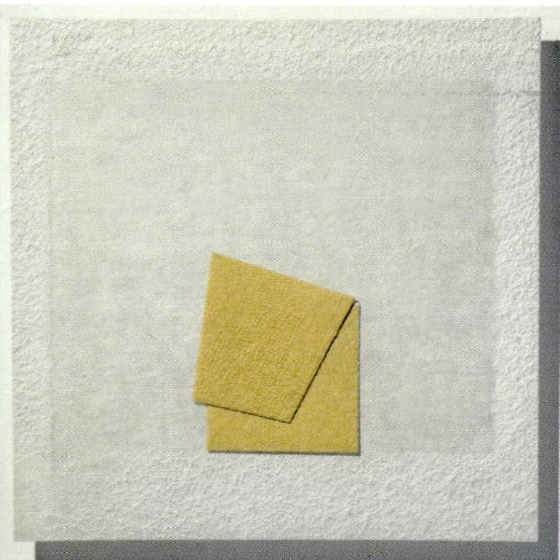

《아키텍스츄어 V: 컨-텍스츄어_a》(00007~00009)
《Archi-texture series V: Con-Texture_a》(00007~00009)

비단솜, 린넨사, 수제린넨종이, 자수
Raw silk fiber & Linen thread, Handmade linen paper, Embroidery
W60 x H60 x D4 cm(ea)

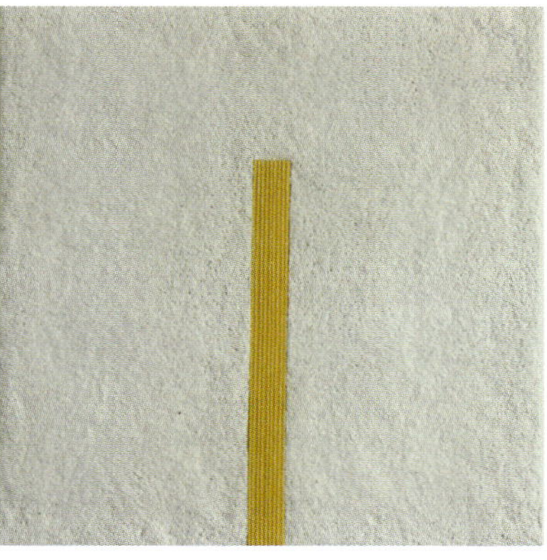

《아키텍스츄어 V: 컨-텍스츄어_a》(00007~00009)
《Archi-texture series V: Con-Texture_a》(00007~00009)

수제 린넨 벽돌, 자수
Handmade linen bricks, Embroidery
W60 x H60 cm(ea)

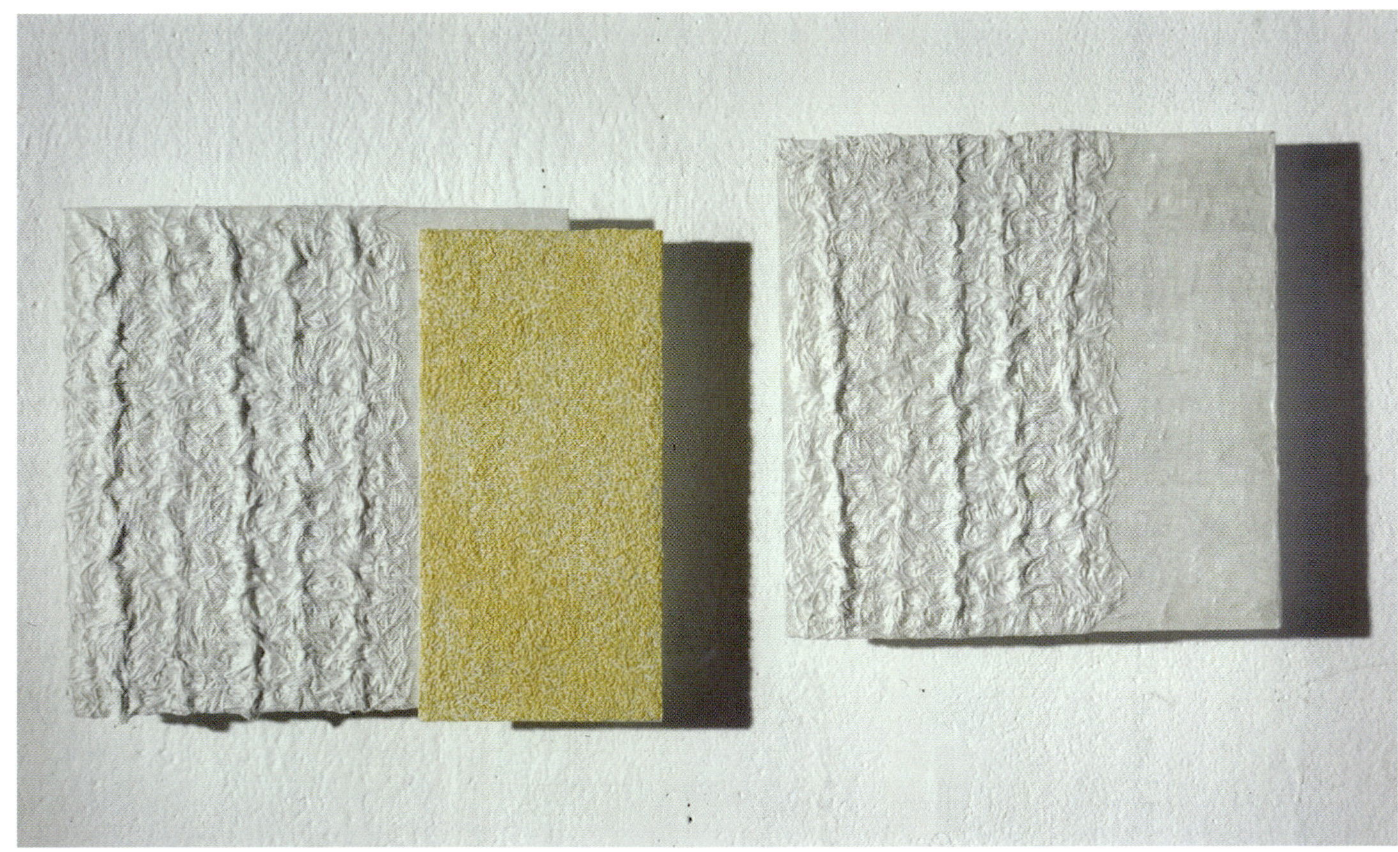

《아키텍스츄어 V: 컨-텍스츄어_a》(00015)
《Archi-texture series V: Con-Texture_a》(00015)
비단솜, 린넨사, 수제 린넨종이, 자수
Raw silk fiber, Linen thread, Handmade linen paper, Embroidery
W25 x H30 cm(ea)

RESEARCH

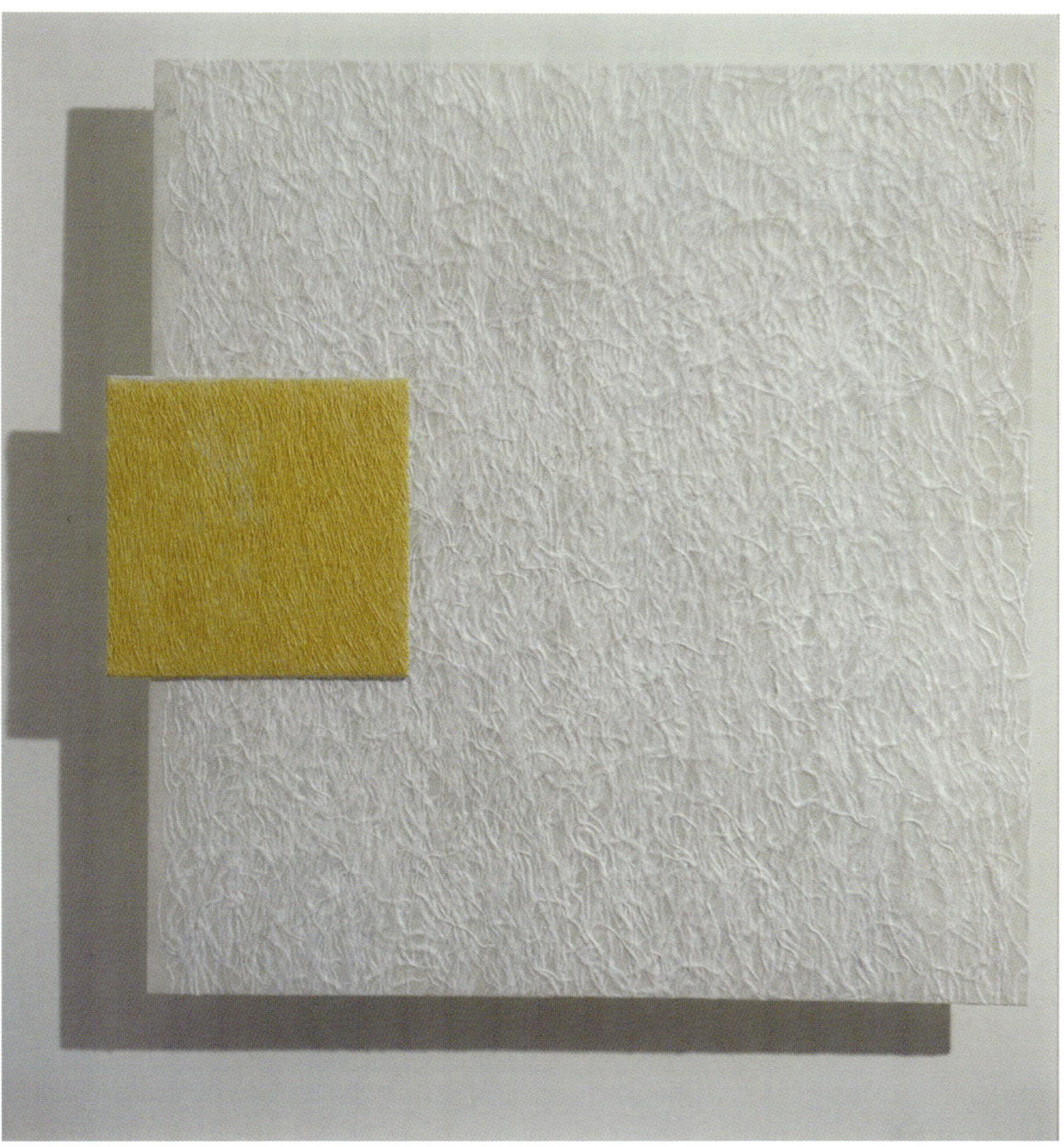

《아키텍스츄어 V: 컨-텍스츄어_a》(00016)(부분)
《Archi-texture series V: Con-Texture_a》(00016)(detail)

II 작품 연구과정

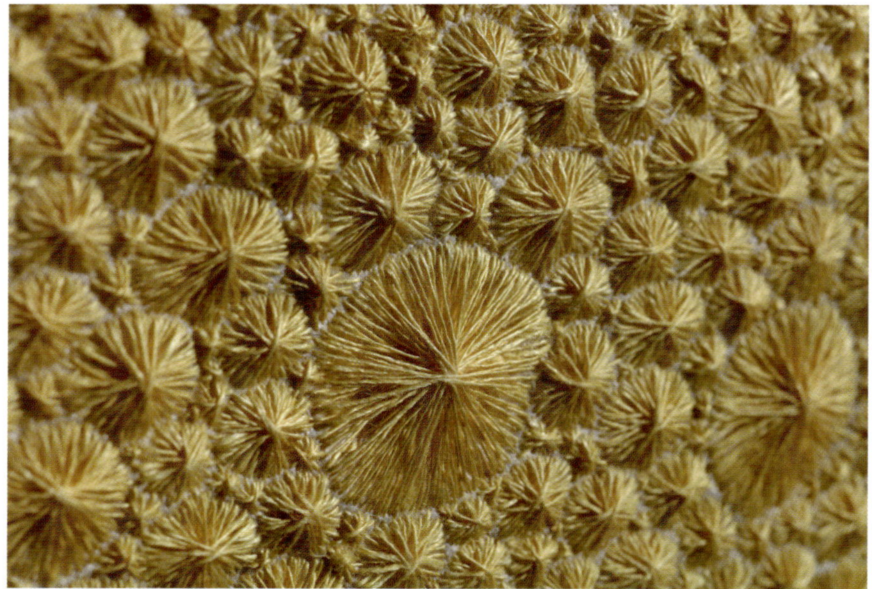

《아키텍스츄어 V: 컨-텍스츄어_b》(00005)
《Archi-texture series V: Con-Texture_b》(00005)

아키텍스츄어 V: 컨텍스츄어_b
Archi-texture series V: b_Con-Texture

- 컨-텍스츄어_II(Con-Texture II, 2005), Fiber Art Exhibition
- 기간: 2005년 6월 1일 ~ 6월 6일
- 장소: 관훈 갤러리(Gallery Kwanhoon)
- 기법: 수제 비단종이, 수제 린넨종이, 코일링, 자수자수(매듭수, 국화수, 점수, 평수, 변형십자수), Handmade silk paper, Handmade linen paper, Coiling, Embroidery
- 소재: 비단솜(Raw Silk), 모시(Ramie), 린넨사(Linen thread)
- 연구 과정: 수제 비단종이와 한산모시종이, 린넨종이 위에 매듭수를 점의 기본 단위로 하여 규칙적으로 반복, 배열해 3차원적 공간의 깊이에서 점증적으로 출현하고 소멸하는 소행성의 이미지를 묘사하였다. 전시 제목인 'Con-Texture'는 '함께 결합하여(Con-) 짜여진 직물(texture)', 즉 조직물(Contexture)을 의미한다. 그 의미처럼 본 전시의 작품들은 섬유 원소재들의 최소 단위들을 모아 다양한 방법으로 실험, 가공하여 새로운 종이로 탄생시키는 과정에서 상호 침투 과정의 관계성을 기반으로 한다.

원섬유의 1차 개발 후 가공된 2차 재료 위에 기하학적 평면 구성을 한 다음 자수 기법을 규칙적으로 배열하여 옵티컬 일루젼(Optical illusion)화한 작품이다. 각각의 작품은 자수 기법을 통해 질감에 부조적 효과를 더했고 기법에 의한 효과가 두드러진다.

질감을 시각적, 감각적으로 느끼게 하는 표면이 지닌 특성, 즉 본래의 물질이 가지고 있는 재질감을 나타내는 것으로 3차원 구조체에서 생기는 표면의 고유한 성질을 살려 자수에서 실의 재질, 굵기, 색상들에 변화를 주어 특유의 질감 표현을 심화했다.

칸딘스키가 <점, 선, 면: 회화적인 요소와 분석을 위하여>에서 '반복'이란 내적인 움직임을 상승시키는 강렬한 수단이며 동시에 단순한 리듬을 만드는 수단이기도 하며, 예술의 조화를 꾀하는 수단이 되고 있다고 한 이론에 주목하여 점의 세계를 응집과 확산을 통해 부조적 조형 텍스트로 확장해 표현하였다.

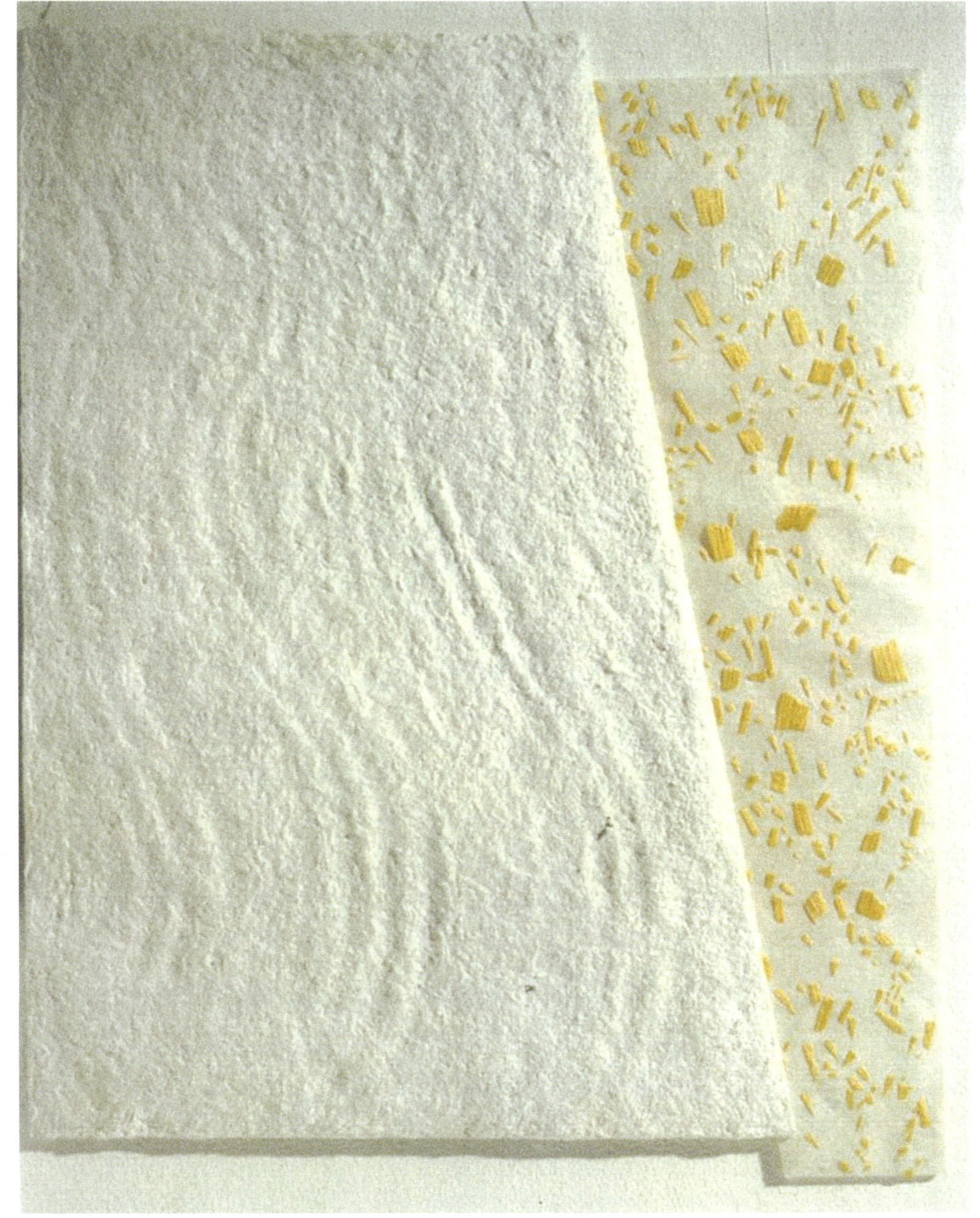

《아키텍스츄어 V: 컨-텍스츄어_ba》(00004)
《Archi-texture series V: Con-Texture_b》
(00004)
수제 비단종이, 수제 모시종이, 자수
Handmade Silk Paper and Handmade
Ramie Paper, Satin Stitch
W46 x H70 cm, 2005

II 작품 연구과정

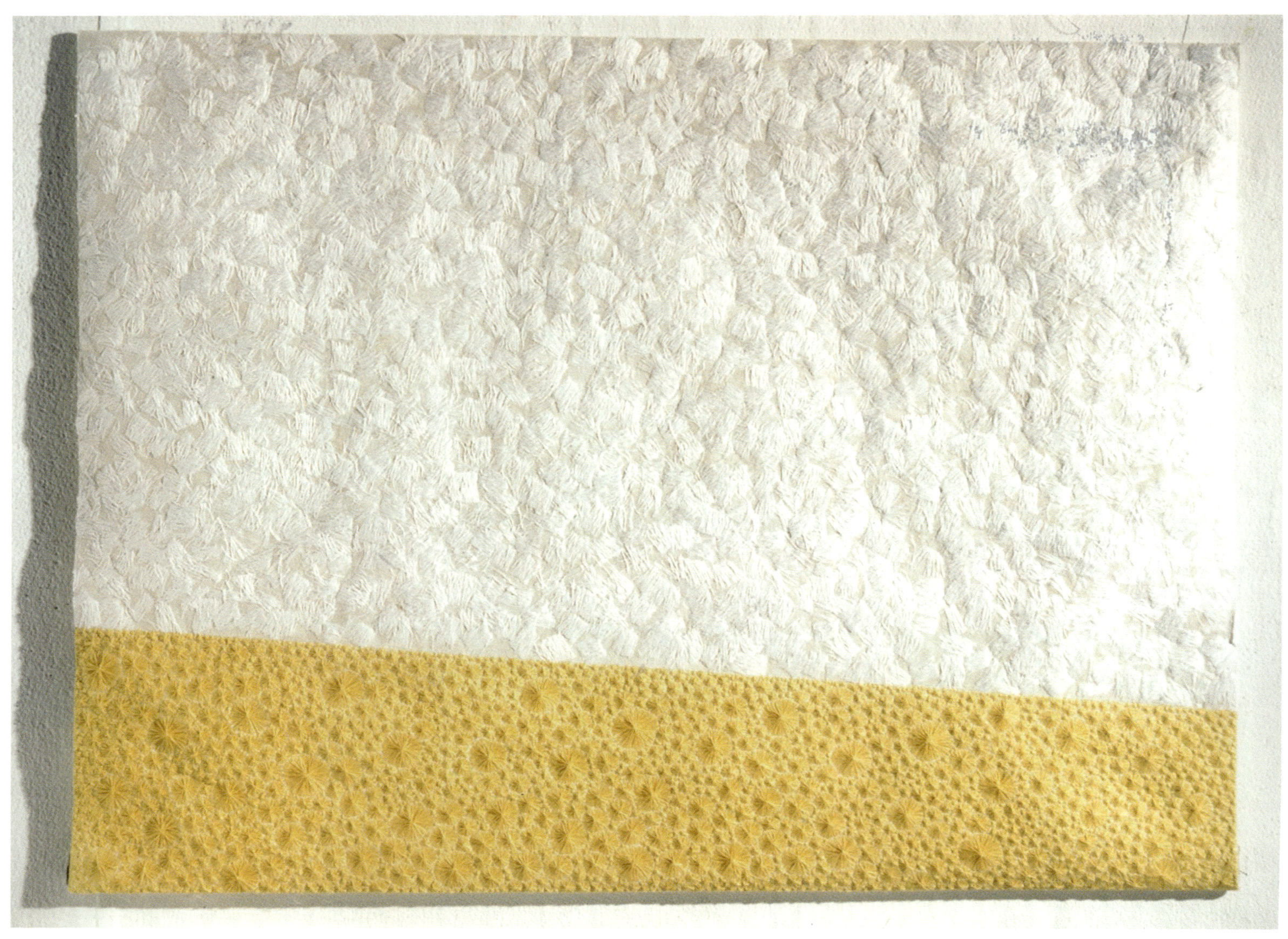

《아키텍스츄어 V: 컨-텍스츄어_b》(00018)
《Archi-texture series V: Con-Texture_b》(00018)

비단솜, 린넨사, 수제비단종이, 변형십자수
Raw silk fiber, Linen thread, Handmade silk paper, Cross Stitch
W95 x 71 cm
스위스 샤르미 뮤지엄 국제 종이 트리엔날레 공모전 당선작(2005)
5e Triennale Concour International du Papier, Musé de Charmey

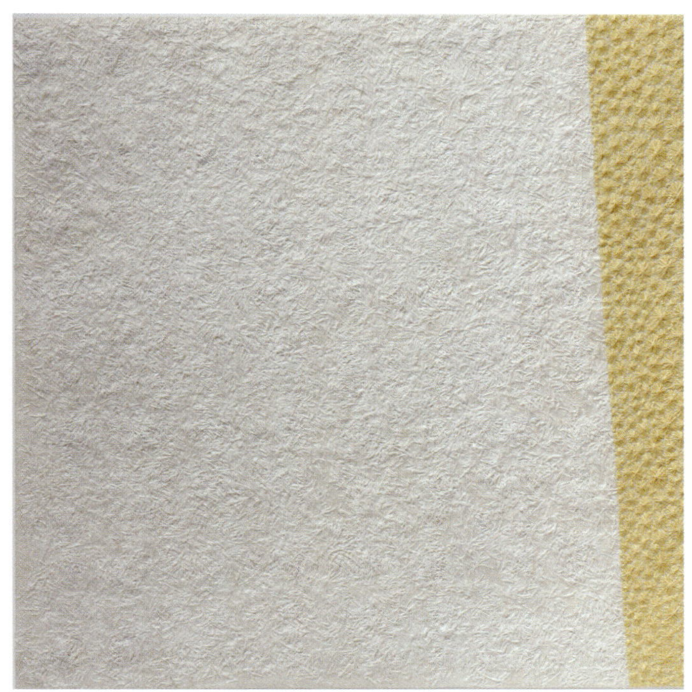

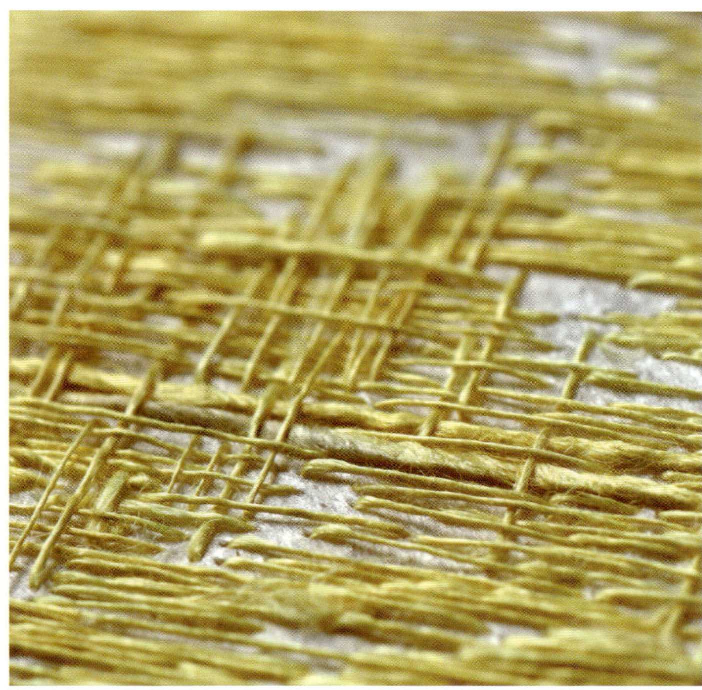

《아키텍스츄어 V: 컨-텍스츄어_b》(00001)
《Archi-texture series V: Con-Texture_b》(00001)
수제비단종이, 자수
Handmade Linen paper, Embroidery
W60 x H60 cm

《아키텍스츄어 V: 컨-텍스츄어_b》(00002)(부분)
《Archi-texture series V: Con-Texture_b》(00002)(Detail)

II 작품 연구과정

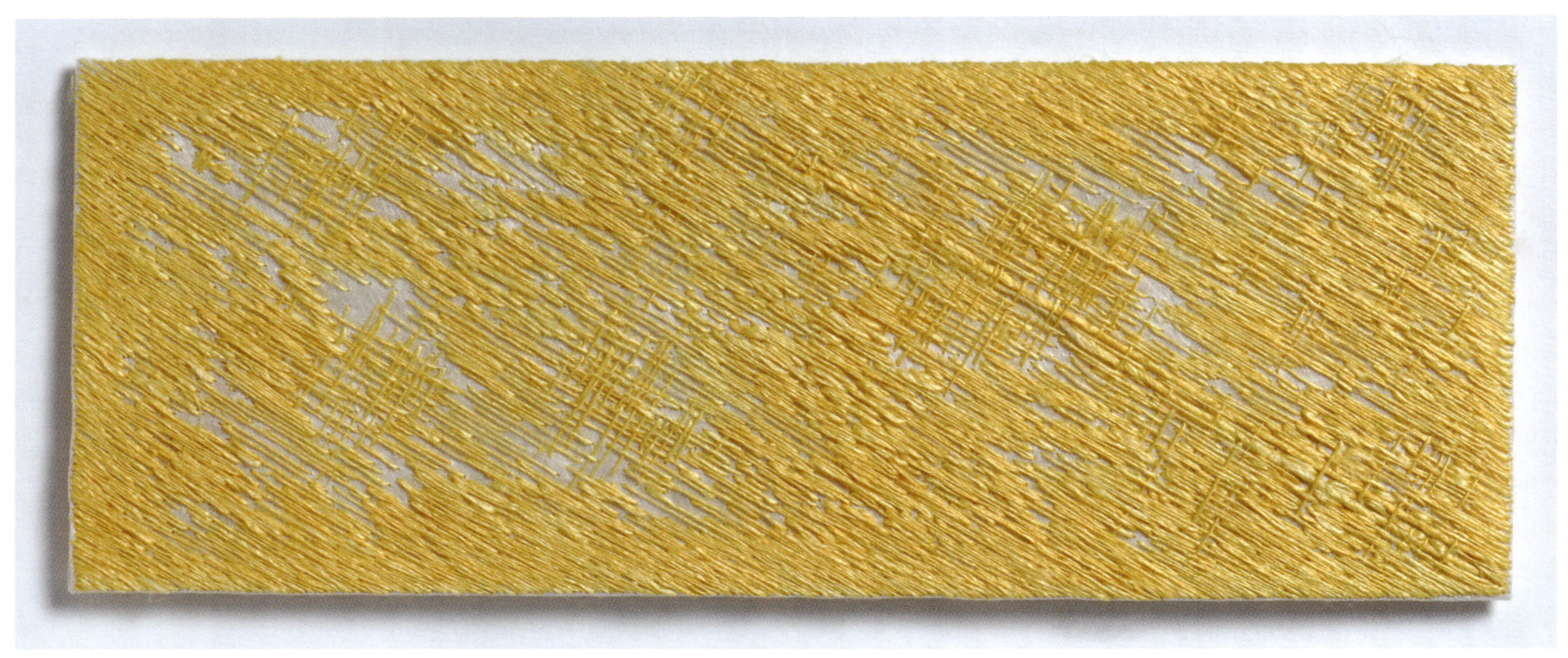

《아키텍스츄어 V: 컨-텍스츄어_b》(00003)
《Archi-texture series V: Con-Texture_b》(00003)
〈컨-텍스츄어 104-09〉
〈Con-Texture 104-09〉
수제 비단종이, 자수
Handmade silk paper, Embroidery
W24 x H9 cm, 2004.

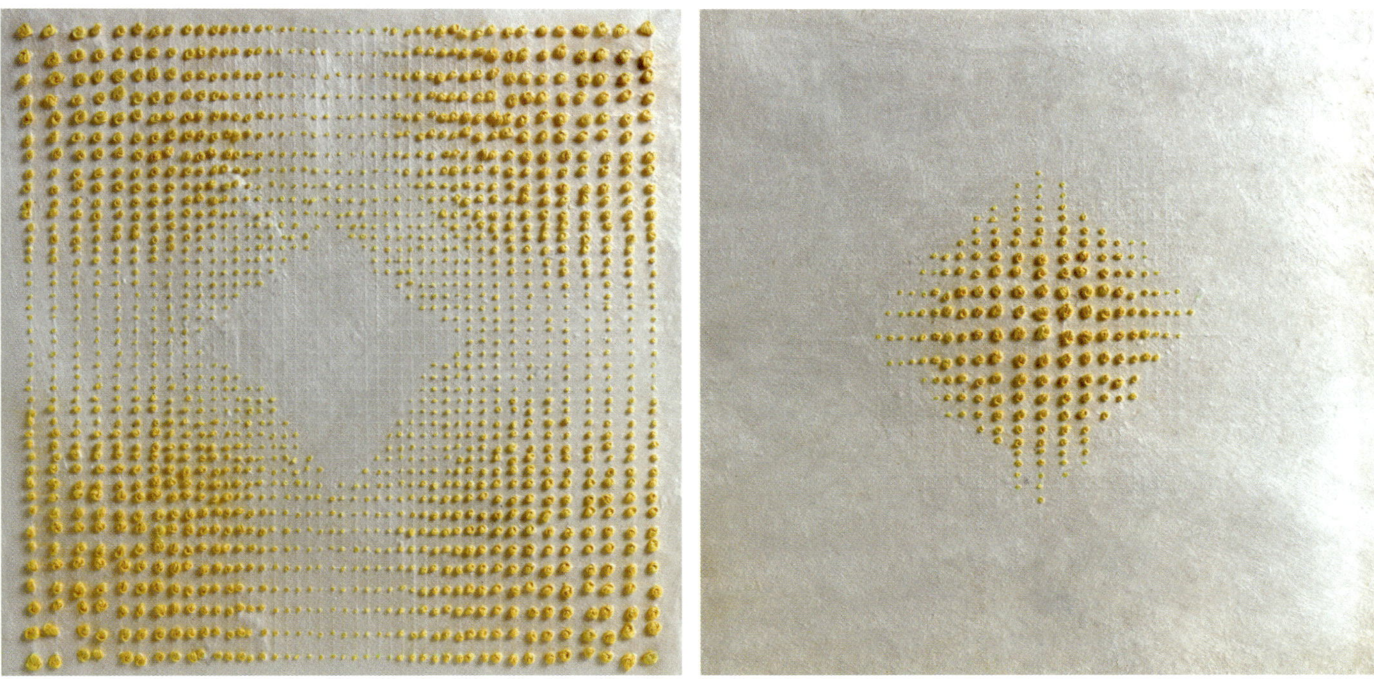

《아키텍스츄어 V: 컨-텍스츄어_b》(00003)
《Archi-texture series V: Con-Texture_b》(00003)
〈컨-텍스츄어 05, 08_a〉
〈Con-Texture 05, 08_a〉
수제 비단종이, 매듭수
Handmade silk paper, Knot stitch
W50 x H28 cm, 2004.

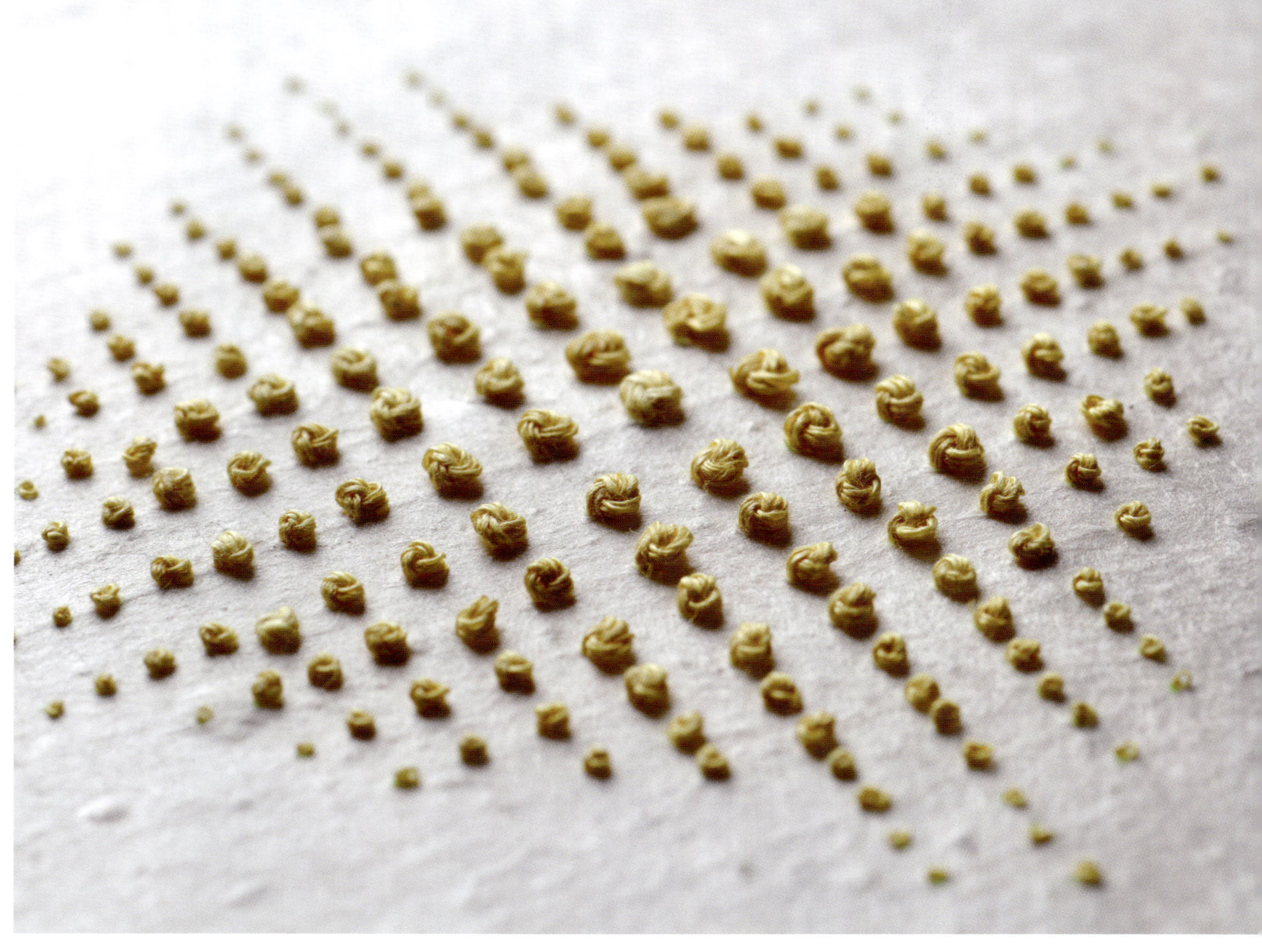

《아키텍스츄어 V: 컨-텍스츄어_b》(00006)
《Archi-texture series V: Con-Texture_b》(00006)

수제비단종이, 린넨사, 매듭수
Handmade silk paper, Linen thread, Knot stitch
W30 x H30 cm

RESEARCH

《아키텍스츄어 V: 컨-텍스츄어_b》(00020)
《Archi-texture series V: Con-Texture_b》(00020)

〈컨-텍스츄어 05, 08_d〉
〈Con-Texture 05, 08_d〉
모시, 태모시 종이, 린넨사, 매듭수
Ramie, Inner bark of Ramie paper, Linen thread, Knot stitch
W70 x H70 cm

II 작품 연구과정

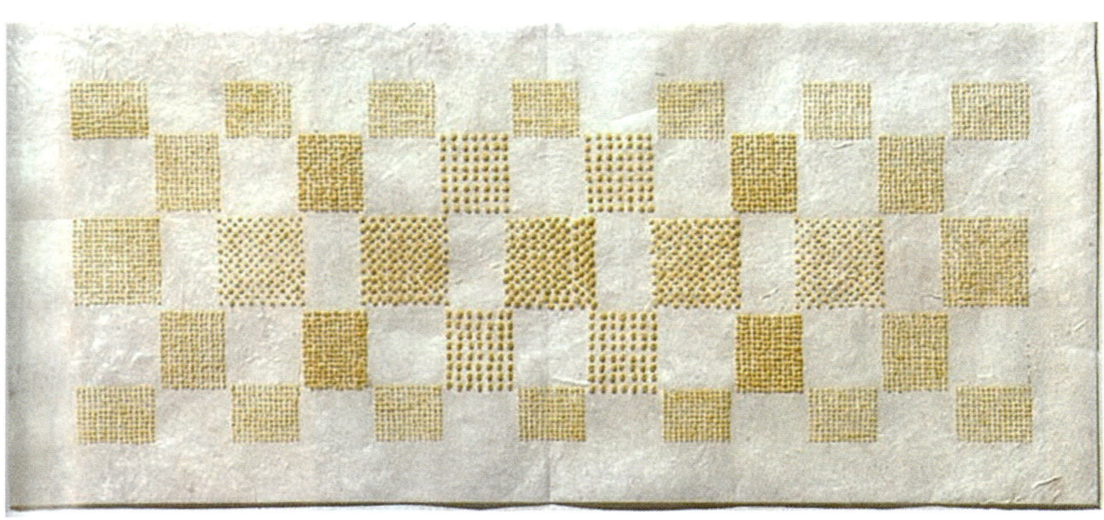

《아키텍스츄어 V: 컨-텍스츄어_b》(00019)
《Archi-texture series V: Con-Texture_b》(00019)

〈컨-텍스츄어 05, 08_e〉
〈Con-Texture 05, 08_e〉
수제비단종이, 매듭수
Handmade silk paper, Knot stitch
W50 x H28 cm

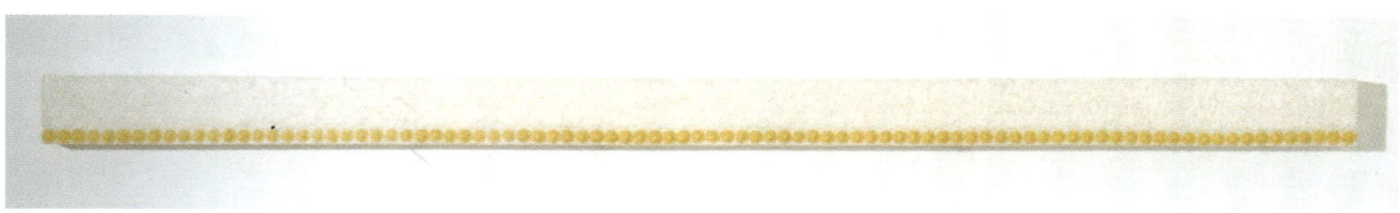

《아키텍스츄어 V: 컨-텍스츄어_b》
《Archi-texture series V: Con-Texture_b》

〈컨-텍스츄어 05, 08_c〉
〈Con-Texture 05, 08_c〉
수제비단종이, 린넨사, 변형십자수
Handmade Silk paper, Linen thread, Cross stitch
W180 x H9 x D9 cm

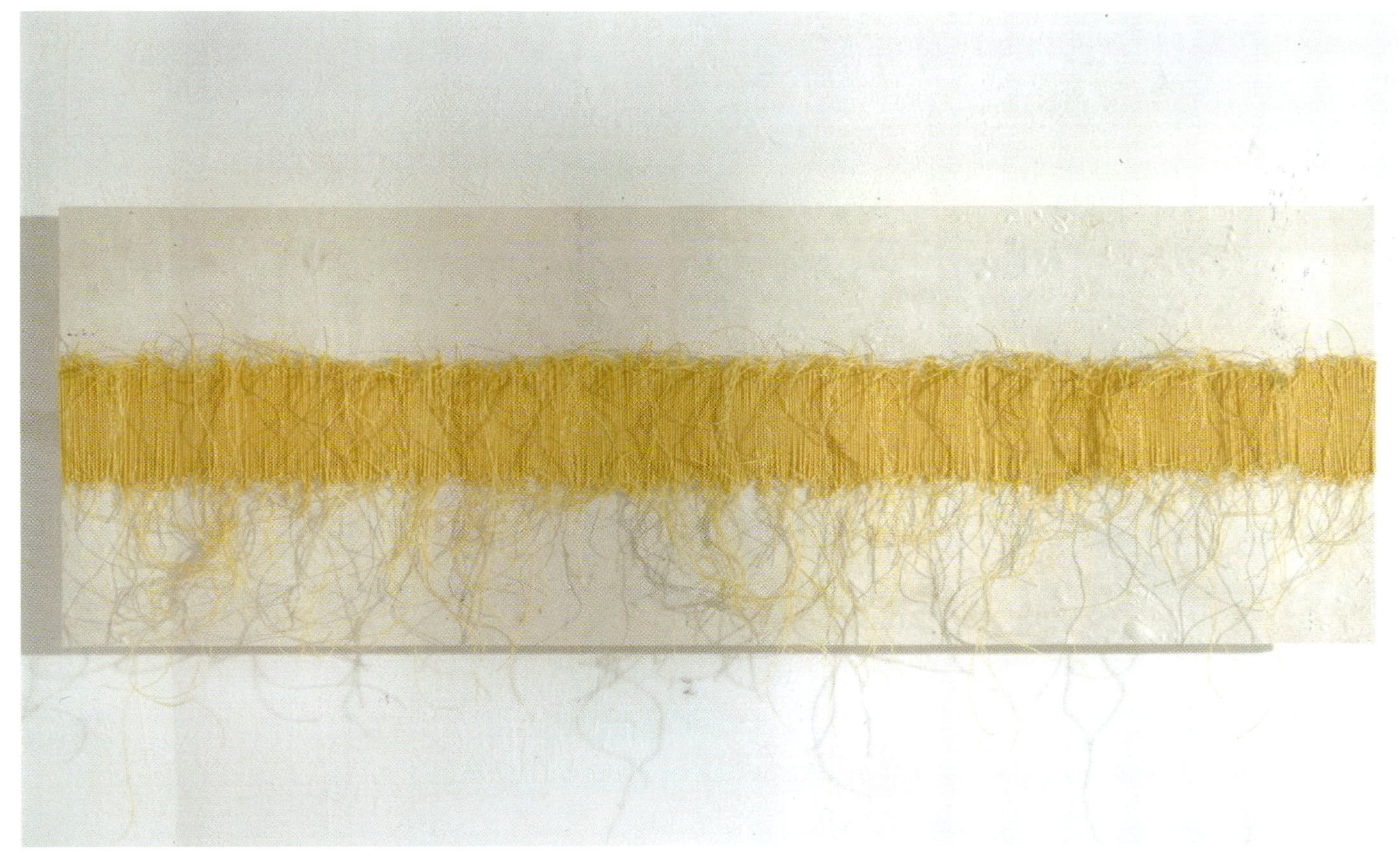

《아키텍스츄어 V: 컨-텍스츄어_b》
《Archi-texture series V: Con-Texture_b》

〈컨-텍스츄어 05, 08_f〉
〈Con-Texture 05, 08_f〉
수제비단종이, 린넨사, 코일링과 자수
Handmade Silk Paper, Linen thread(BL), Coiling and Embroidery
W90 x H30 cm, 2005,

II 작품 연구과정

100

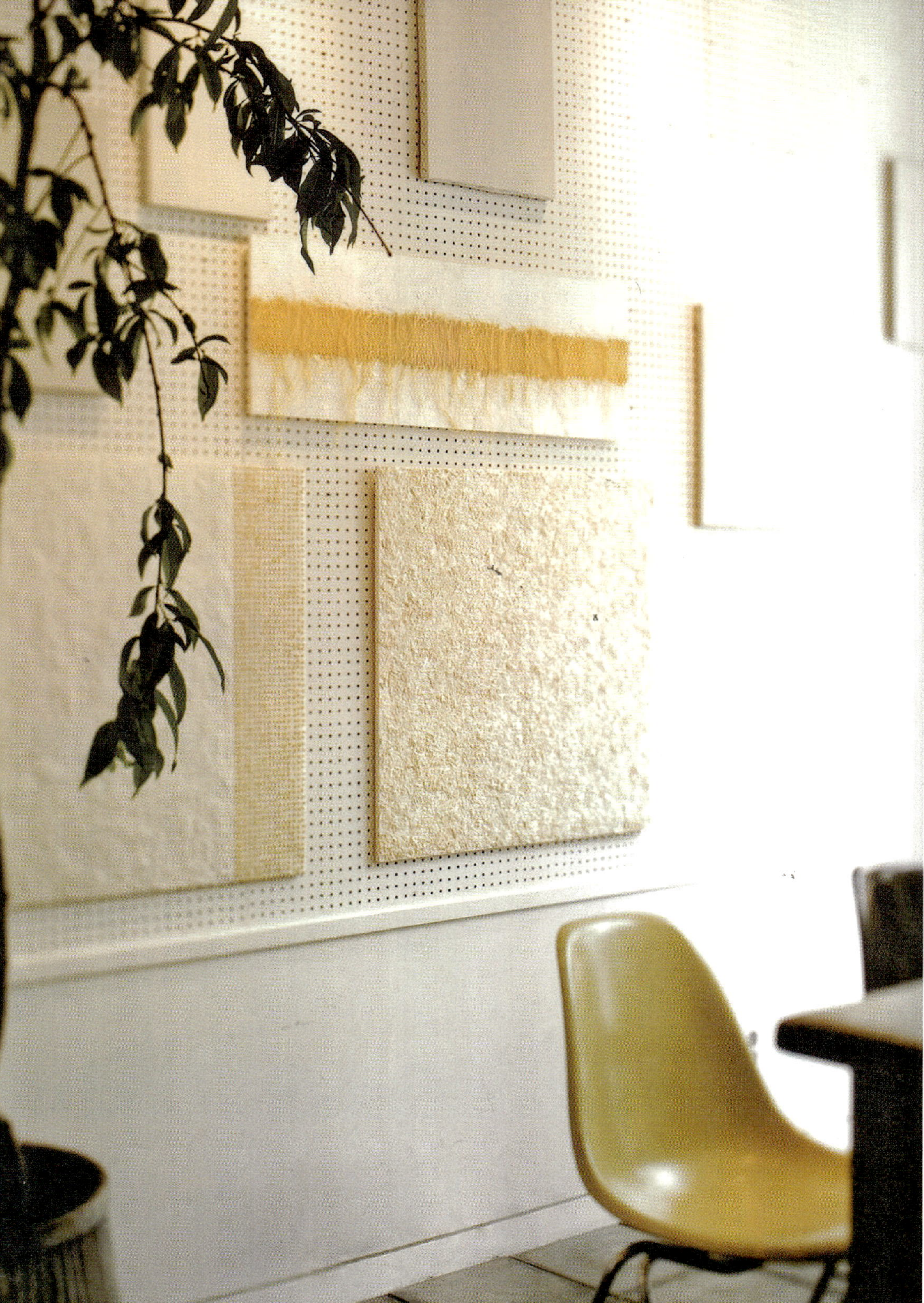

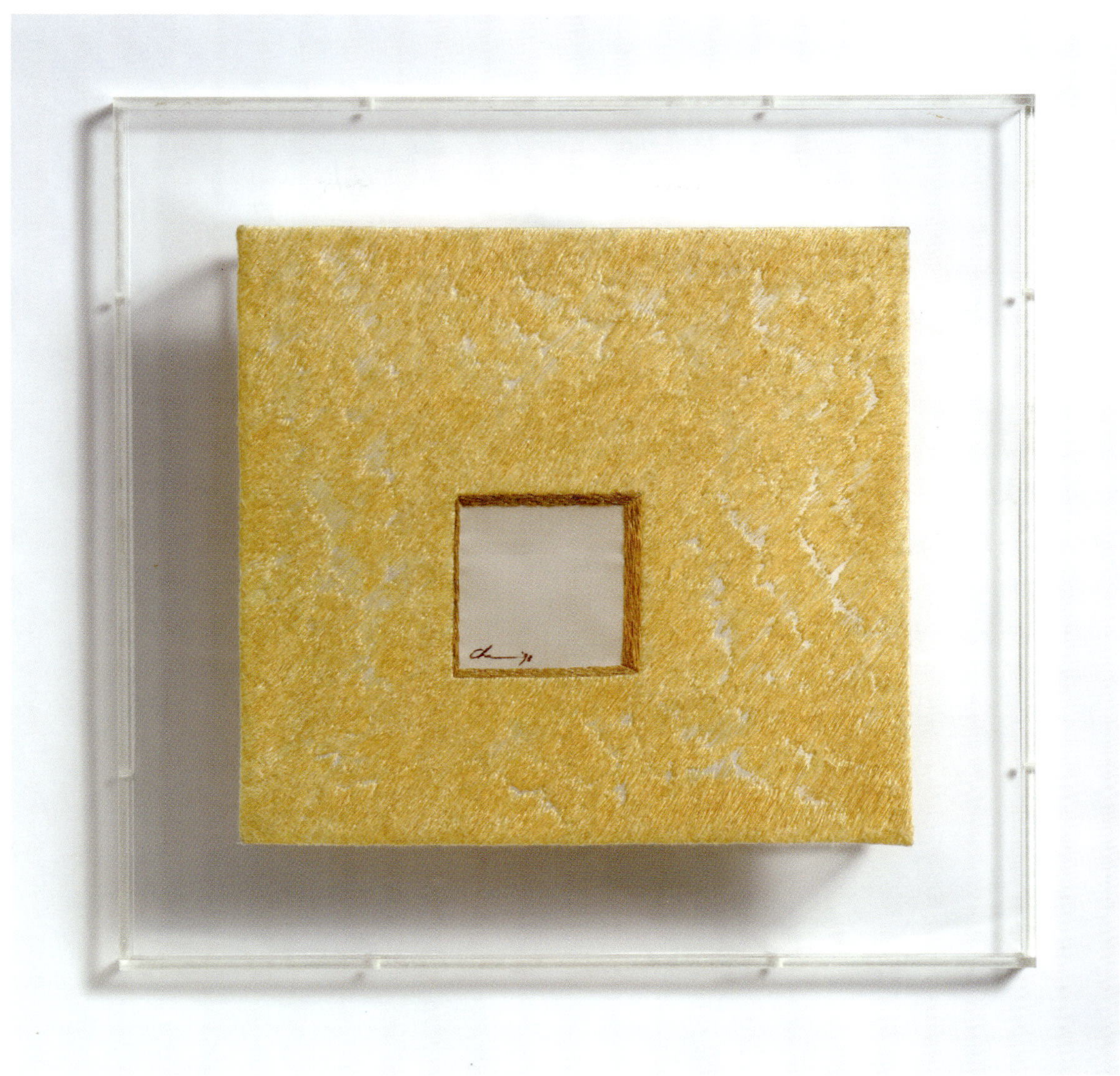

101

《아키텍스츄어 V: 컨-텍스츄어_b》(00007)
《Archi-texture series V: Con-Texture_b》(00007)

〈조망 II〉
〈Vista II〉
린넨사, 노방, 자수
Linen Thread, Oganza, Embroidery
W47 x H47 cm, 1998.

II 작품 연구과정

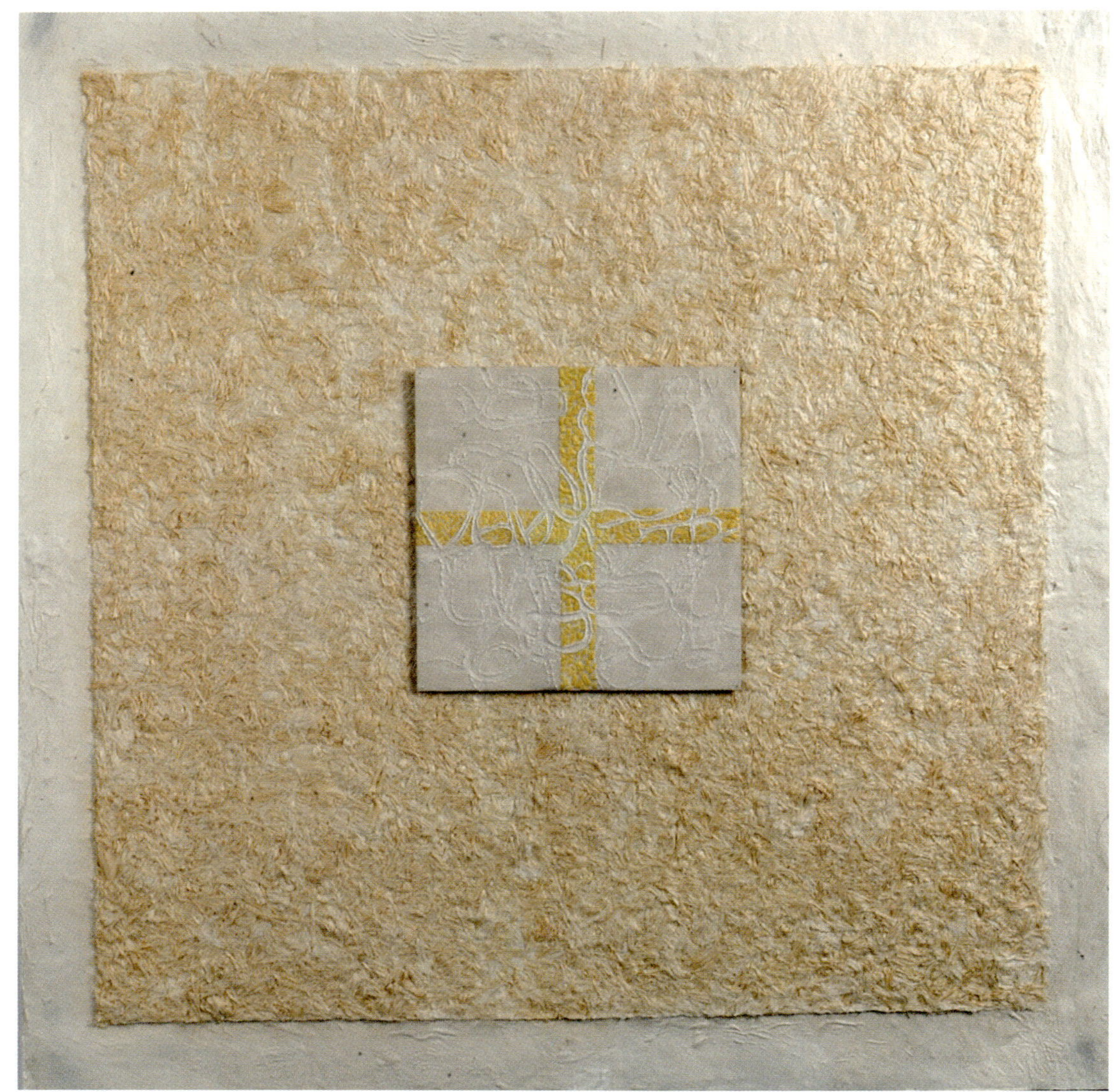

《아키텍스츄어 V: 컨-텍스츄어_b》(00008)
《Archi-texture series V: Con-Texture_b》(00008)

〈구성 06〉
〈Composition 06〉
한산모시, 수제모시, 비단종이, 린넨사
Inner bark of Hansan Ramie, Handmade Ramie, Silk paper, Linen thread
W70 x H70 cm, 2006.

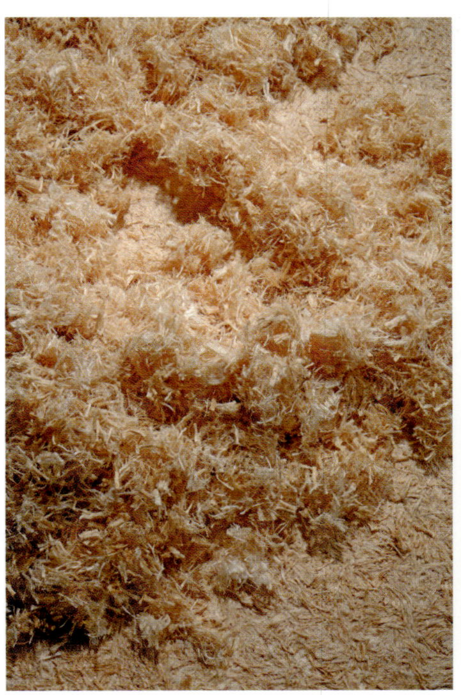

한산 태모시 가루
Inner bark of Hansan Ramie thread powder
(Cut and non-bleached)

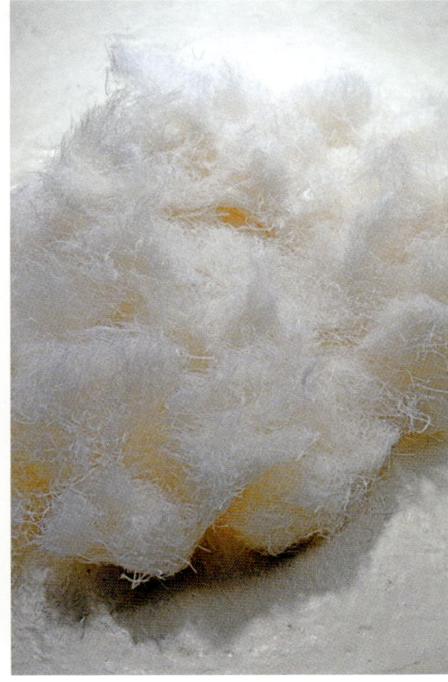

한산 모시 실가루
Hansan Fine Ramie thread
(bleached)

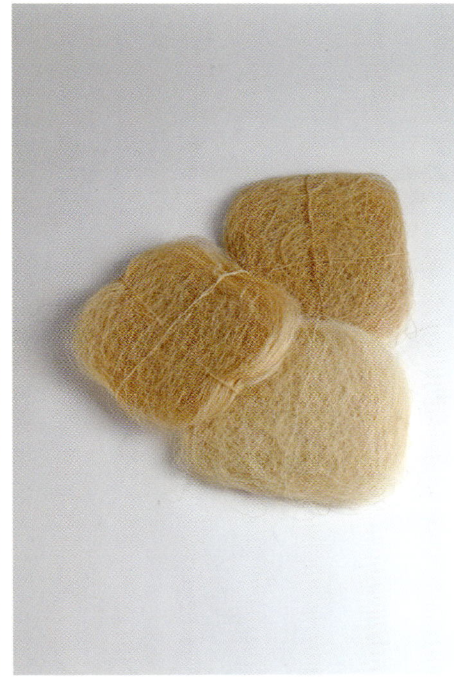

한산 모시굿
Hansan Ramie bundle

아키텍스츄어 V: 컨텍스츄어_c
Archi-texture series V: Con-Texture_c

- 아키텍스츄어 V
- 기간: 2006년 5월 17일 ~ 5월 31일
- 장소: 갤러리 아트 윌(Gallery Arts Will)
- 기법: 수제섬유벽돌, Handmade fiber bricks
- 연구 과정 : 백색자수 작품(White Embroidery work)은 흰 바탕에 흰 색마사(linen thread)를 사용해 다양하고 정교한 기법들을 수놓아 올려 산봉우리를 연상케 하는, 솟아오른 자연의 이미지를 부조적으로

조형화했다.

솜은 면사, 견사, 모시, 마사 등의 원섬유들을 재단하여 비단솜과 혼합해 종이화하였다.

표면에 잔잔한 솜털이 드러난 고치실 부스러기나 풀솜 등 짧은 섬유를 혼용하여, 합체해 결합되는 섬유 벽돌의 견고함과 양감을 동시에 강조하여 건축적 형태로 표현하였다.

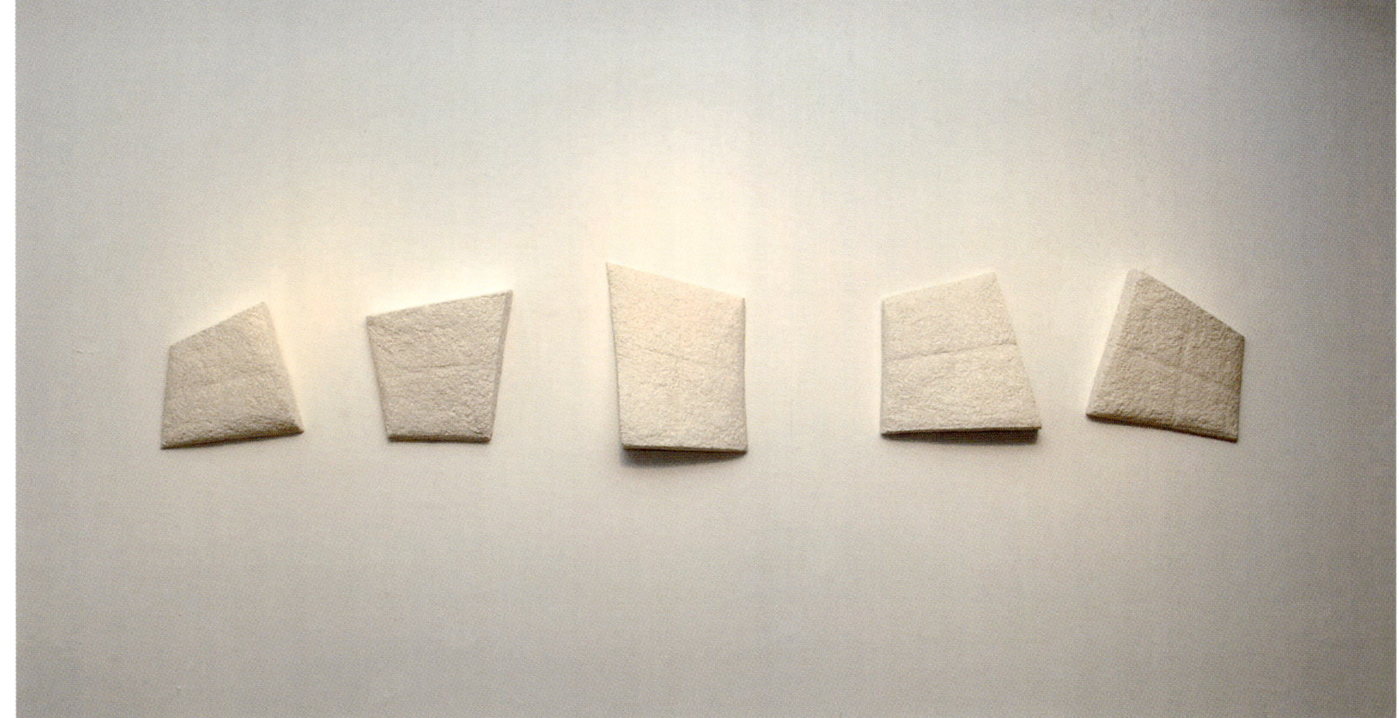

《아키텍스츄어 V: 컨-텍스츄어_c》(00002)
《Archi-texture series V: Con-Texture_c》
(00002)
수제 린넨벽돌
Handmade Linen Blocks
2006.

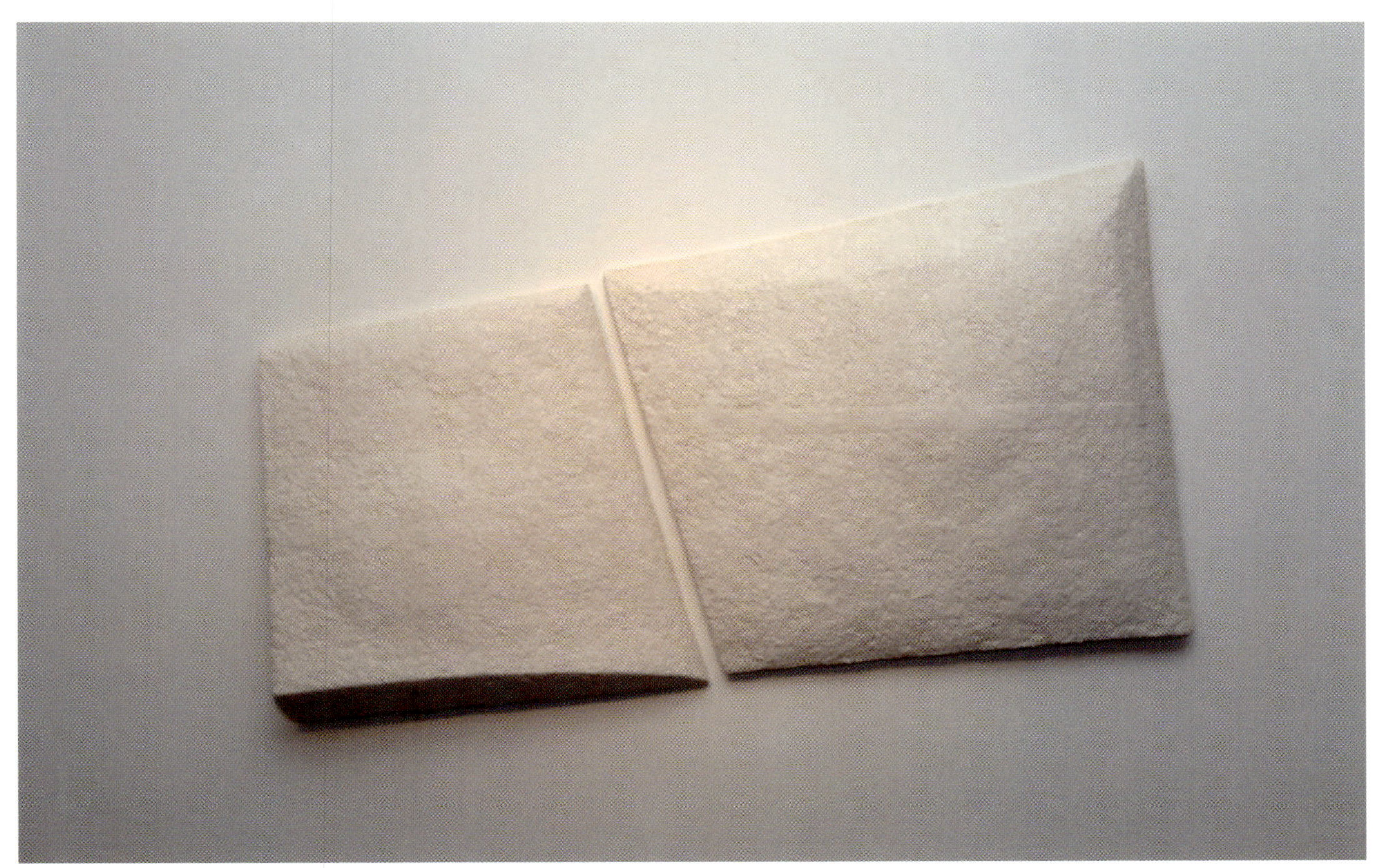

《아키텍스츄어 V:
컨-텍스츄어_c》(00002)
《Archi-texture series V: Con-Texture_c》(00002)
수제 린넨벽돌
Handmade Linen block
55 x 51 x 65 x 9 cm, 63 x 66 x 56 x 95 cm, 2006.

II 작품 연구과정

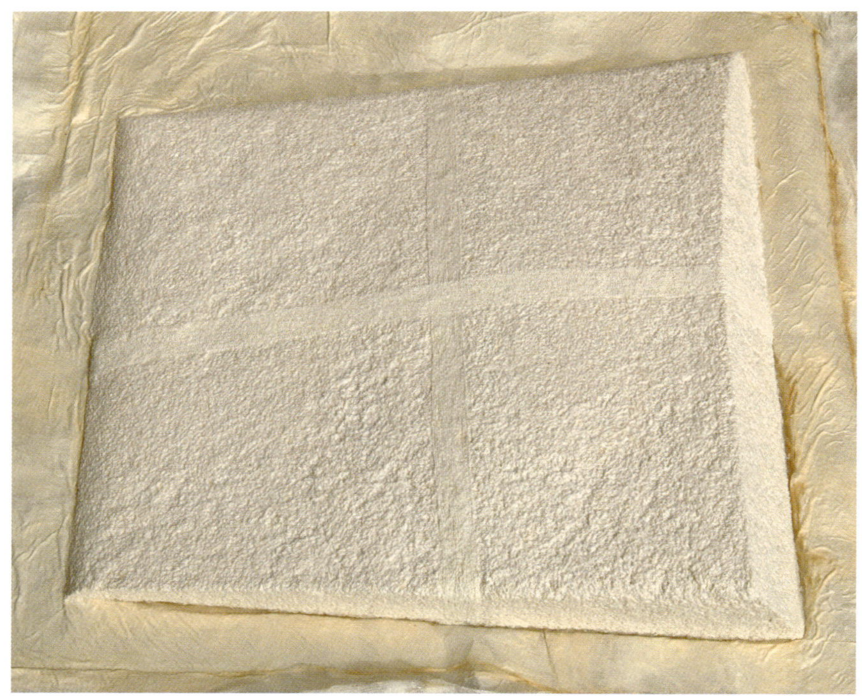

《아키텍스츄어 V: 컨-텍스츄어_c》(00004)
《Archi-texture series V: Con-Texture_c》(00004)
종이 벽돌 건조과정
Drying process for Fiber brick
W57 x H77 x D8 cm, 2006.

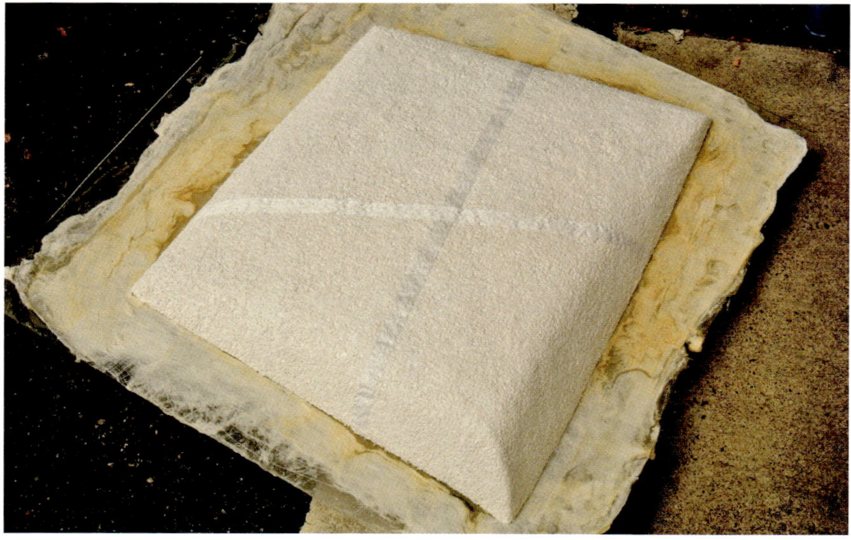

《아키텍스츄어 V: 컨-텍스츄어_c》(00003)
《Archi-texture series V: Con-Texture_c》(00003)
수제 린넨 벽돌 제작과정
The process of handmade linen paper
W74 x H67 x D8 cm, 2006.

RESEARCH

《아키텍스츄어 V:
컨-텍스츄어_c》(00002)
《Archi-texture series
V: Con-Texture_c》
(00002)
북유럽 섬유그룹(TEXO)
초대 국제 워크숍
Northern Fibre 6
여성과 기술,
케라바 아트 뮤지엄,
핀란드, 2005.
(Wo)man &
technology,
Kerava Art Museum,
Finland, 2005.

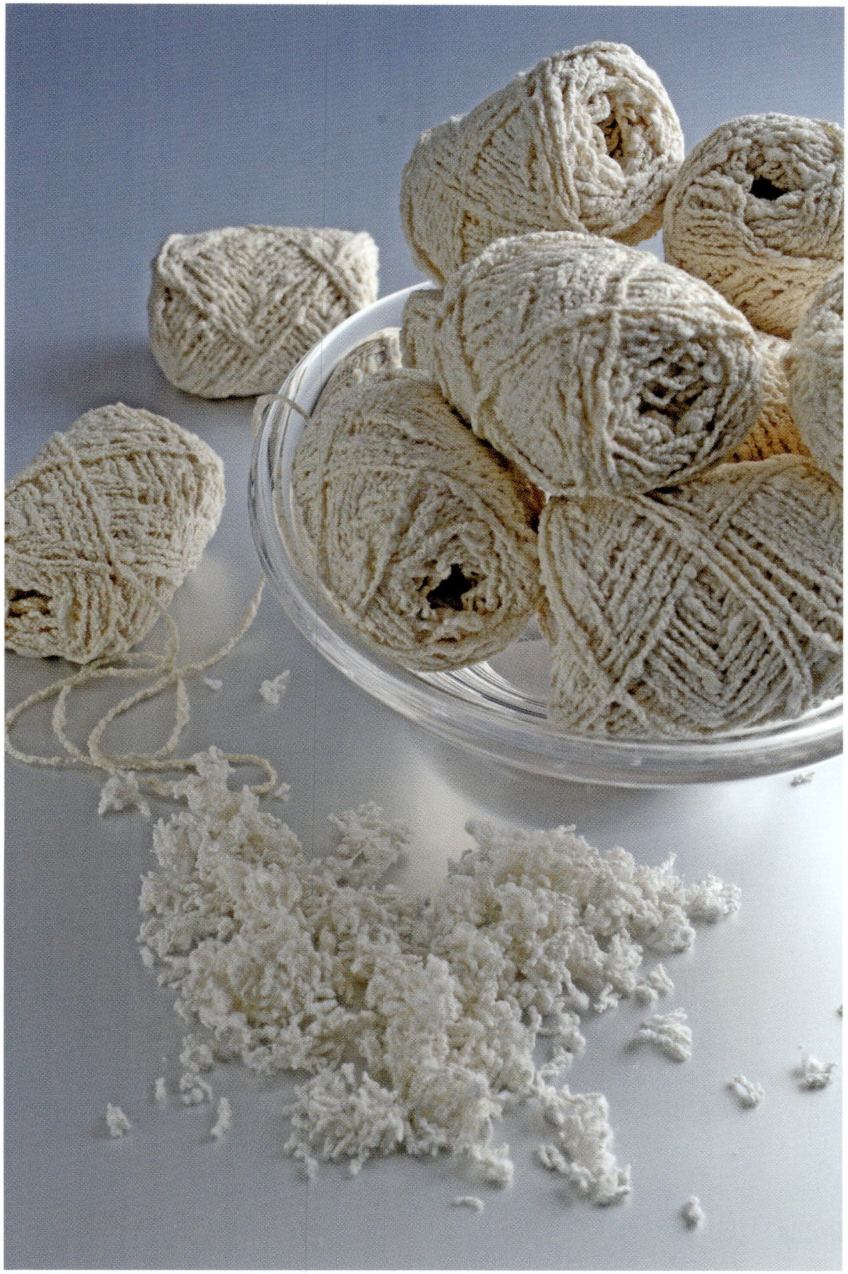

107

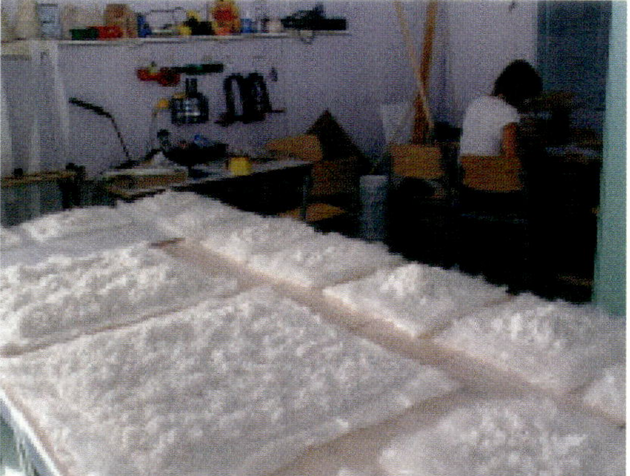

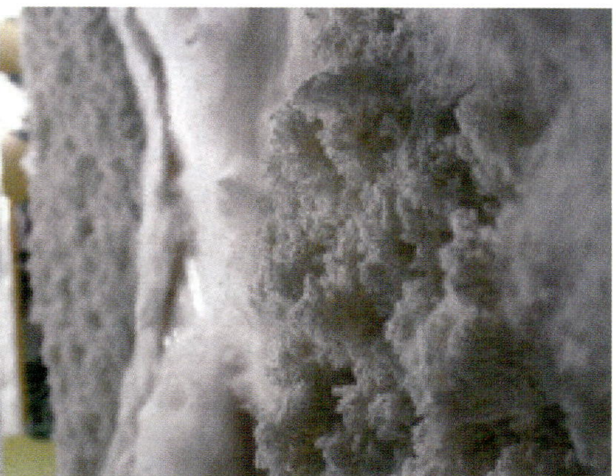

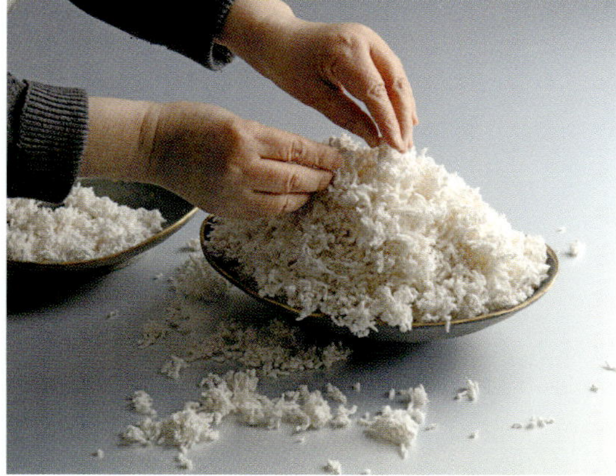

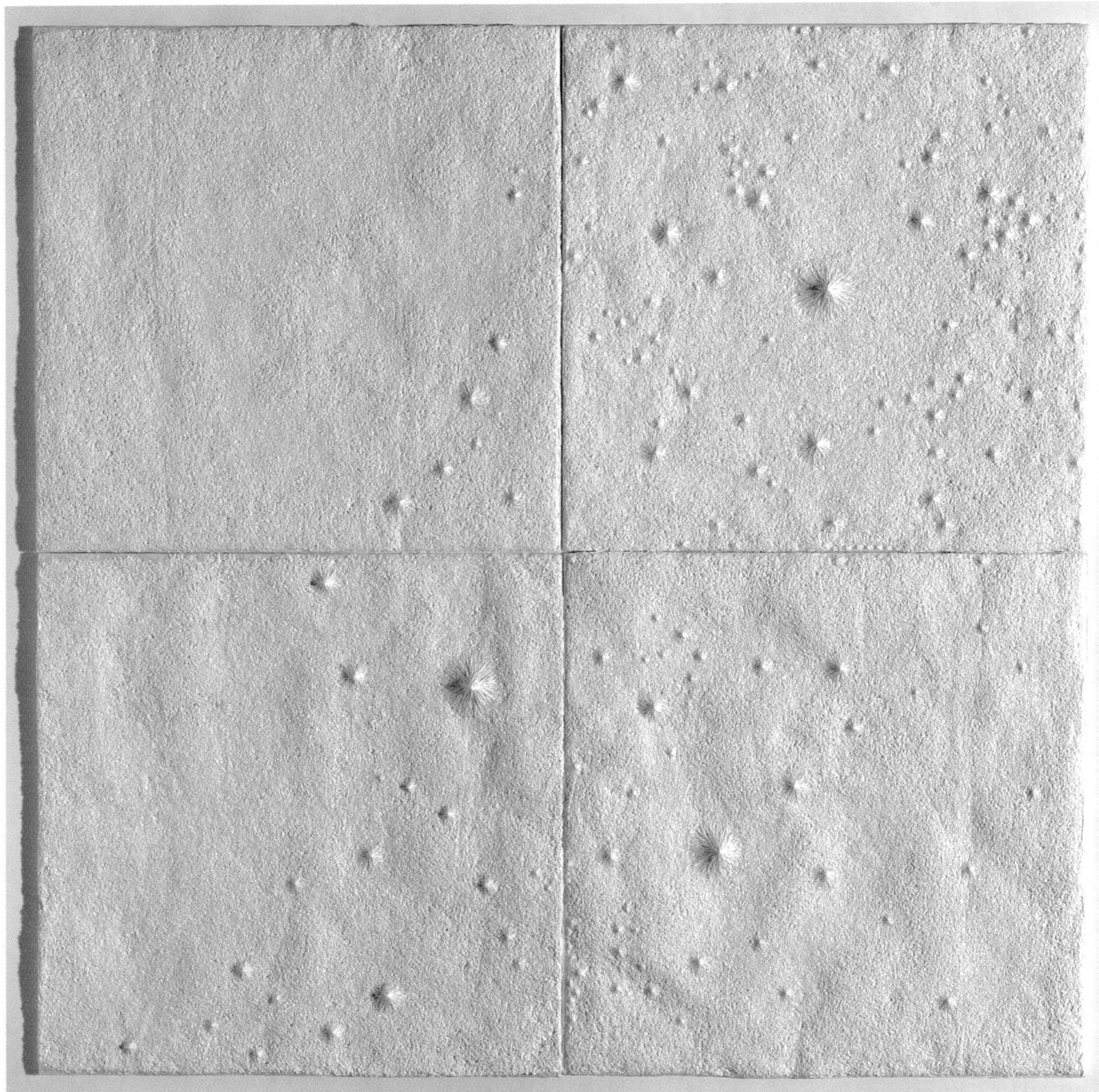

북유럽 섬유그룹(TEXO) 초대 국제 워크숍
Northern Fibre 6
케라바 아트 뮤지엄, 핀란드, 2005.
Kerava Art Museum, Finland, 2005.

FLB 국제전 우수상, 2006.
From Lausanne to Beijing, China: Outstanding Award, 2006.
오늘의 한국현대공예전 출품, 2009.
Korean Contemporary Crafts Now, 2009.

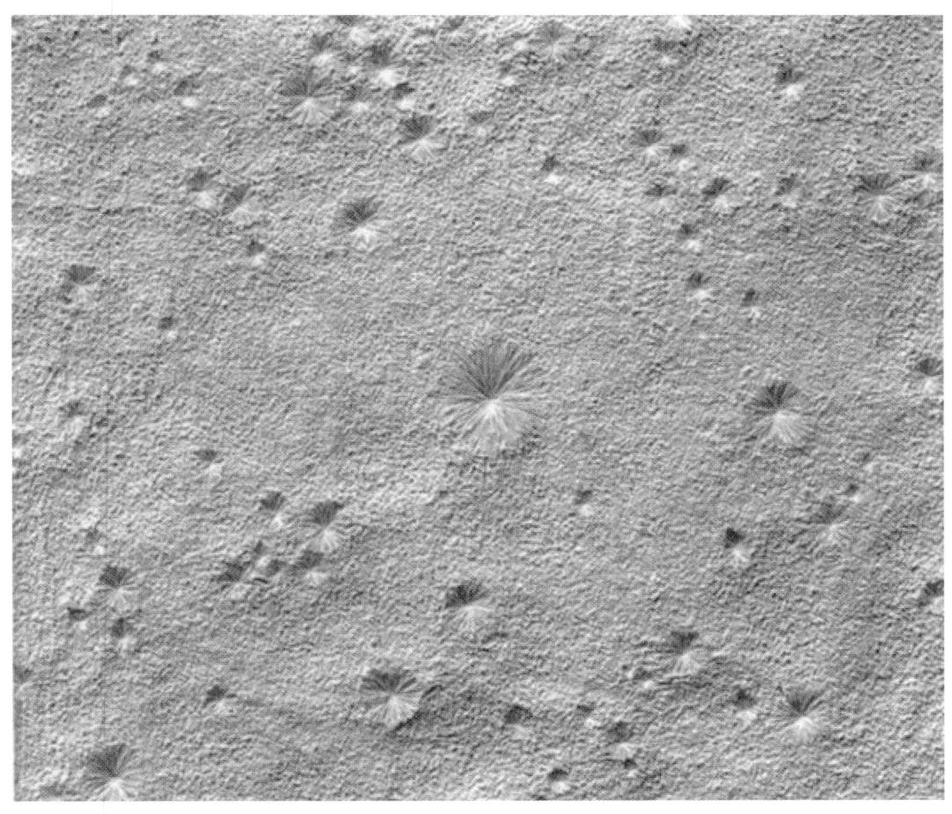

《아키텍스츄어 V: 컨-텍스츄어_c》(00006)(부분)
《Archi-texture series V: Con-Texture_c》(00006)(detail)

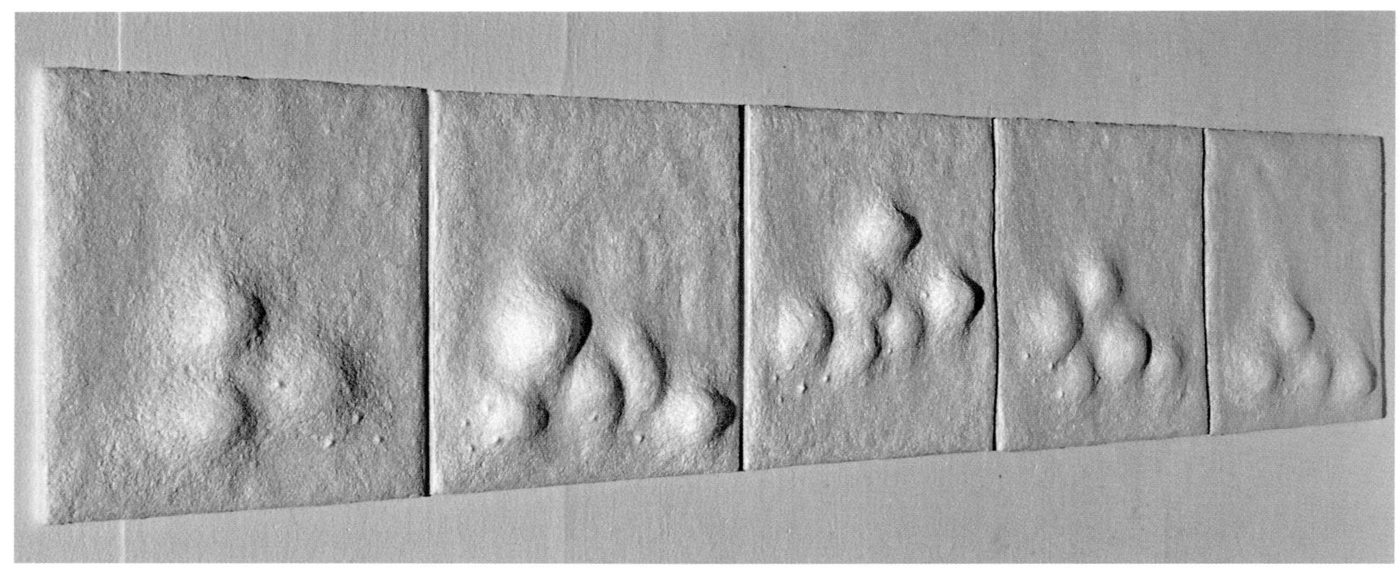

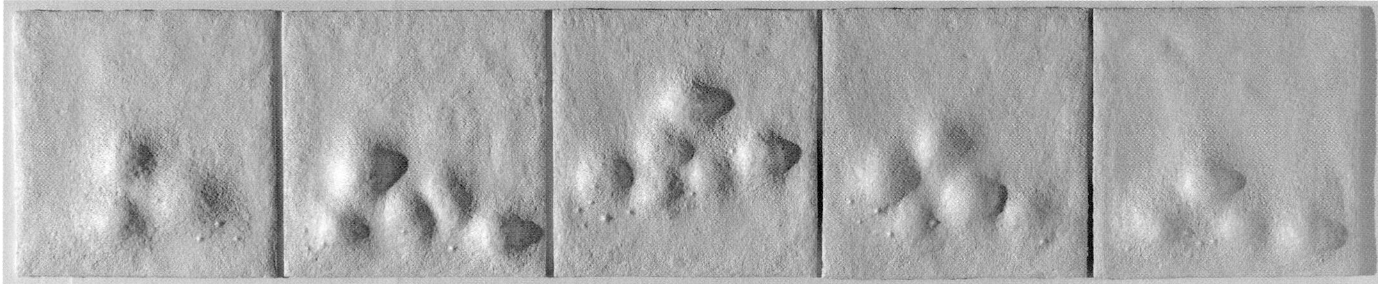

《아키텍스츄어 V: 컨-텍스츄어_c》(00006, 00007)
《Archi-texture series V: Con-Texture_c》(00006, 00007)
비단솜, 린넨사, 수제비단종이, 캐스팅, 자수
Raw silk fiber, Linen thread, Handmade silk paper, Casting, Embroidery
아시아 섬유미술전, 광주시립미술관
Asia Fiber Art Exhibition, Kwangju City Museum
W300 x H300 x D10 cm, 2006.

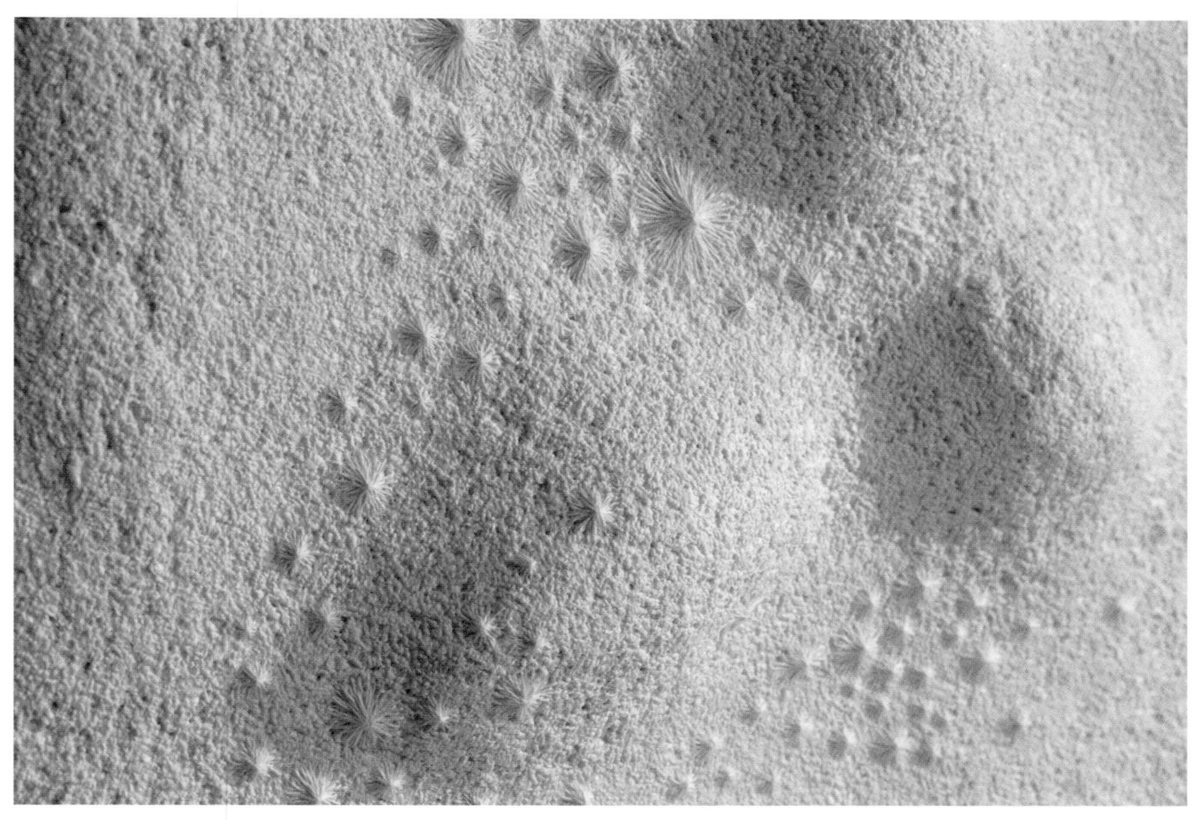

《아키텍스츄어 V: 컨-텍스츄어_c》(00008)(부분)
《Archi-texture series V: Con-Texture_c》(00008)(detail)

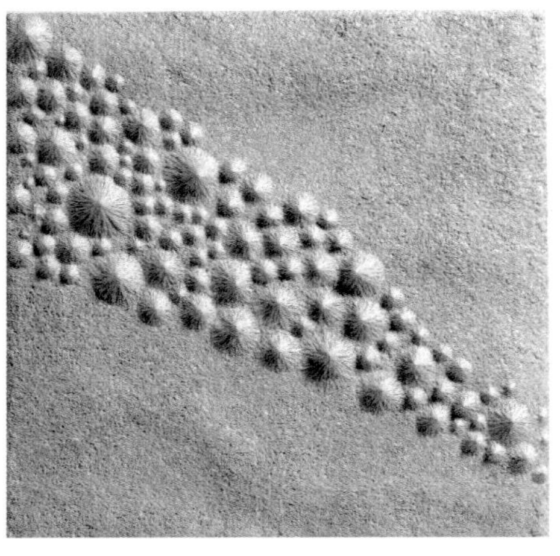

《아키텍스츄어 V: 컨-텍스츄어_c》(00009)(5ea)
《Archi-texture series V: Con-Texture_c》
(00009)
비단솜, 린넨사, 수제린넨종이 벽돌, 자수
Raw silk fiber, Linen thread,
Handmade linen paper brick, Embroidery
W60 x H60 x D9 cm(ea), 2006.

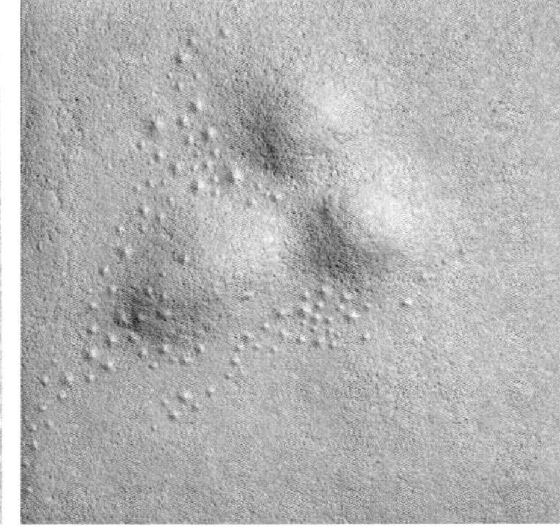

《아키텍스츄어 V: 컨-텍스츄어_c》(00010)
《Archi-texture series V: Con-Texture_c》(00010)
비단솜, 린넨사, 수제린넨종이 벽돌, 자수
Raw silk fiber, Linen thread,
Handmade linen paper brick, Embroidery
W60 x H60 x D10 cm, 2006.

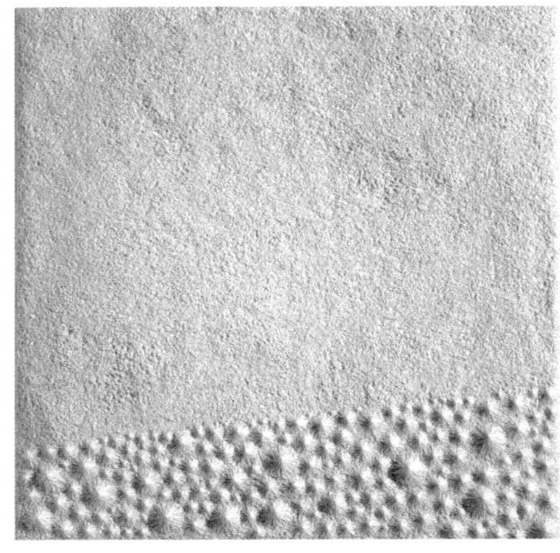

《아키텍스츄어 V: 컨-텍스츄어_c》(00012)
《Archi-texture series V: Con-Texture_c》(00012)
비단솜, 린넨사, 수제린넨종이 벽돌, 자수
Raw silk fiber, Linen thread,
Handmade linen paper brick, Embroidery
W70 x H70 cm, 2005.

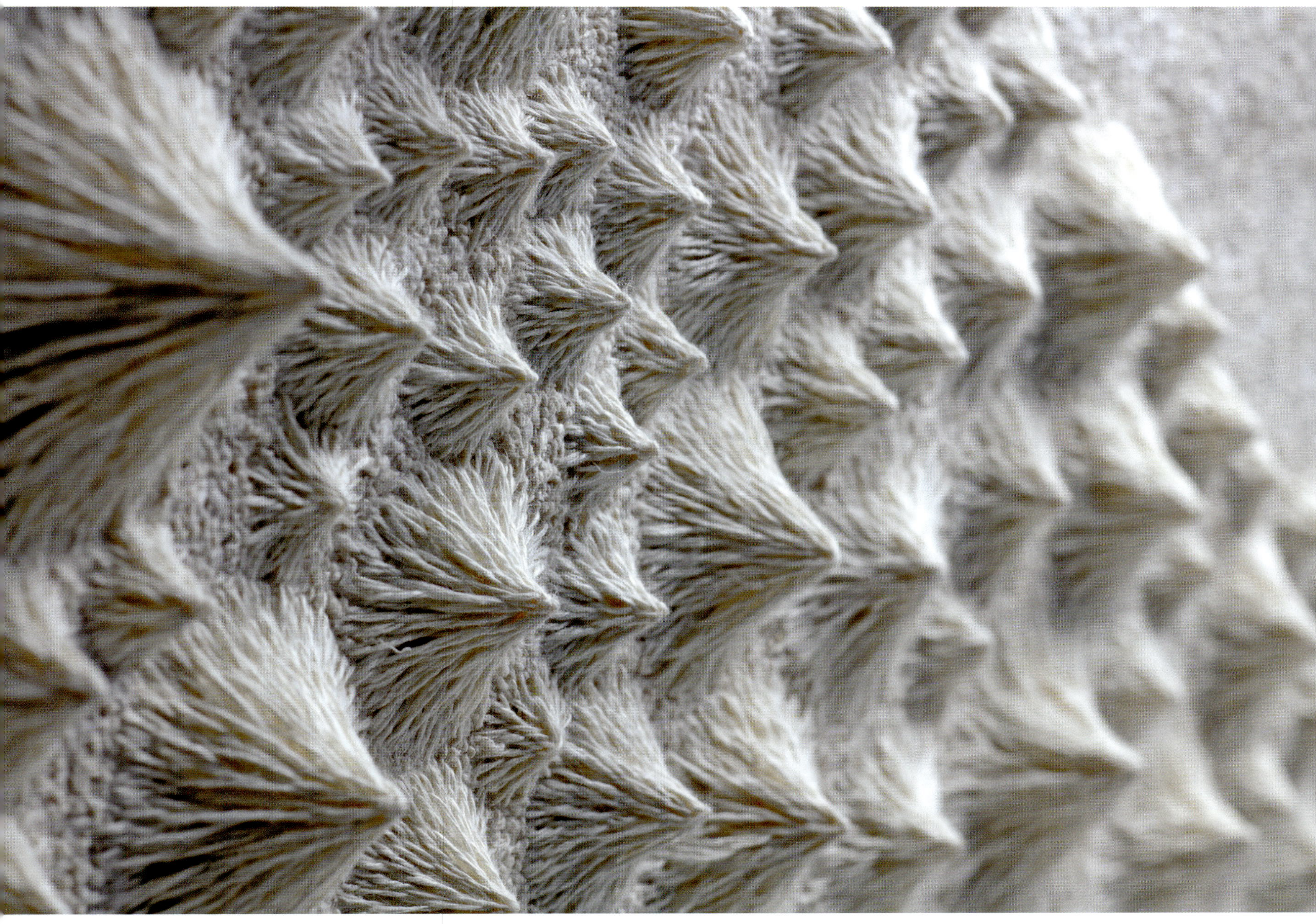

II 작품 연구과정

114

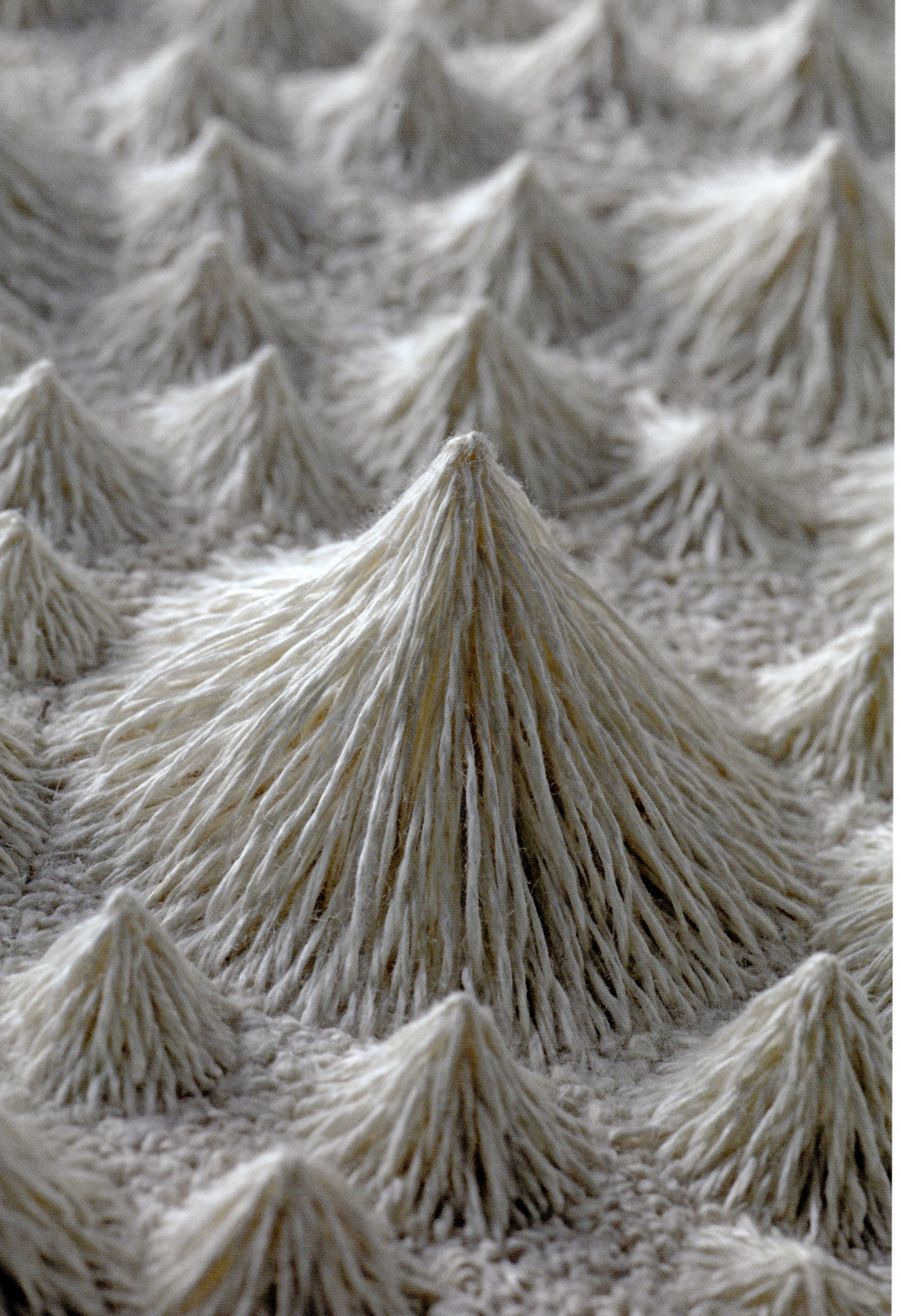

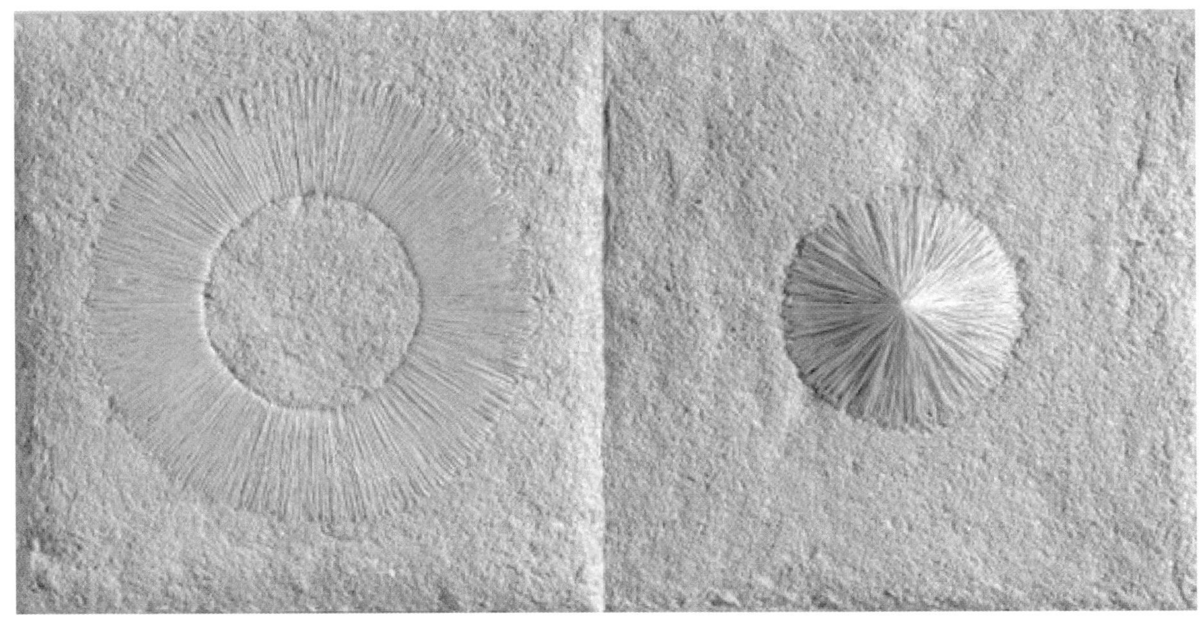

《아키텍스츄어 V: 컨-텍스츄어_c》
《Archi-texture series V: Con-Texture_c》
비단솜, 린넨사, 수제 비단&린넨종이벽돌, 자수
Raw silk fiber, Linen thread, Handmade silk & linen paper brick, Embroidery
W70 x H35 cm(ea), 2006.

II 작품 연구과정

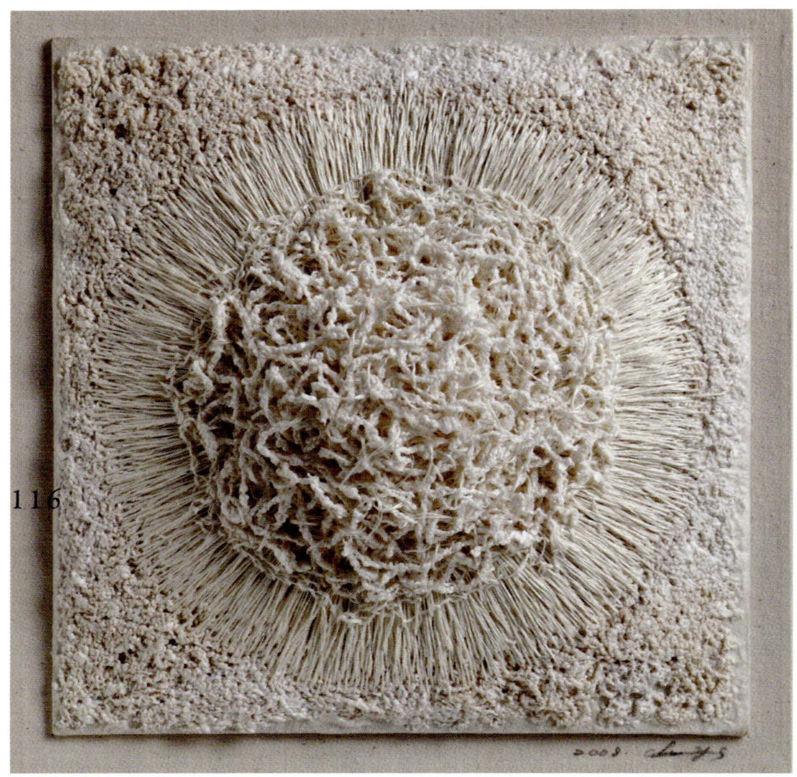

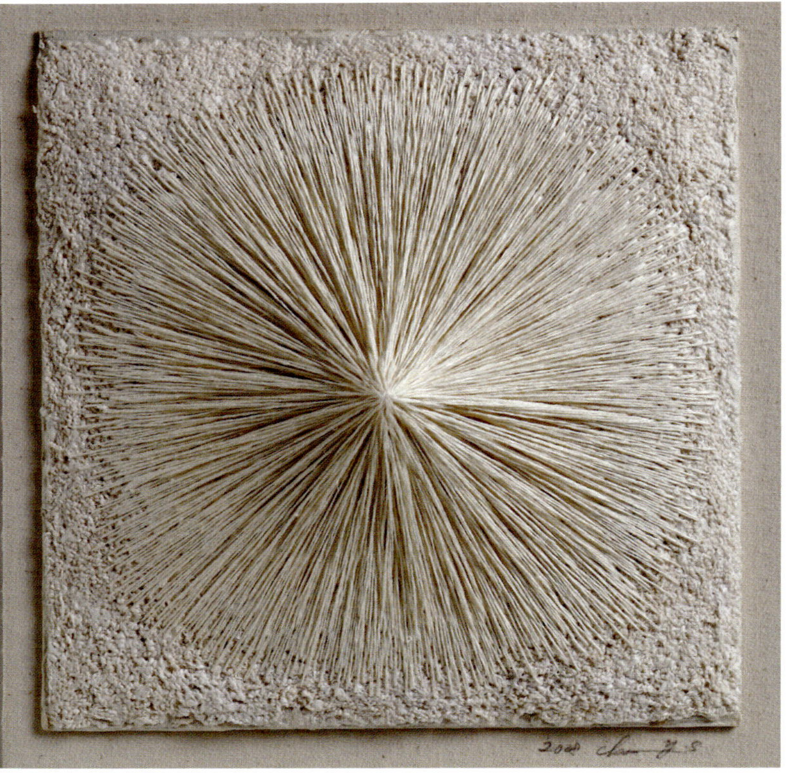

116

《아키텍스츄어 V: 컨-텍스츄어_c》(00015)
《Archi-texture series V: Con-Texture_c》(00015)
비단솜, 린넨사, 수제 비단&린넨종이벽돌, 자수
Raw silk fiber, Linen thread, Handmade silk & linen paper brick, Embroidery
W30 x H30 x D7 cm, 2006.

《아키텍스츄어 V: 컨-텍스츄어_c》(00016)
《Archi-texture series V: Con-Texture_c》(00016)
비단솜, 린넨사, 수제 비단&린넨종이벽돌, 자수
Raw silk fiber, Linen thread, Handmade silk & linen paper brick, Embroidery
W30 x H30 x D7 cm, 2006.

RESEARCH

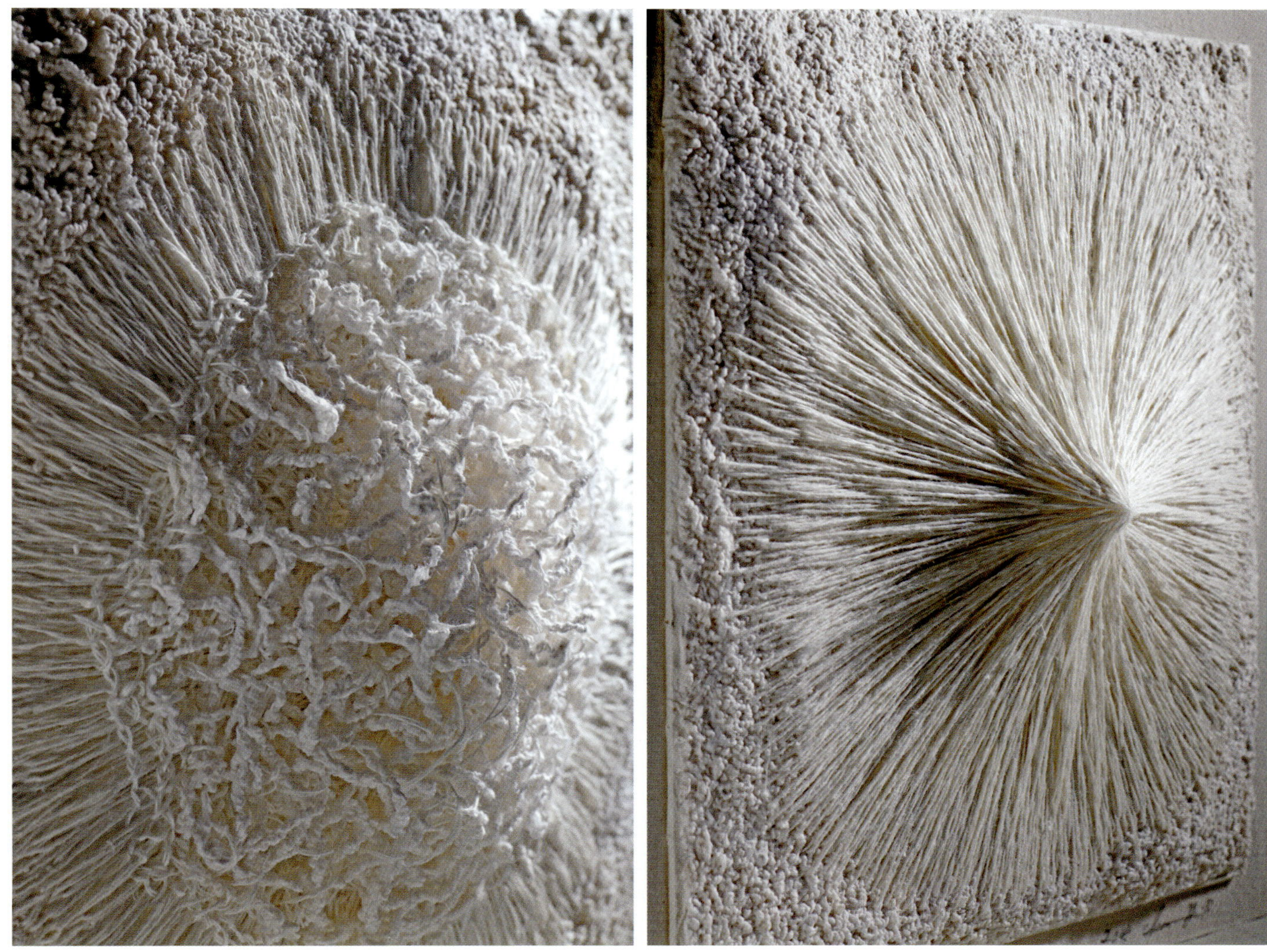

《아키텍스츄어 V: 컨-텍스츄어_c》(00015)(부분)
《Archi-texture series V: Con-Texture_c》(00015)(detail)

《아키텍스츄어 V: 컨-텍스츄어_c》(00002)
《Archi-texture series V: Con-Texture_c》(00002)

II 작품 연구과정

《아키텍스츄어 V: 컨-텍스츄어_c》(00019)
《Archi-texture series V: Con-Texture_c》
(00019)
〈컨-텍스츄어 06.02, W6〉
〈Con-Texture 06.02, W6〉
면 거즈, 화학사
Cotton Gauze, Synthetic yarn
W30 x H30 x D10 cm, 2006

118

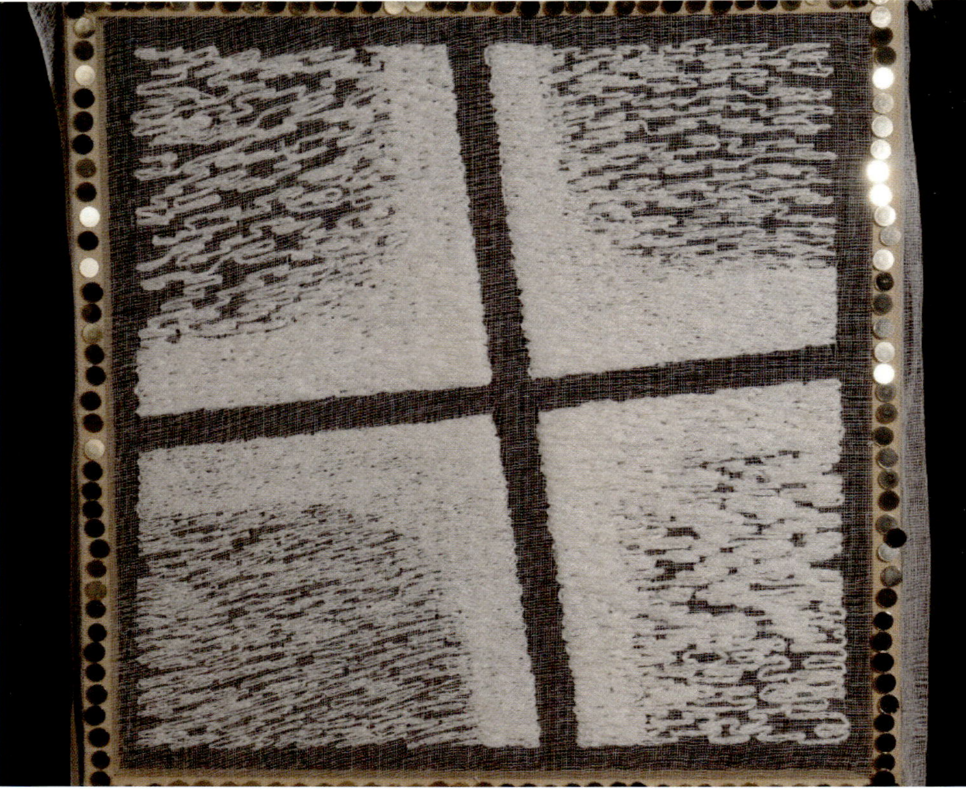

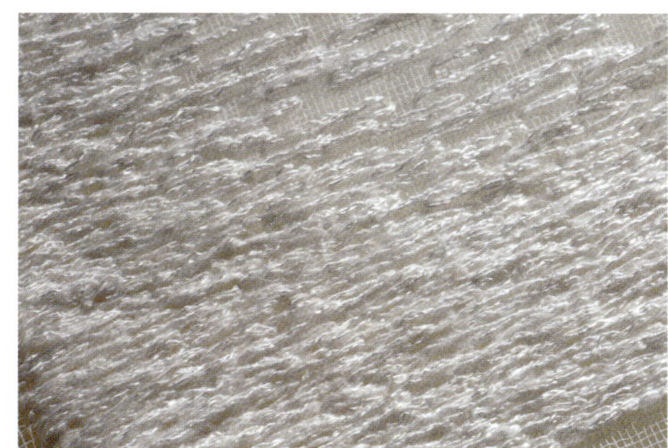

Detail

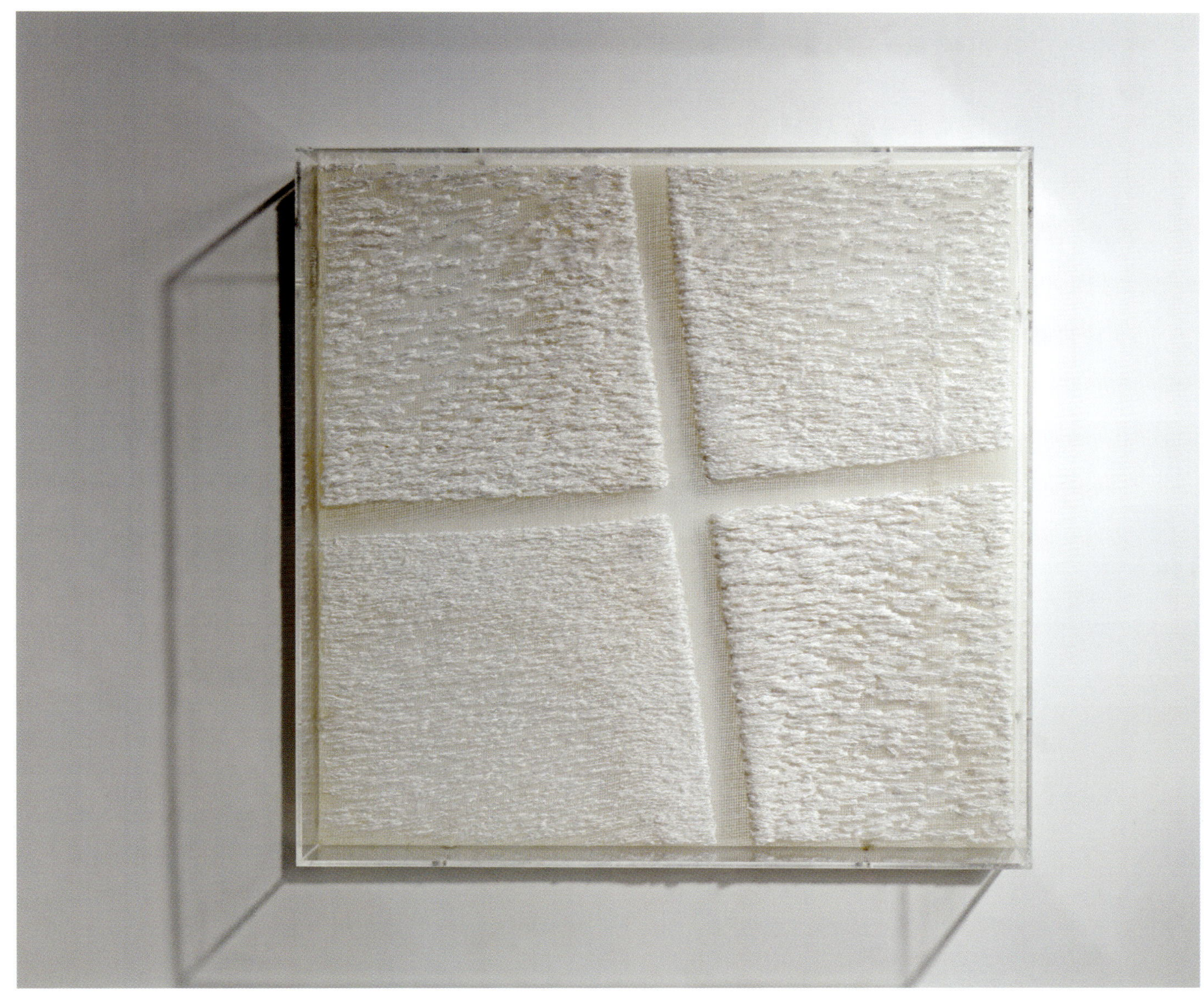

《아키텍스츄어 V: 컨-텍스츄어_c》(00020)
《Archi-texture series V: Con-Texture_c》(00020)

면 거즈, 화학사, 평수
Cotton gauze, Synthetic Yarn, Satin stitch
W38 x H38 cm, 2006.

II 작품 연구과정

2) 형태적 요소: 유사형태, 기하추상

(1) 아날로-폼즈 & Analo-Forms

- 기간: 2003년 3월 20일 ~ 3월 29일
- 장소: 박영덕 화랑, Gallery BAIK
- 기법: 수제 비단종이에 자수(십자수, 선수)(Handmade silk paper, Embroidery)
- 소재: 비단솜(Raw silk fiber), 금사(Golden thread), 수제 비단종이 (Handmade silk paper)
- 연구 과정: 다년간 지속적으로 연구, 개발한 비단종이를 캔버스로 하여 금사로 평면도형들을 수놓아 구성한 작품들이다. 작품에 구성되어 놓인 평면도형들은 건축이론서 중 하나에서 영감을 얻었다. 플라톤, 유클리드 기하학의 핵심 형태이며 보편적 형태인 육면체를 건물의 상징적 이미지로 활용하였다.

배경을 이루는 흑, 백색의 비단종이는 말레비치의 환원적(還元的) 작품들에서 볼 수 있는 근원적 개념을 연상하여 제작하였다. 마치 입체도형인 듯 보이는 평면상의 육면체들은, 점과 점을 이은 선들로 이루어진 폐쇄적 직선의 결합체이다. 이는 삼차원 오브제의 표상과 이차원 회화 사이의 균형을 고려하여 고안한 것이다.

사각형을 기본으로 하는 오브제들은 내부가 반투명체로 구현되어 차원성을 약화시킨다.

비잔틴 문화를 연상하게 하는 금사(金絲)는 고전주의, 합리주의에 대한 도전으로 제시하였다.

작품은 실크를 사용함으로 동물성 재료, 유기적인 요소의 작품으로부터 출발하였다.

캔버스를 이루는 흑, 백의 실크페이퍼는 순수성을 대표하는 인물인 말레비치의 사상적 흔적을 강조한 말레비치의 흑백작품들 속 화면의 주인공을 염두에 둔 색채구상이다.

상징 기호를 조형 요소로 사용하여 표현한 선의 조형미에 관한 1차원의 선으로 이루어진 3차원 공간구성의 작품들은 금사를 사용함으로써 금속성과 견고미를 도입하였다. 작품을 통해 유닛의 변주를 통한 축조의 역동성, 기하학적 추상표현의 진수를 선보이고자 했다. 36가닥의 금사를 1올로 사용한 실의 균제미를 통한 긴장감이 팽팽히 살아있는 평면 속 입체 공간에서 건축의 공간 구성미를 느끼게 하고자 하였으며 정육면체의 유닛들을 건축물의 상징요소로 채용하였다.

직선의 의도된 교차, 질서로 이루어진 화면구성을 통해 도형 안에서 공간의 분할과 재구성이 조성하는 선의 방향성에 의한 입체적 공간을 형성하여 건축 구조의 견고함과 역동성을 느끼게 하는 금사를 사용해 정육면체를 입체화했다. (김미상 박사 평문에서 발췌)

제작기법은 투명수지유리판에 드릴로 타공하여 바늘구멍을 낸 후 실이 통과하게 하여 도형 형태들을 선(線)수로 이어나갔다.

당시에는 레이저 커팅기가 상용화되지 않아 본인이 투명수지유리판에 직접 전동드릴로 타공했으며 타공 표면의 날카로운 부분을 통과할 때 실이 끊어지지 않도록 바느질 장력의 세기를 조절해가며 타공한 부분에 36가닥의 금사를 연결한 바늘을 통과시켜 선의 균일한 텐션(tension)을 유지해 가며 수를 놓았다.

작품에 사용된 비단종이와 캔버스로 사용한 투명수지유리의 조화를 위해 실의 텐션과 평면드로잉의 형태를 통한 공간 구축이 조형미의 핵심 요소이다. (김미상 박사 평문 발췌)

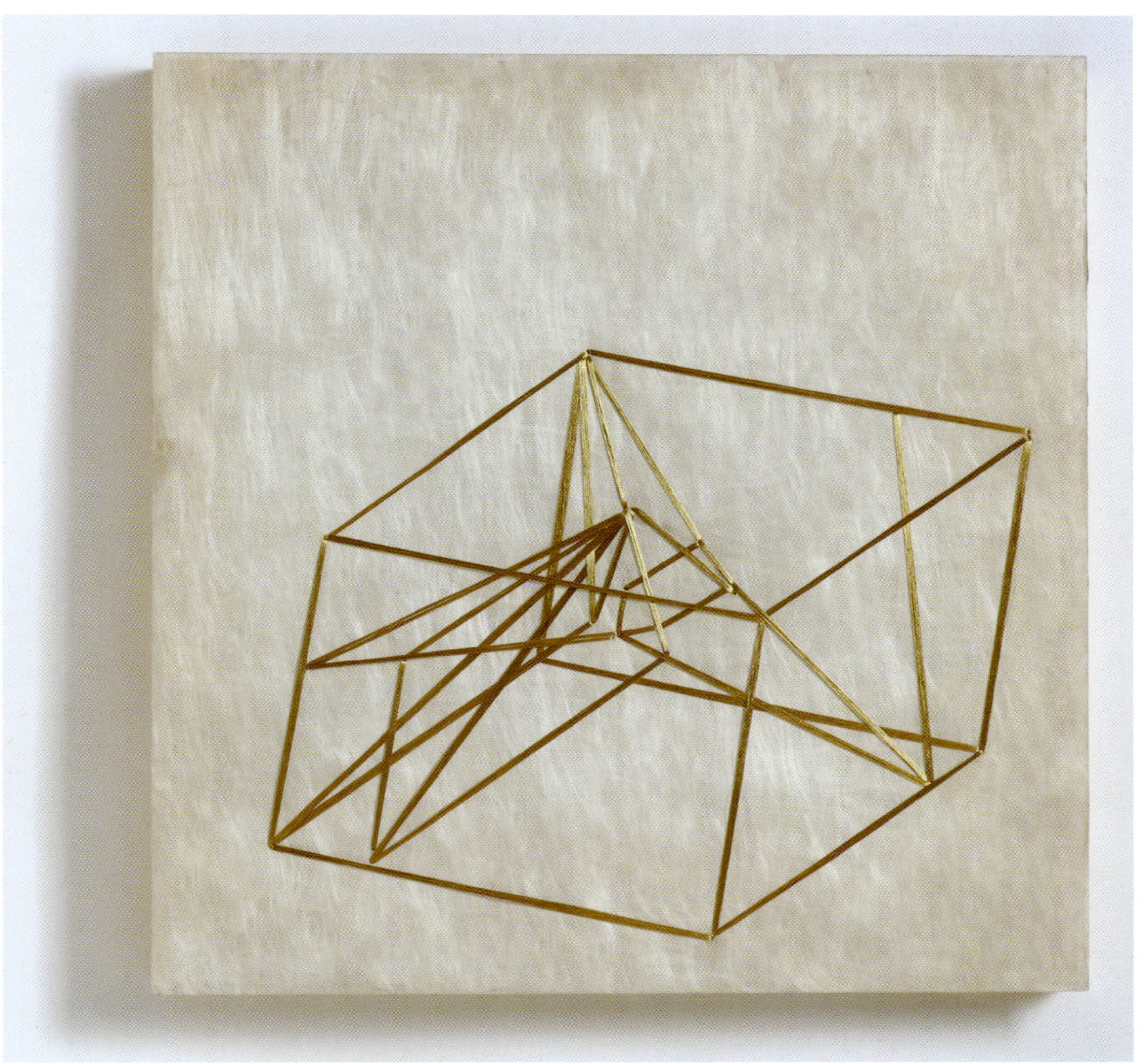

《아날로 폼즈》
《Analo-Forms》

〈유사형태 1〉
〈Analo-Form 1〉
수제 비단종이, 금사, 자수
Handmade silk paper, Golden thread, Embroidery
W70 x H70 x D7 cm

II 작품 연구과정

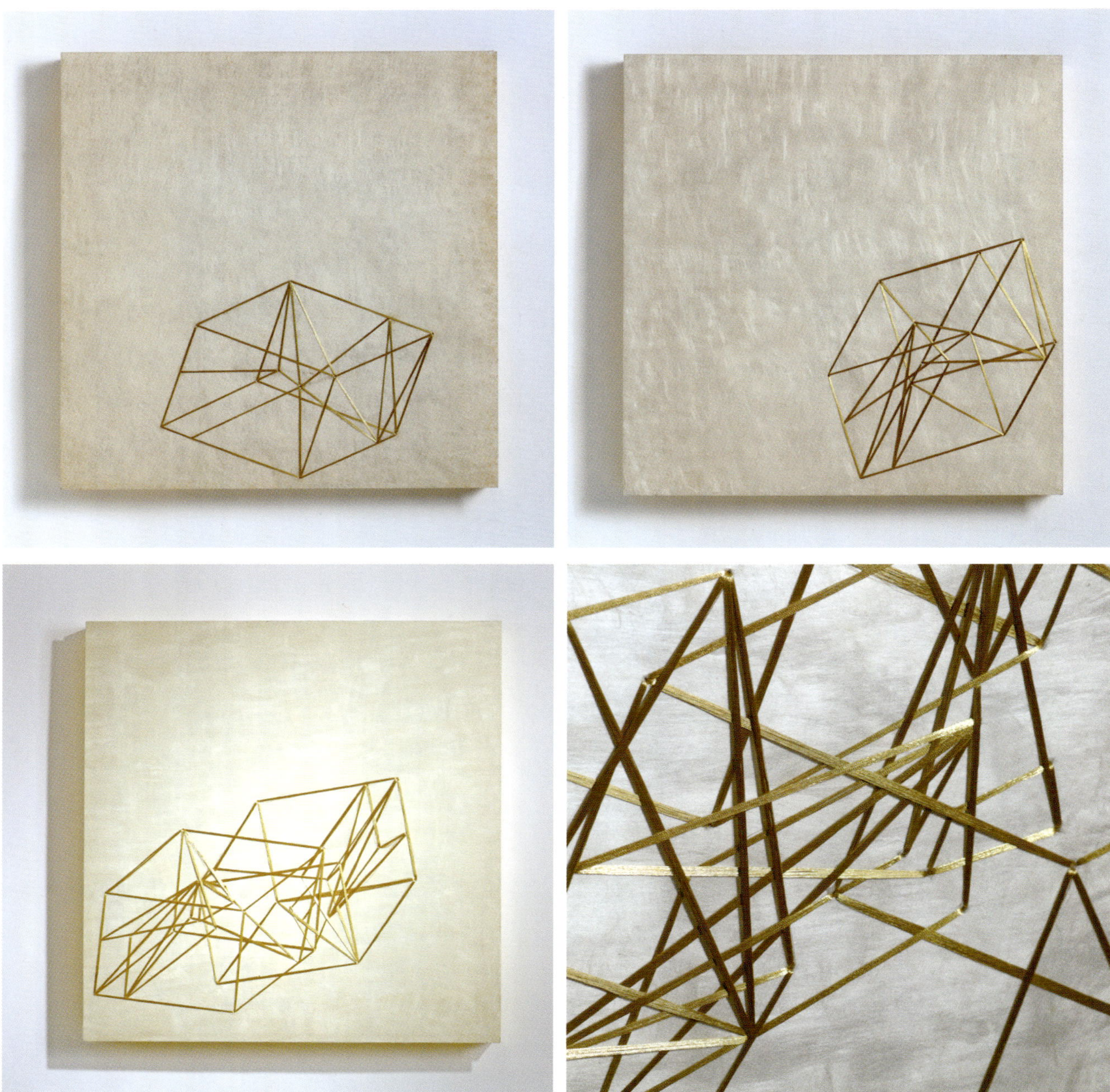

《아날로 폼즈》(00004, 00005)
《Analo-Forms》(00004, 00005)
〈유사형태 9, 4, 13〉
〈Analo-Form 9, 4, 13〉
수제 비단종이, 금사, 자수
Handmade silk paper,
Golden thread, Embroidery
W70 x H70 x D7 cm

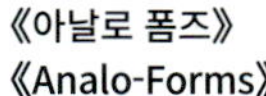

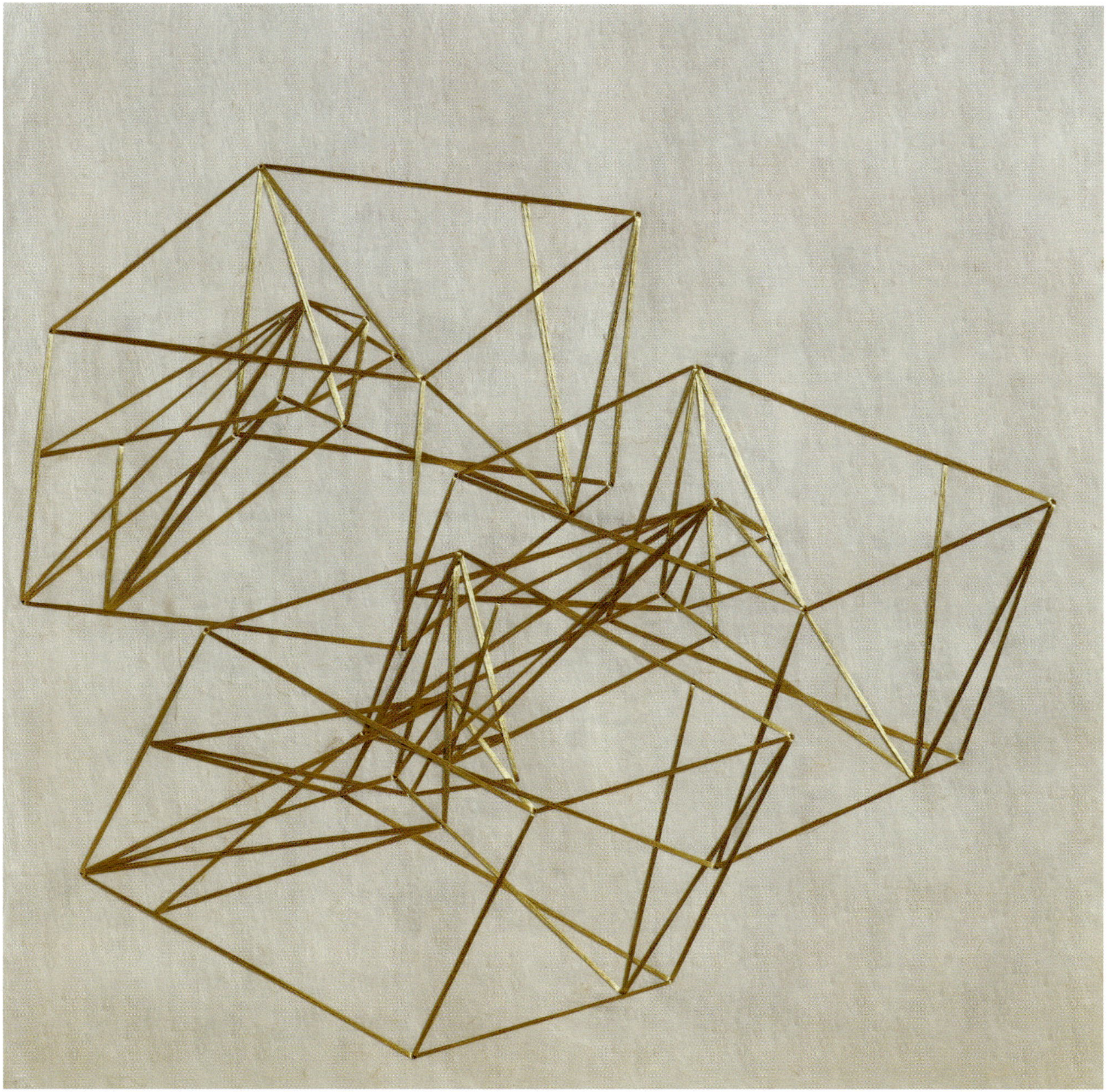

《아날로 폼즈》
《Analo-Forms》
〈유사형태 12〉
〈Analo-Form 12〉
수제비단종이, 금사, 자수
Handmade silk paper, Golden
thread, Embroidery
W70 x H70 x D7 cm

II 작품 연구과정

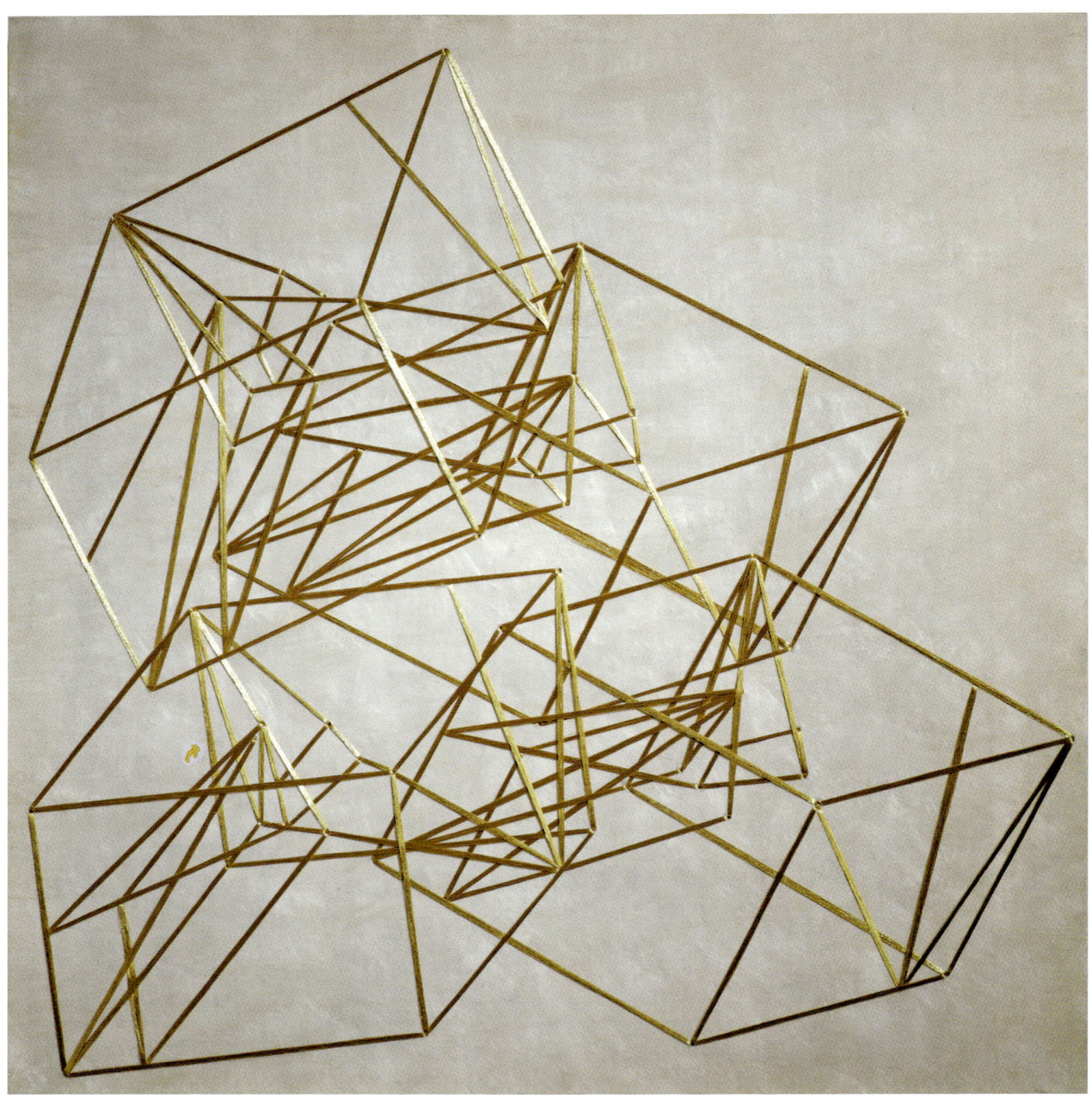

《아날로 폼즈》
《Analo-Forms》

〈유사형태 11〉
〈Analo-Form 11〉
수제비단종이, 금사, 자수
Handmade silk paper, Golden thread, Embroidery
W70 x H70 x D7 cm

《아날로 폼즈》(부분)
《Analo-Forms》(detail)

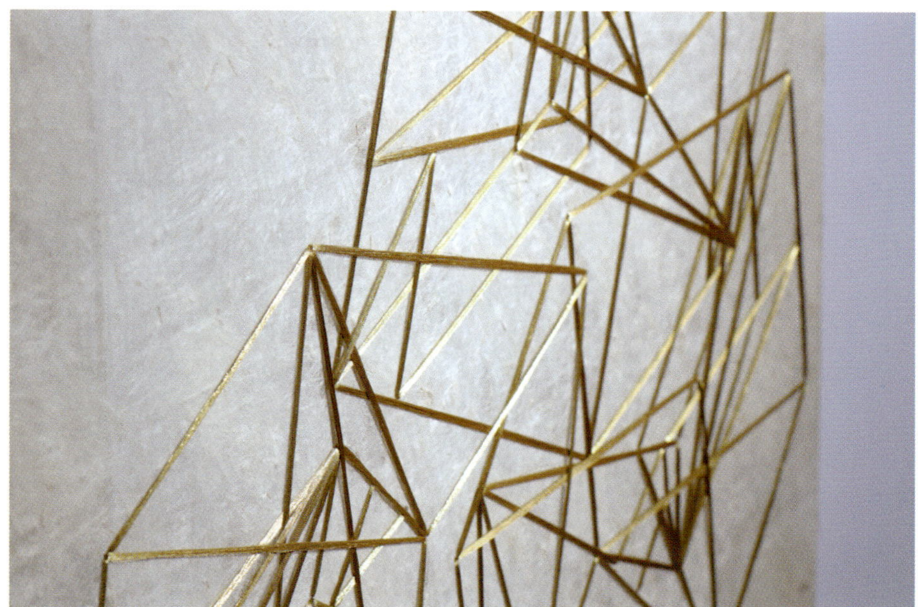

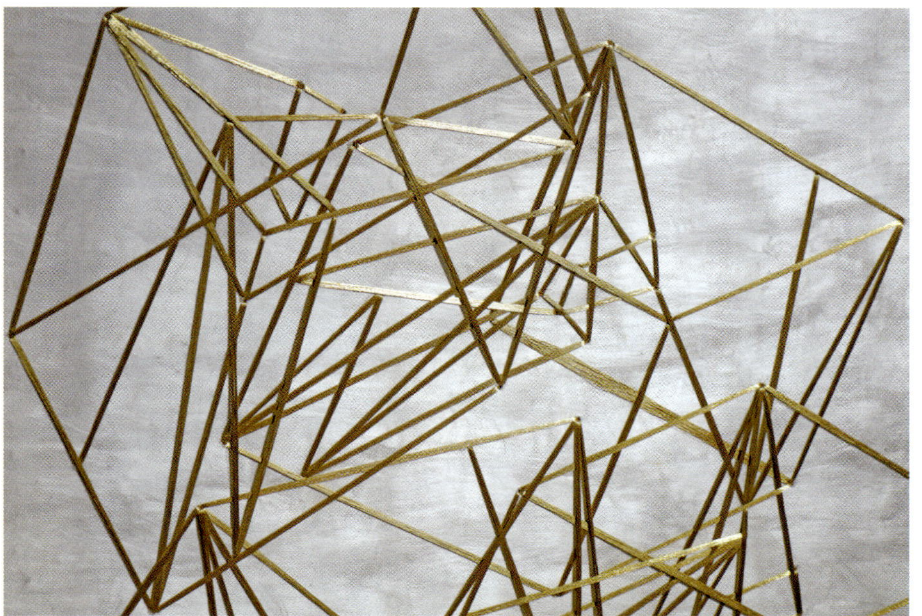

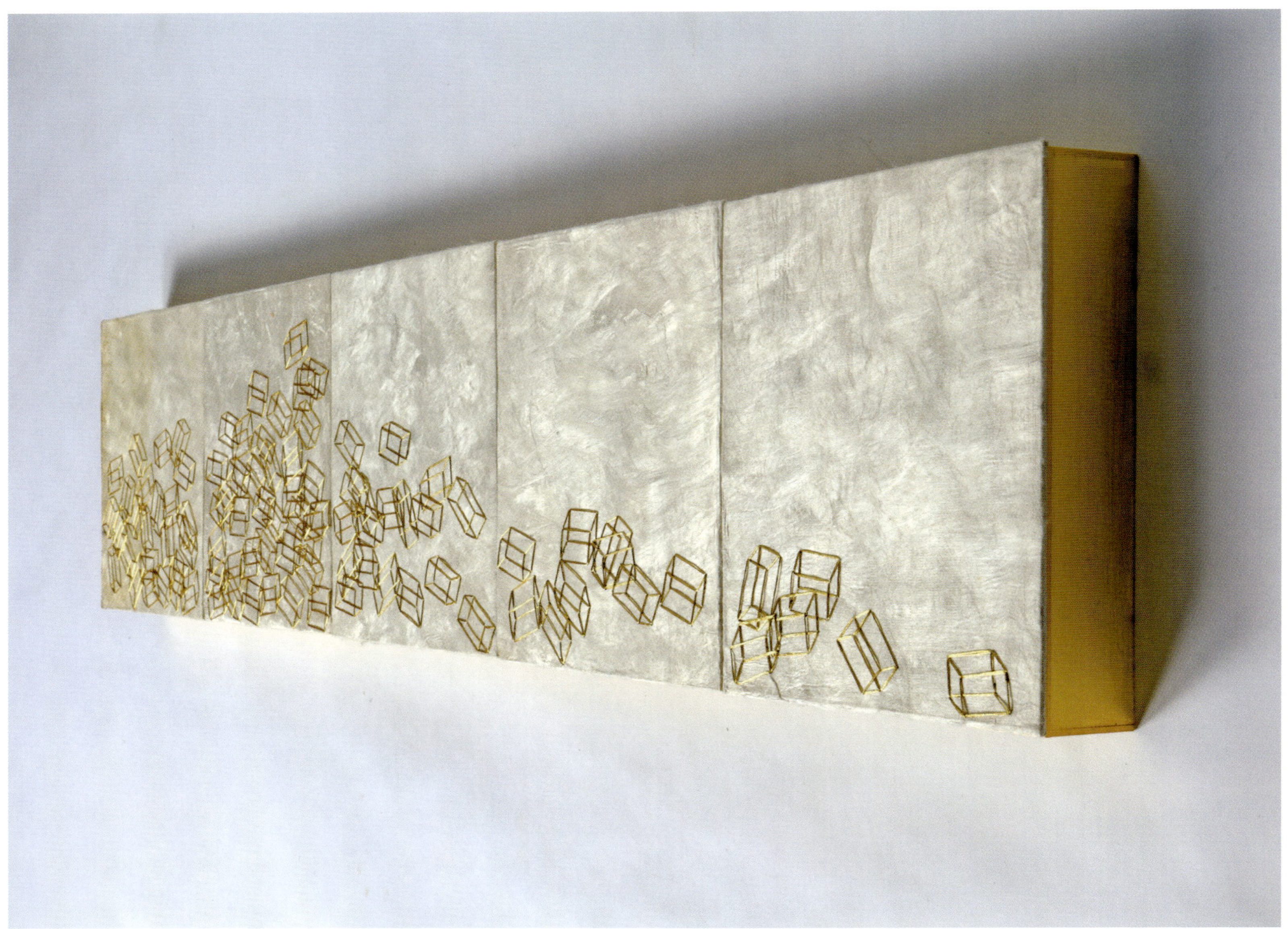

《아날로 폼즈》　　〈유사형태 17〉　　수제 비단종이, 금사, 자수
《Analo-Forms》　　〈Analo-Form 17〉　　Handmade silk paper, Golden thread, Embroidery
　　　　　　　　　　　　　　　　　W25 x H126 cm

RESEARCH

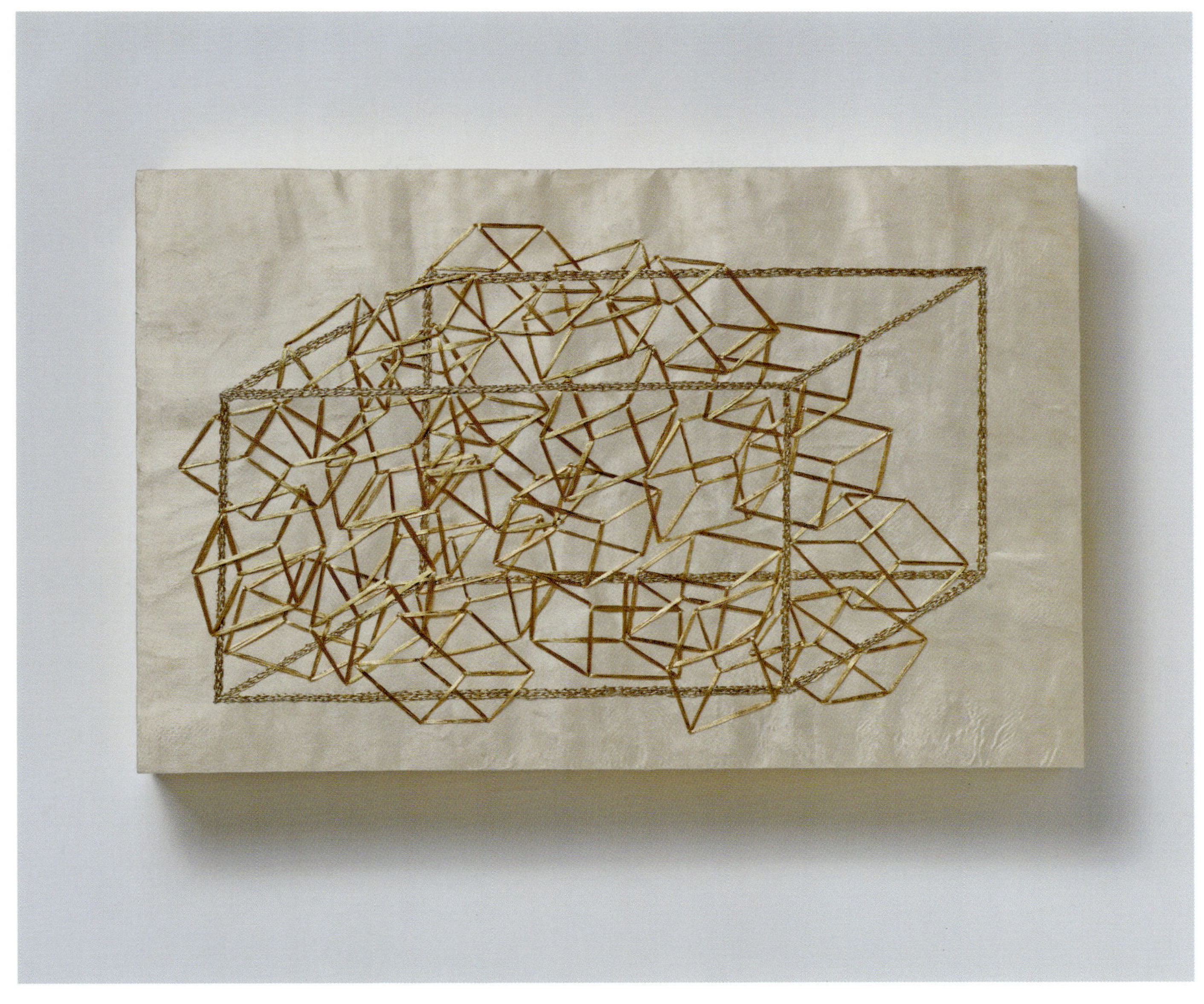

《아날로 폼즈》 〈유사형태 18〉 수제 비단종이, 금사, 자수
《Analo-Forms》 〈Analo-Form 18〉 Handmade silk paper, Golden thread, Embroidery
W44 x H24 cm

II 작품 연구과정

128

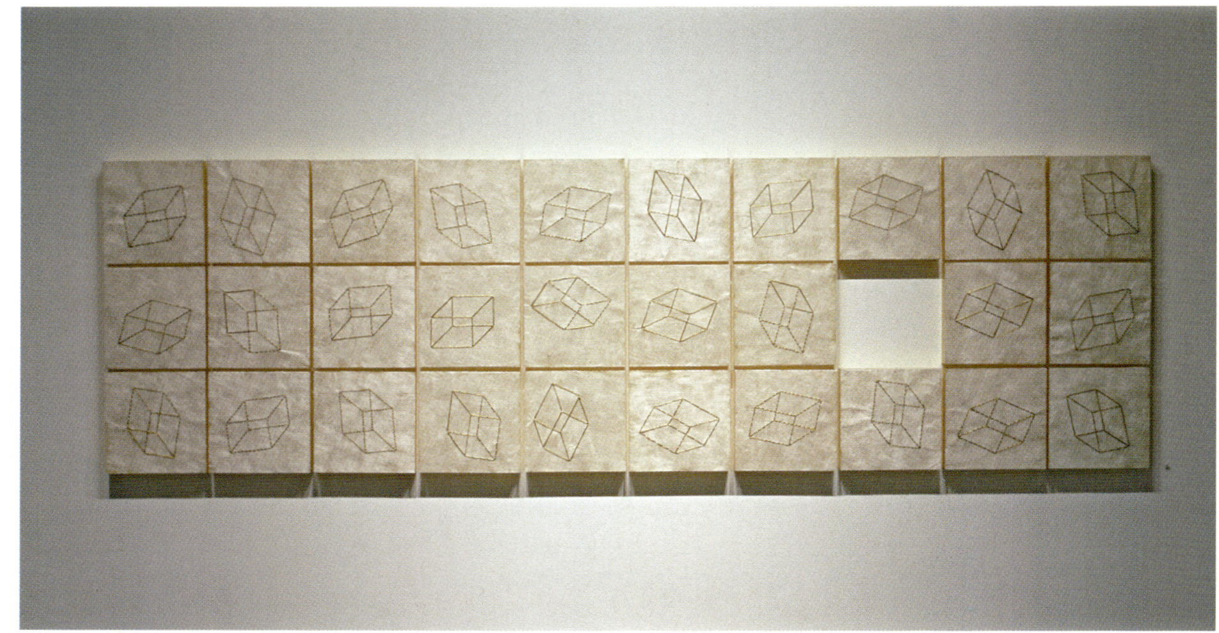

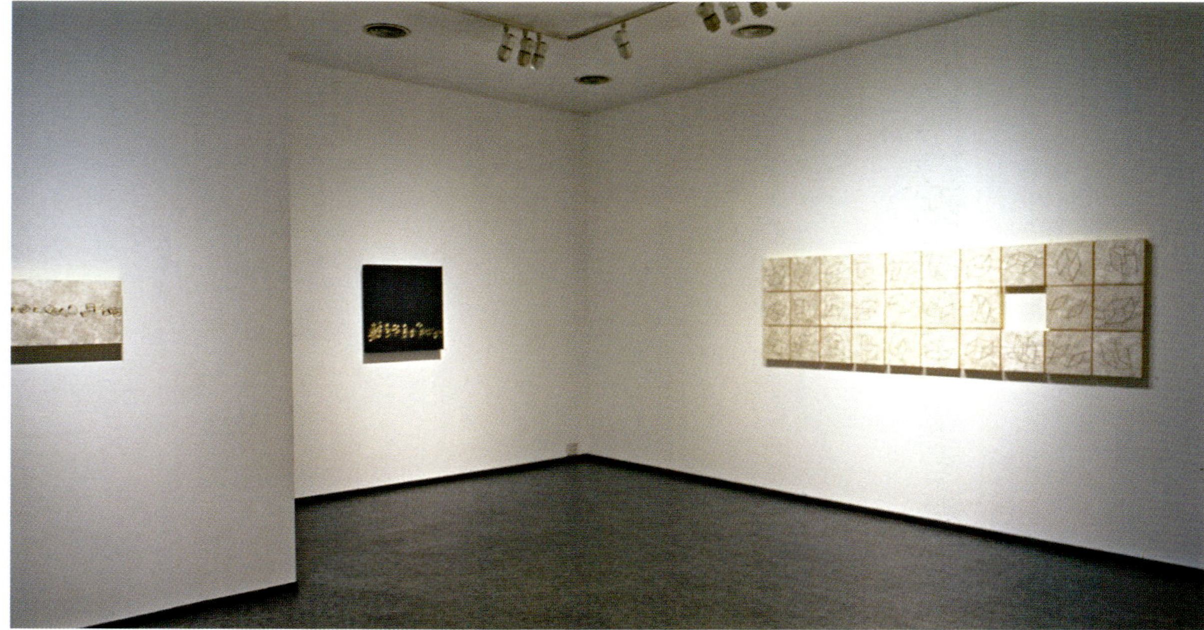

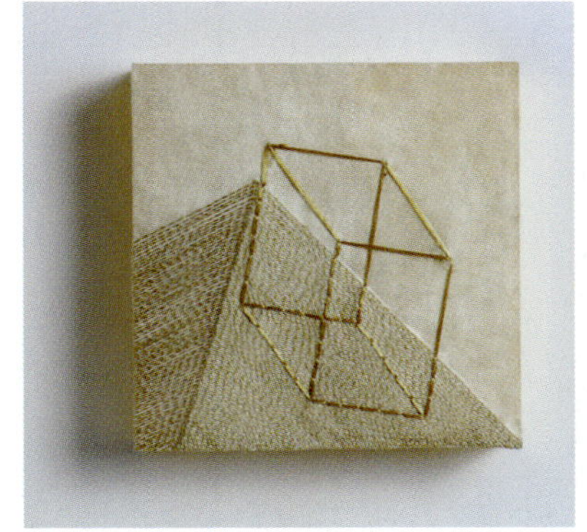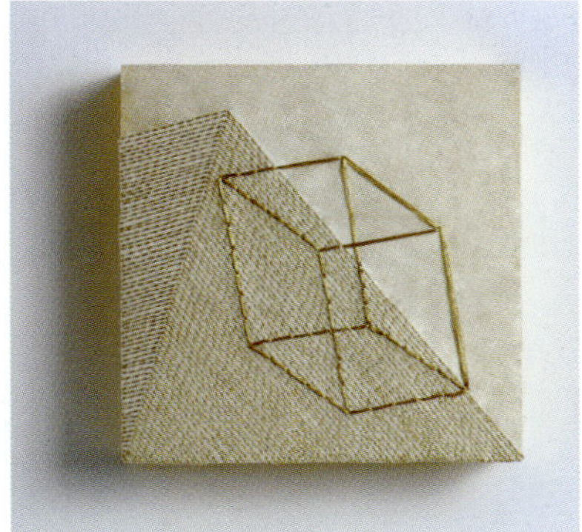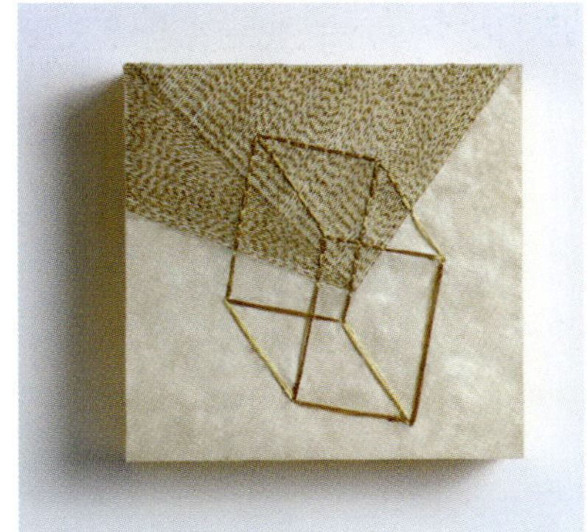

《아날로 폼즈》
《Analo-Forms》
〈유사형태 4〉
〈Analo-Form 4〉
수제 비단종이, 금사, 자수
Handmade silk
paper, Golden thread,
Embroidery
W24 x H24 x D3 cm

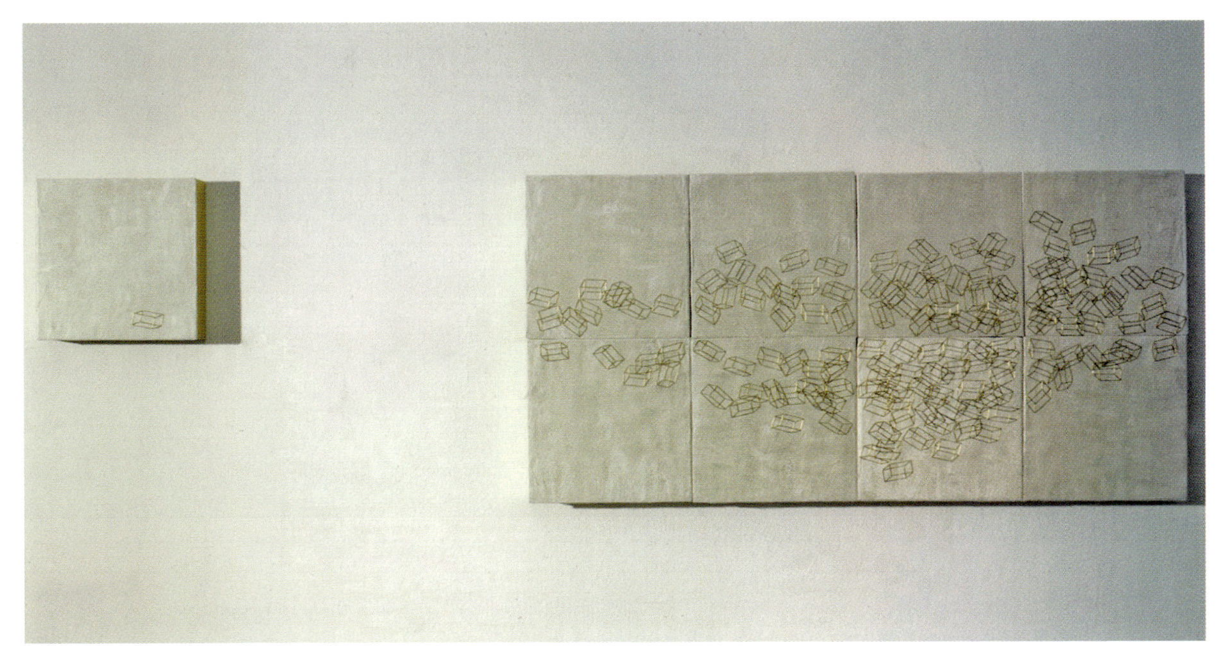

《아날로 폼즈》
《Analo-Forms》
〈유사형태 16〉
〈Analo-Form 16〉
수제 비단종이, 금사, 자수
Handmade silk
paper, Golden thread,
Embroidery
W50 x H100 x D3 cm

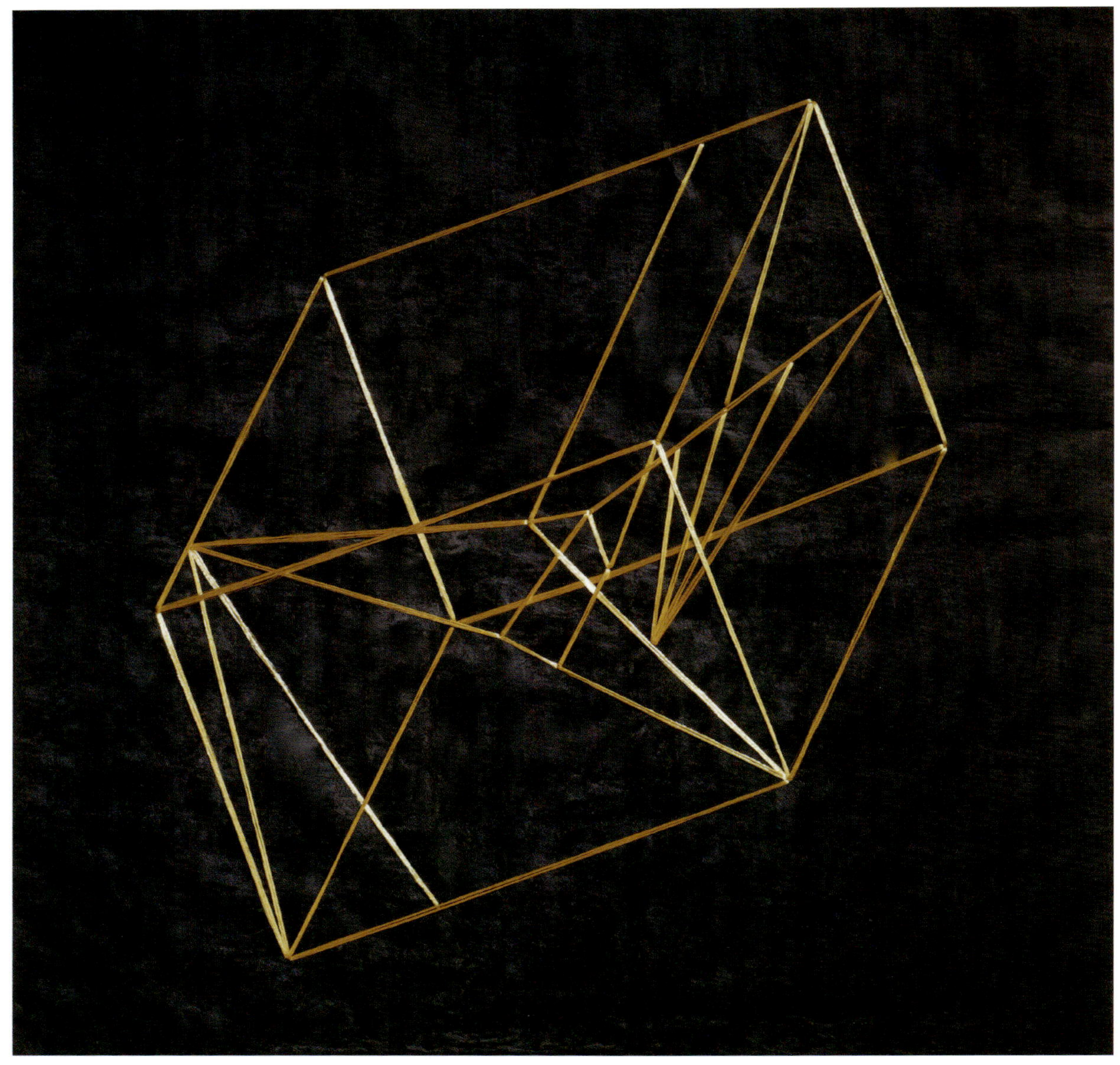

《아날로 폼즈》　　　〈유사형태 8〉　　　수제 비단종이, 금사, 자수
《Analo-Forms》　　　〈Analo-Form 8〉　　　Handmade silk paper, Golden thread, Embroidery
W70 x H70 cm

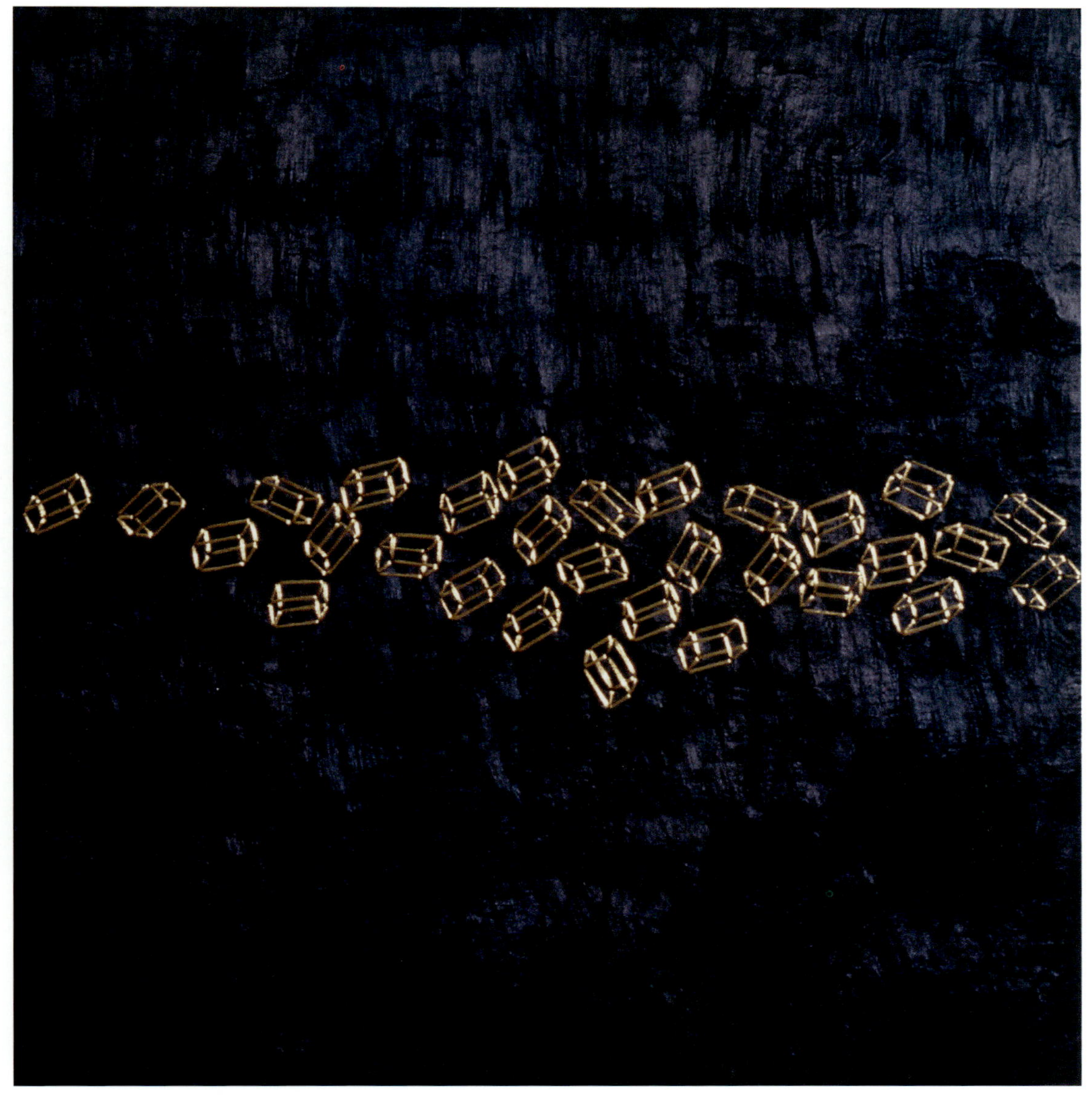

《아날로 폼즈》　　〈유사형태 7〉　　수제 비단종이, 금사, 자수
《Analo-Forms》　　〈Analo-Form 7〉　　Handmade silk paper, Golden thread, Embroidery
W80 x H80 cm

II 작품 연구과정

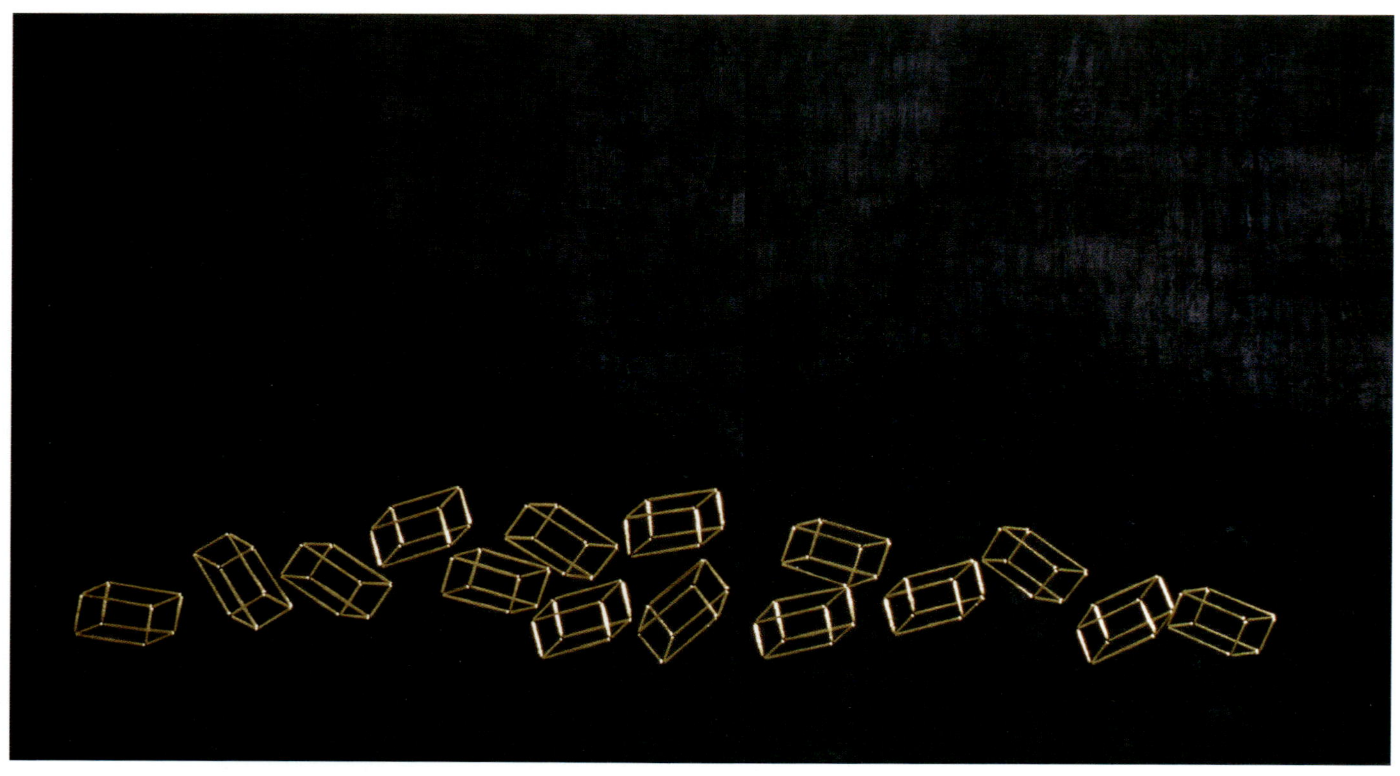

《아날로 폼즈》
《Analo-Forms》
〈유사형태 2〉
〈Analo-Form 2〉
수제 비단종이, 금사, 자수
Handmade silk paper, Golden thread, Embroidery
W150 x H75 cm

RESEARCH

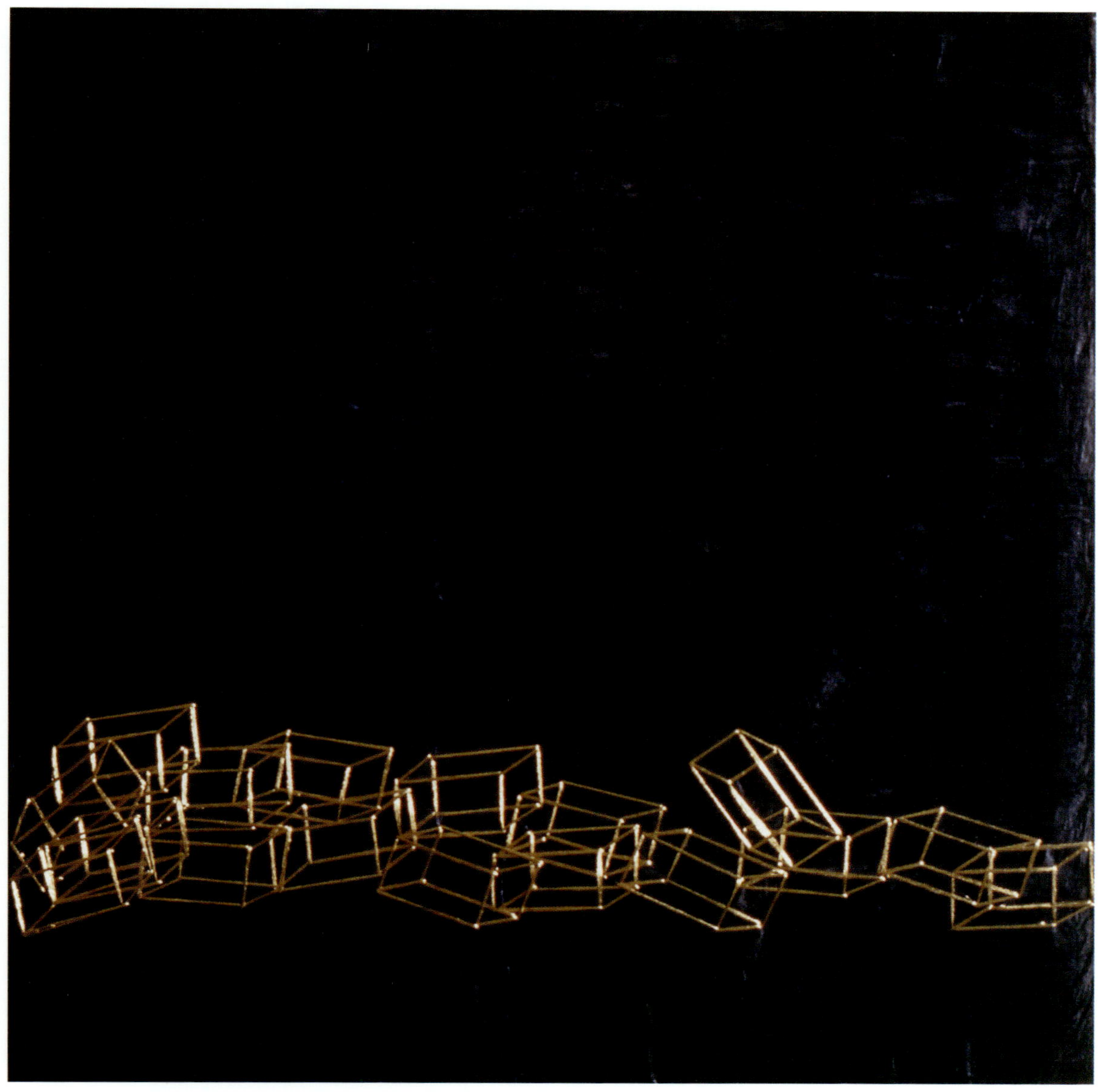

《아날로 폼즈》　　〈유사형태 5〉　　수제 비단종이, 금사, 자수
《Analo-Forms》　　〈Analo-Form 5〉　　Handmade silk paper, Golden thread, Embroidery
W75 x H75 cm

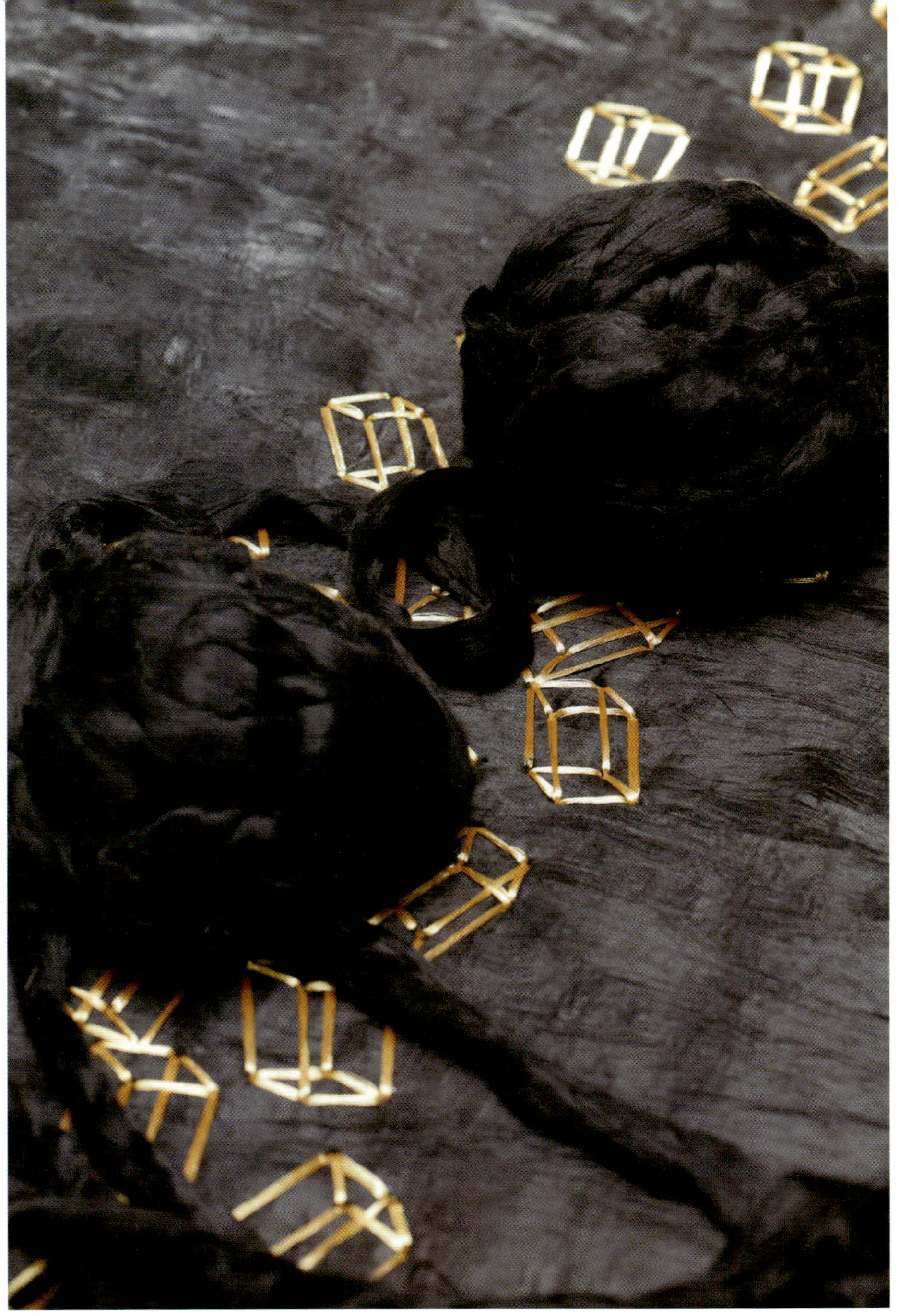

134

《아키텍스츄어 V: 컨-텍스츄어_b》
《Archi-texture series V: Con-Texture_b》
비단 솜뭉치
Carded raw silk fiber

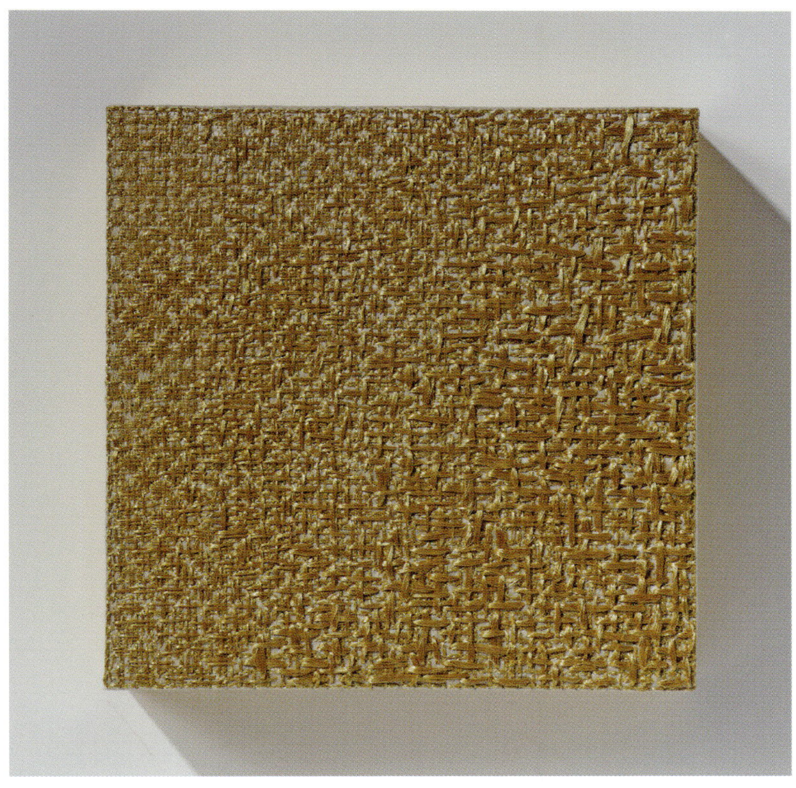

《아키텍스츄어 시리즈 III》 (00024)
《Archi-texture series III》(00024)
〈유사형태 3〉
〈Analo-Form 3〉
수제 비단종이, 금사, 자수
Handmade silk paper, Golden thread, Embroidery
W25 x H25 cm, 1997.

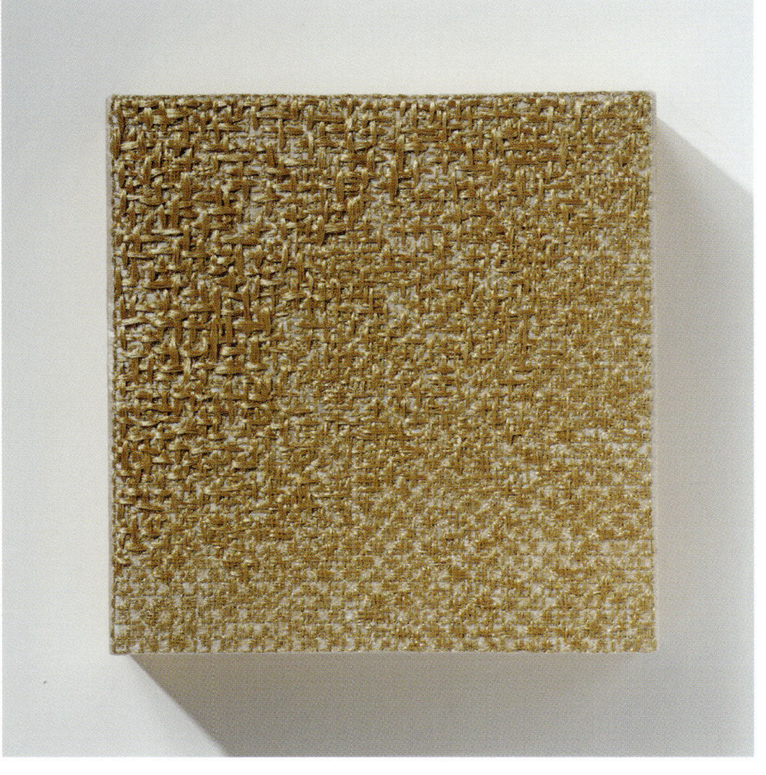

《아키텍스츄어 시리즈 III》 (00025)
《Archi-texture series III》(00025)
〈유사형태 3〉
〈Analo-Form 3〉
수제 비단종이, 금사, 자수
Handmade silk paper, Golden thread, Embroidery
W25 x H25 cm, 1997.

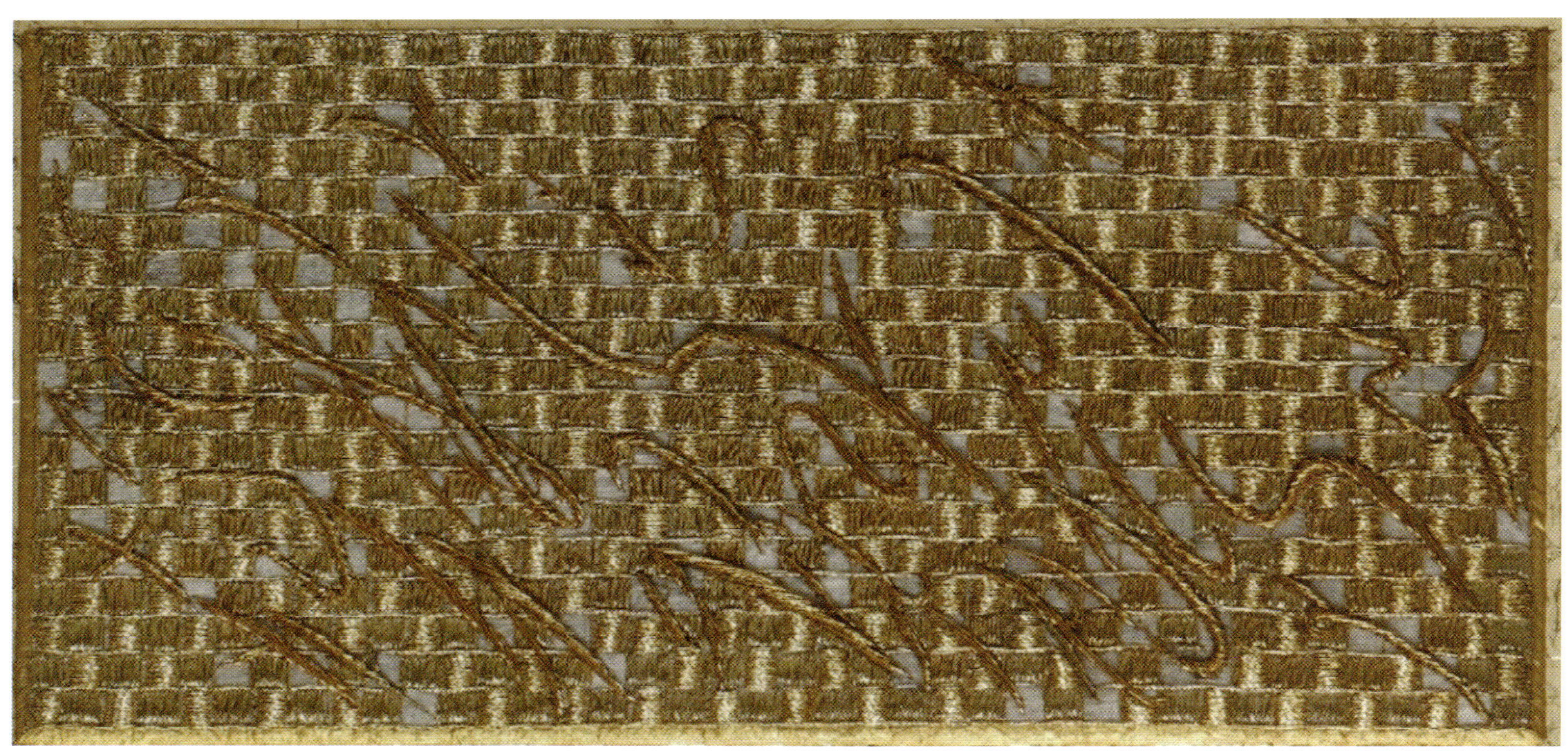

《아날로 폼즈》
《Analo-Forms》
〈흐름〉
〈Flow〉
수제 비단종이, 금사, 자수
Handmade silk paper, Golden thread, Embroidery
W20 x H9.5 cm, 2000.

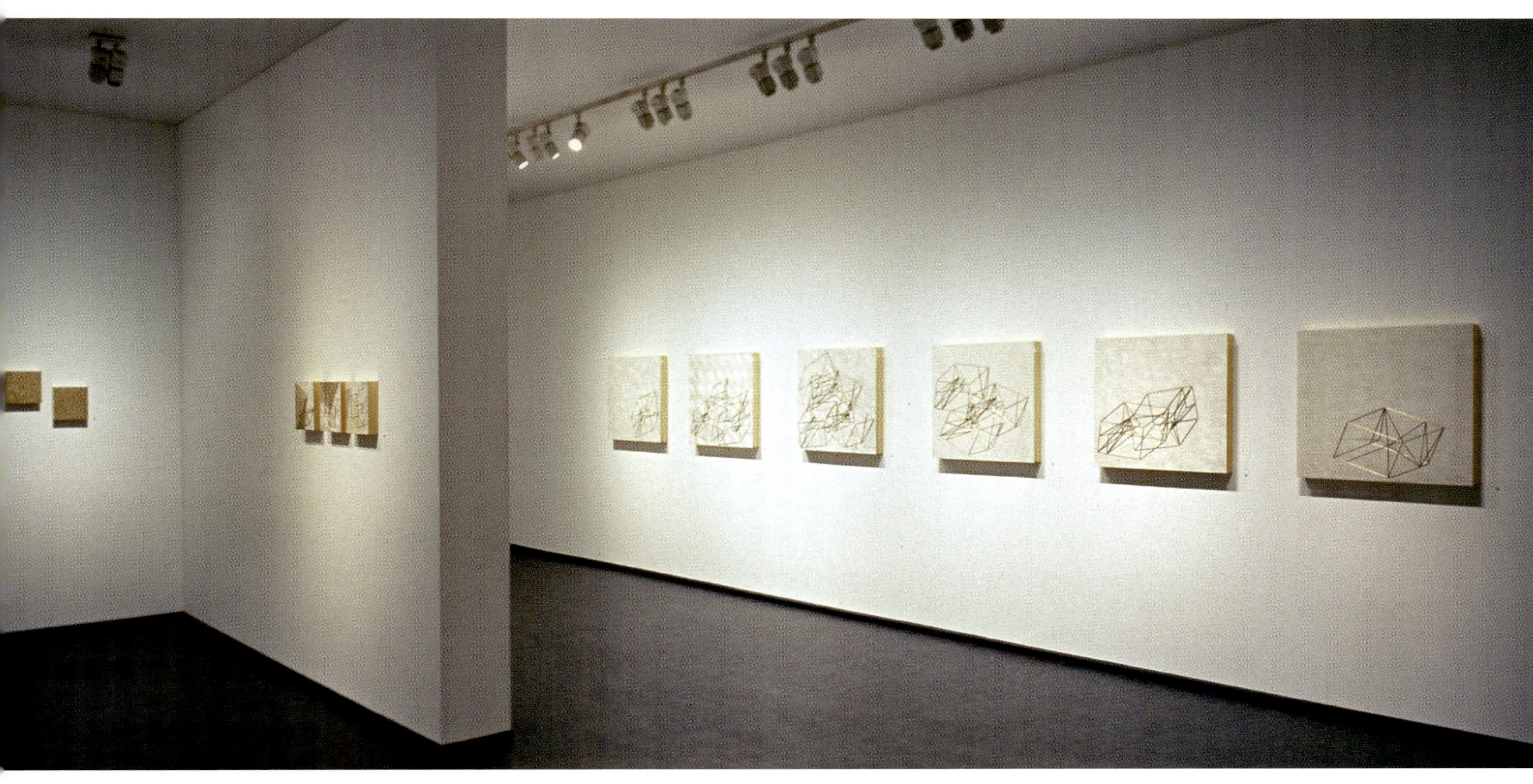

박영덕 화랑 전시장 전경, 2003

II 작품 연구과정

(2) 아날로-모프 & Analo-morphe

- 기간: 2007년 5월 23일 ~ 6월 2일
- 장소: 갤러리 마노(Gallery Mano)
- 기법: 수제섬유종이, 자수(선수)(Handmade Fiber paper, Embroidery)
- 소재: 투명수지유리(plexiglas), 금사(Golden thread), 비단노방(silk organza), 석영 레이스(crystal tulle)
- 연구 과정: 평면성이 강한 각 오브제는 다양한 시점에서 보는 형상, 즉 투시도적 공간으로 표현되었으며 각 오브제는 자수로 제작되었다.

이번 전시에도 칸트(Kant)의 건축술적(architektonik) 방법론을 적용하여 각 조각은 완전성의 결정체이자 구축적 결속의 단위로 제작하였다.

황금색은 면 구성의 주제이다.

극도로 가는 금사는 선적인 투시도의 도입으로, 오브제의 나머지 가시 부분을 은밀히 표현하고 있다. 작품의 주체적 형태는 면으로, 근거리에서도 식별이 거의 불분명한 가느다란 금사로 조합해 실제에 대한 유비 형태(analogus form)를 제시한 것이다.

여백의 내용 또한 주제의 주된 내용이 되도록 계획하였다.

실(實)과 허(虛), 실상과 유사를 조합하여 보다 이상적인 건축적 실체에 접근하려고 시도하였다.

자수는 실 땀의 길이에 따라 길고, 짧은 선의 궤적을 표현하고 선과 선이 만나 면을 형성하여 면들의 집합이 입체구조물을 형성시켜 나가도록 하였다.

건축 구조의 역동성을 묘사하기 위해 가는 금사를 이용해 다양한 형태의 비정형적 육면체 형태들을 묘사해 나갔다.

이론적 배경으로는 현대 예술에 있어서 원초적 방법론인 투시도법과 입체파 개념을 수용한 작업 유형이다.

빛의 투과성을 화면에 유입하여 도형들을 의입체화 하였다. 석영 망사를 바탕 소재로 사용하였으며 아크릴, 레이스 페이퍼, 금사, 개별 육면체 도형들을 3차원적 투시로 구현하여 도시 속 건축 이미지를 구성하였다. 투명한 합성수지유리 사이에 끼워진 박편의 도형들은 평면성이 강한 오브제들이 다양한 시점에서 볼 수 있는 투시도적 공간으로 표현하여 건축 외형적 구조물을 상징적으로 조형화한 것이다. (김미상 박사 평문 발췌)

다양한 굵기의 바늘들, 금침(14K) Needles, Gold Needle(14K)

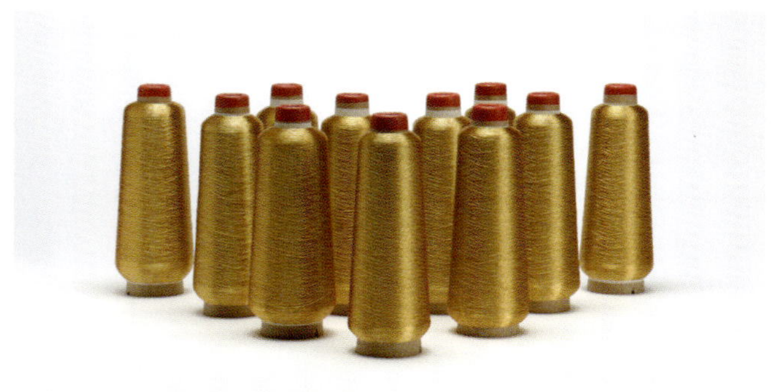

Metallic Yarn (Golden thread)
금사 No.36

138

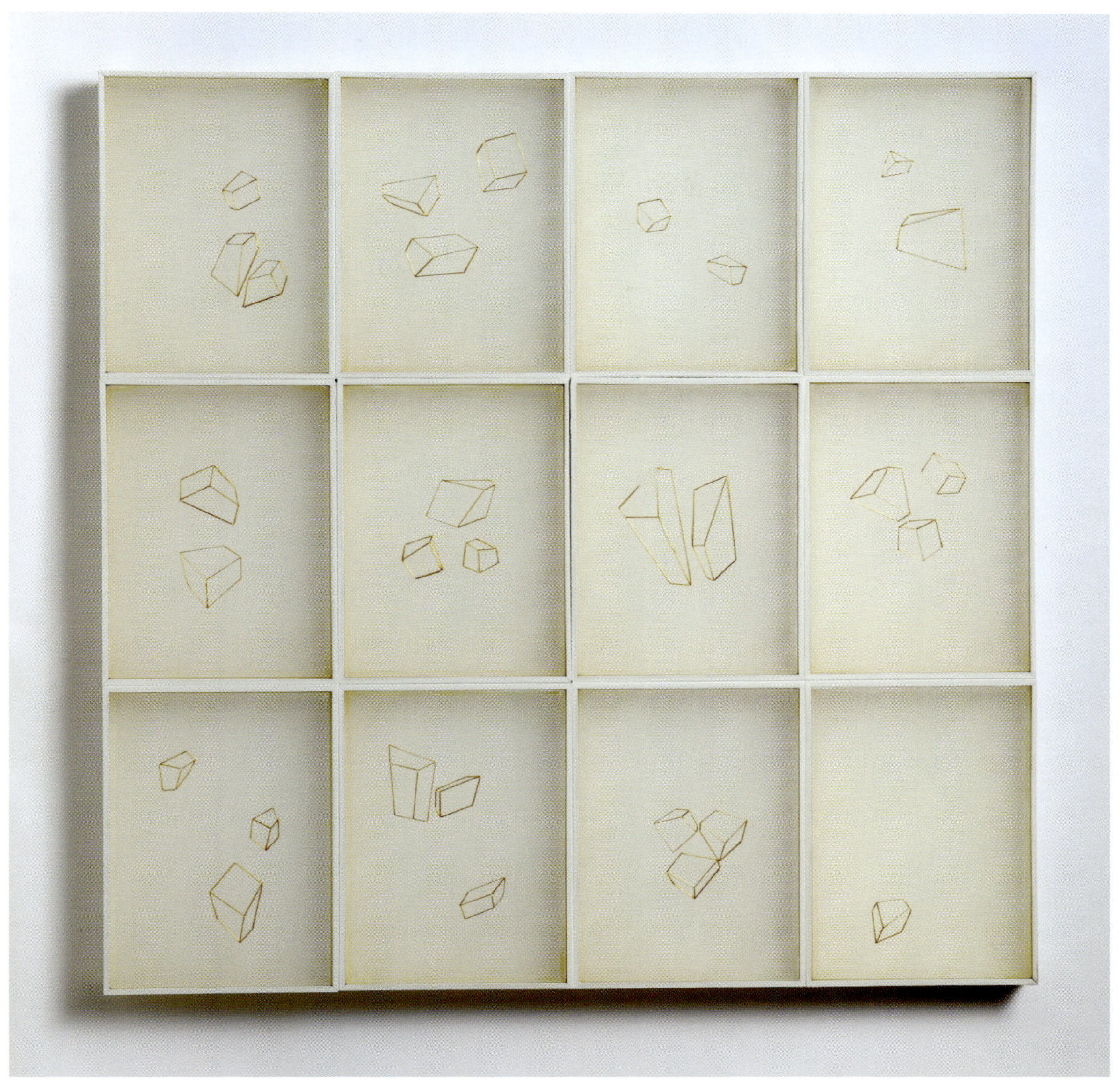

《아날로모프》
《Analo-morphe》

비단노방, 금사, 반투명수지유리, 자수
Oganza, Golden thread, Plexiglass, Embroidery
W96 x H93 x D4 cm

139

II 작품 연구과정

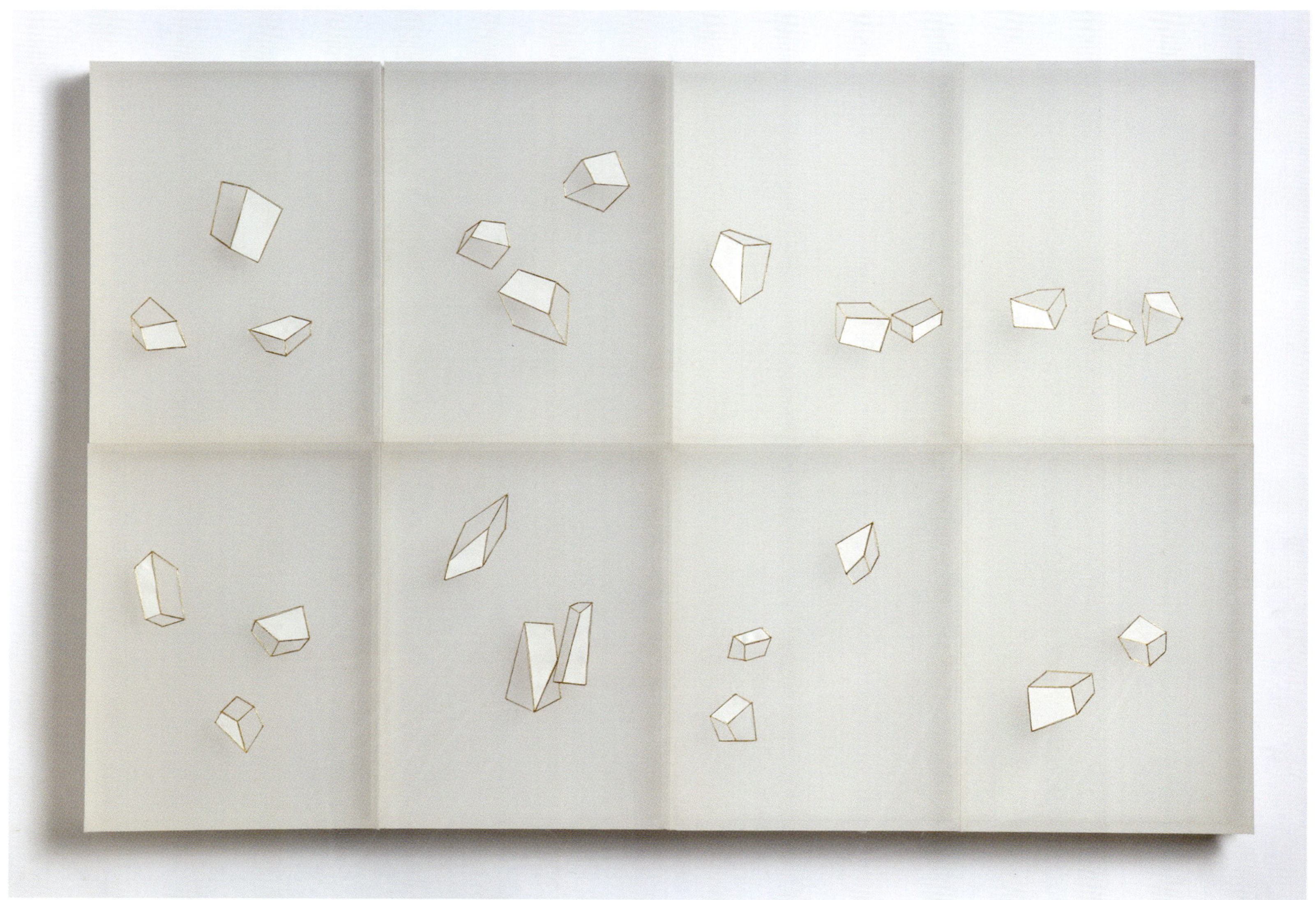

《아날로모프》
《Analo-morphe》
비단노방, 금사, 반투명수지유리, 아크릴 채색, 자수
Oganza, Golden thread, Plexiglass, Acrylic painting, Embroidery
W120 x H60 x D5 cm

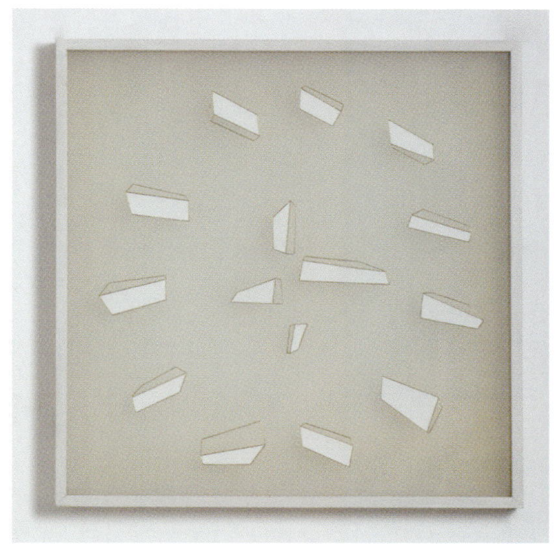 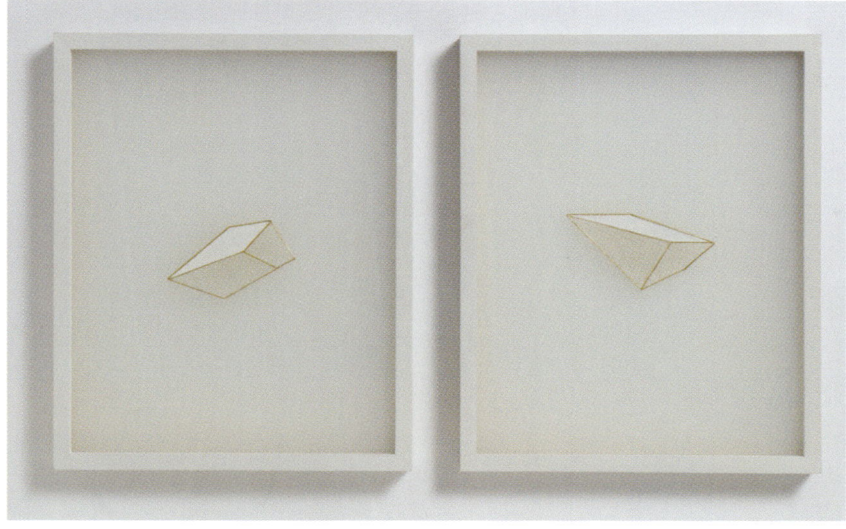

《아날로모프》
《Analo-morphe》
비단노방, 금사, 아크릴 채색, 자수
Oganza, Golden thread, Acrylic painting, Embroidery
W60 x H60 x D4 cm

《아날로모프》
《Analo-morphe》
비단노방, 금사, 아크릴 채색, 자수
Oganza, Golden thread, Acrylic painting, Embroidery
W30 x H40 x D4 cm(ea)

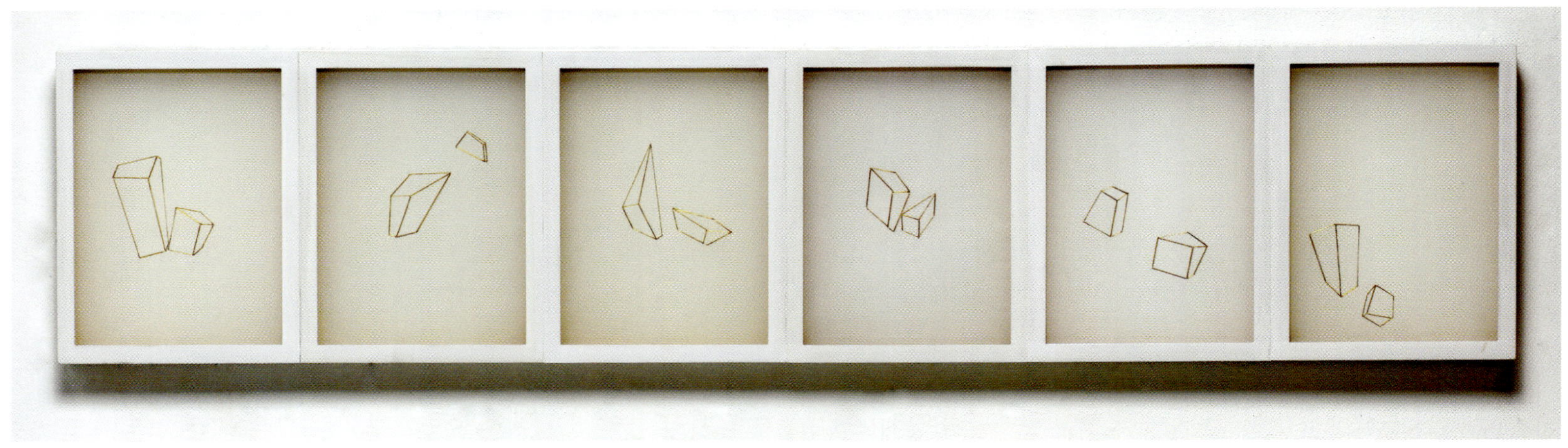

《아날로모프》
《Analo-morphe》
비단노방, 금사, 아크릴 채색, 자수
Oganza, Golden thread, Acrylic painting, Embroidery
W126.5 x H28.5 cm

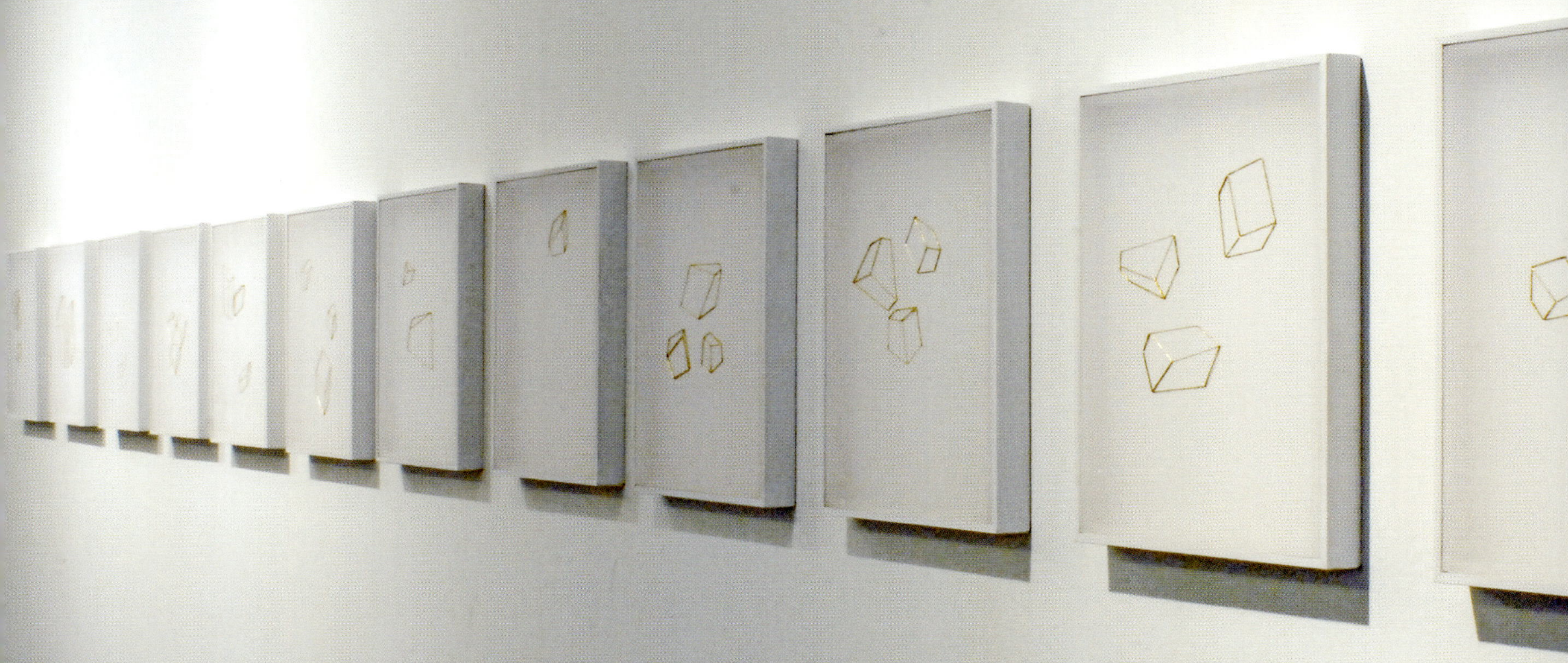

전시장 전경

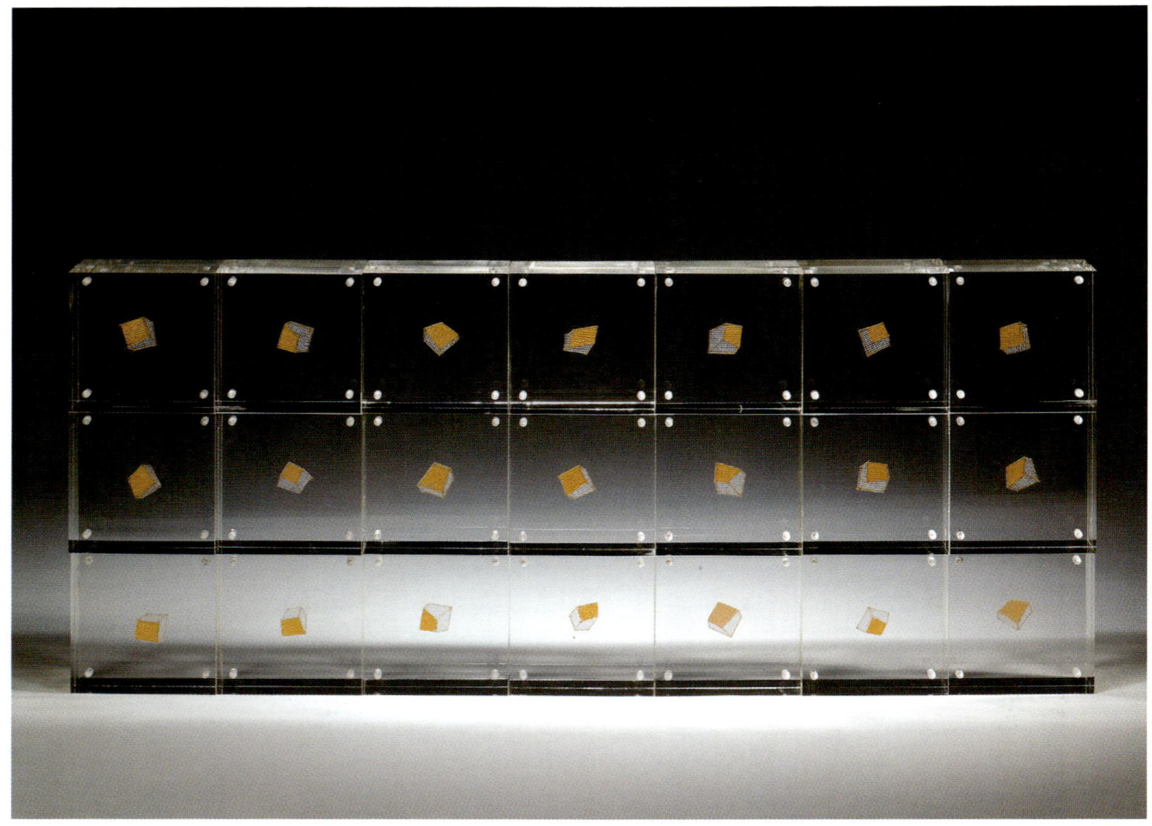

《아날로모프》
《Analo-morphe》
〈공간의 구축〉
〈Construction of Space〉
수제 섬유종이, 투명수지유리, 아크릴 채색
Handmade fiber paper, Plexiglass, Acrylic painting
W70 x H70 x D3 cm, 2008.

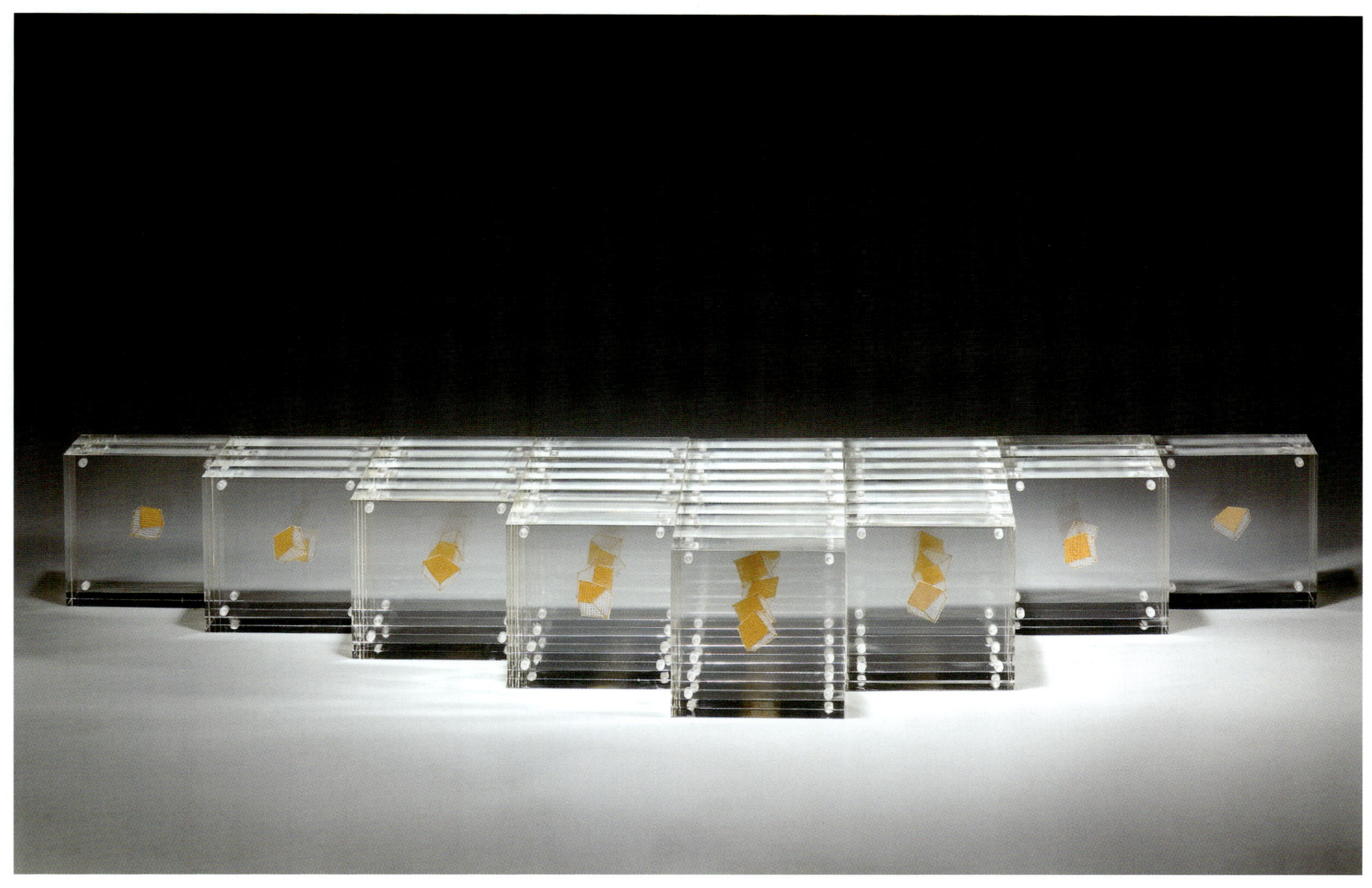

《아날로모프》(부분)
《Analo-morphe》(detail)

II 작품 연구과정

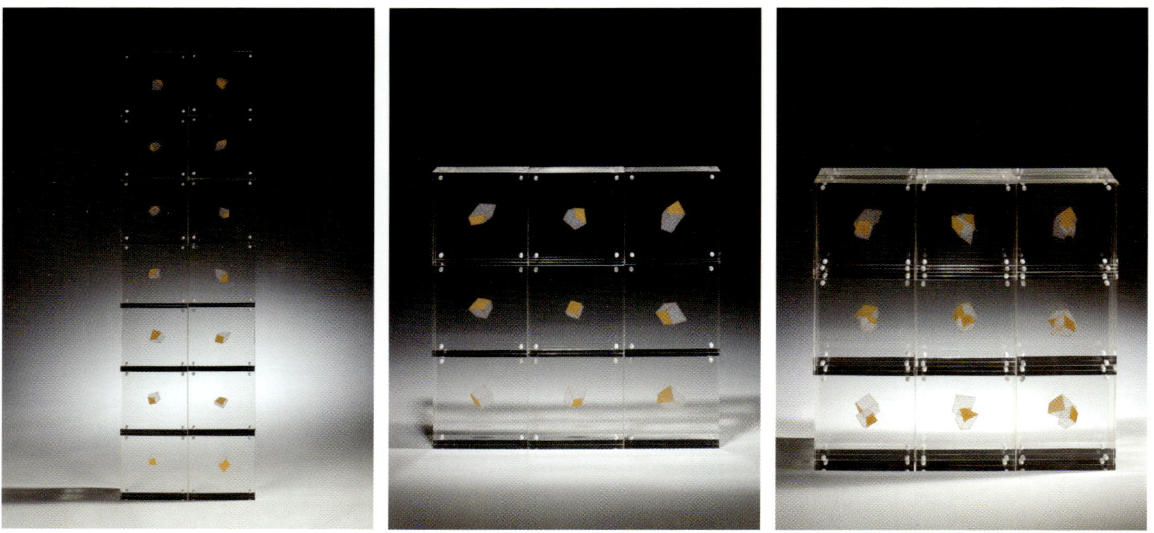

146

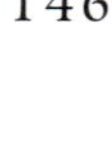

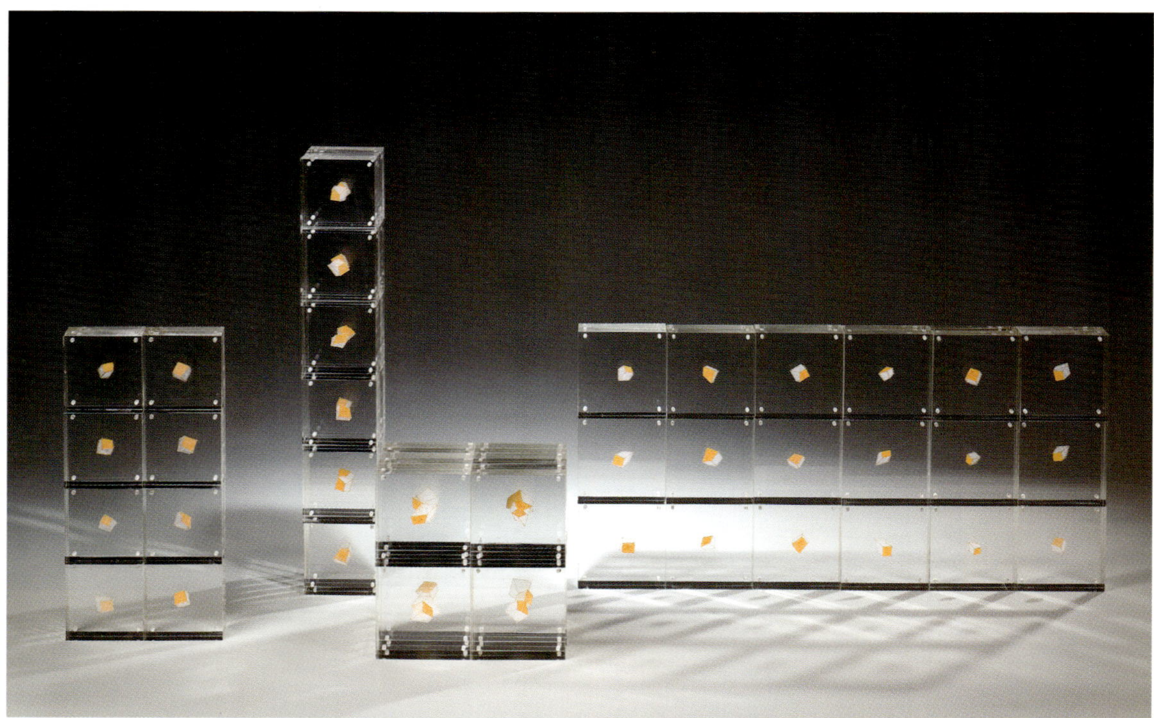

《아날로모프》(부분)
《Analo-morphe》(detail)

《아날로모프》
《Analo-morphe》
수제 섬유종이, 투명수지유리
Handmade fiber paper,
Plexiglass
H180 x H60 x D120 cm,
W12x H12 cm x D3 cm(ea)

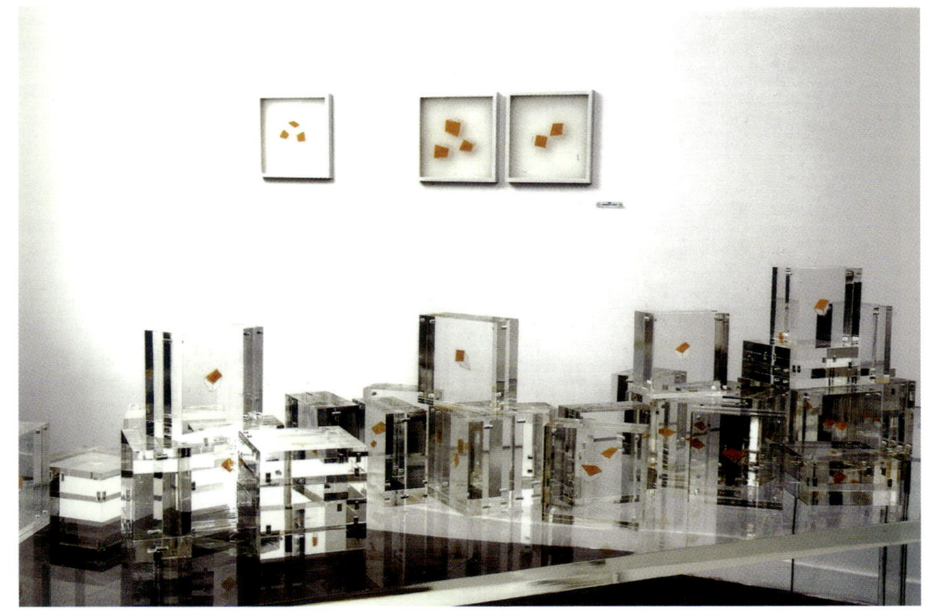

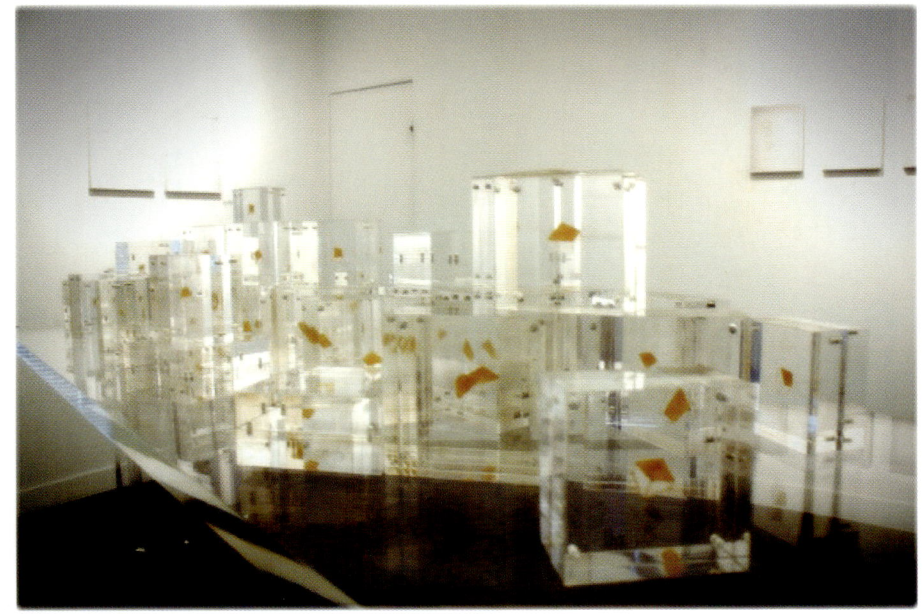

《아날로모프》(부분)
《Analo-morphe》(detail)

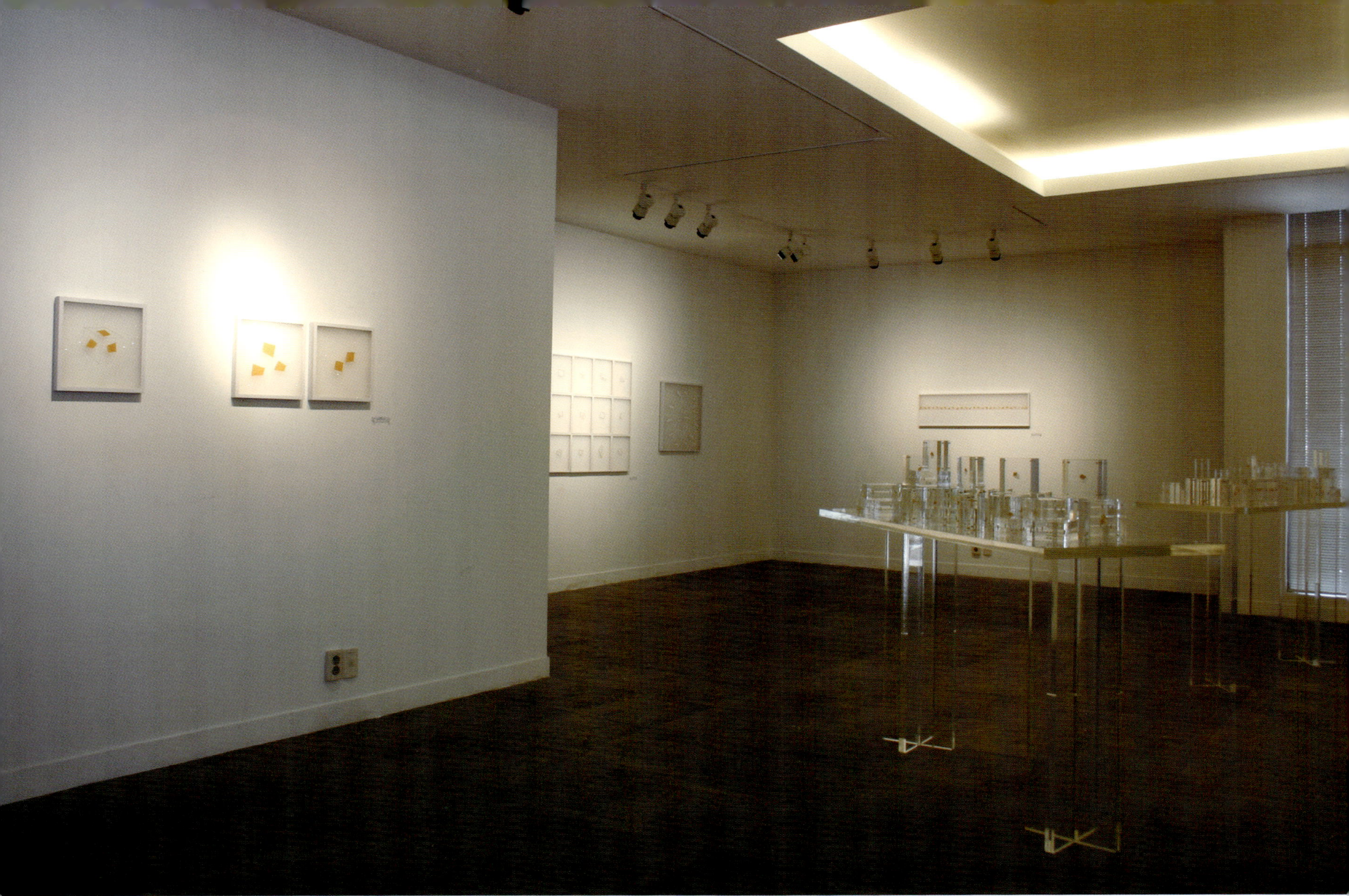

《아날로모프》
《Analo-morphe》

비단 망사, 투명수지유리
Tulle, Plexiglass
W120 x H60 x D3 cm

Gallery MANO 전시 전경
View from the exhibition

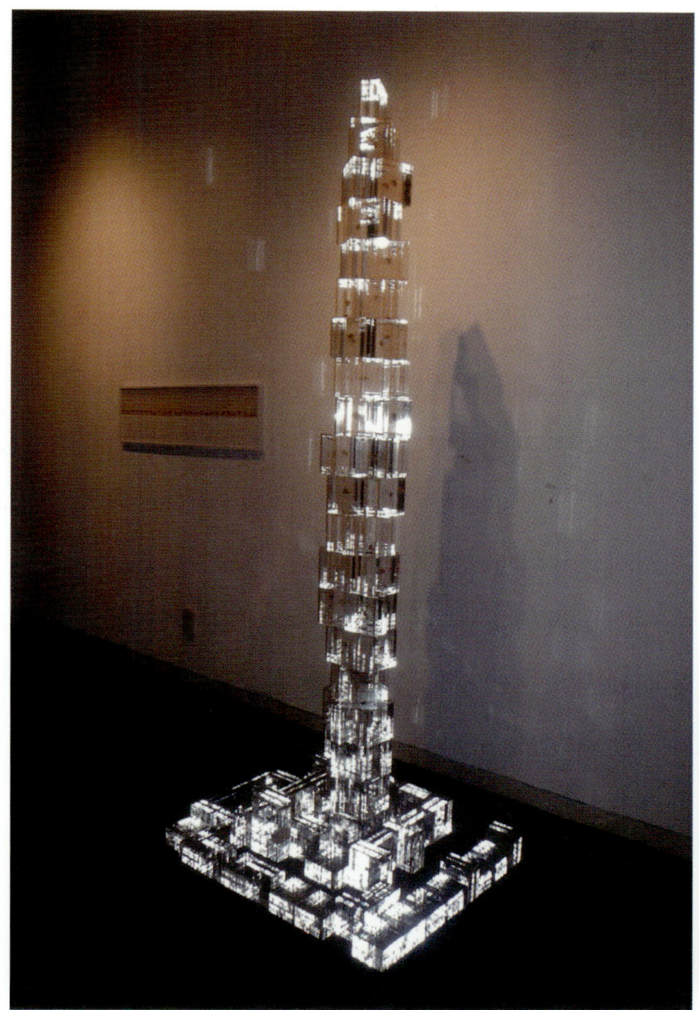

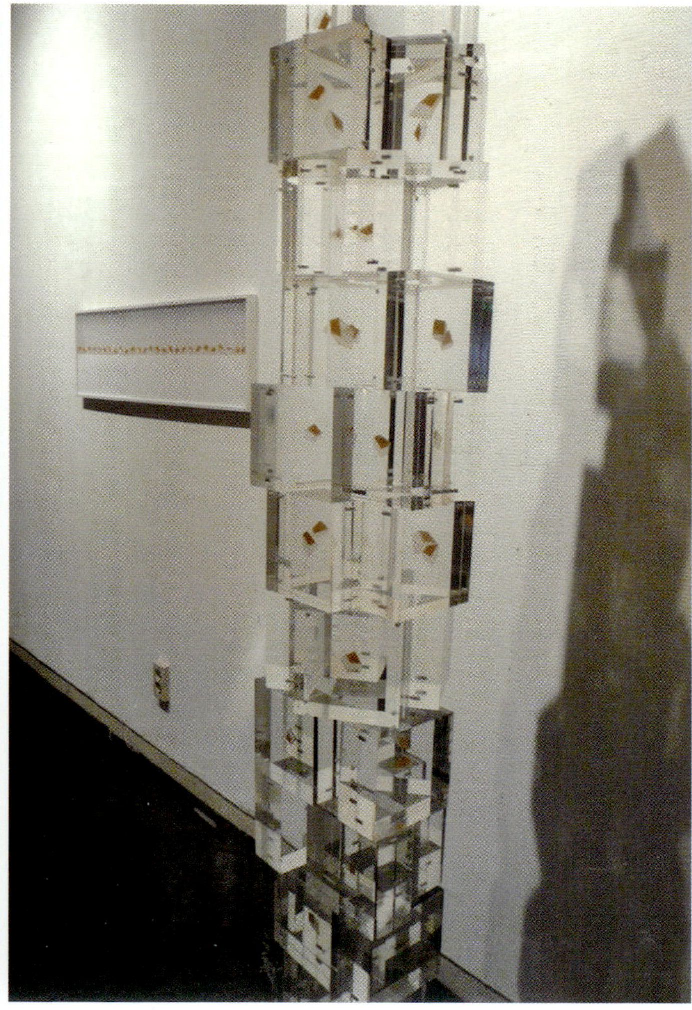

《아날로모프》
《Analo-morphe》
2007 '공명의 울림', 대구 텍스타일 도큐멘타, 대구 문화예술회관
Daegu Textile Art Documenta 2007 , Daegu Culture&Art Center

《아날로모프》(부분)
《Analo-morphe》(detail)

II 작품 연구과정

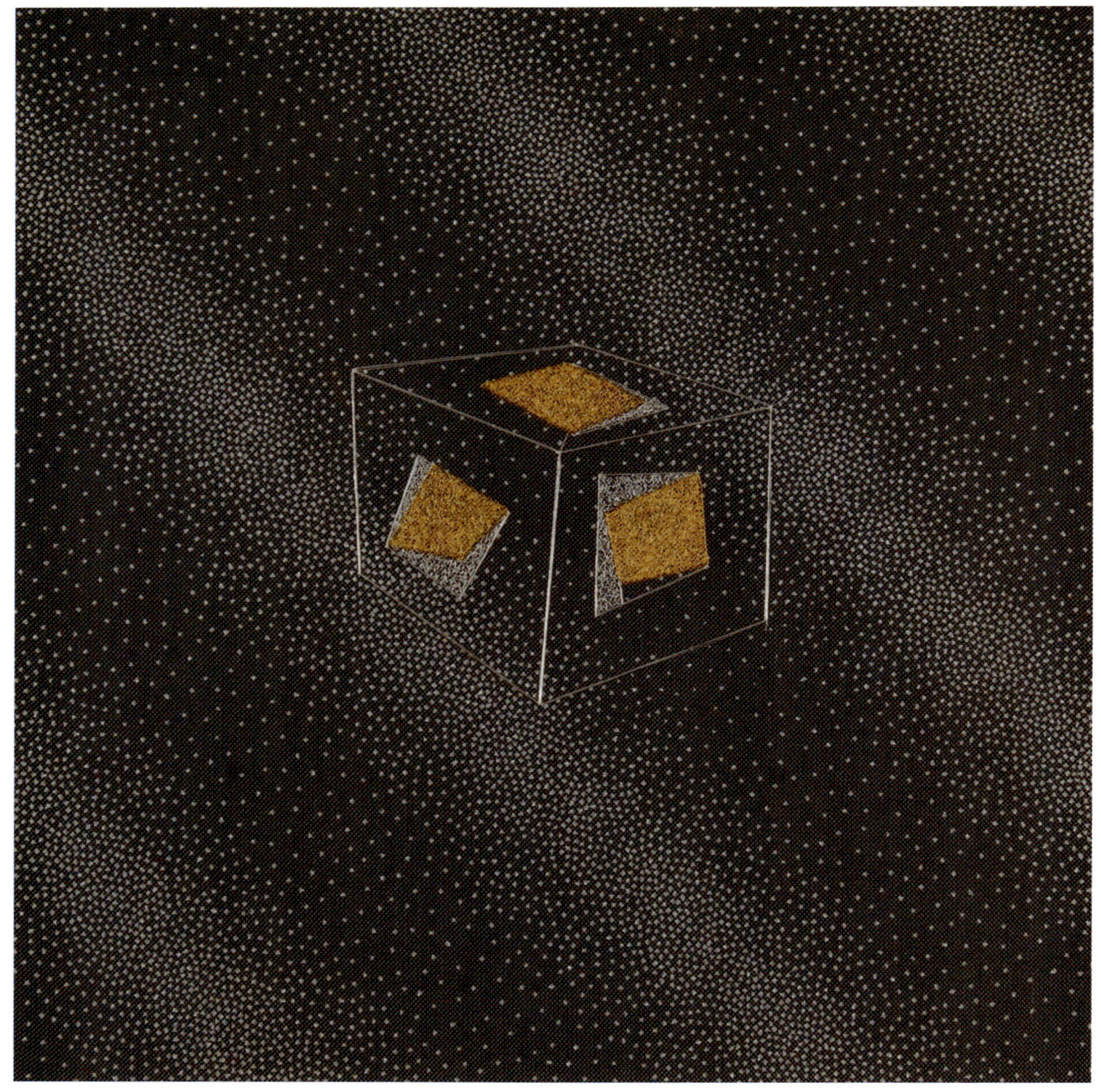

《아날로모프》
《Analo-morphe》

은사, 석영망사, 아크릴 채색, 자수
Silver thread, Crystal tulle, Acrylic painting, Embroidery
W50 x H50 cm

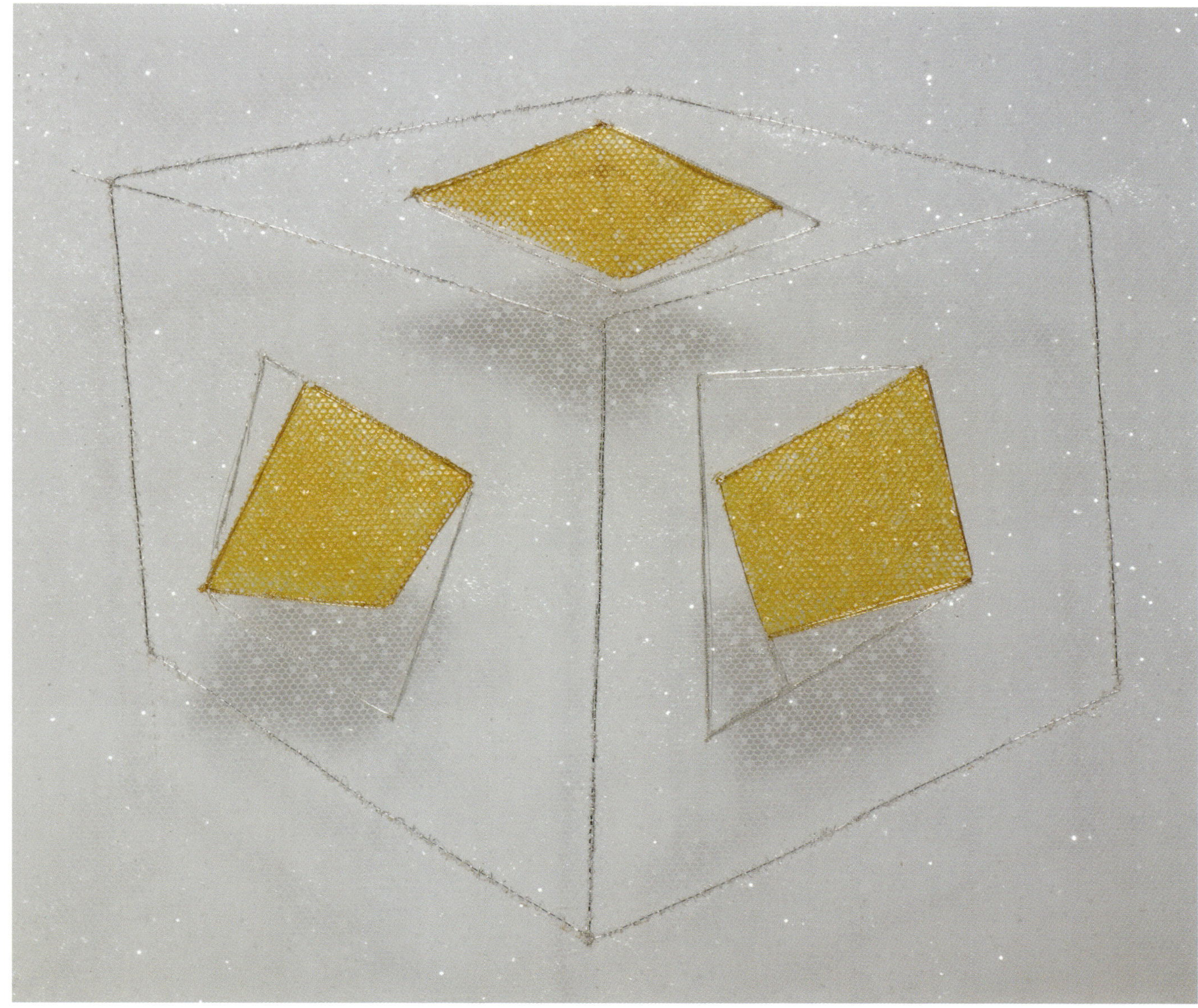

《아날로모프》
《Analo-morphe》

은사, 석영망사, 아크릴 채색, 자수
Silver thread, Crystal tulle, Acrylic painting, Embroidery
W50 x H50 cm

II 작품 연구과정

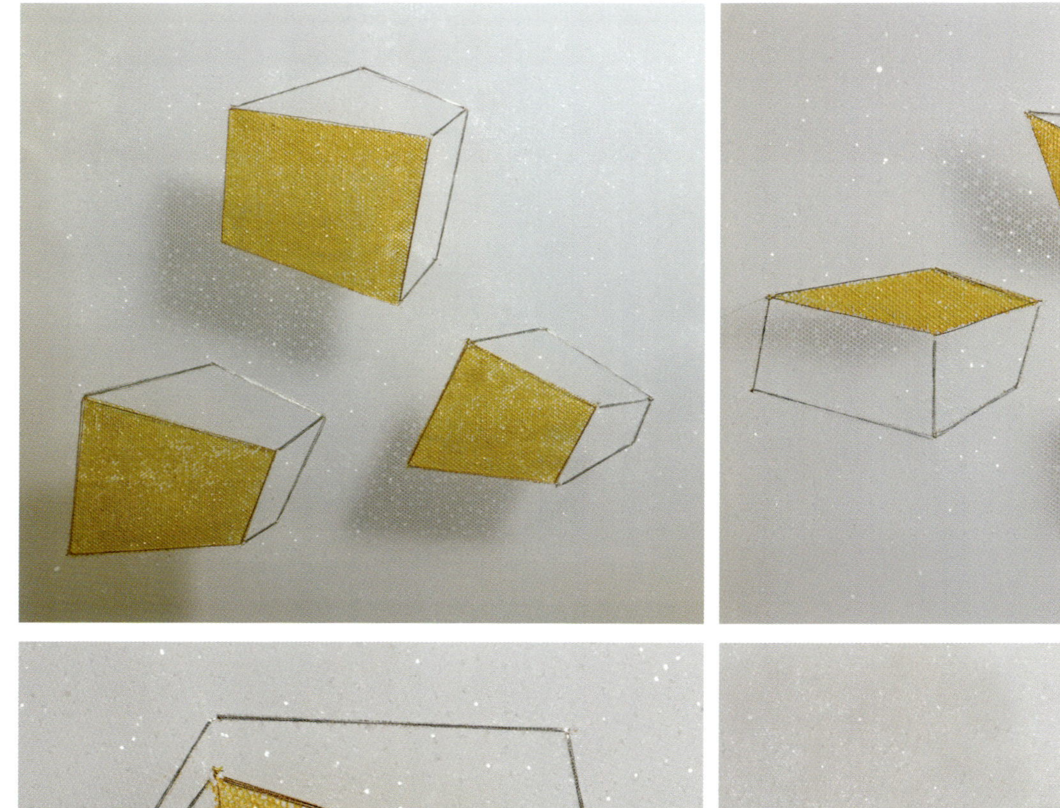

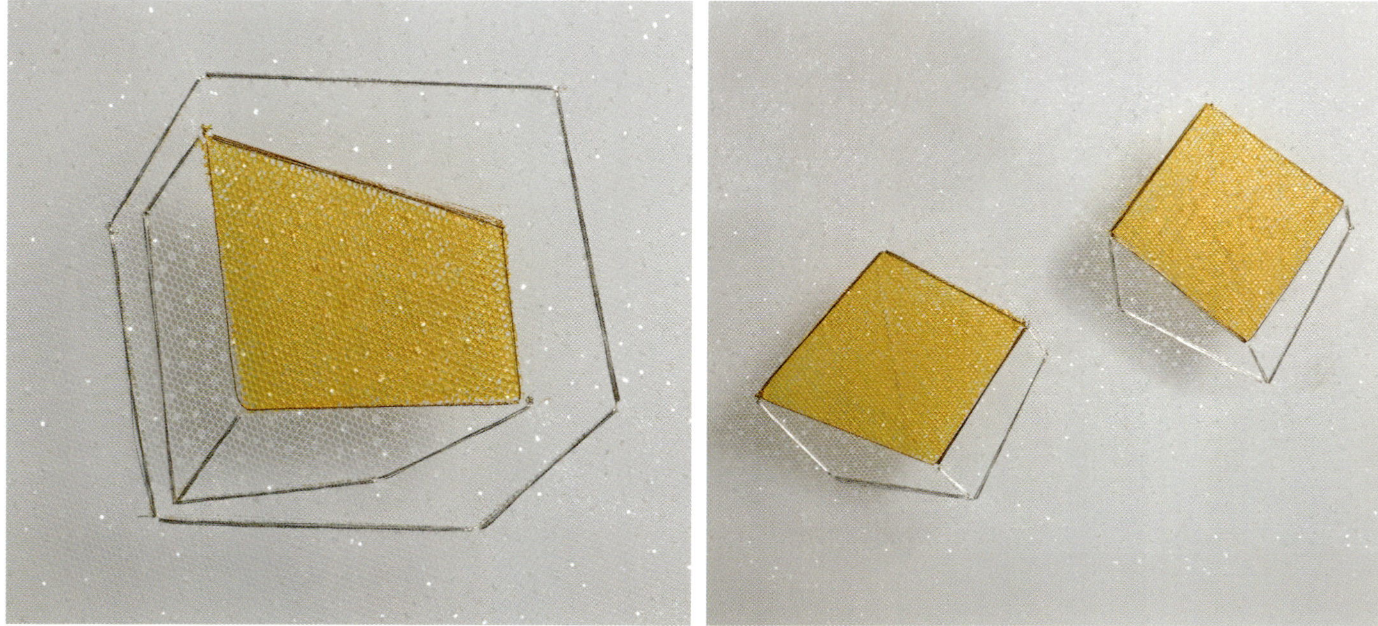

152

《아날로모프》(부분)
《Analo-morphe》
(detail)

3) 사물의 구조적 요소: 형태의 구축과 질감

컨스트럭쳐 & 컨텍스츄어
Con-structure & Con-Texture

- 기간: 2001년 8월 7일 ~ 8월 12일
- 장소: 아트 사이드, 서울(Art Side, Seoul)/ 갤러리 카제, 후쿠오카,일본
  (Gallery Kaze, Fukuoka, Japan)
- 기법: 자수(Embroidery)
- 소재: 투명수지유리(plexiglas), 금사(Golden thread)

- 연구 과정: 컨-스트럭쳐 & 컨-텍스츄어(Con-structure & Con-Texture) 작품들은 투명수지 유리판에 금사로 도형을 수놓아 공간 속에 독자적으로 존재하는 도형들을 묘사했다. 정육각형의 형태를 정육면체로 인식할 수 있도록 선과 선을 연결하여 입체화하였으며, 각 변(선)의 굵기는 가는 금사를 일회성, 또는 반복해 덧놓아 긴 선형의 자수땀이 금속성 매체로 보이도록 비물질화했다.

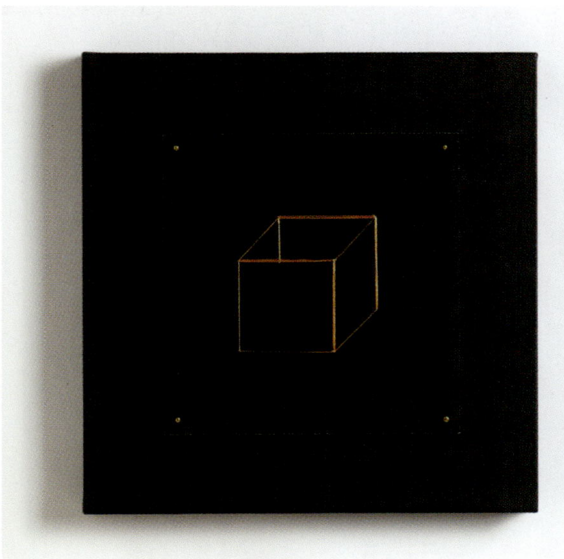

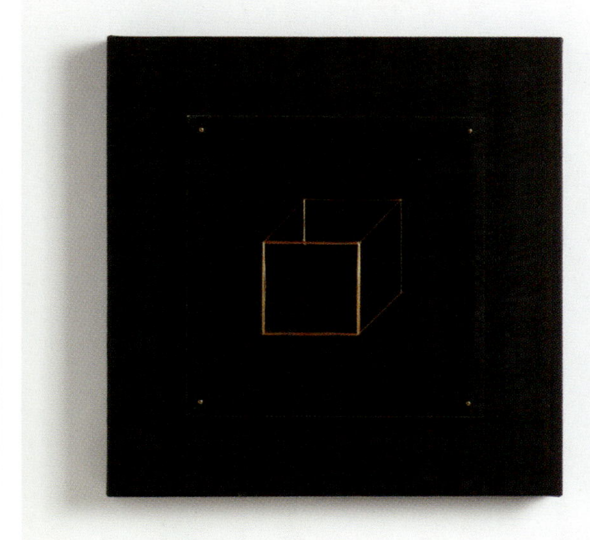

《컨스트럭쳐&컨텍스츄어》(00001, 00002)
《Con-structure&Con-Texture》(00001, 00002)
〈형태 구축과 질감〉
〈Con-structure. Con-Texture〉

투명수지유리, 금사, 캔버스, 자수
Plexiglass, Golden thread on canvas, Embroidery
W33 x H33 cm

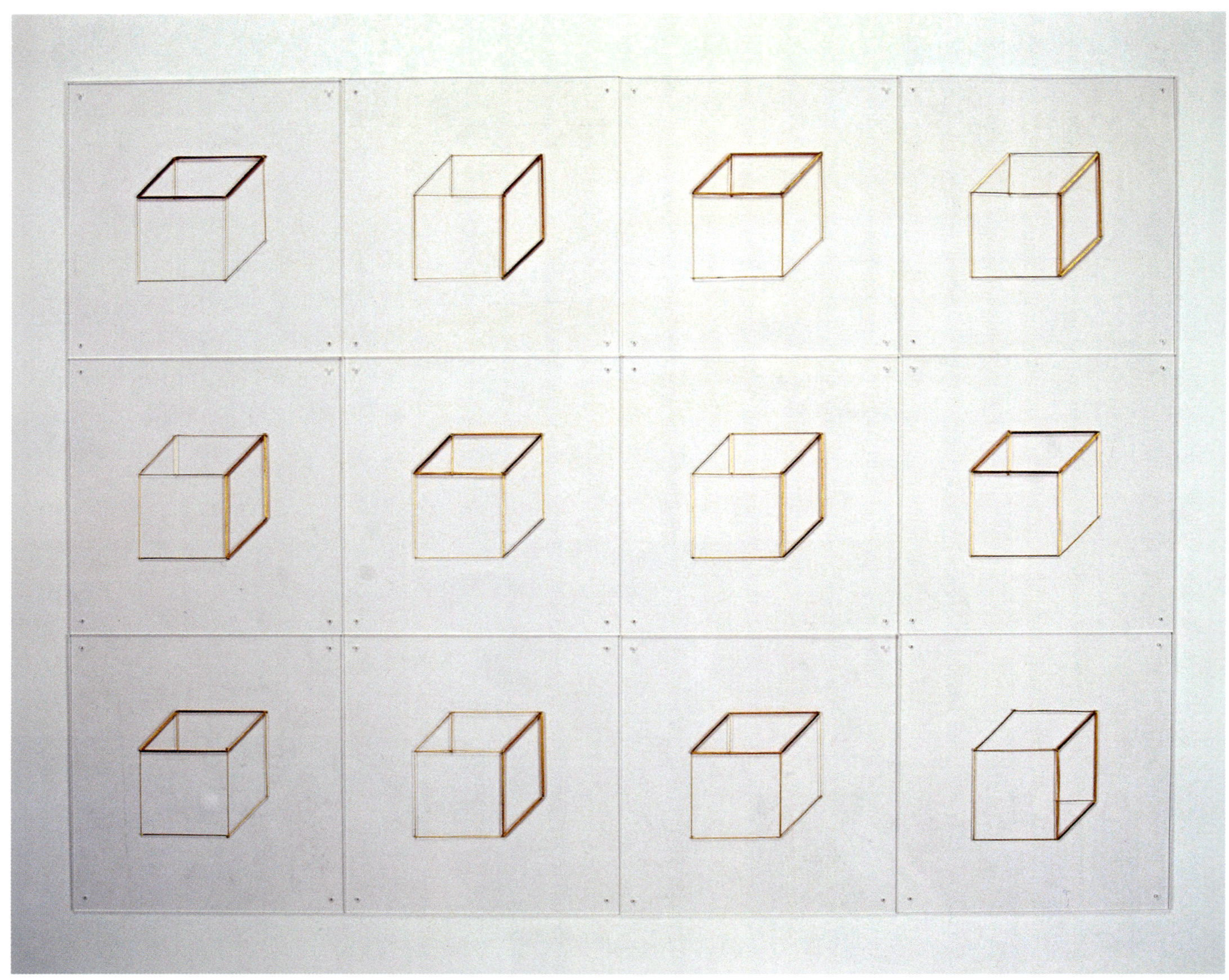

《컨스트럭쳐 & 컨텍스츄어》(00003)
《Con-structure & Con-Texture》(00003)
〈형태 구축과 질감〉
〈Con-structure. Con-Texture〉

투명수지유리, 금사, 캔버스, 자수
Plexiglass, Golden thread on canvas, Embroidery
W33 x H33 cm

RESEARCH

《컨스트럭쳐 & 컨텍스츄어》(00004)
《Con-structure & Con-Texture》(00004)
〈형태 구축과 질감〉
〈Con-structure. Con-Texture〉
투명수지유리, 금사, 자수
Plexiglass, Golden thread, Embroidery
W90 x H110 cm

155

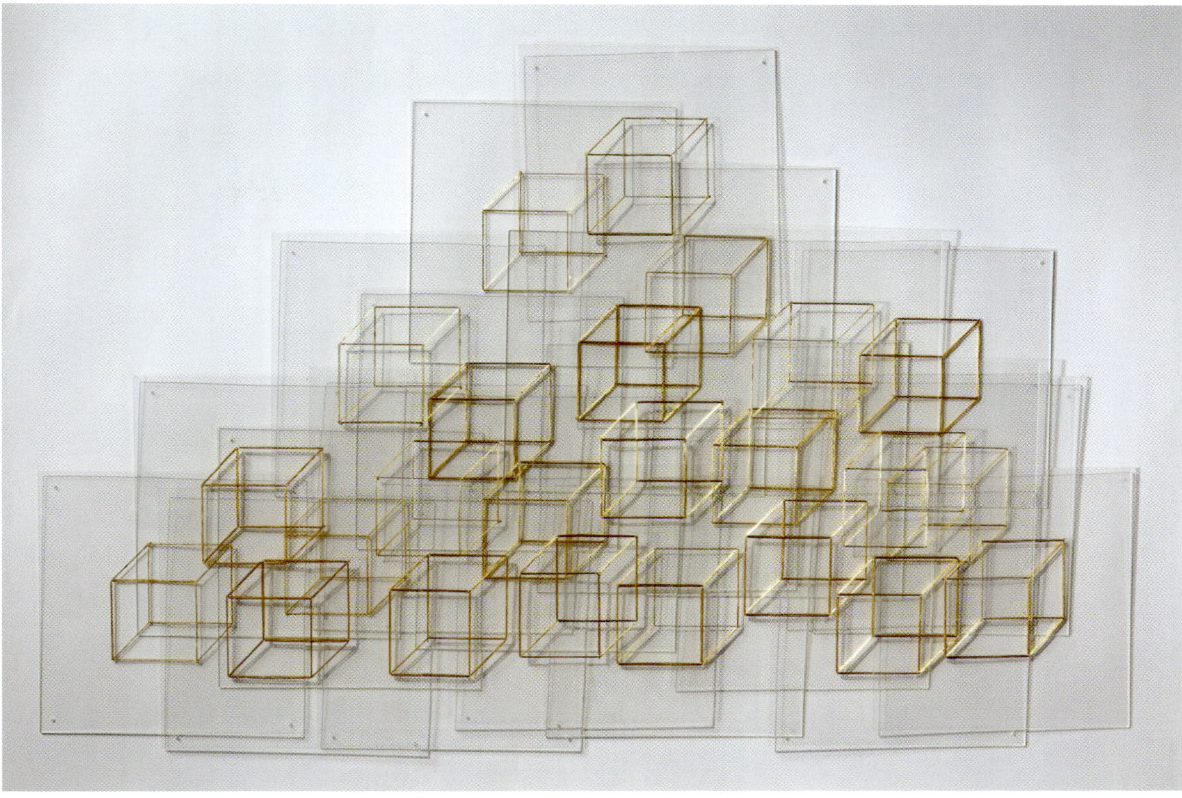

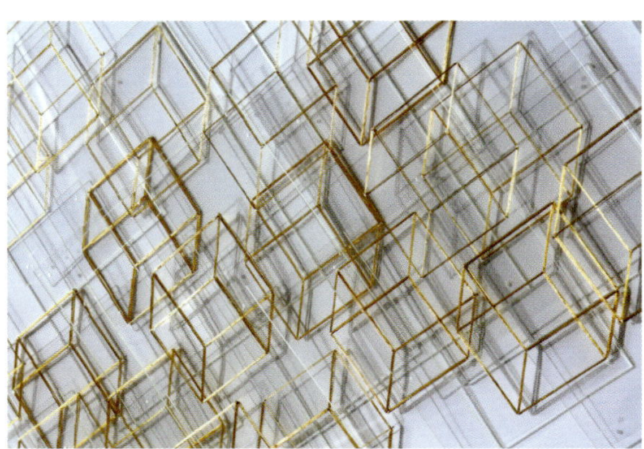

《컨스트럭쳐 & 컨텍스츄어》(00004)(부분)
《Con-structure & Con-Texture》(00004)(detail)
〈형태 구축과 질감〉
〈Con-structure. Con-Texture〉

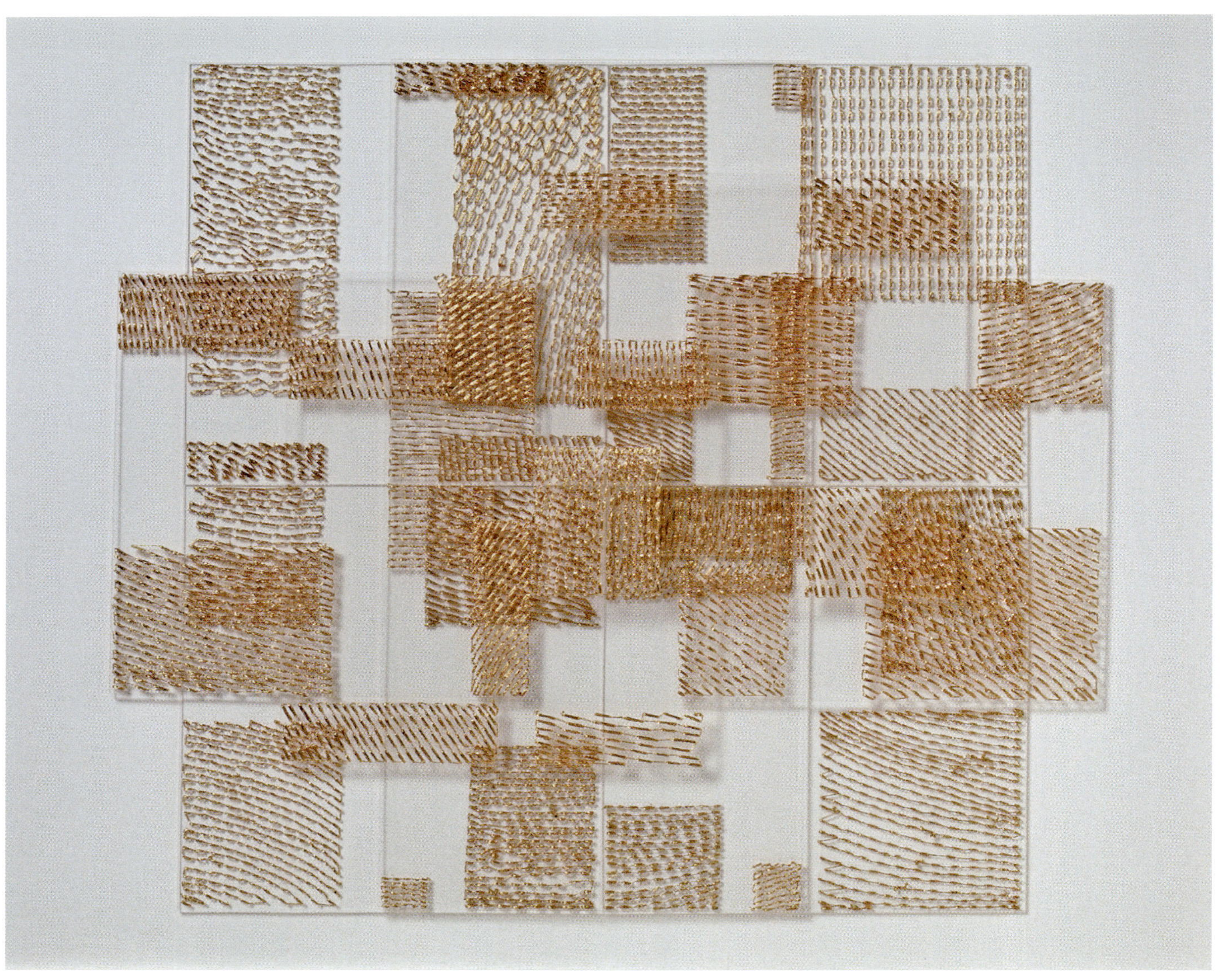

《컨스트럭쳐 & 컨텍스츄어》(00003)
《Con-structure & Con-Texture》(00003)
〈조각보 02〉
〈Patchwork 02〉

투명수지유리, 금사, 자수
Plexiglass, Golden thread, Embroidery
W50 x H60 cm, 2002.

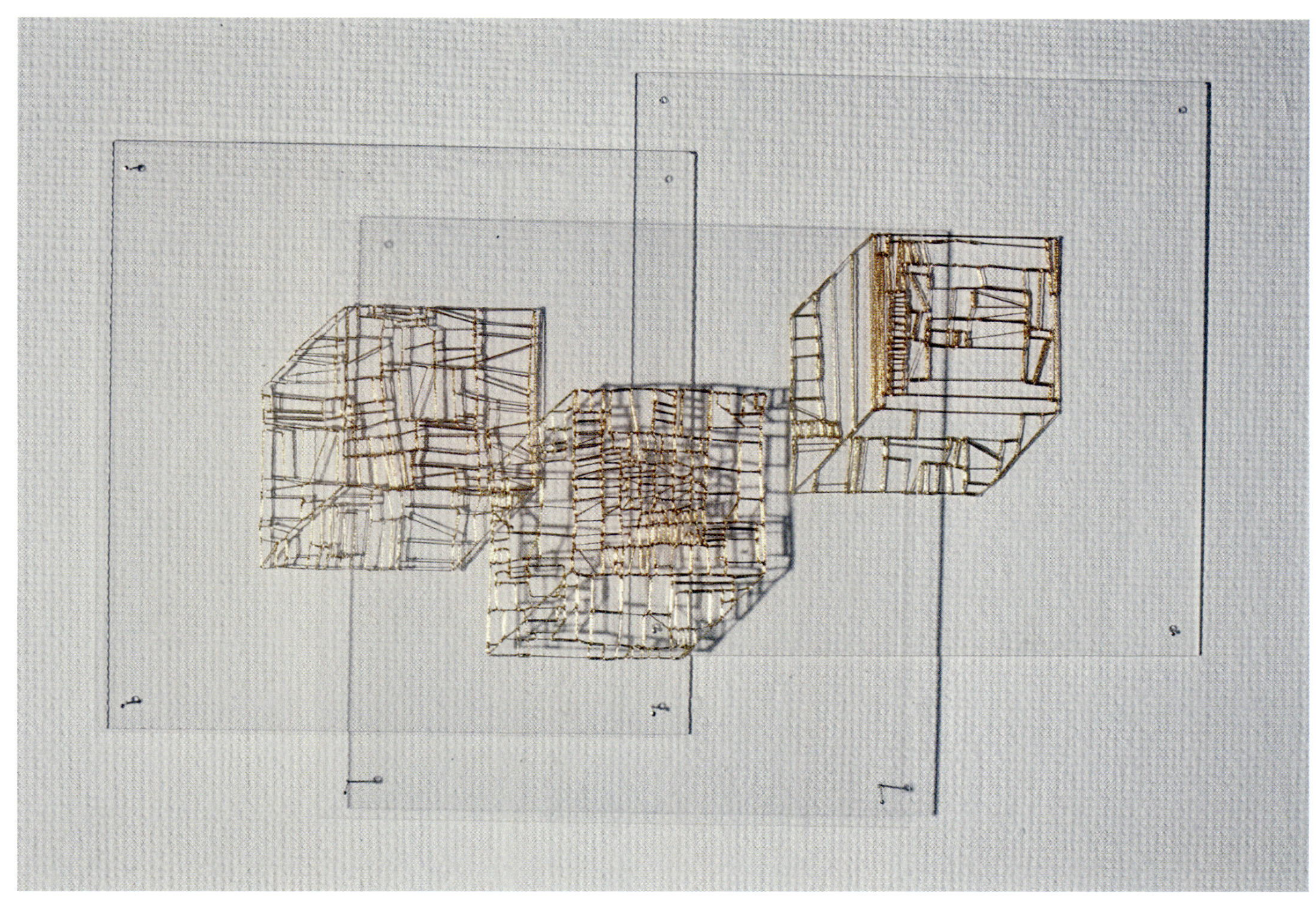

《컨스트럭쳐 & 컨텍스츄어》(00006)
《Con-structure & Con-Texture》(00006)
〈형태 구축과 질감〉(3개)
〈Con-structure. Con-Texture〉(3ea)

투명수지유리, 금사, 자수
Plexiglass, Golden thread, Embroidery
W20 x H20 cm(ea)

II 작품 연구과정

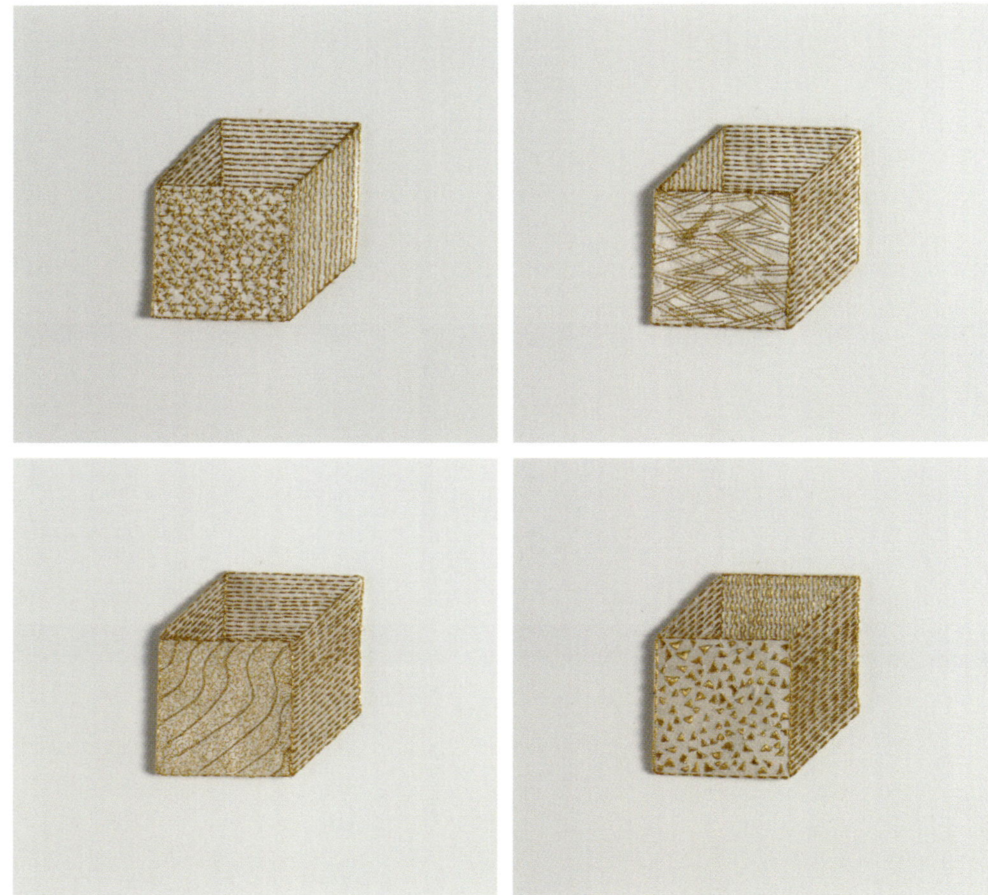

《컨스트럭쳐 & 컨텍스츄어》(00004)
《Con-structure & Con-Texture》(00004)
〈형태 구축과 질감〉
〈Con-structure. Con-Texture〉
수제비단종이, 금사, 자수
Handmade silk paper, Golden thread, Embroidery

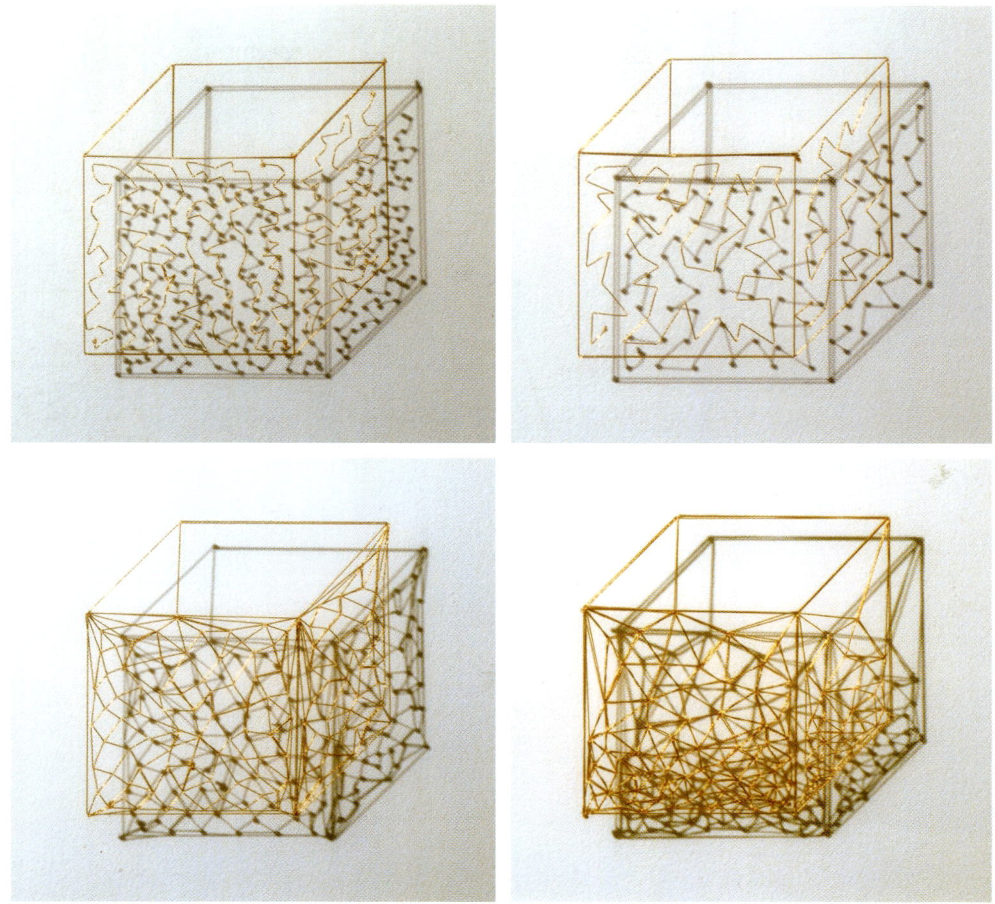

《컨스트럭쳐 & 컨텍스츄어》(00004)
《Con-structure & Con-Texture》(00004)
〈형태 구축과 질감〉
〈Con-structure. Con-Texture〉
투명수지유리, 금사, 자수
Plexiglass, Golden thread, Embroidery
W21 x H21 cm(ea)

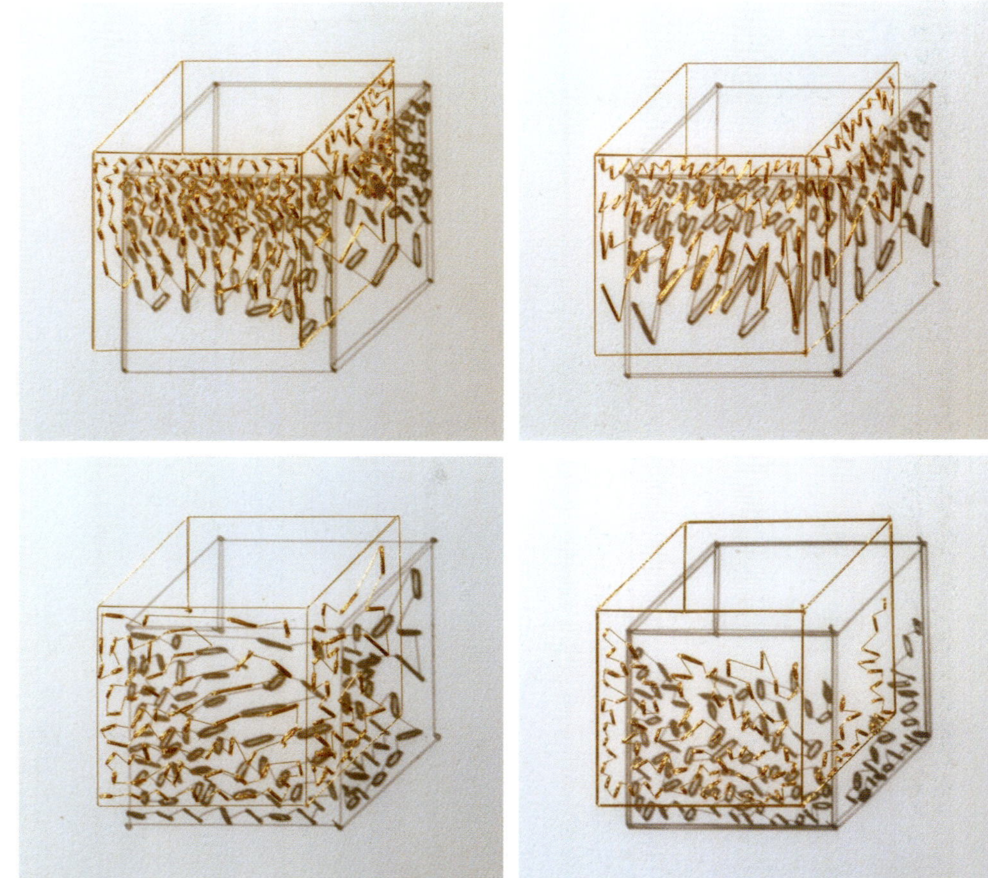

《컨스트럭쳐 & 컨텍스츄어》
《Con-structure & Con-Texture》
투명수지유리, 금사, 자수
Plexiglass, Golden thread, Embroidery
W21 x H21 cm(ea)

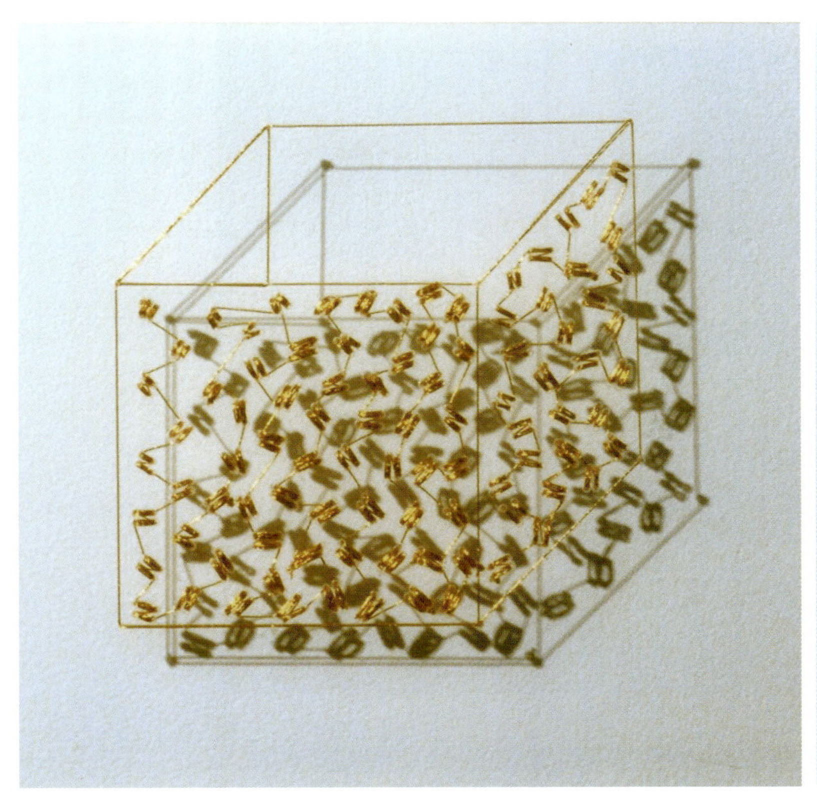 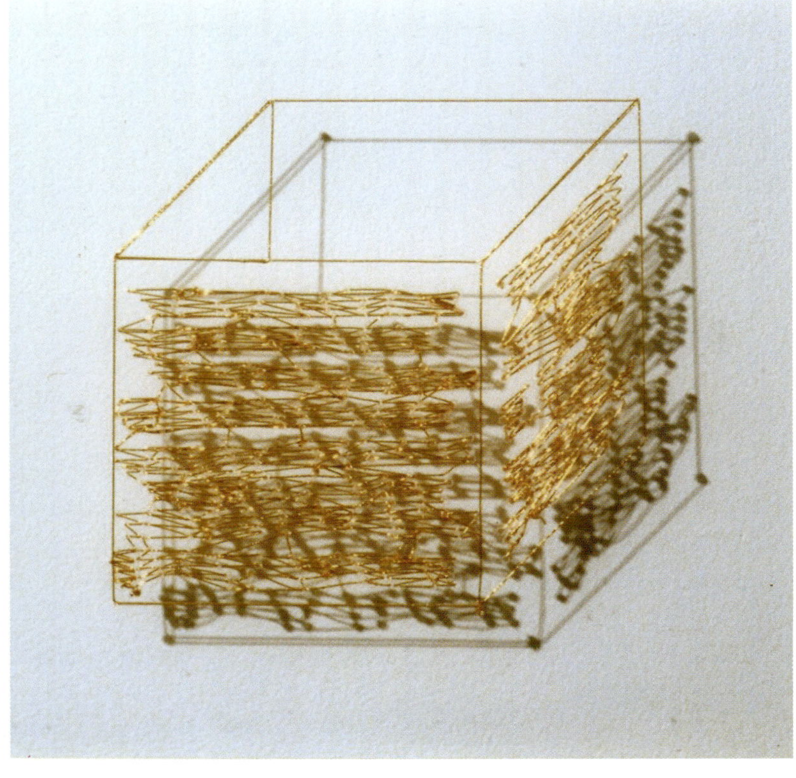

《컨스트럭쳐 & 컨텍스츄어》
《Con-structure & Con-Texture》
투명수지유리, 금사, 자수
Plexiglass, Golden thread, Embroidery
W21 x H21 cm(ea)

전동 드릴을 이용한 투명 아크릴 천공 과정

1. 아크릴 판에 밑그림 부착
2. 아크릴 판에 천공
3. 밑그림 제거 후 선 드로잉
4. 드릴로 천공
5. 드로잉 선 따라 천공
6. 금사로 자수

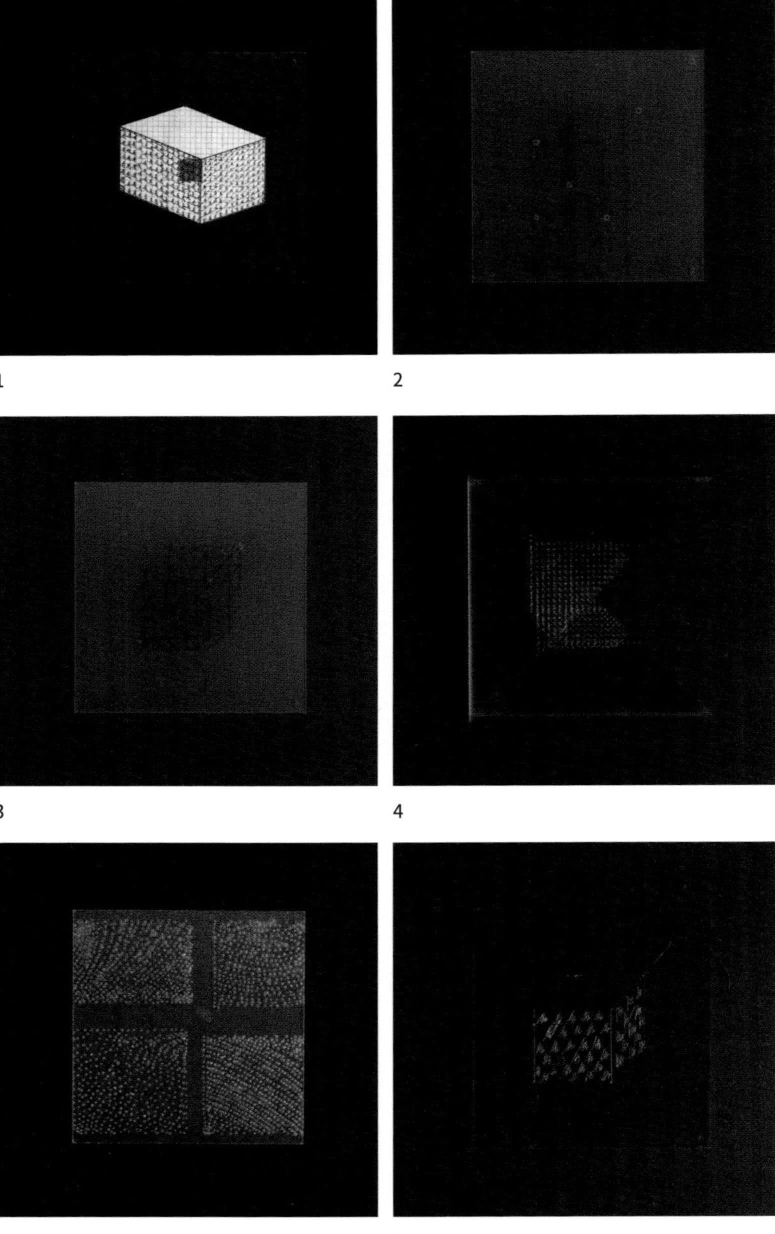

1

2

3

4

5

6

4) 기호와 융합: 기호와 패턴

(1) 더 코드 & The Code

- 기간: 2010년 2월 19일
- 장소: 갤러리 마노(Gallery Mano)
- 기법: 지승, 수제 비단종이, 자수(국화수, 매듭수)
- 소재: 한지, 수제비단종이, 린넨사
- 연구 과정: 끈이란 직물(textile)적인 물체 중에서 으뜸가는 실례이다. 끈은 정돈하고, 결합하고, 유연하고 작업하기에 가장 수월하며 튼튼한 물체의 조각들, 특히 직물을 결합하도록 유도하였다는 젬퍼(Semper)의 이론에서, 직조(Tissage)는 조립(assemblage), 소상술(modelage)과 함께 기본적인 예술의 기술-재료적 기원 이론을 구성하는 요소다. 이러한 방법의 혼합은 제4의 방법이라는 것이 축조 즉 건축행위로 귀결됨을 보여준다.

현대 직조의 변천 과정을 볼 때 <더 코드> 전은 원시적 제작술을 특별히 변형하지 않고, 젬퍼의 이론에 가깝도록 시간의 경과에 따라 날실에서부터 단계적으로 시행하는 변천 과정을 밟아왔다.

이 작품들은 실 한 올 한 올 가는 선들에 의미와 상징을 부여했다. 한지 끈(Cord, 코드)을 순서에 따라 배열했고, 색채 선택에서 흑, 백 두 가지 색만을 사용한 것은 말레비치(Malevich)의 절대주의(Suprematisme)나 구성주의적 접근을 염두에 두었다. 이 작품전에 채용하는 흑백의 색채는 미니멀리즘을 연상케 하는 동시에 태극론의 팔괘사상에서 유래한 이진법적 변주 행위이다. 이는 한국적 사고와 미학적 개념을 고수하는 동시에 서양 문화의 미학론적 궤도로 조화시키고자 함이다.

작가는 유럽에서 다양한 문화를 접촉하며 가능한 한 모든 대상물에서 문화 기억 요소를 찾으려 노력했다. 특히 건축이 인간사에 있어서 장구한 예술이야말로 가장 인간과 뗄 수 없는 역사라고 보았다. 그래서 건축을 통하여 그 기억 요소를 찾으려고 하였다. 이 같은 기억 보존적 특징을 건축에서 발견하였고 기록적 특징과 보존적 특징을 잘 유지하고 있는 한국의 건축에서 창호 및 병풍 등 가변적 건축구조물을 위한 재료로 널리 사용되는 닥종이와 연결했다. (김미상 박사 평문 발췌)

작품의 재료는 수제 지승 한지와 수제 비단종이를 사용하였다.

한지를 꼬아 끈/실을 만드는 기법은 다음과 같다. 한지를 닥 섬유가 놓인 결을 따라 원하는 길이로 자른 후 손끝으로 말아가며 꼬아준다. 빠른 속도로 손끝에서 회전시킴으로써 끝마무리 부분에 풀을 사용하지 않고도 한지사가 풀리지 않게 마무리할 수 있다. 종이를 말아가며 꼬아진 단단한 직선의 끈/코드는 휘어지지 않는 목재나 철선의 견고함을 지닌다. 부드럽고 여린 종이가 강인한 날실로 자체적으로 직립하는 형상을 띠면서 무수히 반복되는 선의 진동을 느끼게 하였다.

한지 끈과 끈의 끝이 맞닿은 부분의 바탕에는 수제 비단 종이에 매듭수를 놓아 배접함으로써 선과 선의 경계 사이에 마주하는 만남의 지대를 마련하였다. 본 작품에서 주목할 점은 재료인 종이를 실처럼 꼬아서 그것의 특질을 비물질화하여 섬유의 촉감과 특질을 가진 제3의 섬유적 재료로 환원하였으며 베틀의 고정불변한 기능인 씨실과 날실의 존재를 강조하는 수직 방향으로 콜라주(collage) 하여 종이를 역사와 기록이 갈무리된 상징물로 사용했다.

163

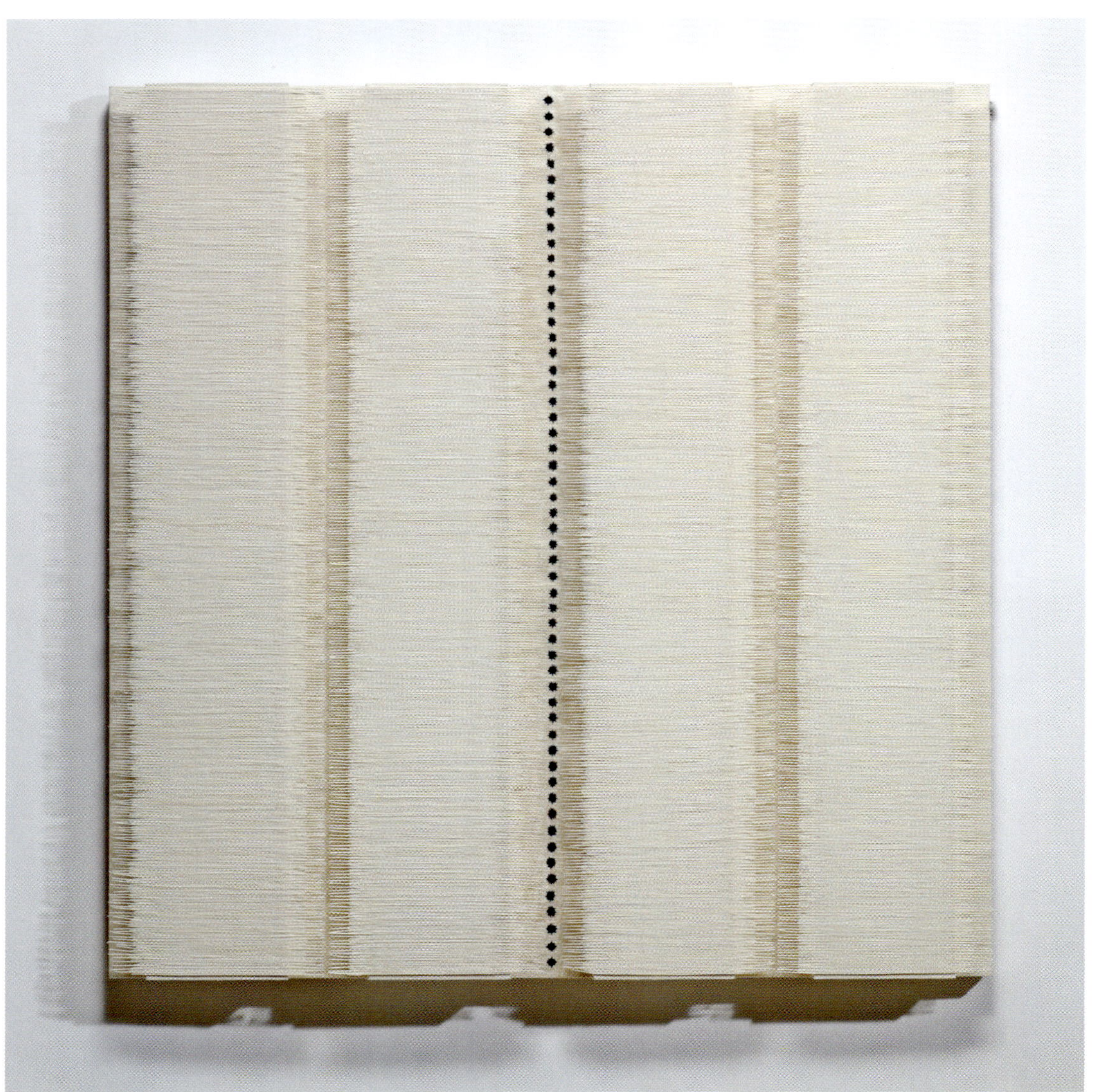

《더 코드》(00001)
《The Code》(00001)
수제 한지끈, 린넨사, 콜라주, 십자수
Hand spinned Hanji cords, Linen threads, Collage, Cross stitch
W70 x H75cm, 2010.

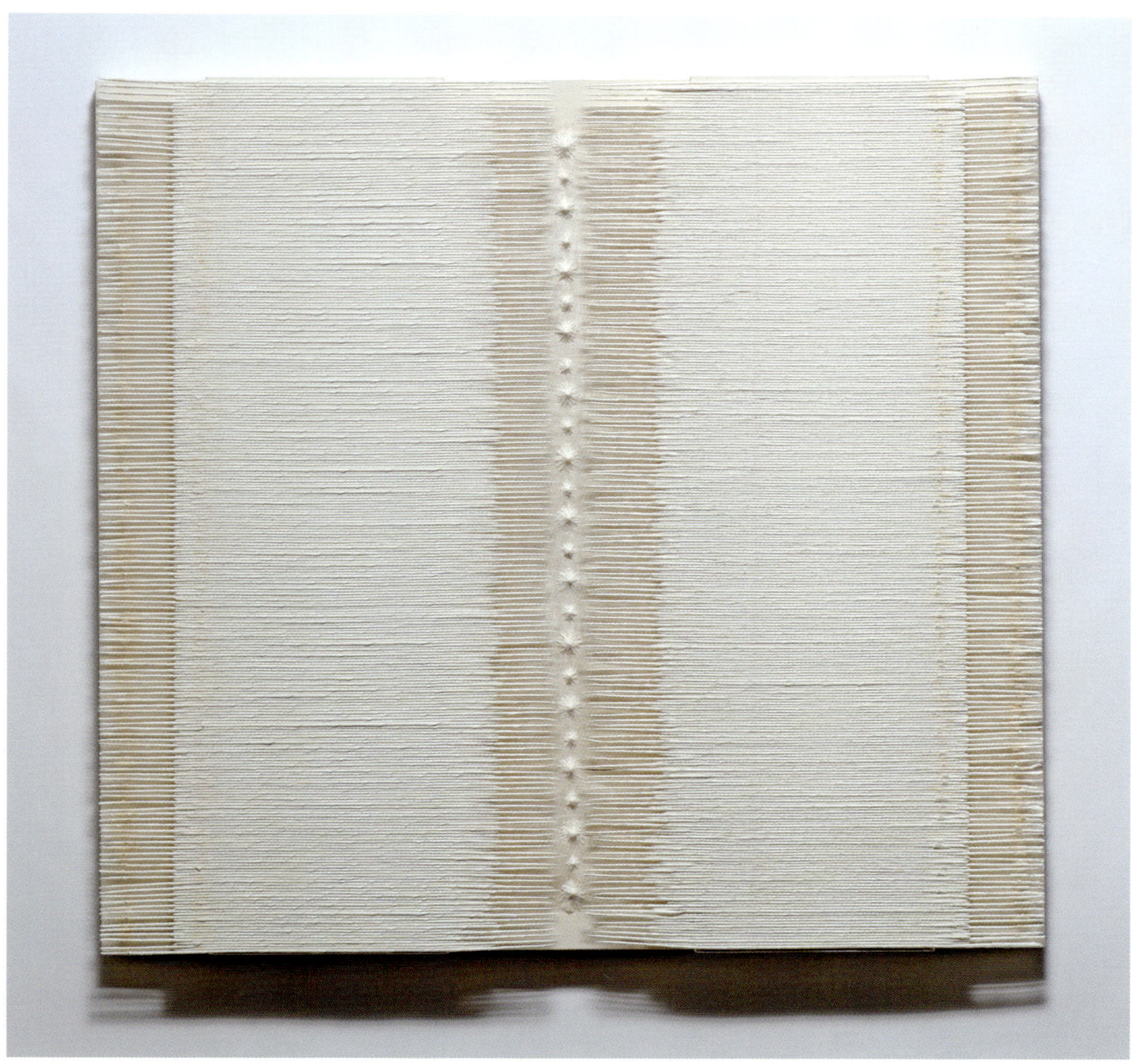

《더 코드》(00001)
《The Code》(00001)
수제 한지끈, 린넨사, 콜라주, 십자수
Hand spinned Hanji cords, Linen threads, Collage, Cross stitch
W70 x H75cm, 2010.

II 작품 연구과정

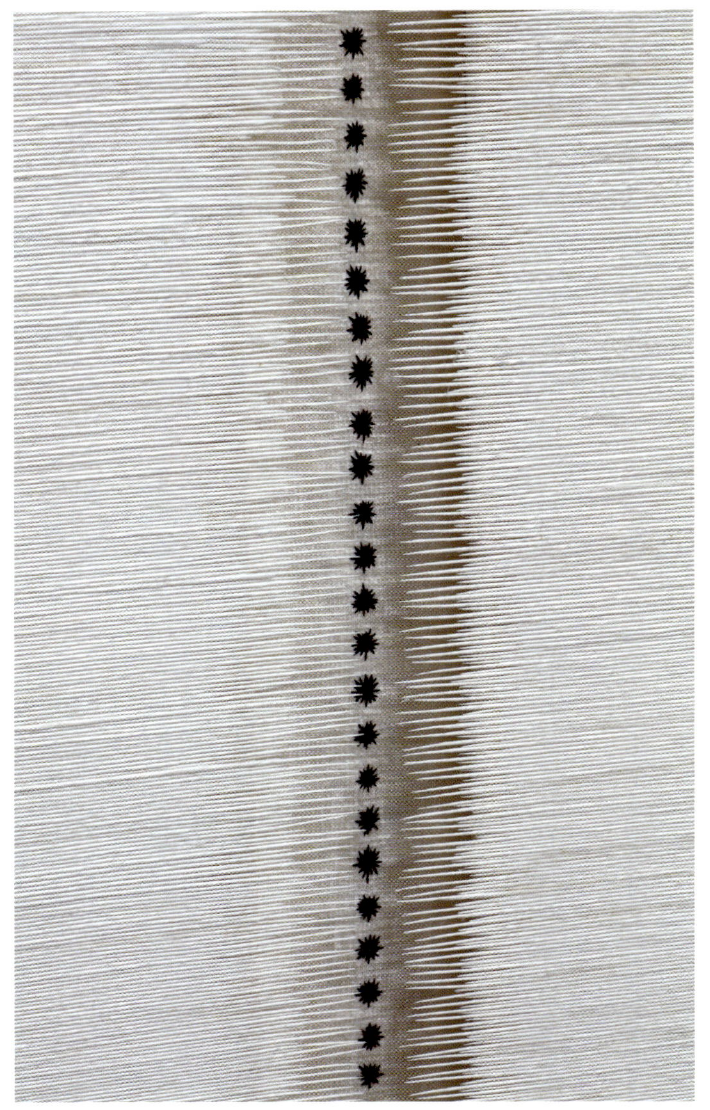

《더 코드》(00001)(부분)
《The Code》(00001)(detail)

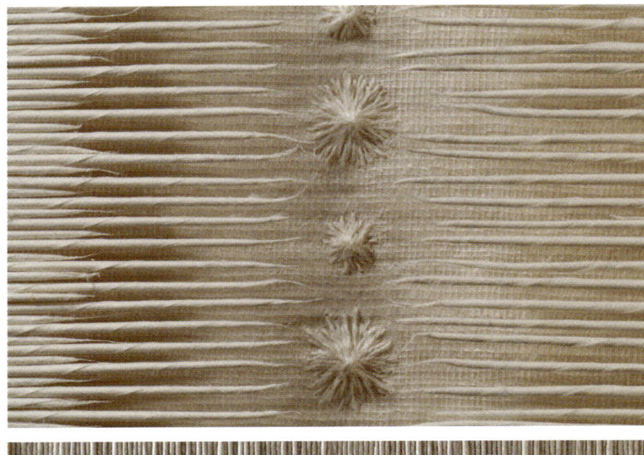

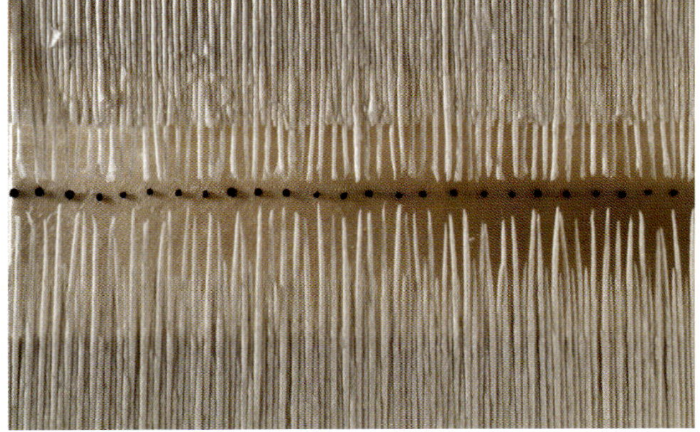

《더 코드》(00001)(부분)
《The Code》(00001)(detail)

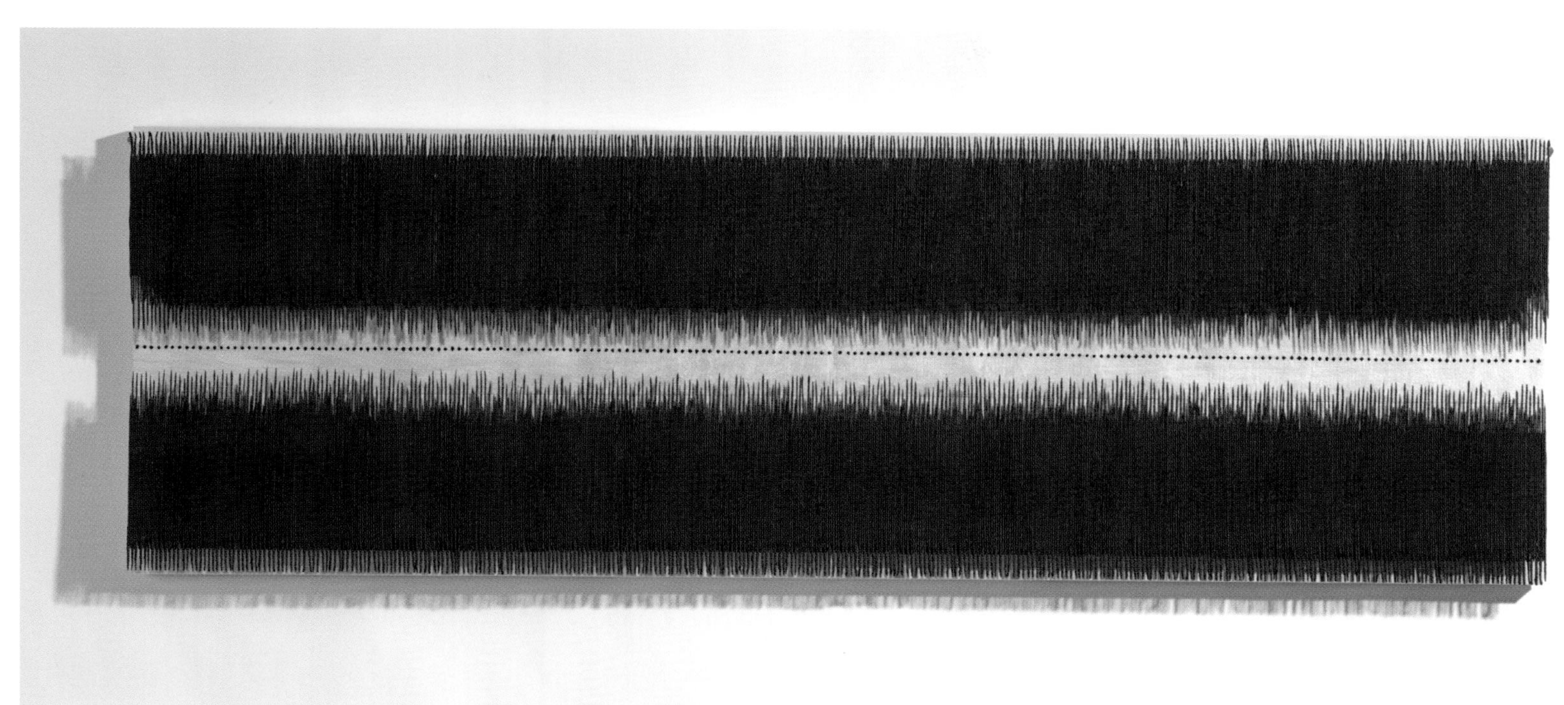

《더 코드》
《The Code》
수제 한지끈, 비단실, 콜라주, 자수
Hand spinned Hanji cord, Silk thread, Collage, Embroidery
W30 x H120 cm, 2010.

II 작품 연구과정

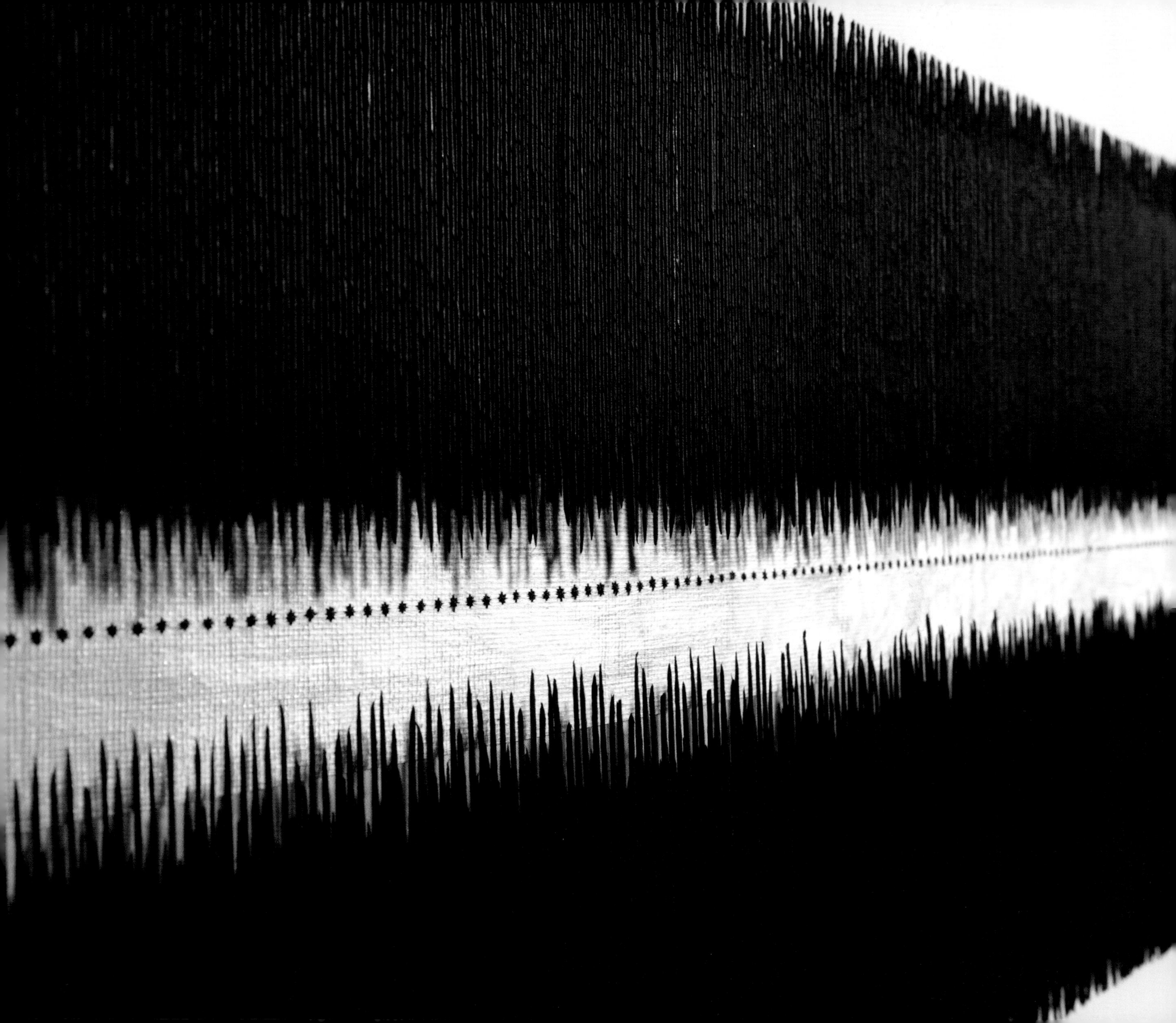

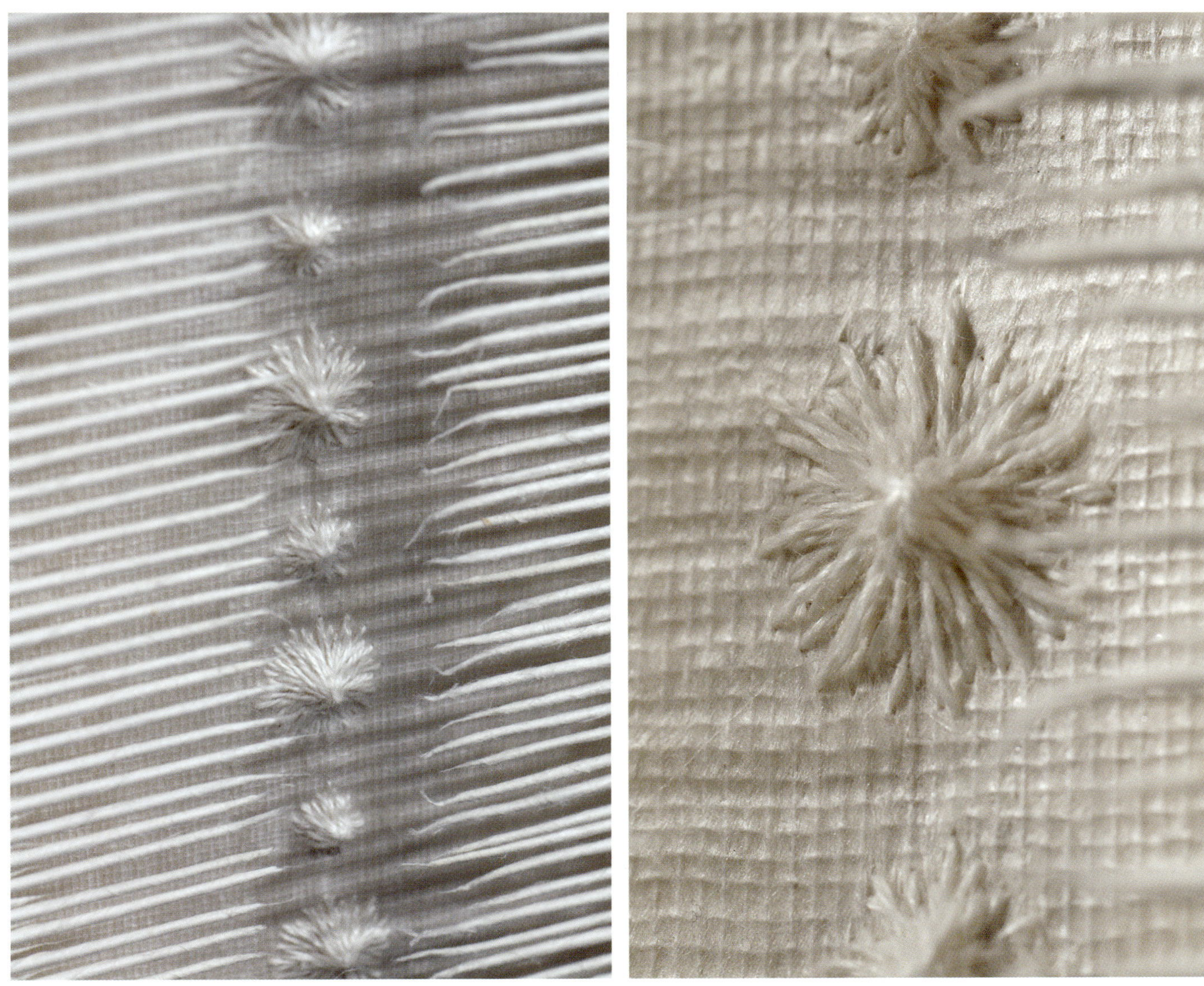

《더 코드》(00001)(부분)
《The Code》(00001)(detail)

《더 코드》(00001)(부분)
《The Code》(00001)(detail)

II 작품 연구과정

(2) 기호의 변주 The Variations of Code

- 기간: 2013년 5월 6일 ~ 5월 31일
- 장소: 갤러리 마노(Gallery Mano)
- 기법: 자수(그물수, 점수, 사슬수, 매듭수, Embroidery)
- 소재: 레이스 패턴(Lace patterns), 캔버스(Canvas)

- 연구 과정: 말레비치가 보여준 흑백 화면처럼 화면 위에 뿌려진 씨앗은 작은 알갱이로 존재하는 매듭수, 직물인 레이스, 바느질 자수가 캔버스 역할을 하는 화면 위에 다양한 패턴의 레이스를 각종 형태로 배치했다. 이들을 콜라주 하거나 흩뿌려 레이스를 매체로 하며 그림을 그려나갔다. 레이스 패턴들은 대체로 우주를 상징하는 원형 구도 속에 위치한다.

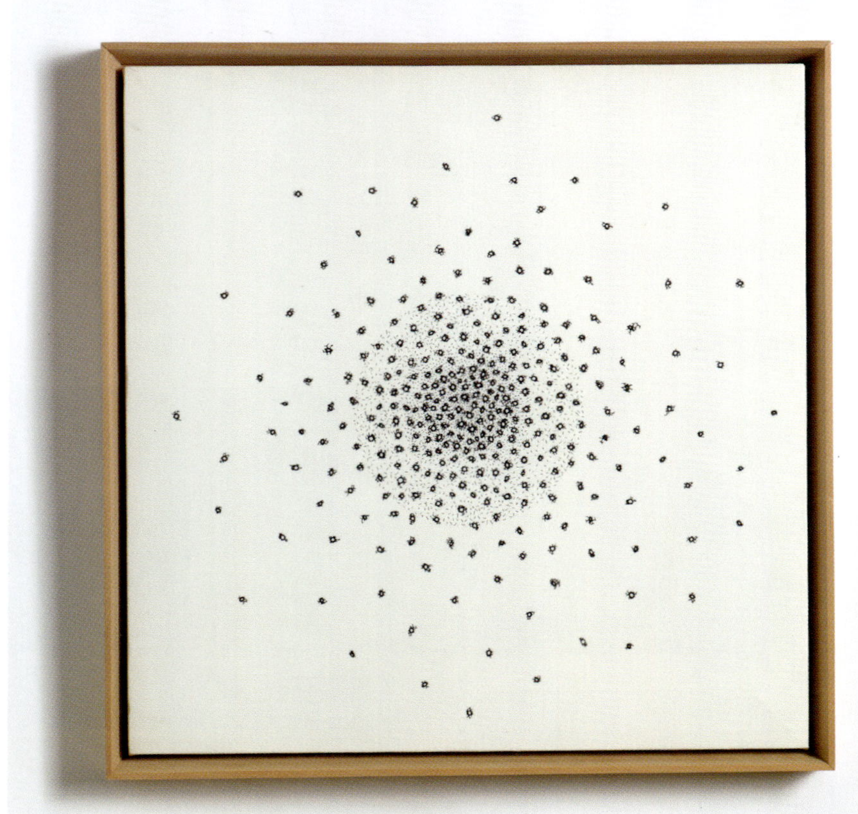

《기호의 변주》
《The Variations of Code》
비단실, 레이스, 자수
Silk thread, Lace, Embroidery
W45 x H45 cm, 2013.

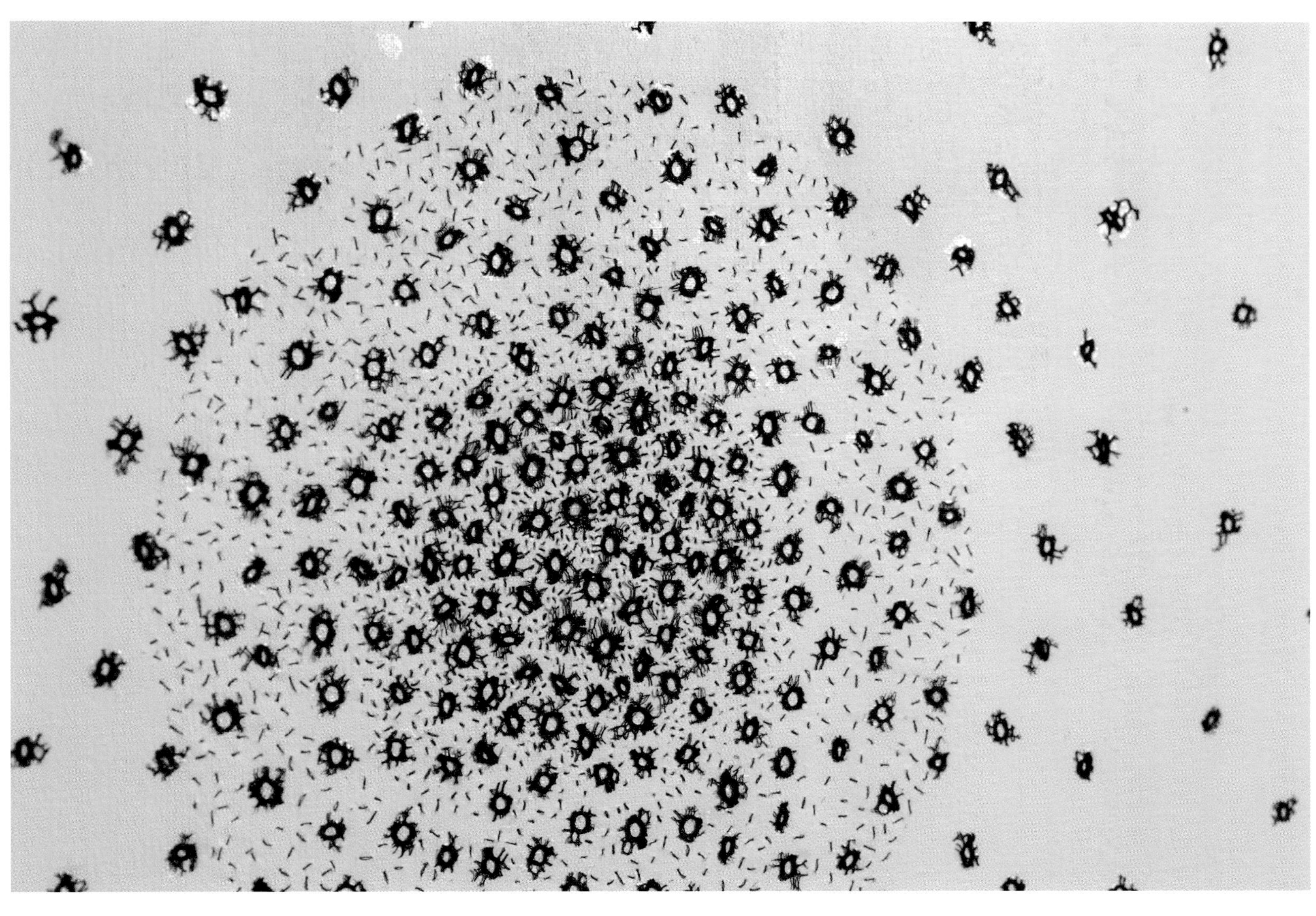

《기호의 변주》(부분)
《The Variations of Code》(detail)

II 작품 연구과정

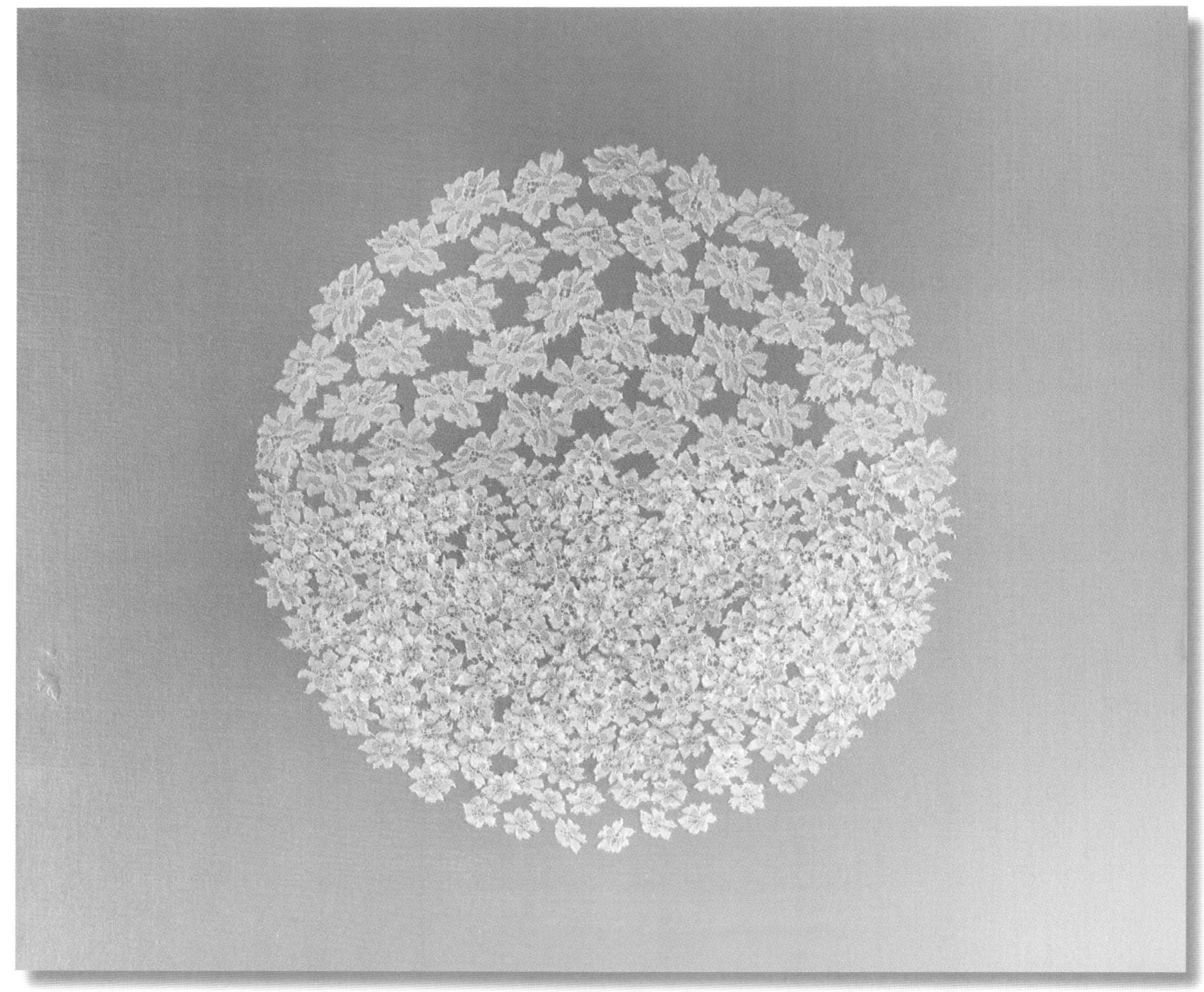

172

《기호의 변주 6》(부분)
《The Variations of Code 6》(detail)

프랑스 레이스, 금사, 매듭수
French lace, Golden thread, Knot stitch
W70 x H70 cm

RESEARCH

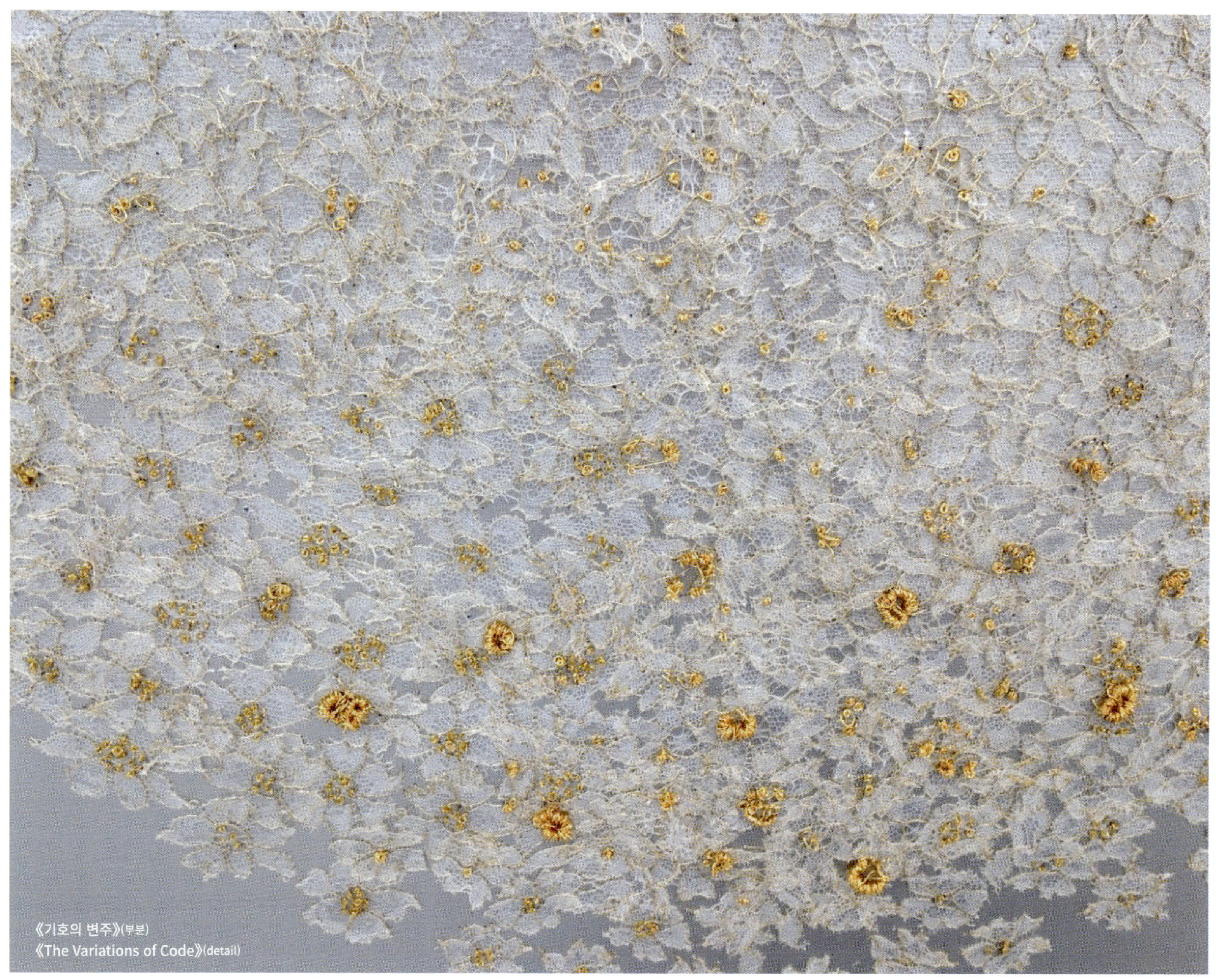

《기호의 변주》(부분)
《The Variations of Code》(detail)

II 작품 연구과정

174

《기호의 변주 6》
《The Variations of Code 6》

비단실, 레이스, 자수
Silk thread, Lace, Embroidery
W70 x H70 cm, 2013.

RESEARCH

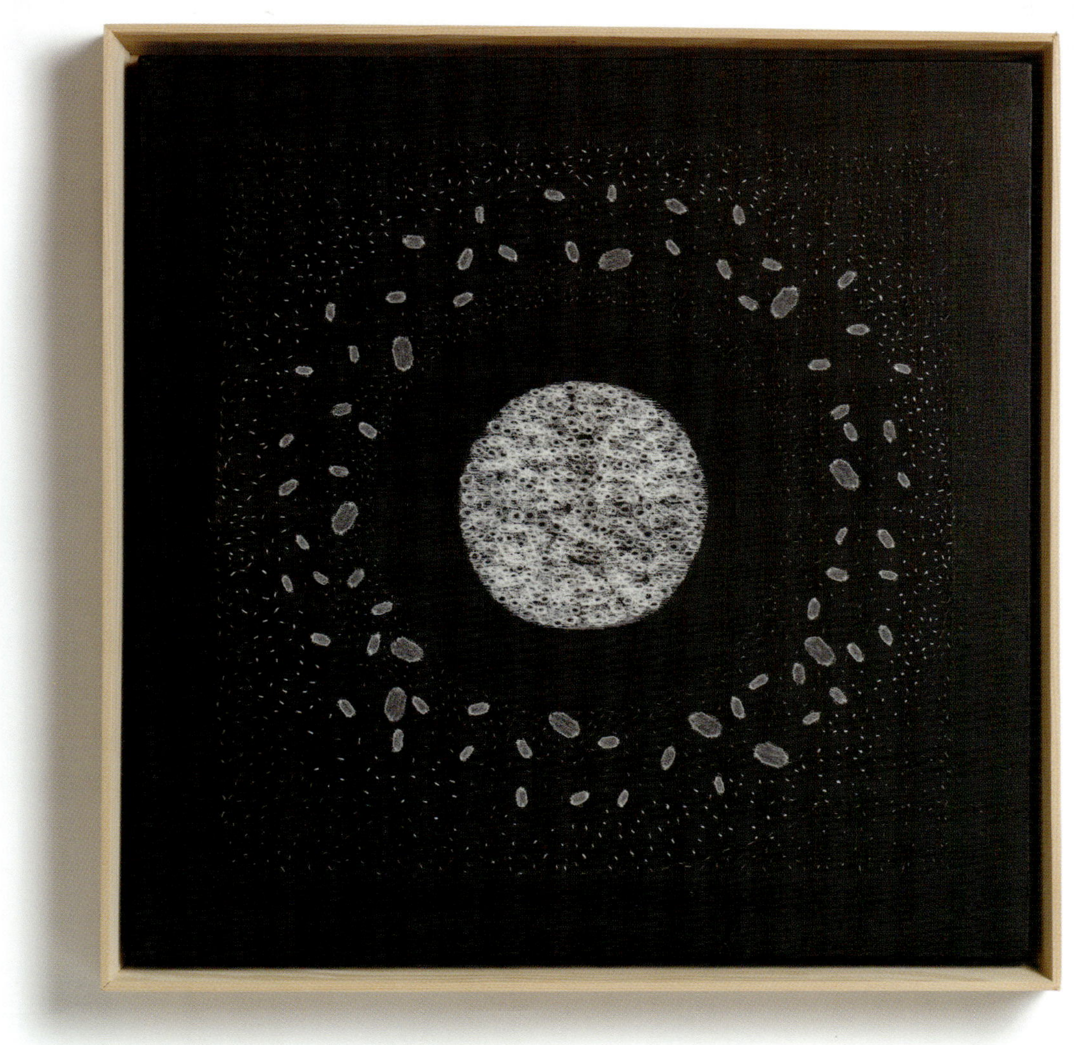

《기호의 변주 6》
《The Variations of Code 6》

비단실, 레이스, 자수
Silk thread, Lace, Embroidery
W48 x H48 cm

II 작품 연구과정

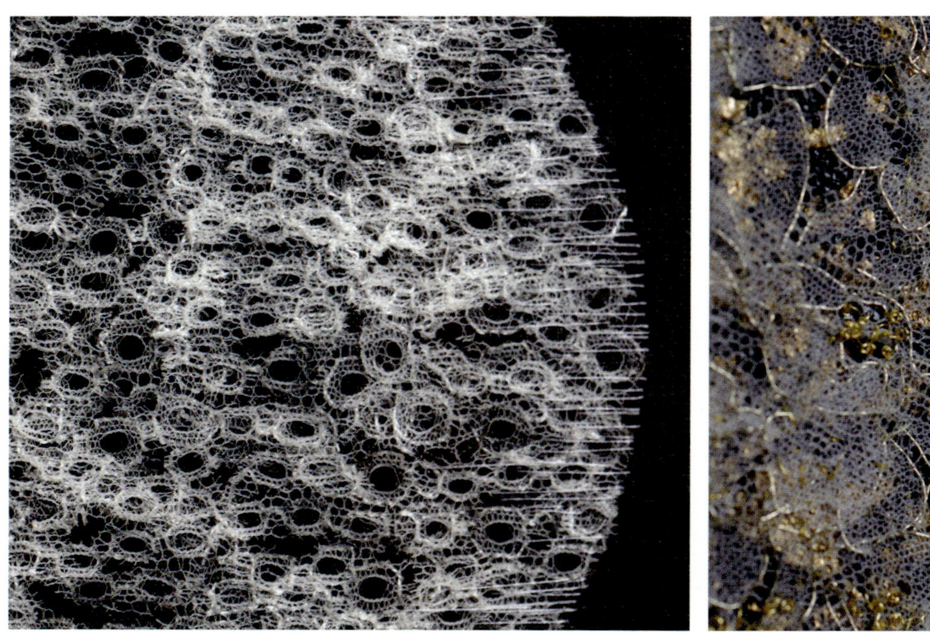 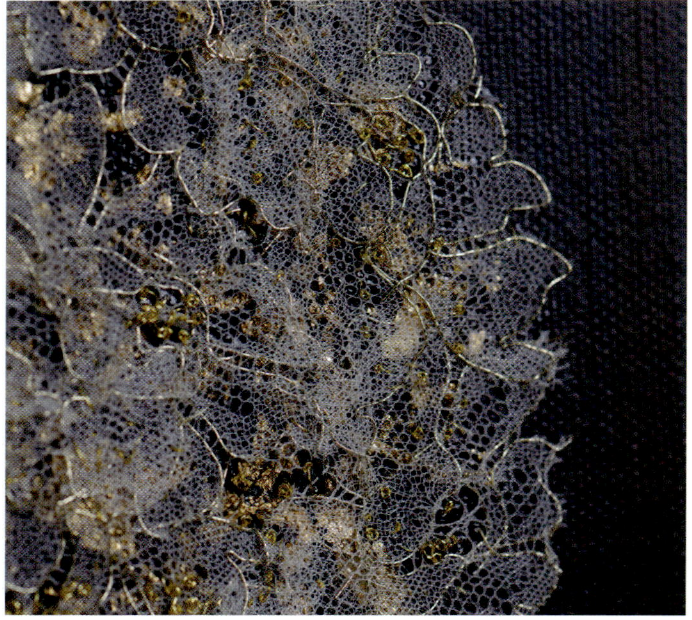

《기호의 변주》(부분)
《The Variations of Code》(detail)

《기호의 변주》(부분)
《The Variations of Code》(detail)

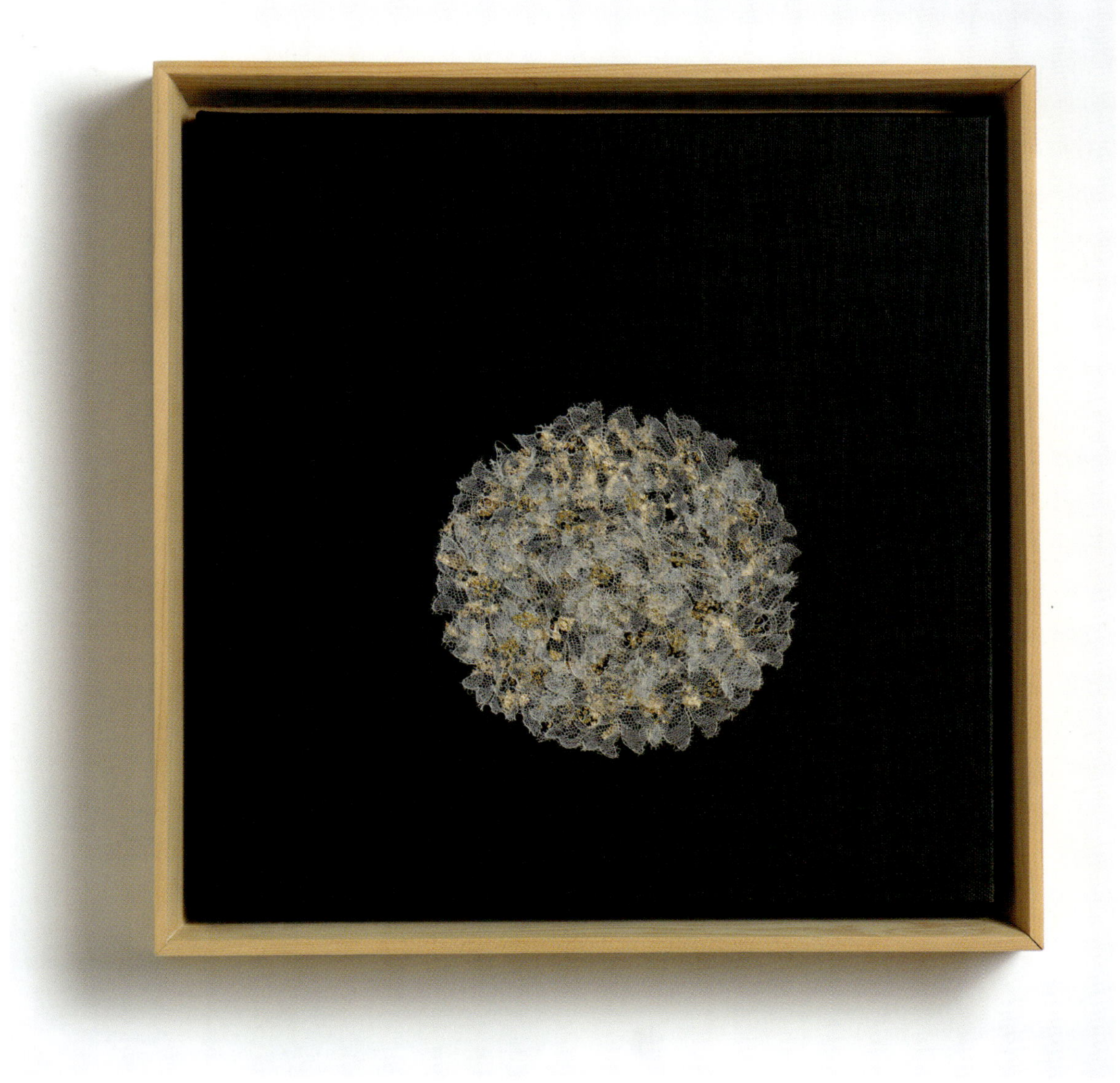

《기호의 변주 6》
《The Variations of Code 6》

프랑스 레이스, 금사, 자수
French lace, Golden thread, Embroidery
W30 x H30 cm

II 작품 연구과정

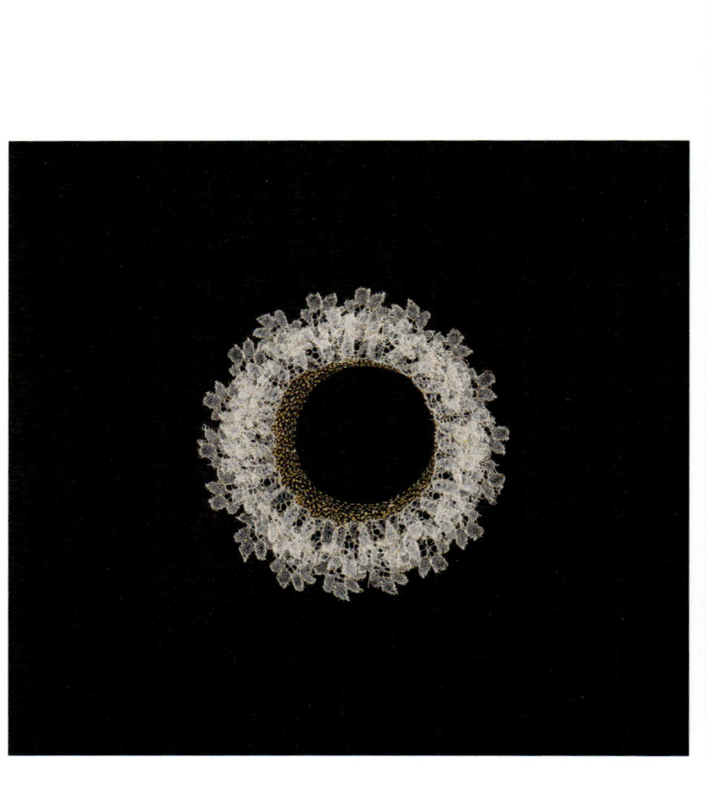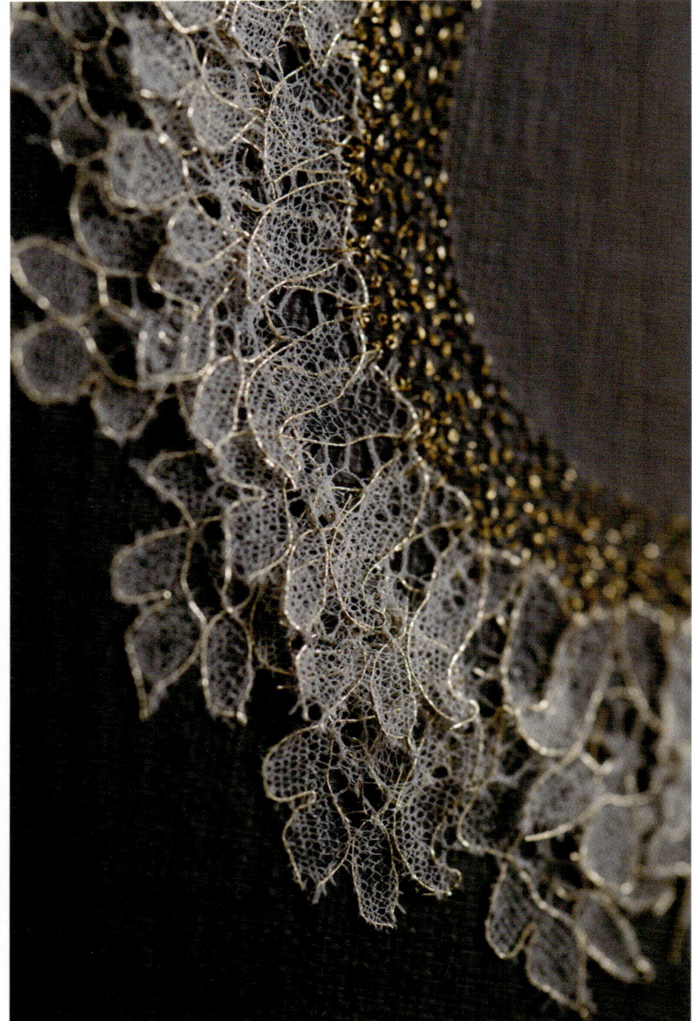

《기호의 변주》
《The Variations of Code》
프랑스 레이스, 금사, 자수
French lace, Golden thread, Embroidery
W 30 x H30 cm

《기호의 변주》(부분)
《The Variations of Code》(detail)

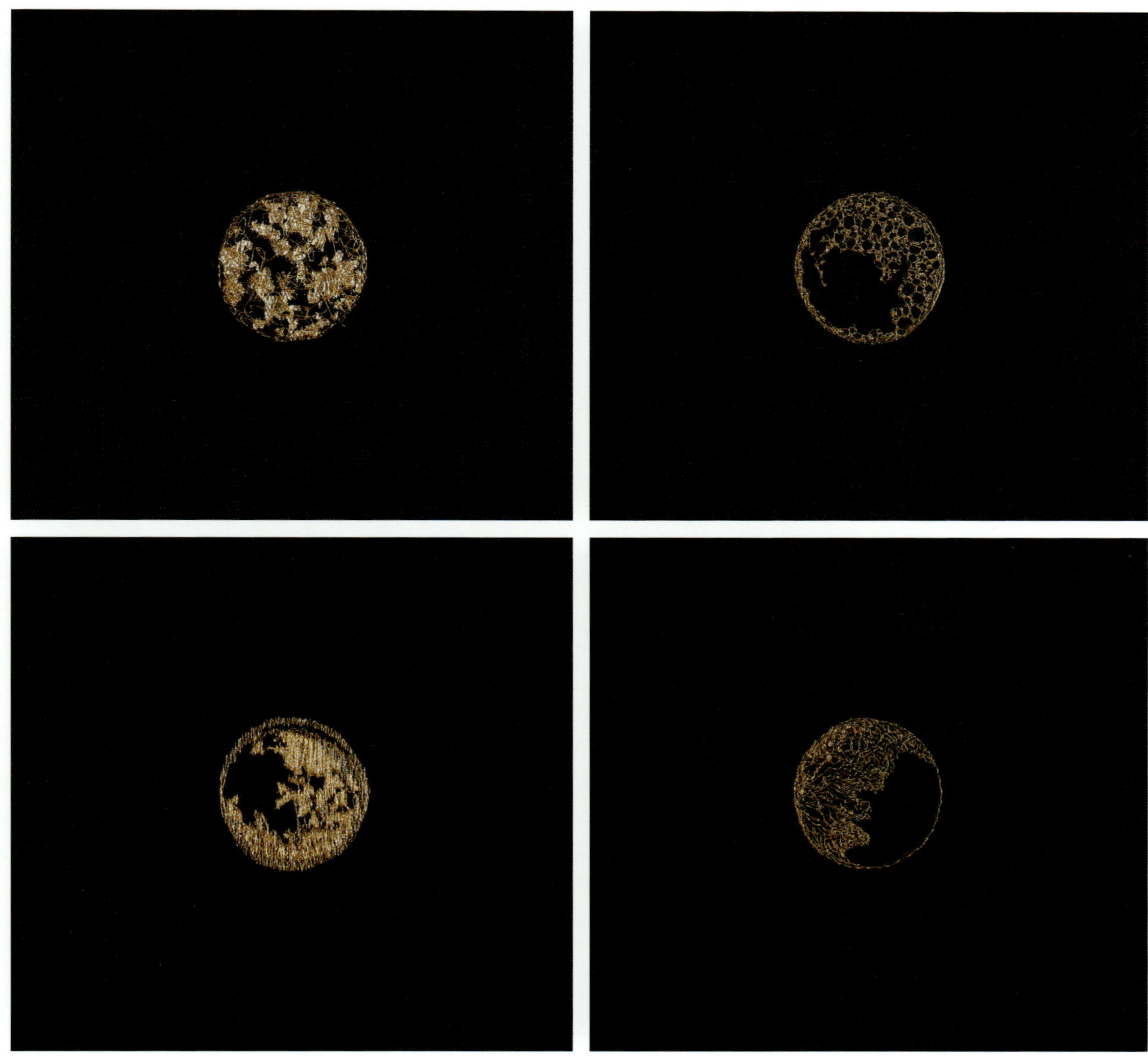

《기호의 변주》
《The Variations of Code》

금사, 금박, 자수
Golden thread, Gold leaf, Embroidery
W30 x H30 cm(ea)

II 작품 연구과정

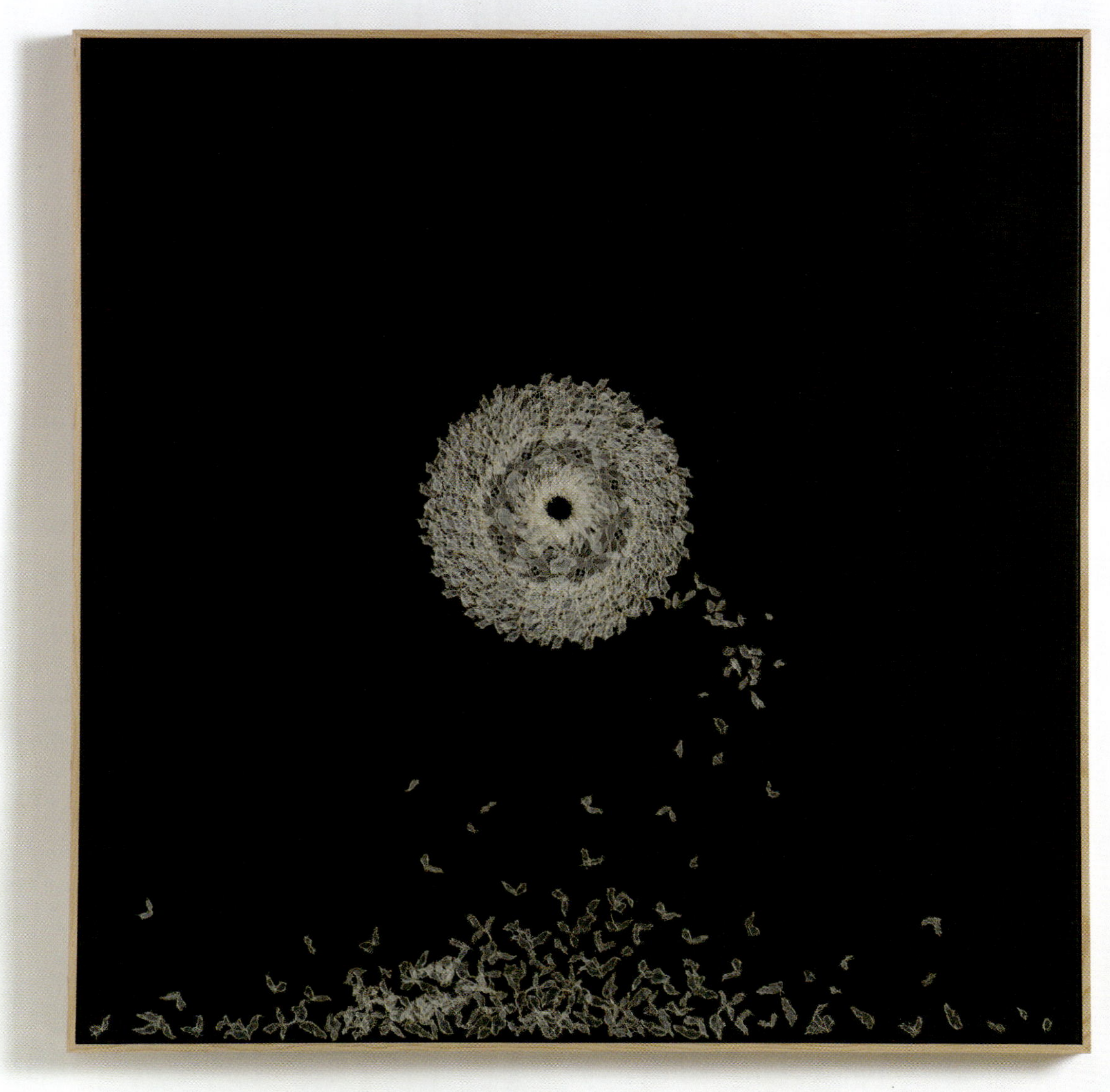

《기호의 변주》
《The Variations of Code》

프랑스 레이스, 금사, 자수
French lace, Golden thread, Embroidery
W71 x H71 cm, 2013.

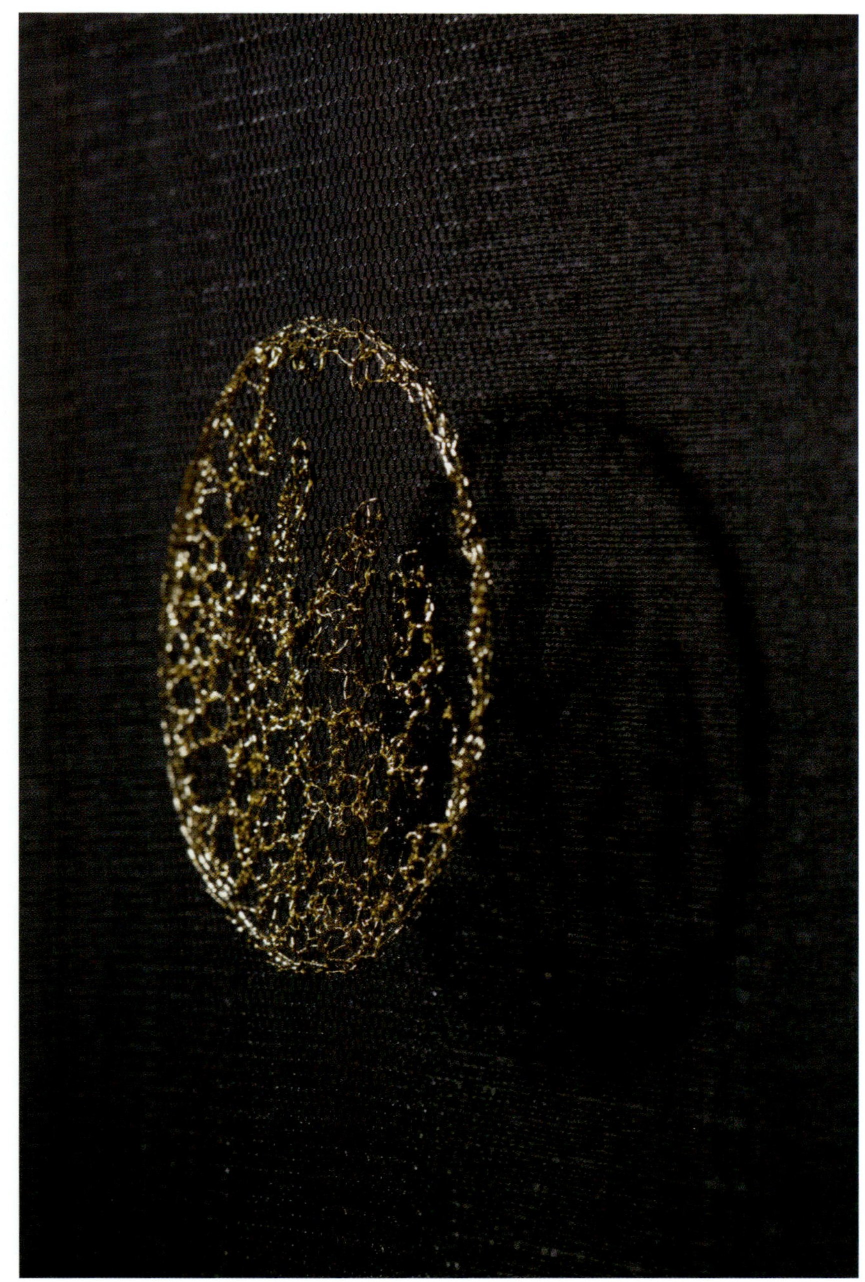

《기호의 변주》
《The Variations of Code》
프랑스 레이스, 금사, 비단망, 자수
French lace, Golden thread,
Tulle, Embroidery
W26.2 x H26.2 cm, 2013.

II 작품 연구과정

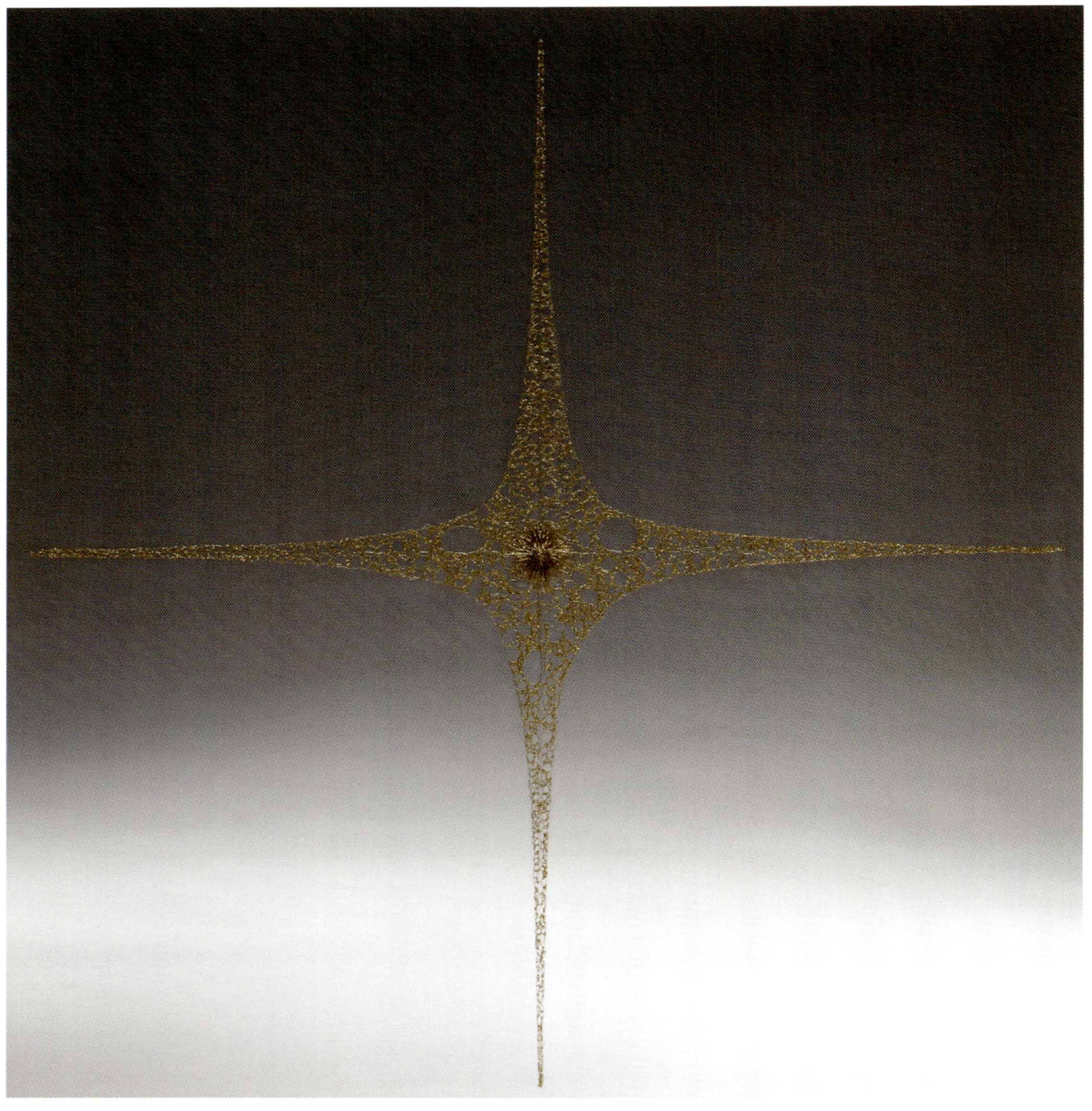

《기호의 변주》
《The Variations of Code》

금사, 망사, 자수
Golden thread, Tulle, Embroidery
W55 x H55 cm, 2010.

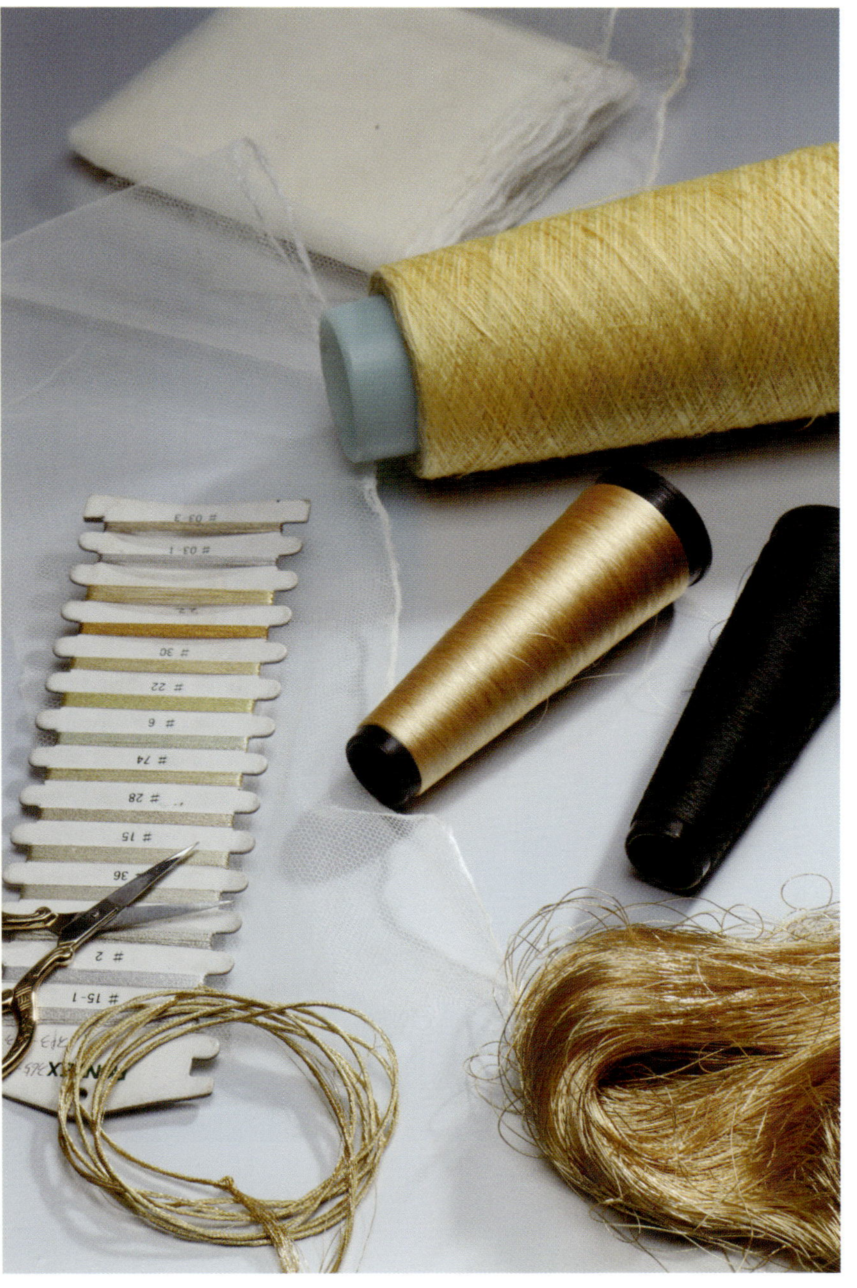

II 작품 연구과정

(3) 패턴의 정원 I Jardin du Pattern I

- 기간: 2017년 6월 9일 ~ 6월 14일
- 장소: 이화 아트 갤러리(Ewha Art Gallery)
- 기법: 자수, 직조, 레이스
- 소재: 모사(Wool), 레이온사(Rayon), 레이스(Lace)
- 연구 과정: <패턴의 정원 I>에 투입한 기법들은 태피스트리, 직조, 자
  수, 레이스 기법들의 혼합 방식이다. 직조의 날실 구조에 분해한 다양
  한 레이스 패턴의 원형들을 뿌려 비단 노방에서 풀어낸 극세사를 사
  용해 날실 사이를 실과 바늘로 허공에 수를 놓듯이(*punto in Aria: 이
  탈리아, 자수 레이스 제작 방식/서양 Lace 약사 참조) 자유롭게 직조해 나
  갔다.

184

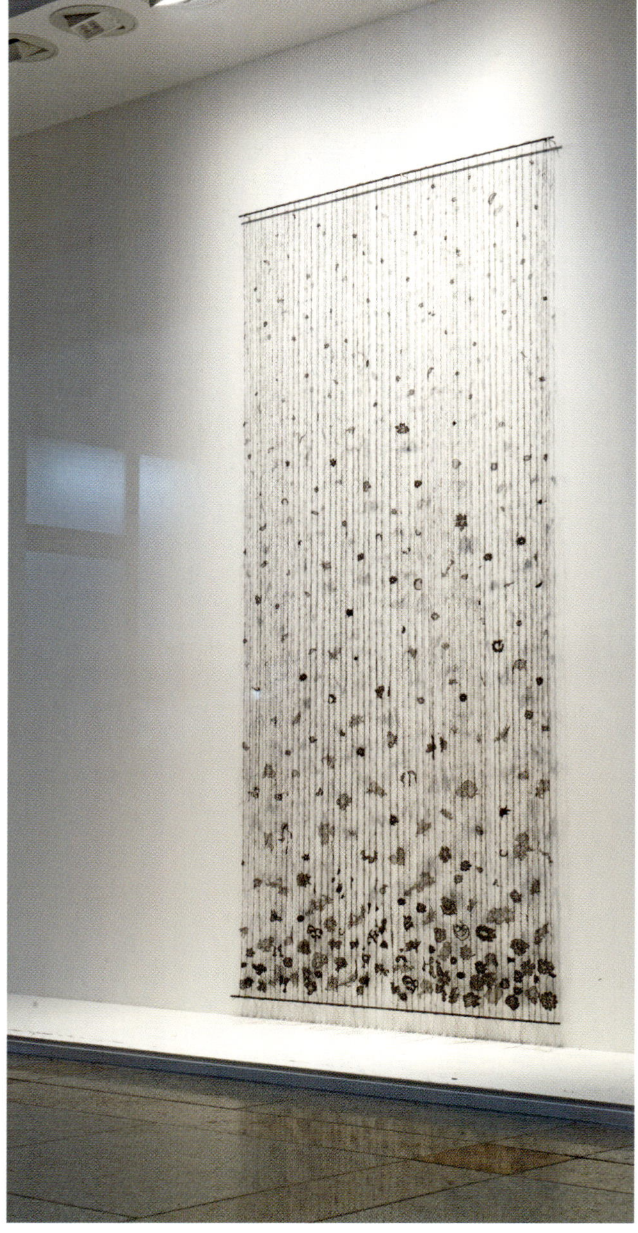

《패턴의 정원 I》
《Jardin du Pattern I》
이화 아트 윈도우 갤러리, 이대 조형관 A동
Ewha Art Gallery
2017.

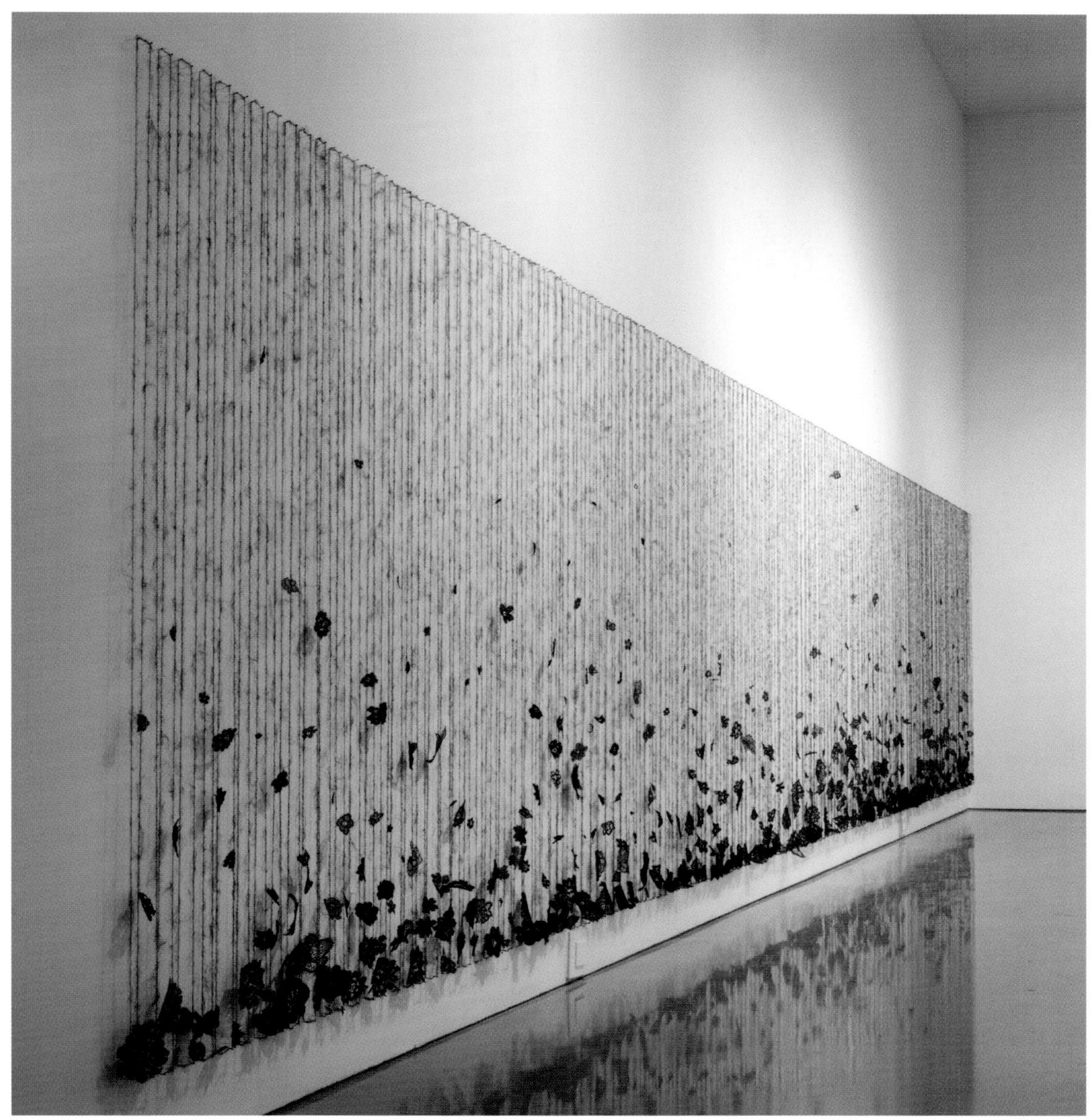

185

《패턴의 정원 I》　　　　　이화 아트 윈도우 갤러리, 이대 조형관 A동
《Jardin du Pattern I》　　　Ewha Art Gallery

II 작품 연구과정

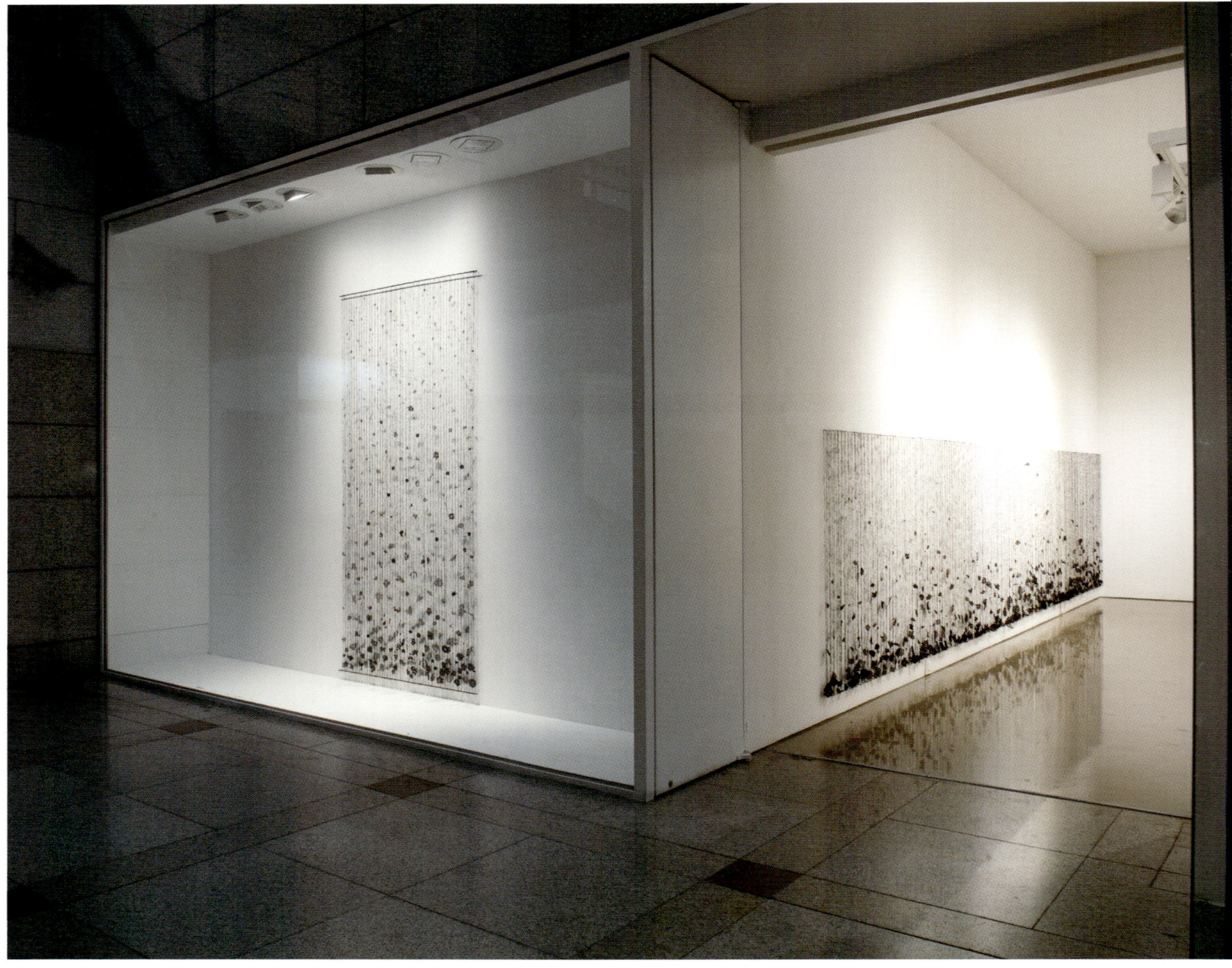

《패턴의 정원 I》
《Jardin du Pattern I》

이화 아트 윈도우 갤러리, 이대 조형관 A동
Ewha Art Gallery

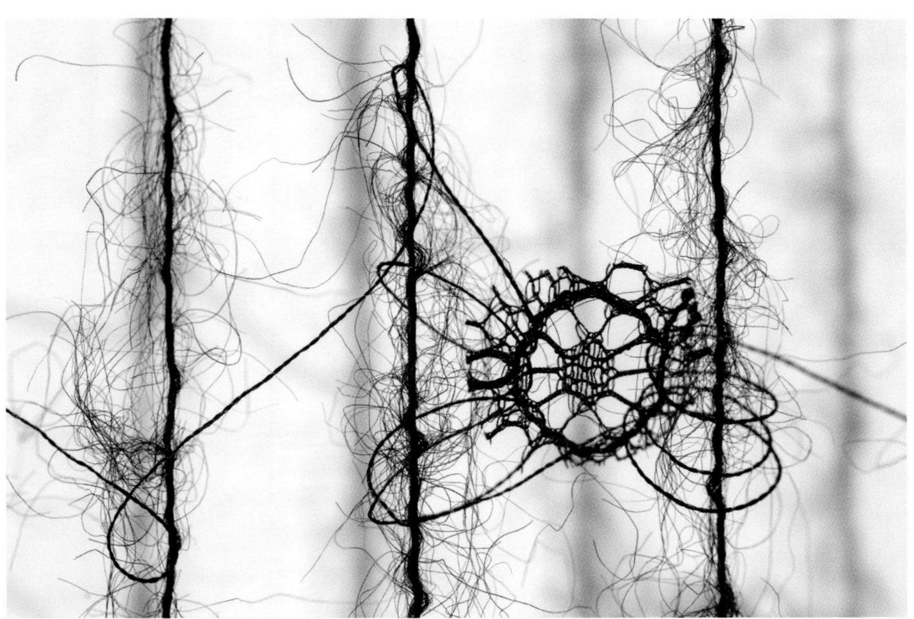

《패턴의 정원 I》(부분)
《Jardin du Pattern I》
(detail)

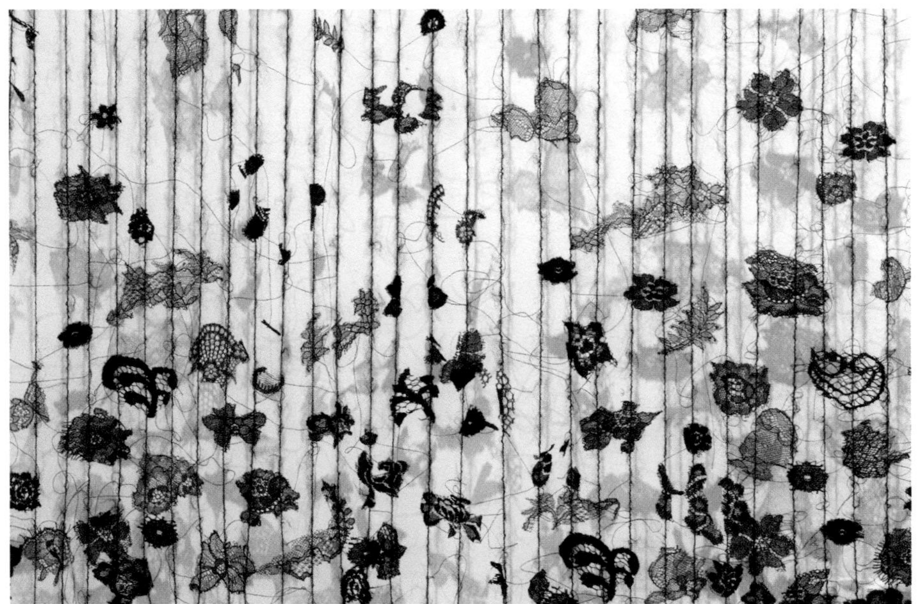

《패턴의 정원 I》(부분)
《Jardin du Pattern I》
(detail)

II 작품 연구과정

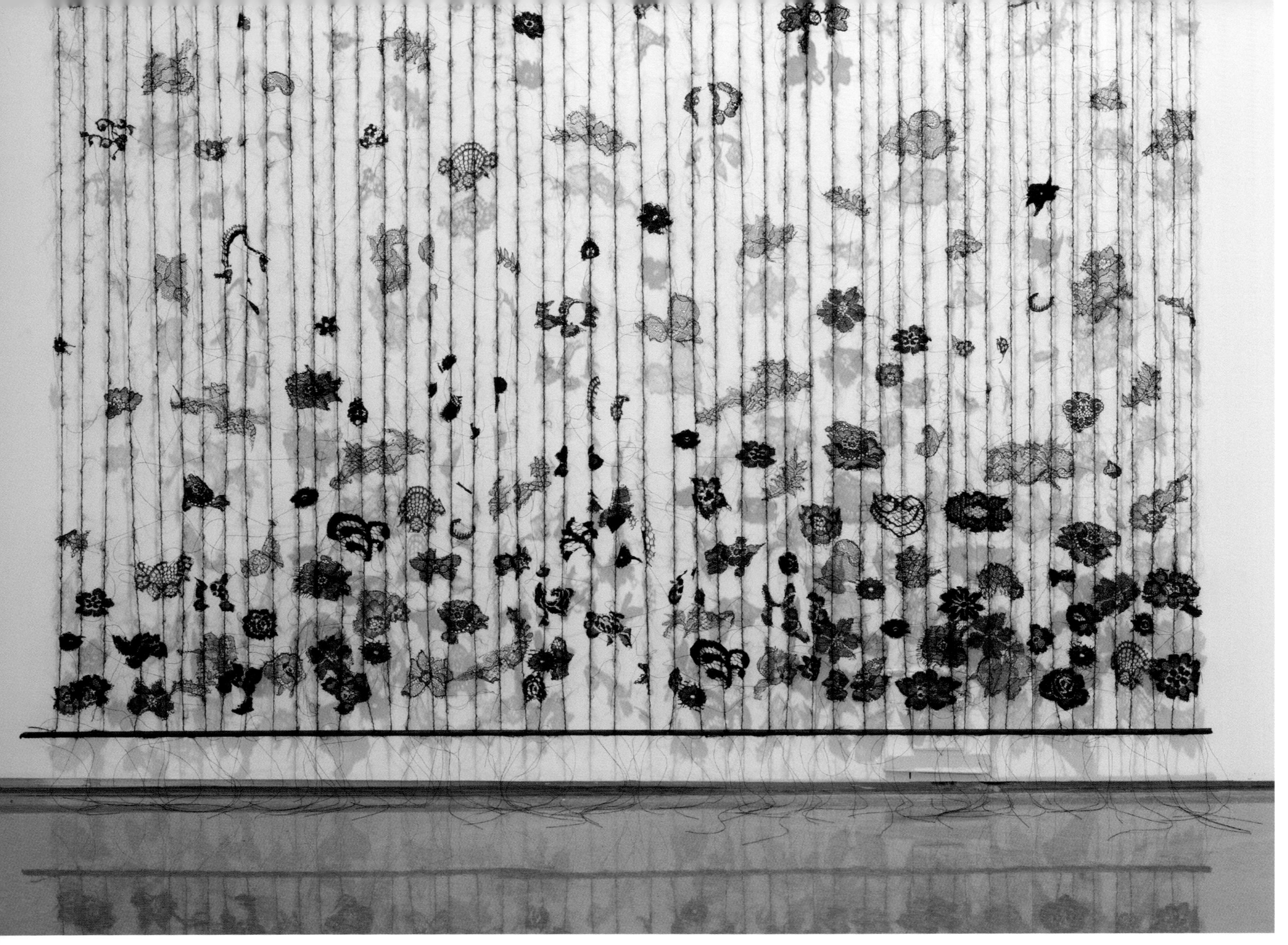

《패턴의 정원 I》(부분)
《Jardin du Pattern I》(detail)

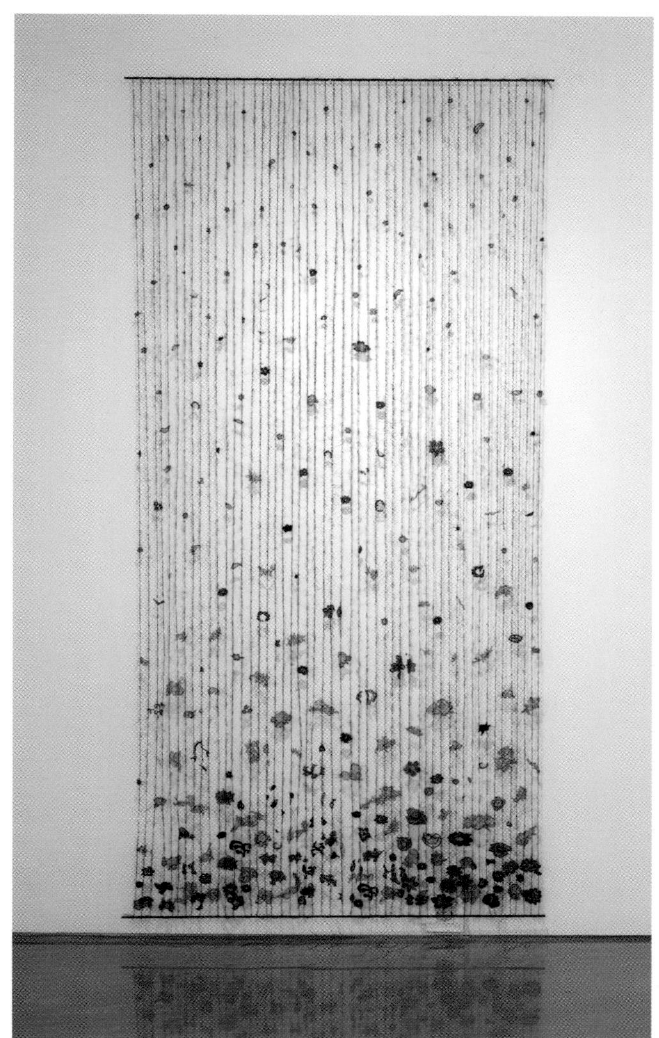

《패턴의 정원 I》
《Jardin du Pattern I》
Chorus of flowers, 2018, W90 x H200cm, Tissage, broderie/ Weaving,
embroidery Laine, soie, coton, Wool, silk, cotton, Asia- Europe 4 tours
2019-20, Musee de Tapisserie,Tournai, Belgium 2019.3.1-4.28 Deutsches
Textilmuseum Krefeld 2019.5.12-8.18 Dronninglund Kunstcenter in
Denmark 2020.4.7-6.7

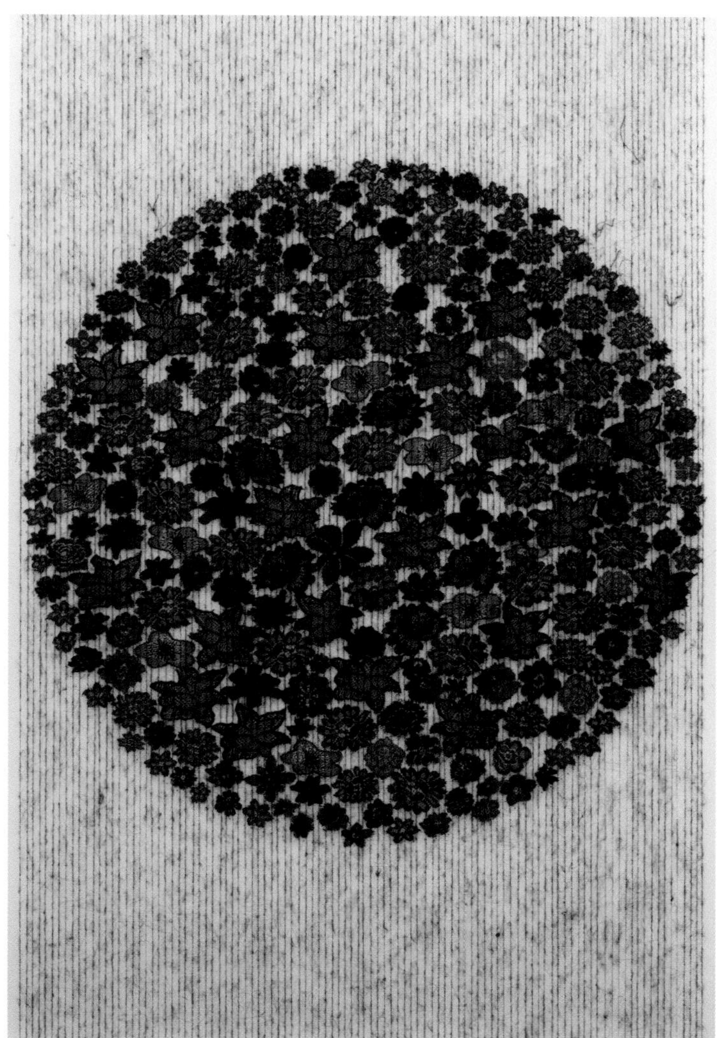

《패턴의 정원 I》
《Jardin du Pattern I》
〈작품 3〉
〈Work 3〉
모사, 비단실, 면사, 날실 위주 직조, 자수
Wool, Silk, Cotton thread, Warp faced weaving, Embroidery
2018.

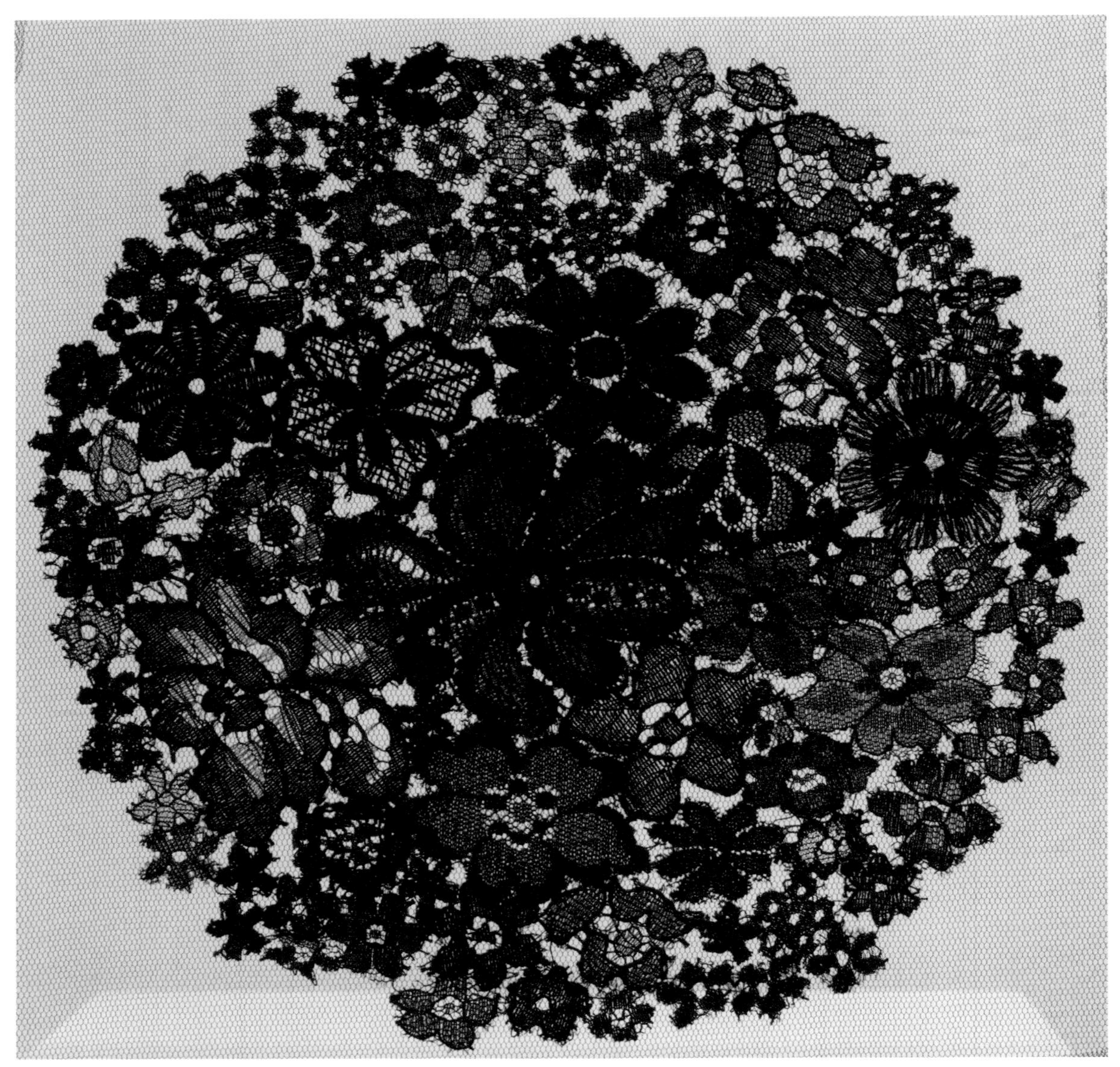

《패턴의 정원 I》
《Jardin du Pattern I》
〈작품 4〉
〈Work 4〉

레이스 패턴, 검은 망사, 노방사, 자수
Lace pattern, Black tulle, Oganza thread, Embroidery

RESEARCH

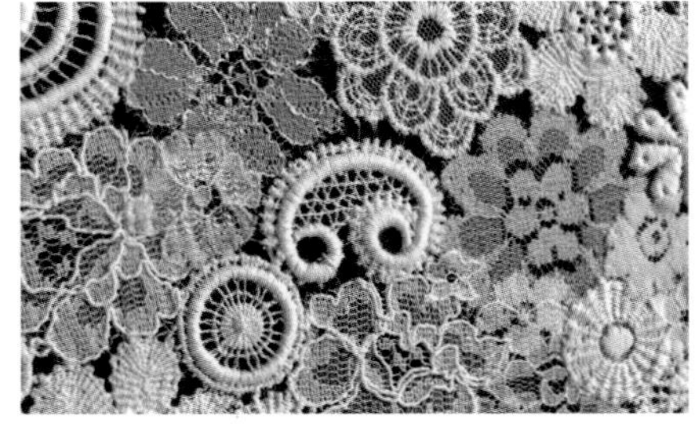

《패턴의 정원 I》
《Jardin du Pattern I》
〈작품 5〉(부분)
〈Work 5〉(detail)

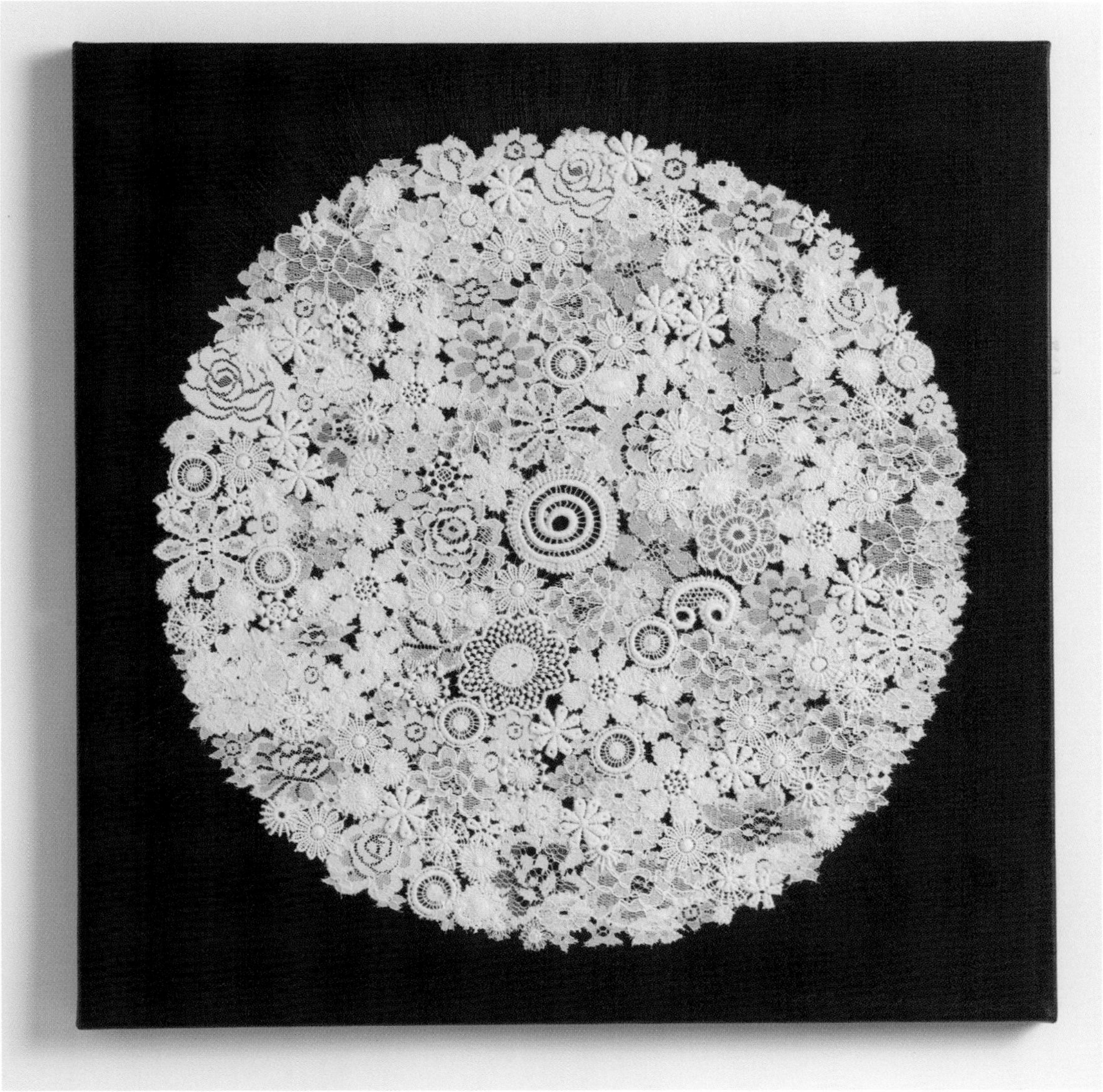

《패턴의 정원 I》
《Jardin du Pattern I》
〈작품 5〉
〈Work 5〉

면, 레이스, 캔버스, 자수
Jardin du Pattern_Work 5 Cotton, Laces, Canvas, Embroidery
W29 x H29cm

II 작품 연구과정

192

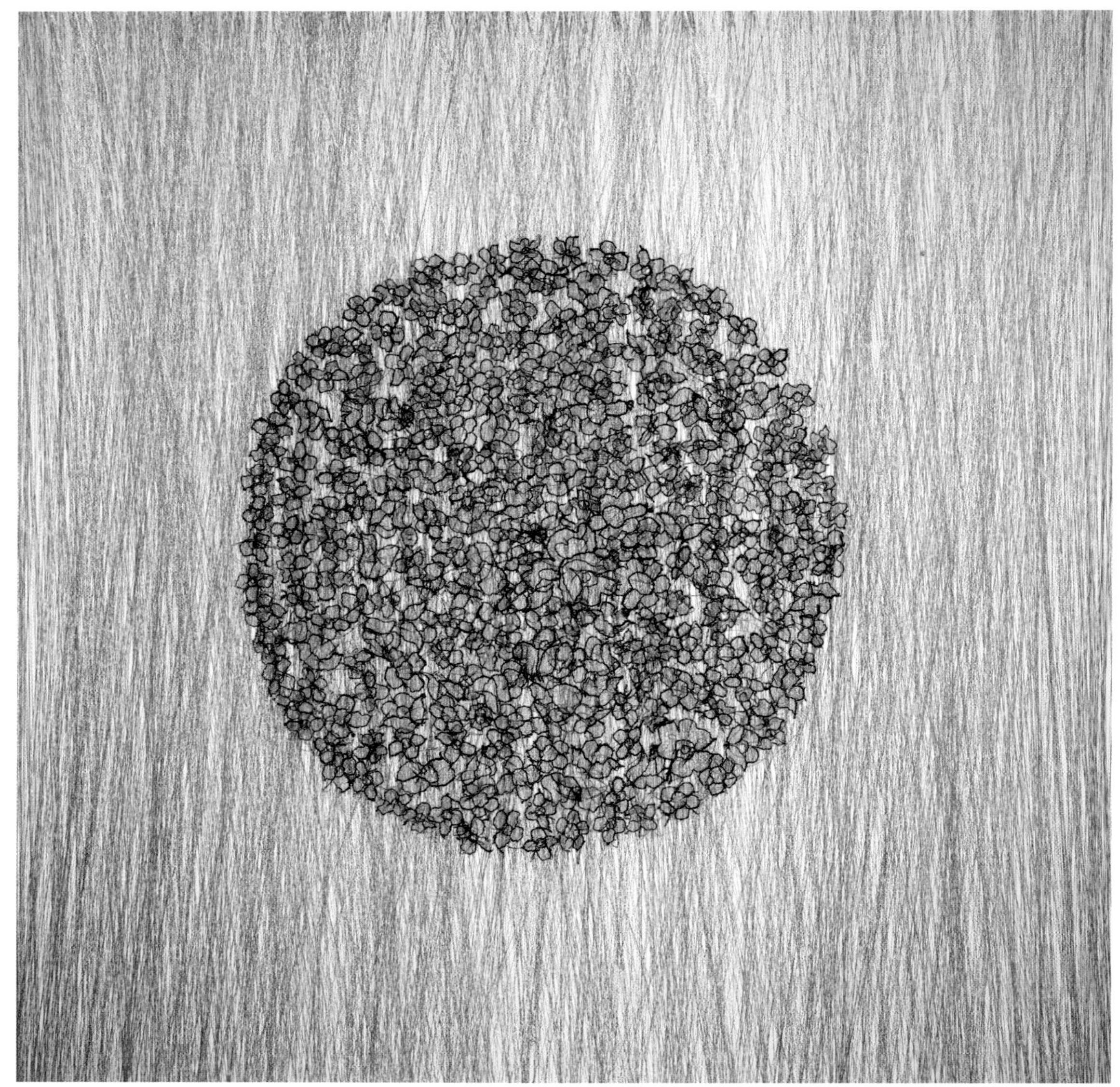

《패턴의 정원 I》
《Jardin du Pattern I》
〈꽃들의 합창〉
〈Chorus of flowers〉

모사, 비단실, 면사, 직조, 자수
Lace, Warp faced, Silver Thread, Knot Stitch, Line Stitch
W73 x H73 cm, 2018.

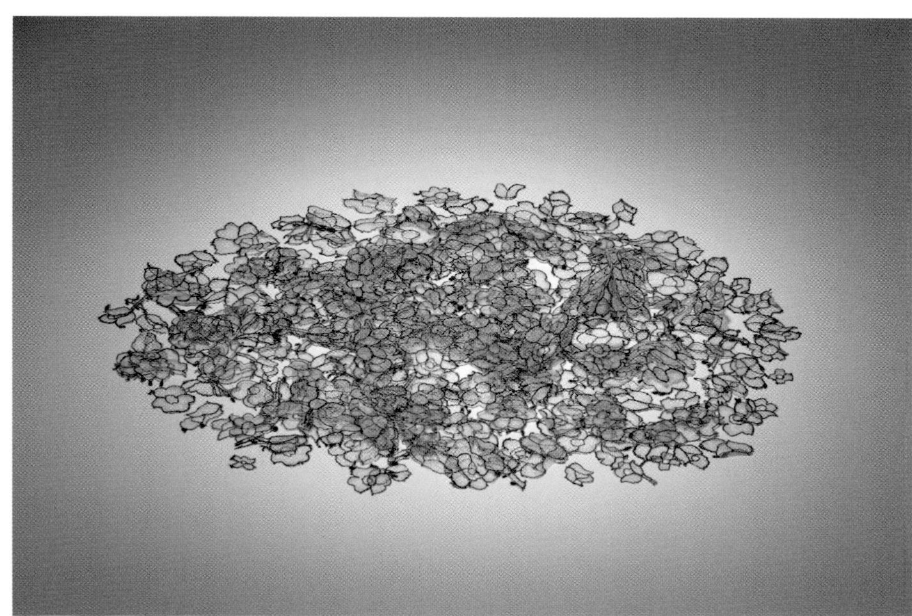

《패턴의 정원 I》(부분)
《Jardin du Pattern I》
(detail)

193

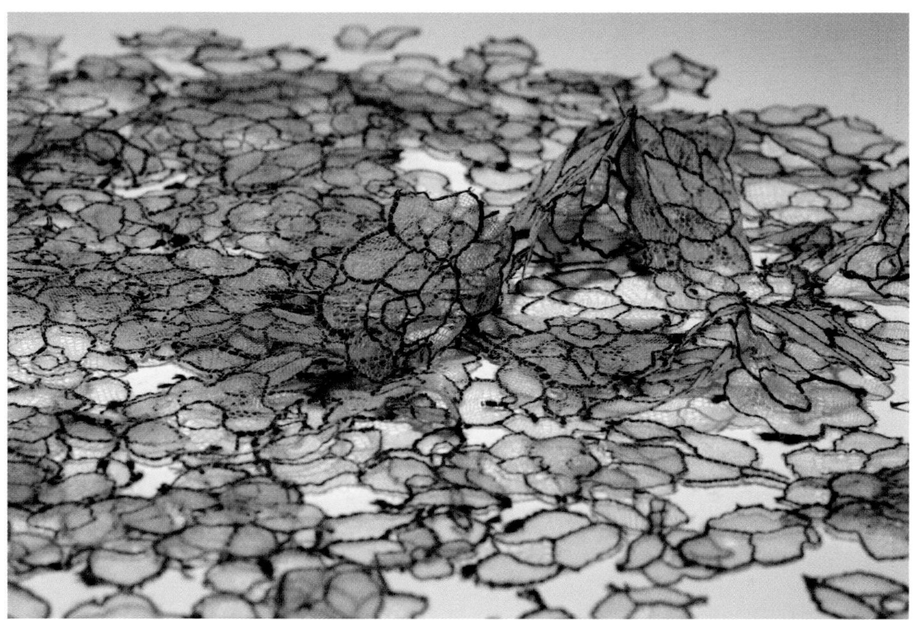

《패턴의 정원 I》(부분)
《Jardin du Pattern I》
(detail)

II 작품 연구과정

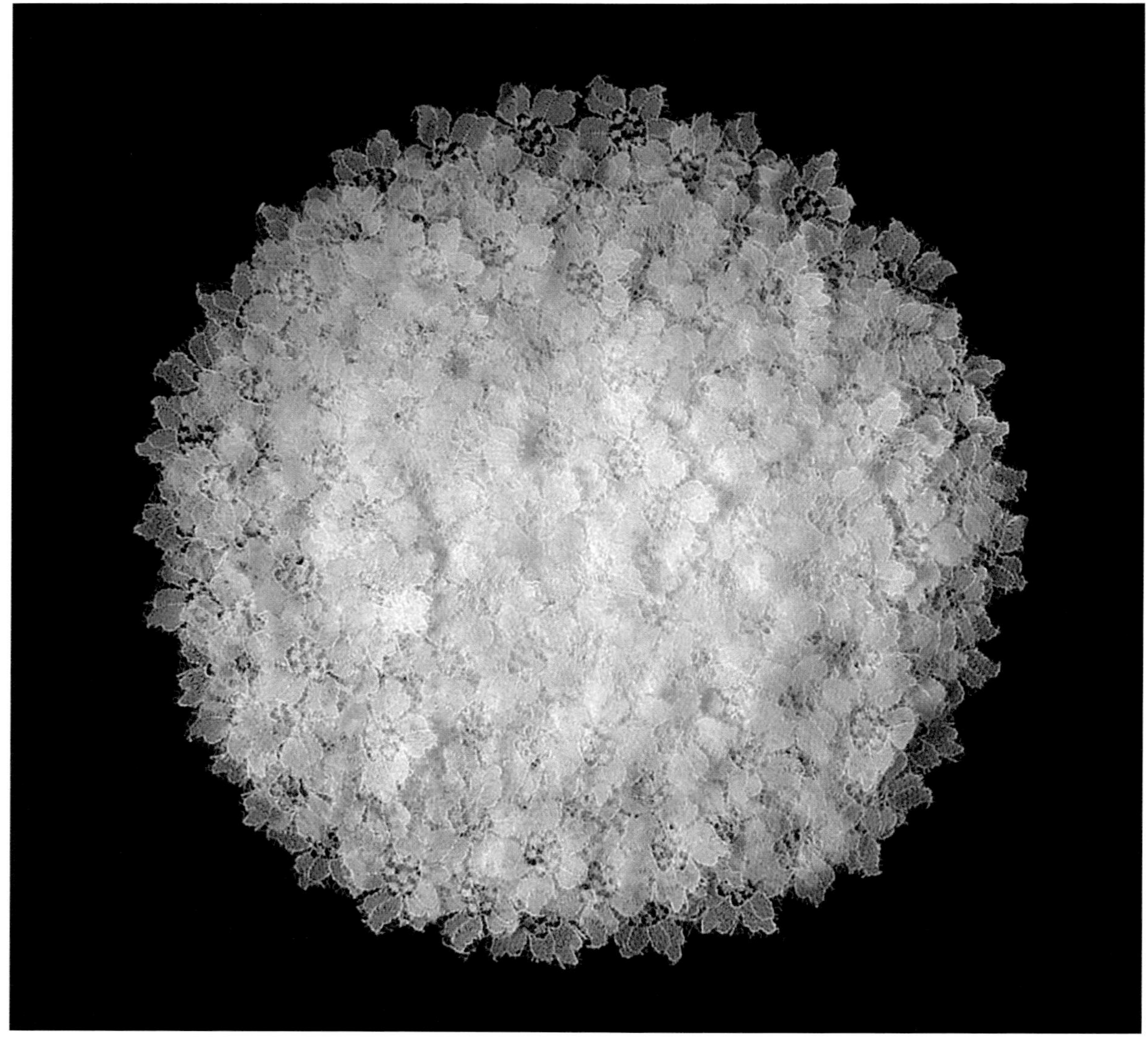

《패턴의 정원 I》
《Jardin du Pattern I》
〈라 모드 2013〉
〈La-Mode 2013〉

레이스, 비단실, 자수
Lace, Silk thread, Embroidery
W70 x H70 cm, 2012.

RESEARCH

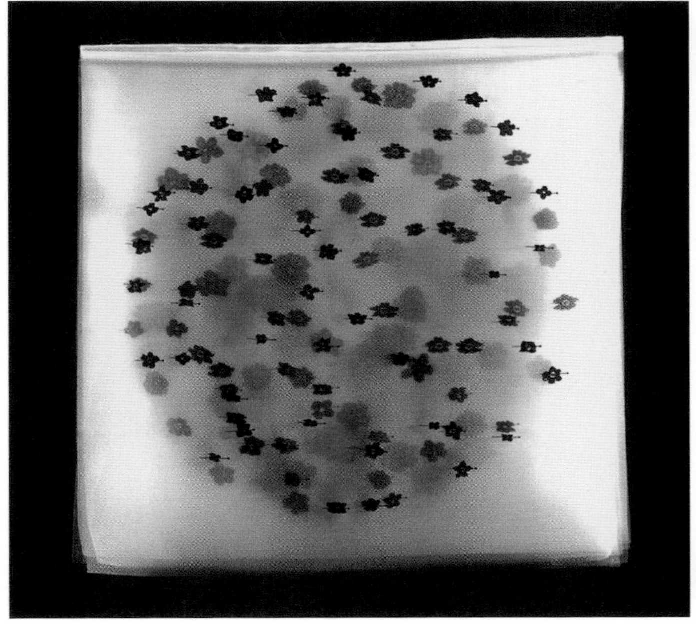

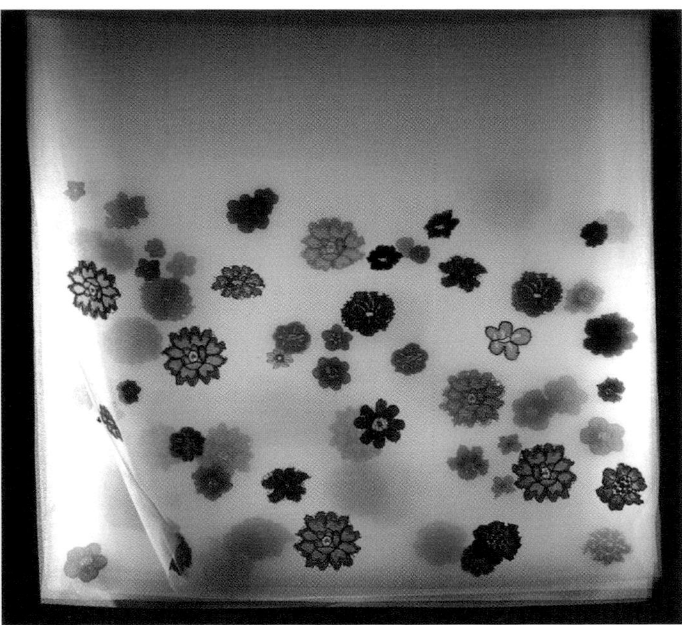

《패턴의 정원 I》
《Jardin du Pattern I》
〈미스티 실루엣〉
〈Misty Silhouette〉
폴리노방, 비단실, 레이스, 자수
Poly-Oganza, Silk thread, Lace, Embroidery
W60 x H60 cm, 2018.

《패턴의 정원 I》
《Jardin du Pattern I》
〈여명〉
〈Dawn〉
폴리노방, 비단실, 레이스, 자수
Poly-Oganza, Silk thread, Lace, Embroidery
W60 x H60 cm, 2018.

196

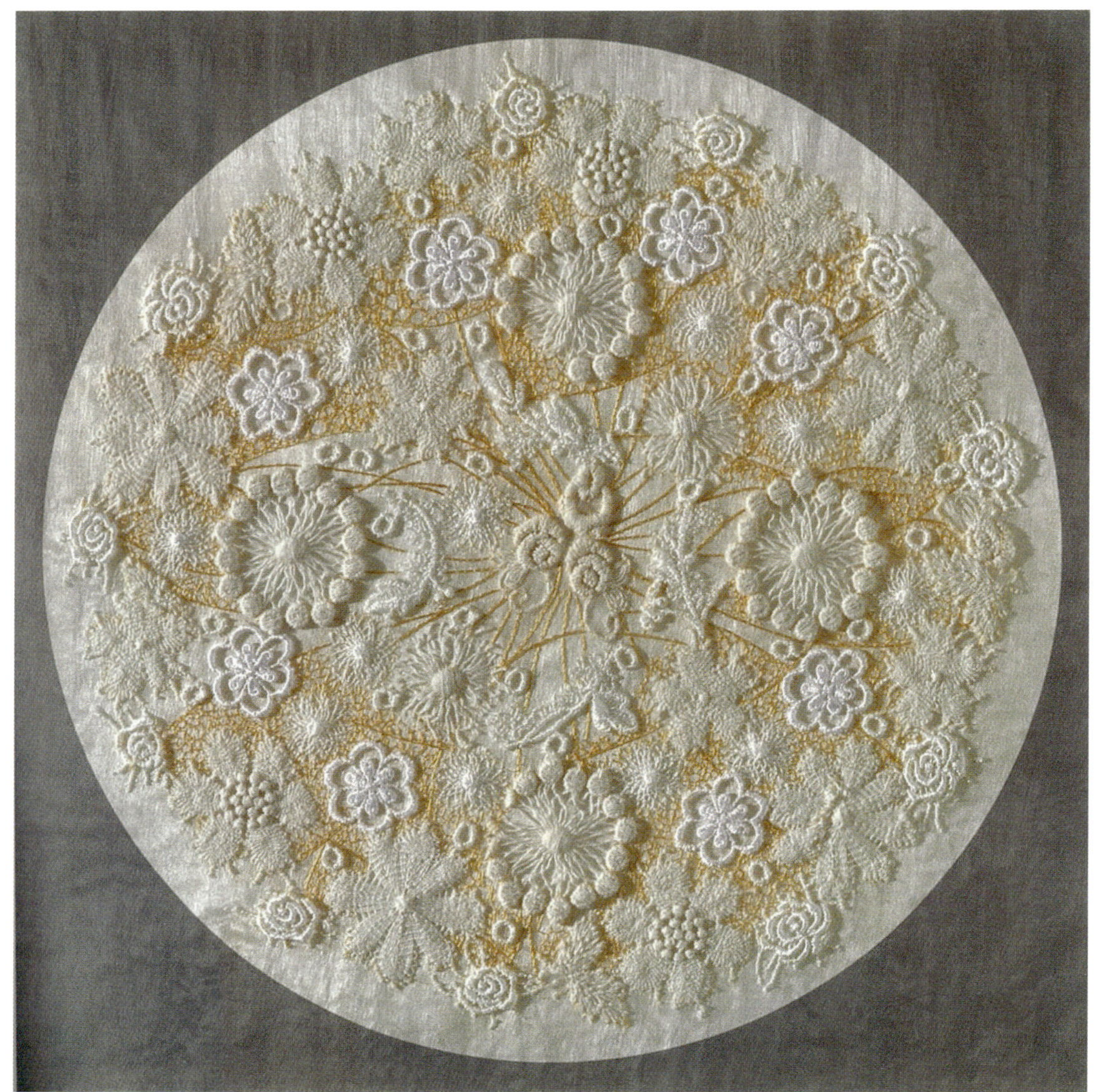

《패턴의 정원 I》
《Jardin du Pattern I》

수제 비단종이, 레이스, 비단실, 자수
Handmade silk paper, Lace, Silk thread, Embroidery
W48 x H48 x D5 cm

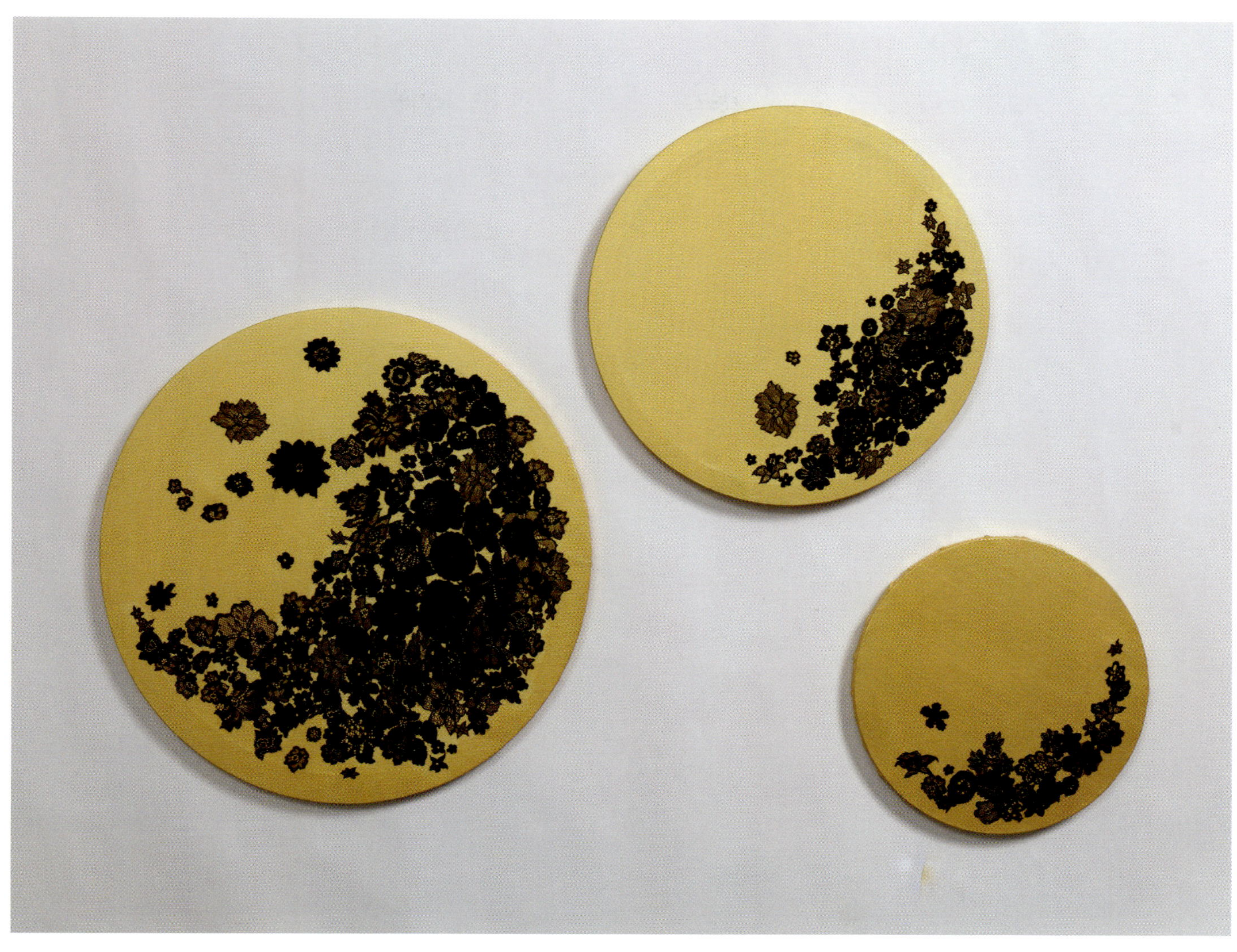

〈어떤 흔적〉
〈A certain trace〉

레이스, 비단실, 캔버스, 자수
Lace, Silk thread, Canvas, Embroidery
W50 x H50 cm, W40 x H40 cm, W30 x H30 cm, 2013.

'인위적 연관', 국제공예예술전, 버가몬 홀, 스웨덴 대사관, 도쿄, 일본
'Artfully Connected', An International Craft Art Exhibition,
Bergamon Hall, Embassy of Sweden, Tokyo, Japan

II 작품 연구과정

(4) 패턴의 정원 II Jardin du Pattern II

- 기간: 2017년 6월 13일 ~ 6월 18일
- 장소: 예술의 전당 한가람 미술관(Seoul Arts Center)
- 기법: 펠트룸(Felt loom), 니들 펠트(Needle Felt), 펠트 베틀, 바느질(stitch), 아플리케(Applique)
- 소재: 비스코스사(Viscose), 모사(Wool), 은사(Silver thread), 캔버스(Canvas), 아크릴골드(Acrylic gold)
- 연구 과정: <패턴의 정원II>은 작품들이 레이스를 모티브로 차용해 매우 장식적으로 보이도록 하였다.
- 펠트 베틀(Needle Felt Loom)을 사용한 건성축융작품 제작과정: 패턴의 정원 II는 다양한 레이스 패턴을 수집해 본직물에서 해체시킨 후 크기가 각기 다른 꽃무늬 패턴들을 위에서 아래로 크기에 따라 그라데이션하여 흩뿌려 놓은(toss) 추상화 풍경이다. 프리펠트(일명 nuno felt)를 펠트용 베틀에 넣고 축융시킨 후 레이스 모티브를 얹어 극세사로 휘감치기했다.

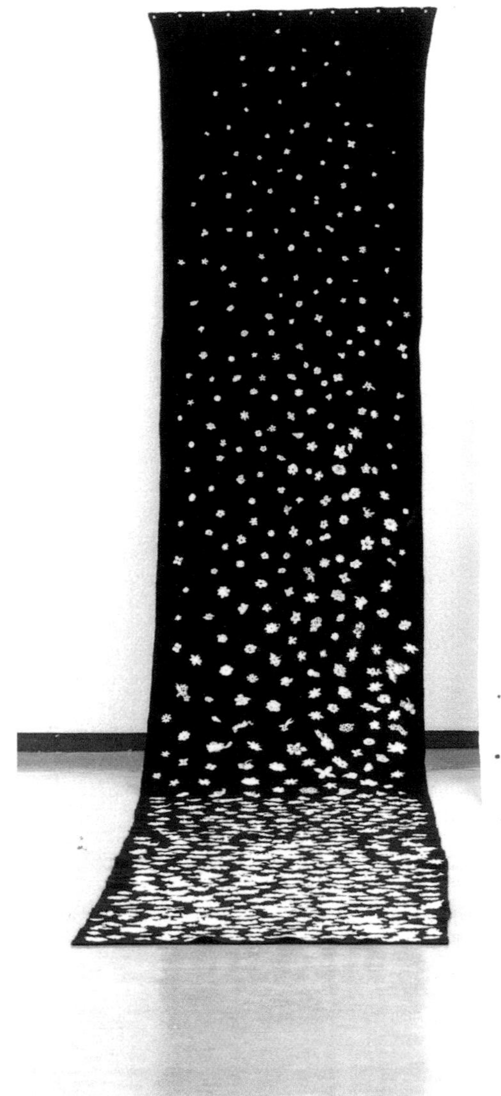
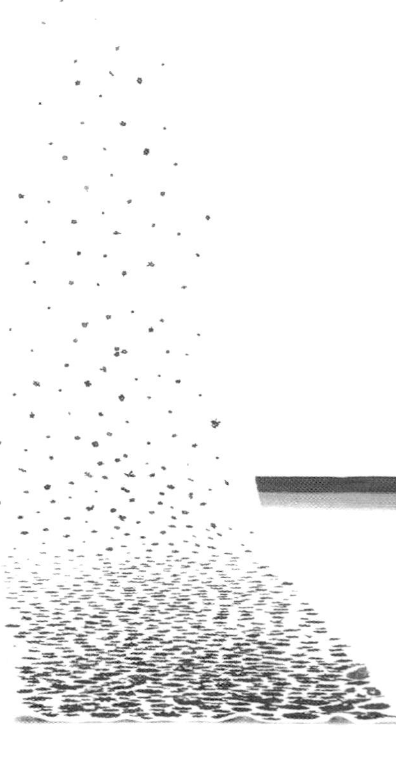

《패턴의 정원 II》
《Jardin du Pattern II》
Jardin du Pattern 2017.6.13-6.18 예술의 전당 한가람 미술관
International Fiber Art Fair: Solo Exhibition

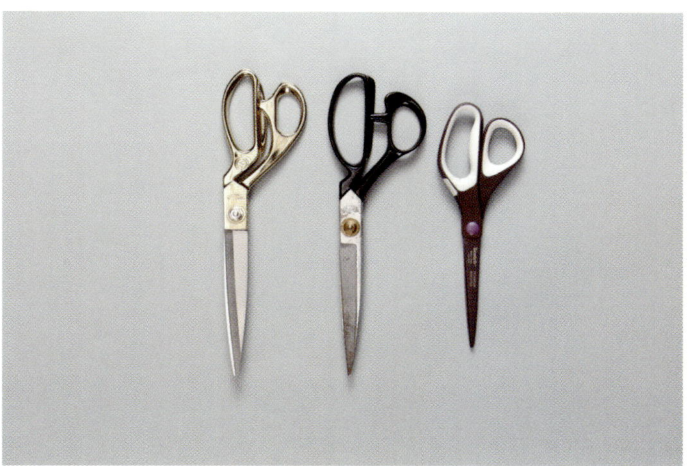

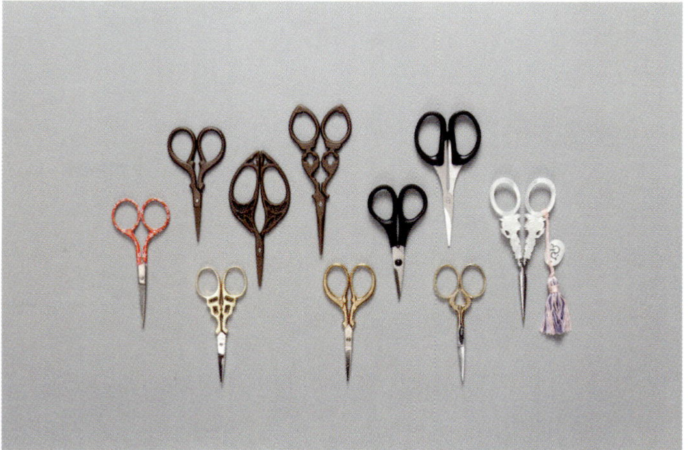

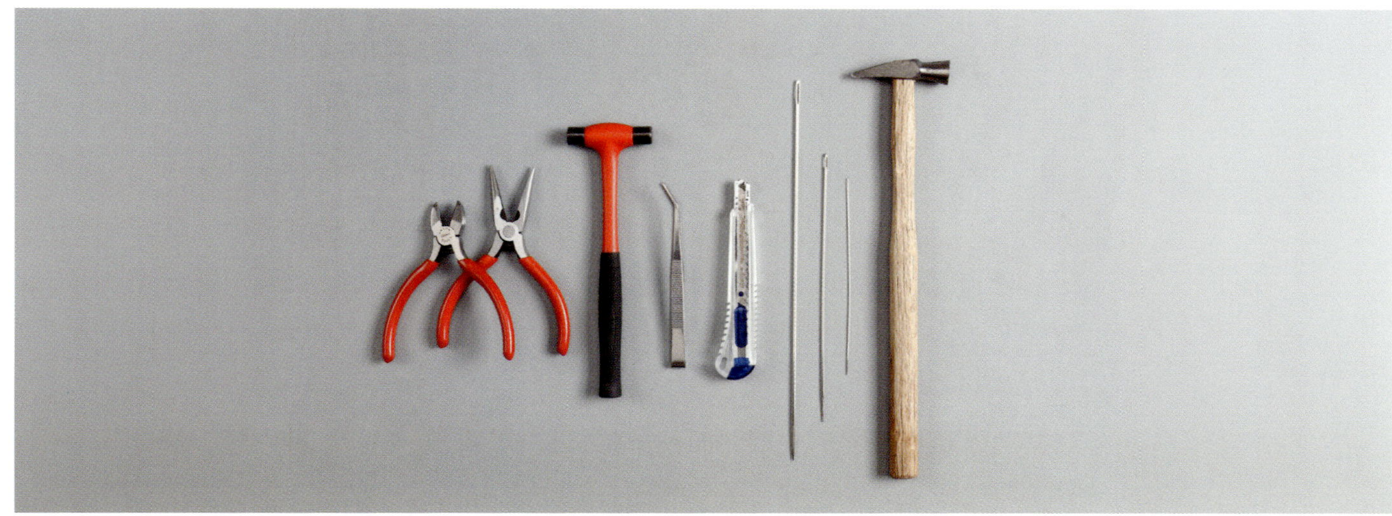

서양 레이스 약사

정원건축의 기원은 16세기 프랑스의 재상 푸께Fouquiet가 보르비콩트(Vaux-le Viconte)에 정원과 건축을 건설한 시기로 상정하고 있다. 이는 매우 화려한 바로크식 정원으로 건축, 정원과 의상이 서로 연계돼 있다. 여기에는 자수(broderie, embroidery) 및 레이스(dentelle) 디자인이 정원과 건축물의 장식에 사용되었으며 일명 자수정원(jardin de broderie, embroidery garden)으로 불리며 바로크식 정원에는 자수정원이 채용되었고 유럽 전체에 파급되었다. 이후 루이 14세는 왕권의 상징으로 자연에 인공적 디자인을 가해 정원의 기하학적 디자인(자수정원 등)을 주도하였다.

레이스는 수도자의 일과처럼 브뤼헤(Brugge, 벨기에) 여인들에게는 매우 까다로운 작업이었다. 이 작업은 매우 숙달된 기술과 정교함을 기반으로 이루어진다. 주된 기법으로는 보빈 레이스(Bobbin Lace)와 포인트 레이스(Point Lace)/니들 레이스(Needle Lace)가 있다.

포인트 레이스/니들 레이스의 초기 형태인 이탈리아식 이름은 푼토 인 아리아(Punto in aria: 허공의 바느질)로 불린다.

알랑송 레이스는 이집트산 굵은 면사를 사용해 온전히 수작업으로만 제작한다. 품질 좋은 아마사(linen thread)는 독일, 플랑드르, 피카르디에서 왔음에도 너무 희귀해지면서 지나치게 고가가 되어 1830년부터는 면사로 대체해 사용한 것으로 보인다.

이러한 바늘 레이스 기술은 오직 구전과 제스처(실제 기술)로만 전해져 내려왔다.

레이스는 실, 천 등을 이용하여 일종의 내비침 기법으로 만드는 작품(openwork), 즉 구조를 형성하고 형상을 조성하는 실, 그리고 실과 실이 만들어 내는 개구부 등으로 이루어지는 공간으로써 각종 형상과 구성을 만드는 섬유 작업이다. 레이스에서 공간은 얇은 천으로써 배경을 구성하거나 아무것도 없는 실제 공간으로 형성되는데 개구부, 즉 구멍이라고 지칭하는 열린 부분은 이미 직조된 섬유의 일부를 제거하거나 근현대 레이스 기법이 보여주듯 실을 땋아 구조를 만듦과 동시에 형성한다. 레이스에 사용된 실은 주로 린넨(규범 표기는 '리넨'이나, 통용되는 표현으로 사용하였다)이었지만 비단사, 면사, 금사, 은사 등도 많이 사용되었다. 주된 재료는 린넨이었기 때문에 아마의 재배가 활성화되었던 이탈리아, 플랑드르지방, 프랑스 등의 지역에서 주로 사용했다.

레이스의 모태가 되는 것은 자수이다. 레이스의 기본 출발점이 되는 자수는 흰 천 위에 흰 실을 꿴 바늘로 작업한 것을 가정하는데, 배경이 되던 바탕천은 서양 직조 기술의 발달 및 그 대중화로 인하여 점점 더 얇은 것을 채용할 수 있게 되었다. 얇은 천을 사용함으로써 작업 중 고도의 집중력과 조심성이 요구되었고, 실로 구성되는 부분은 견고한 구조를 형성해야 했으므로 여러 가닥의 실을 꼬아 바늘로 작업함으로써 독립적인 부분을 조성하였다.

레이스의 종류로는 바늘로써 작업하는 것(needle lace) 외에 보빈을 사용하는 레이스 기법(bobbin lace)도 있다. 일반적으로 니들 레이스는 보빈 레이스에 비해 훨씬 고상하고 아름다운 것이라고 여겨졌다. 두 가지 레이스는 가는 실로 만들어 내는 형상과 구조, 그리고 그 사이의 공간을 창조하는 투명세공이라는 공통의 특징을 가지고 있다. 두 가지 레이스가 지니는 공통의 성격에도 불구하고 미학적인 측면에서의 우위성을 니들 레이스에 더 많이 부여하기도 한다. 니들 레이스는 극도의 경량성과 섬세성을 나타낼 수 있을 뿐만 아니라 릴리프(relief), 즉 양감과 윤곽을 선명하게 살려 표현하는 데 유리하기 때문이다. 정교한 작품 1~2m를 짜는 데 수백 시간이 걸리곤 하는 니들 레이스는 예리하며 선명한 표현을 하기에 보빈 레이스보다 유리하여 자수의 특징과 표현을 풍요롭게 구사할 수 있다는 장점이 있다.

이탈리아

최초로 레이스가 등장한 것은 16세기 이탈리아인 것으로 보인다. 레이스의 역사에서 선구적인 역할을 한 곳은 베니스이다.

허공에 바느질, 스티칭을 한다는 의미를 지닌 '뿐또 인 아리아(punto in aria)는 니들레이스의 정의에 가장 적합한 표현인데, 린넨을 사용하여 제작된 베니스 레이스를 가리키는 명칭으로 사용되었지만 후에는 '그로 뿌앙 드 베니스(gros point de Venise)'로 불리게 된다.

괄목할 만한 기술혁신 덕에 베니스의 레이스는 기하학적인 패턴과 양식화된 형태로부터 곡선의 형태, 그리고 절묘한 식물의 잎과 꽃의 표현으로 이행할 수 있었고, 17세기 초에 정점에 이르러 유럽 전체를 통틀어 유일하게 기술적인 완성도를 보여주었다.

프랑스

알랑송(Alancon), 스당(Sedan), 렝스(Rheims), 오리약(Aurillac) 등이 왕립공장들을 지니게 되어 줄기차고 창의적인 노력으로써 독창적인 프랑스의 레이스, '뿌앙 드 프랑스(point de France)'를 창조해 냈다. 프랑스의 레이스는 전 유럽을 석권하여 '뿌앙 드 프랑스'로 명성을 떨치기 시작하였다.

프랑스 레이스는 나뭇잎, 꽃잎 등의 패턴으로 장식되었다. 루이 13세와 루이 14세 시대에는 레이스로 구두 등을 비롯하여 칼라, 넥타이, 모자 등에 이르기까지, 즉 발끝부터 머리끝까지 빠짐없이 장식하였다. 루이 16세 시대에는 레이스 위에 가볍게 수를 놓은 정도에 그친다. 루이 15세 시대에는 발랑시엔(Valenciennes) 레이스가 매우 대중화되어 섬세하고 정묘하며 기품 있는 부드러운 레이스를 어느 곳에서든 볼 수 있게 되었다. 루이 16세 시대의 레이스 중 일부는 그전 단순한 점과 작은 꽃들을 가볍게 흩뿌려 놓은 고운 망사(網絲)에 불과한 모습을 보이기도 한다.

플랑드르

현재의 벨기에 남부와 북부 일부 및 프랑스 북부에 해당하는 플랑드르 지방은 레이스의 역사에서 매우 중요한 곳이다. 브뤼헤(Brugge), 안트웨르픈(Antwerpen), 브뤼셀(Brussels), 헨트(Gent)와 같은 도시들로 구성된 이 지역은 일찍이 보빈 레이스가 탄생한 곳이자 이미 상당한 단계에까지 발달하고 있어서 이탈리아가 니들레이스로 명성을 얻고 있었다면 플랑드르는 보빈 레이스로 경합하고 있던 점이 중요하다.

플랑드르에서 레이스의 도시로 널리 알려진 브뤼헤는 뛰어난 북유럽 문화의 중심지 가운데 하나로 레이스 산업이 다른 곳 이상으로 번창했으며 온갖 첨단 기법과 기술이 실행된 곳이다. 그러나 이곳의 레이스가 진정한 명성을 얻게 된 것은 브뤼셀의 보빈레이스가 국제적인 호평을 받으며 '뒤셰 드 브뤼쥬(Duchesse de Bruges)'라는 명칭을 부여받은 때이다. '뒤셰스'라는 영광스러운 명칭을 부여받은 또 다른 것으로 브뤼셀 레이스가 있다. '뒤셰스 드 브뤼셀'은 보빈 레이스와 니들 레이스 기법을 혼용한 것으로 그 기법과 효과에 있어 타의 추종을 불허한다.

기계제품이 석권하고 있는 현대 레이스 세계와는 달리 과거 유럽에서는 수공 레이스가 국가 발전의 원동력이자 국민적 화합 의지의 표상이었다. 이탈리아와 플랑드르 지방에서 일어난 15세기 말~16세기 초로 생각되는 레이스의 발명은 단순히

의상이나 장식예술의 측면에서만 보아서는 안 되고 미술, 공예, 미술사, 공예사의 측면에서도 살펴보아야 할 것이다.

* 저자가 International KBF(Korea Bojagi Forum)에서 발표한 강의 주제 '바늘의 여행(Journey of the needle), Heyri, Korea, 2012'에서 발췌.

5) 상징과 의미: 녹색 생명 & Viriditas

녹색의 푸르름, Viriditas으로의 초대
최근 수년간 생활인으로 그리고 작가로서 강한 인상과 감동
을 받는 것은 12세기 독일의 성녀 빙엔의 힐데가르트의 저서,
그리고 그 안에 수록된 다양한 삽화들이다. 그녀의 대표적 저
술인 쉬비아스(SCIVIAS: 주의 길을 알라)에서 언급되고 있는 녹
색의 푸르름(Viriditas)은 생기와 생동력이자 생명을 지탱하는
하느님 행위의 상징이며 현전(現前)이다. Viriditas는 이번 작품
연구의 동기가 되었고, 그 서막을 열어주었다.

비리디타스는 모든 것에 흐르는 푸른 생명의 기운이며 풍
요와 생명을 상징하는 하나의 우주를 의미한다. 식물의 살아
있는 표징, 생생한 초록의 이미지 비리디타스는-태양의 불타
는 빛과 공기, 바람처럼 그 생명을 가능하게 하는 자연현상의
이미지와 연결되고 있는- 구체적으로 추상화된 하느님 생명
의 결실이다. 비리디타스는 우주에 현전된 하느님의 운행의지
자체이자 가시화된 하느님의 법칙과 질서의 표상이고 부정할
수 없는 불변의 정의이다.

이번 전시는 온갖 불온한 일기(日氣)로 인해 지치고 시들어
진 일상에도 지침 없고 끊임없이 무성하게 피어나는 푸르른
생명력을 소망하고 도래하길 원하면서, 그 원(願)들을 우리에
게 친숙한 열매, '사과'의 형태를 통해 전달하고자 했다.

나의 사과 오브제들은 조형물로 의도되기보다는 회화사적
인 시각과 맥락, 그를 의식한 동기로써 제작된 삼차원의 회화
물이다. 사과 오브제들은 화가 세잔 및 고갱의 정물화로부터
직접적으로 영감을 얻었으며, 조각가 최은경 교수의 그린 애플
(Green Apple)은 나의 도전정신을 일깨워 주어 제작이 진행된
펠트조형물이기 때문이다.

각각 입체파, 인상파 화가로서 모던 미학의 선구적인 업적
을 남긴 세잔과 고갱은 사과를 대상으로 한 다수의 정물화를
남겼다. 그들은 3차원의 오브제를 2차원으로, 혼색을 원색으
로 미분(微分)하여 작품으로 구현하는 등 과학적-실증적 태도
에 근거한 예술 행위로써 모더니즘에 기여하였다. 이번 전시회
'비리디타스'의 전개는 이와는 역순으로 진행되었다. 예술사의
맥락을 부정하여 새로운 상황을 무리하게 연출하기 보다는 순
리적인 시각으로, 아직도 많은 경우 모더니즘의 이상인 순수
성을 따르고 있는 시류를 거슬러 적분(積分)을 시도한 것이다.
당연히 이러한 축융작업에는 축융작업 자체 및 자수작업 등
추가작업 과정에서 수반되는 우연성, 혼돈 등이 혼재되기도
하였다.

펠트는 조형상 더는 분해될 수 없는 매우 가늘고 긴, 선의
집적물이다. 다양한 원색의 섬유사는 근본적 형태요소로서 쌓

203

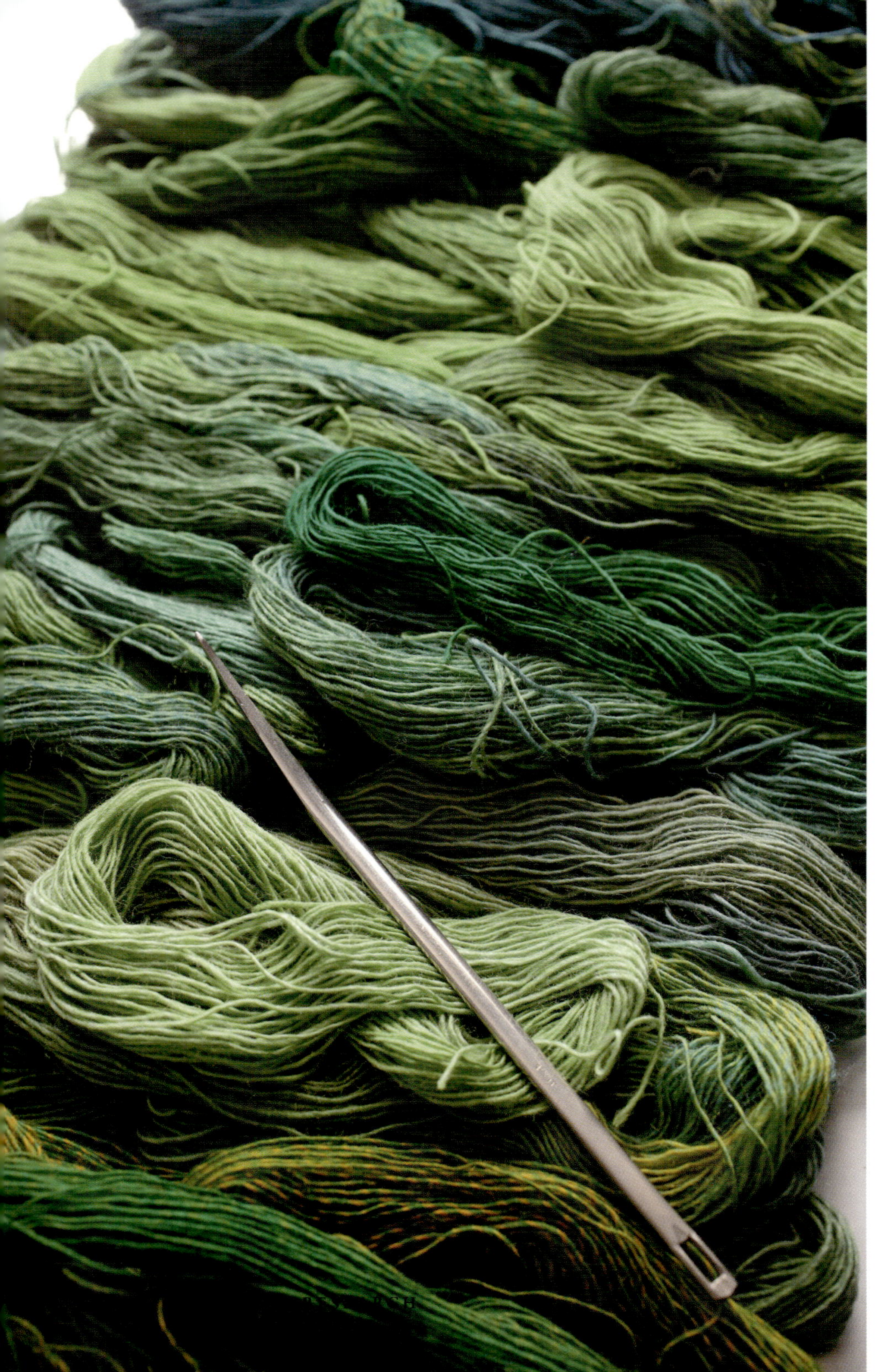

고 축융하는 합성 삼차원의 조형물이자 삼차원적 다양한 원색 섬유사는 근본적 형태요소다. 쌓고 축융하여 문자적 의미 그대로 실을 적분시키는 동시에 바늘로 찔러 넣어 면을 만들고, 새로운 색을 형성하여 궁극적으로 삼차원의 오브제, 시원의 색채를 상실하지 않는 동시에 조직을 조밀하게 만드는 합성 삼차원의 조형물이자 삼차원적 색채의 구현물이다.

펠트 오브제를 제작하는 과정에서, 출발점에서 조형적 에센스로서의 의미를 찾을 수 있다. 예술의 기원을 매듭과 섬유로 논한 젬퍼(G. Semper)의 구축적 미학 논리, 펠트로 생명을 건지고 사회학적 철학과 인류애를 견지한 보이스(J. Beuys)의 '사회(학적) 조각', 과학자로서 미술 비평에도 착수한 바 있으며 질서와 혼돈을 연합한 프리고진(I. Prigogin)의 '새로운 연합(la Nouvelle alliance)' 이론 등을 적용하여 이행했다. 이들의 사상은 모두 실천적 삶과 사회 정의, 생명과 연결되어 최종적으로는 이념상 비리디타스와 만나게 됨을 깨달았고, 작품 제작에 더욱 박차를 가하고 심혈을 기울일 동기를 마련해주었다.
(2021년 〈차영순 작업 일지〉 중에서)

For the past few years, I've been deeply impressed and inspired in person and as an artist by the various miniatures in the books written by the German Saint Hildegard von Bingen in the 12th century. Viriditas, the verdant greenness mentioned in her illustrative literature, Scivias represents vitality, a symbol of God's act to sustain life and his presence. Therefore, Viriditas became the primary source of inspiration and the prelude to my work.

(1) 비리디타스 I
Viriditas I

- 기간: 2021년 4월 21일 ~ 4월 30일
- 장소: 갤러리 마노
- 기법: 니들 펠트(Needle Felt), 자수(변형십자수, 흐름수, 자련수)
- 소재: 양모, 모사(BL), 캐시미어사(ITA)

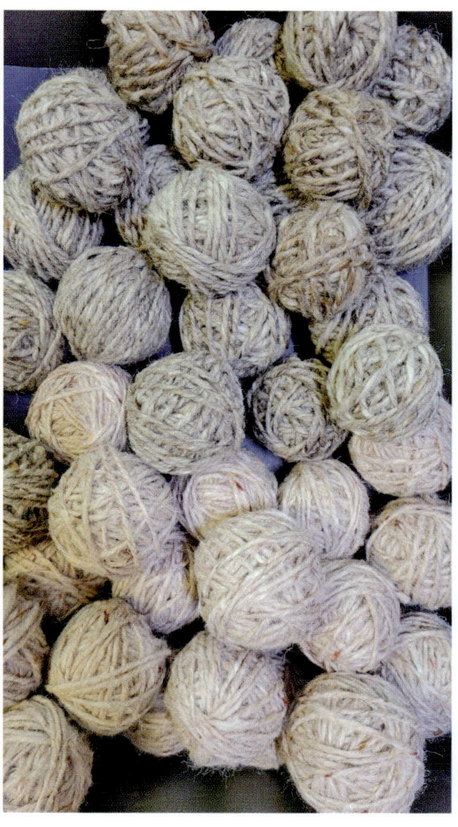

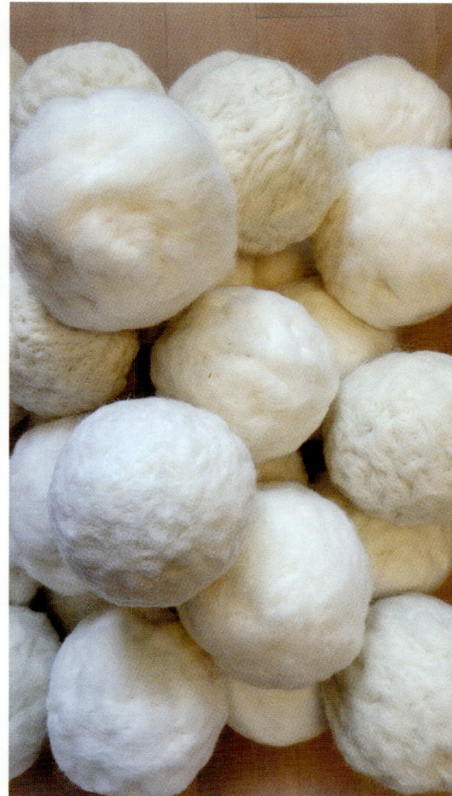

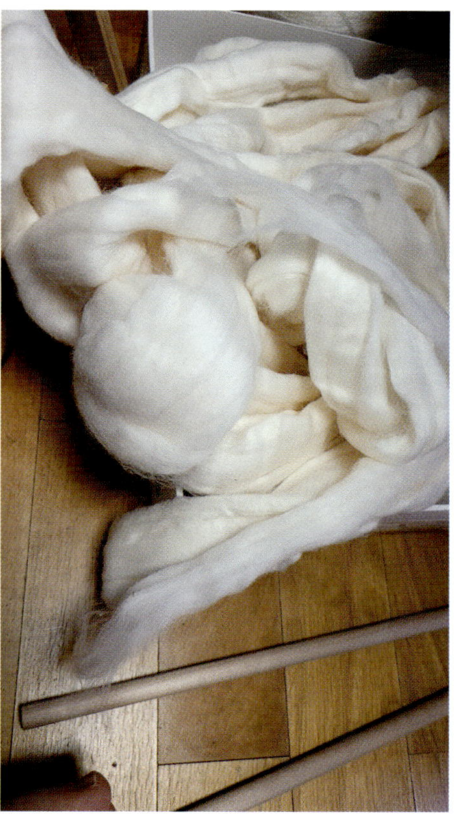

《녹색 생명》
《Viriditas》
공: 카펫용 순모사
Ball: Pure wool thread for carpet

《녹색 생명》
《Viriditas》
흰색 정련 양털로 외피 덮기, 침질
Needling Covered 1 with white carded wool

《녹색 생명》
《Viriditas》
흰색 정련 양털
White carded wool

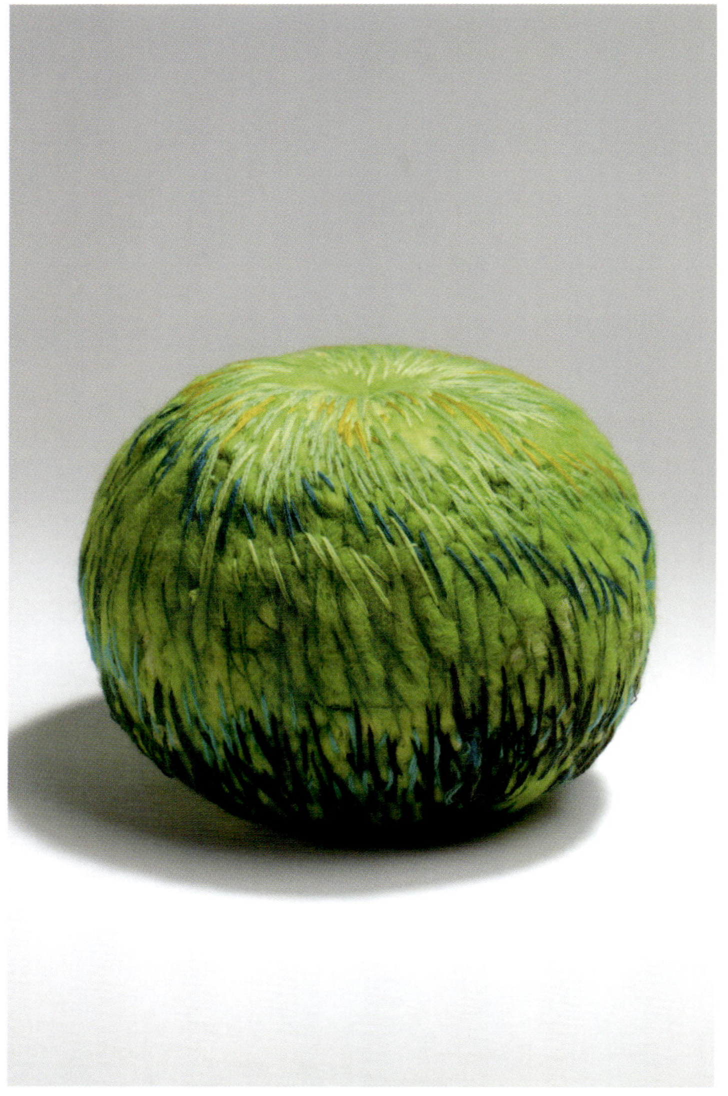
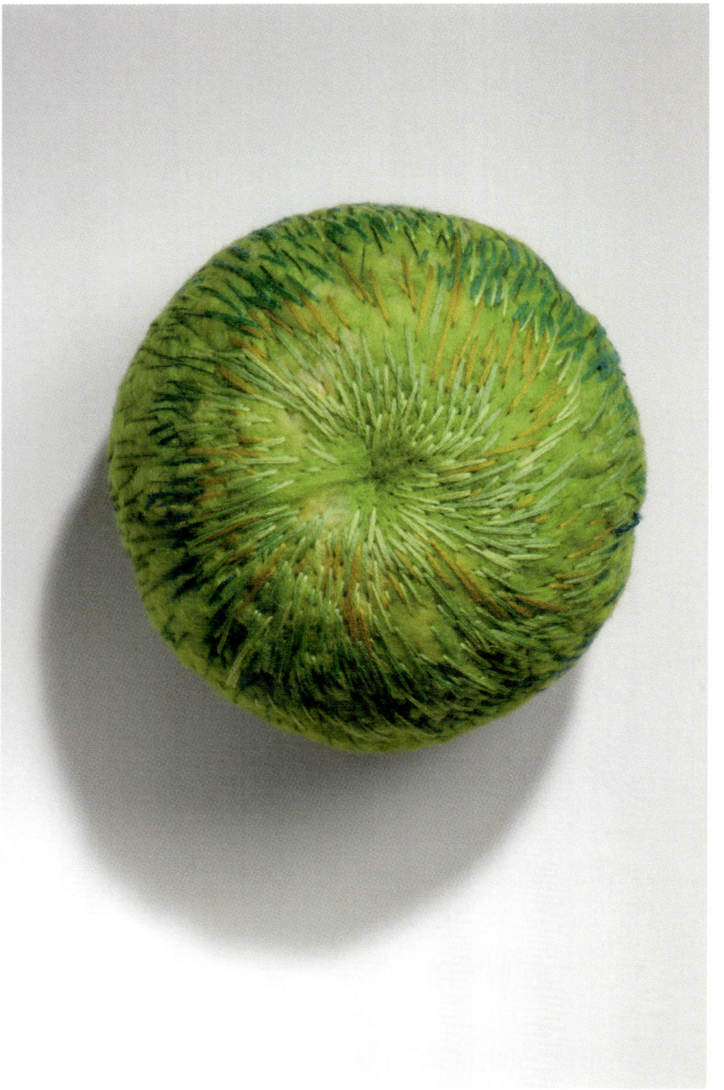

《녹색 생명》
《Viriditas》
스트레인지 펌킨, 양모, 캐시미어사, 자수
Strange Pumpkin(Citrouille etrange), Wool, Cashmere thread, Embroidery
W12 x H12 cm, 2021.

*2021 국제미니어처공모전 당선작, 앙쥬, 프랑스
Concours International des Minis-Textiles, Angers, France, 2021.

RESEARCH

1~8: 녹색생명
1~8: Viriditas
모사, 양모, 자수
Wool thread, Cashmere thread,
Wool, Embroidery

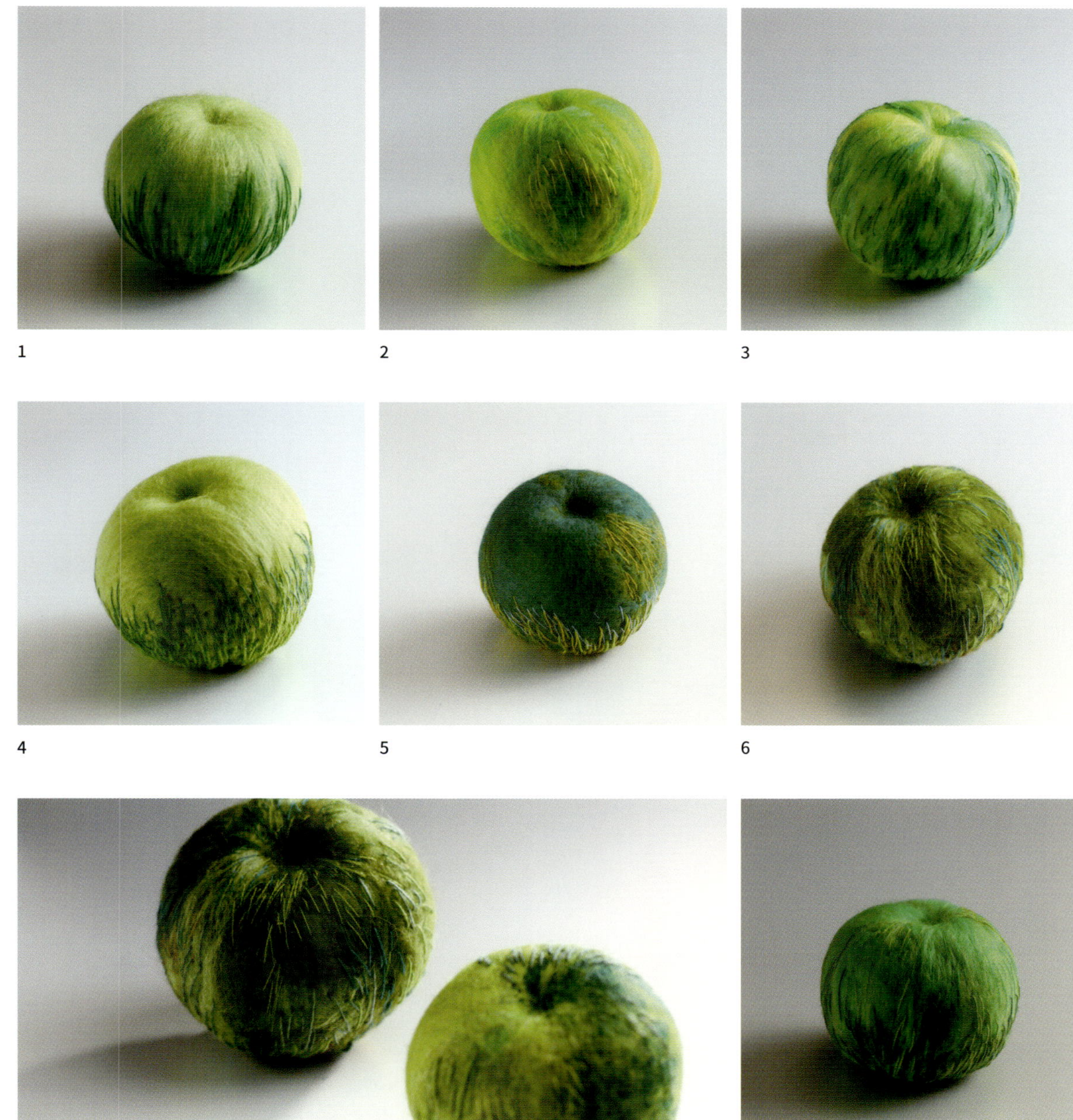

II 작품 연구과정

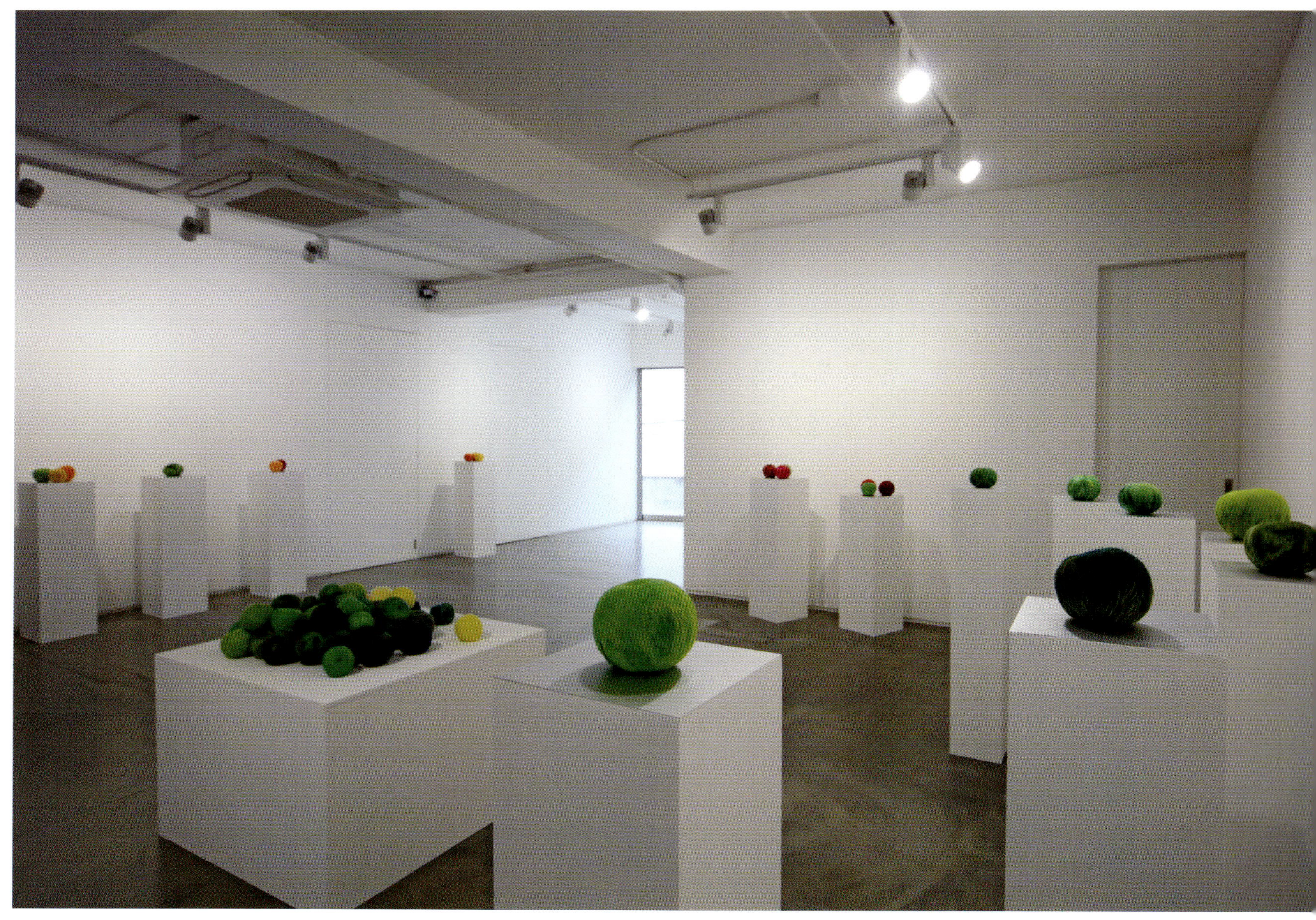

갤러리 마노 전시장 전경
Viriditas Solo Exhibition, Gallery Mano, 2021

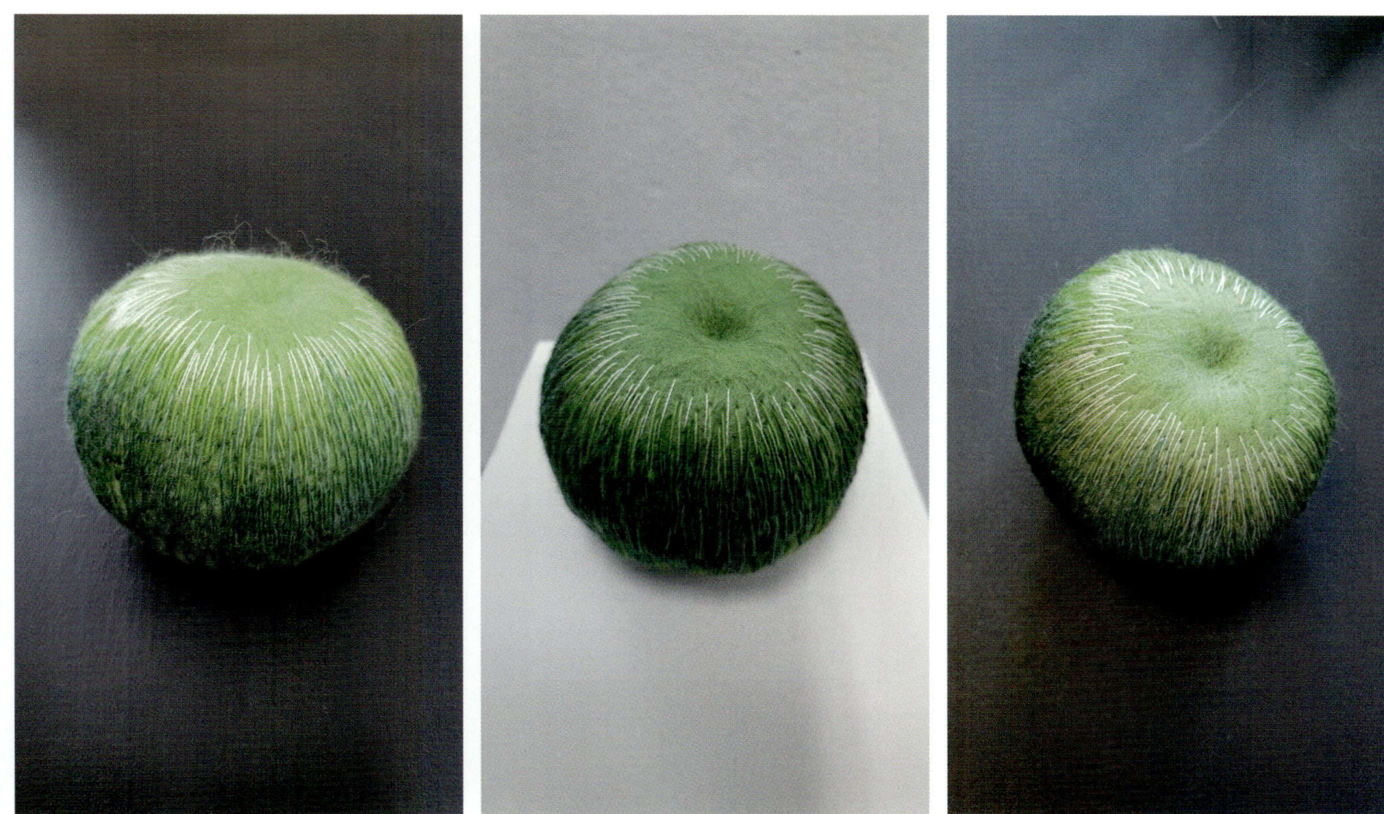

《녹색 생명》
《Viriditas》
모사, 양모, 자수
Wool thread, Cashmere thread, Wool, Embroidery
2021.

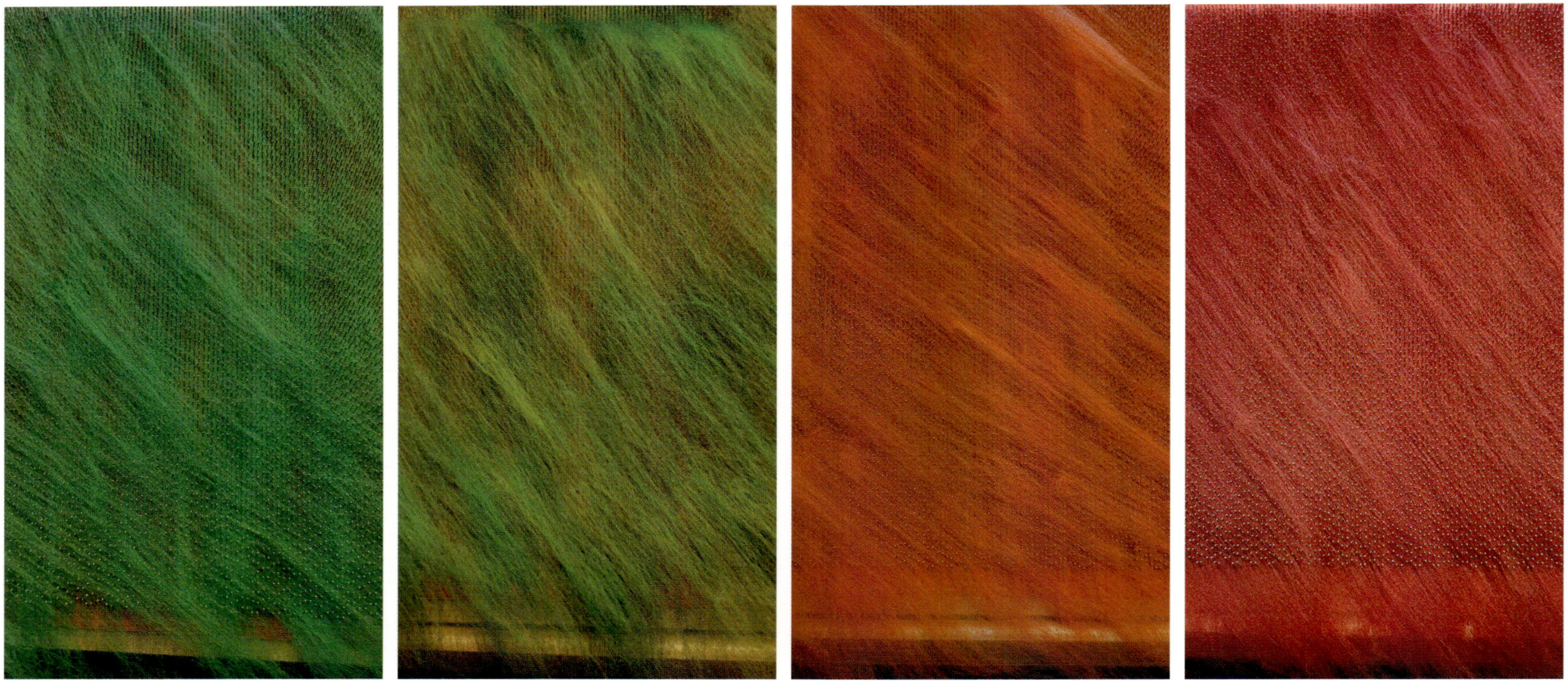

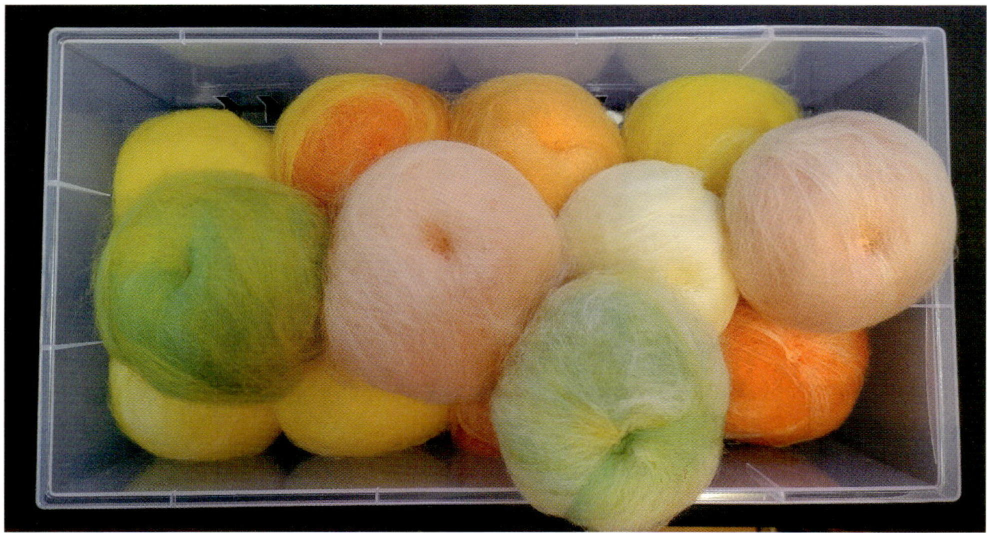

블렌딩 보드를 이용해 양모를 섞는 과정
Carding process with blending board

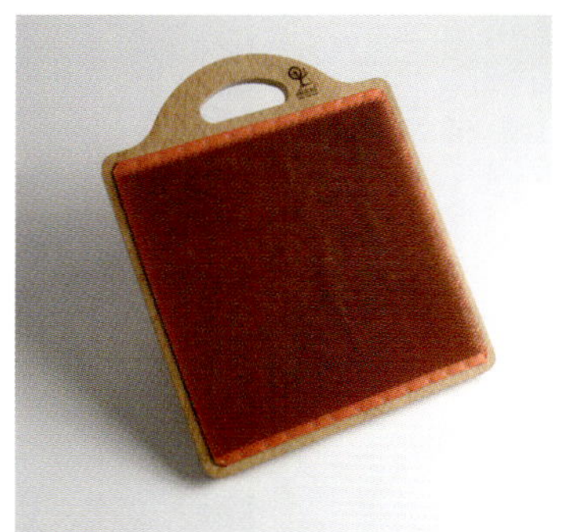

블렌딩 보드에서 섞은 양모로 형태를 잡고 덮는 과정
Wool top covering process

RESEARCH

(2) 비리디타스 II
Viriditas II

- 기간: 2021년 9월 29일 ~ 10월 5일
- 장소: 서울 세종문화회관 미술관(Sejong Culture & Arts Center,
  Special Solo Exhibition invited by KSBDA)
- 기법: 니들 펠트(Needle Felt), 자수(평수, 흐름수, 변형삼각수)(Embroidery)

- 소재: 메리노 양모(Merino Wool), 모사(Wool Yarn), 캐시미어사
  (Cashmere)
- Sejong Culture & Arts Center, Special Solo Exhibition invited
  by KSBDA

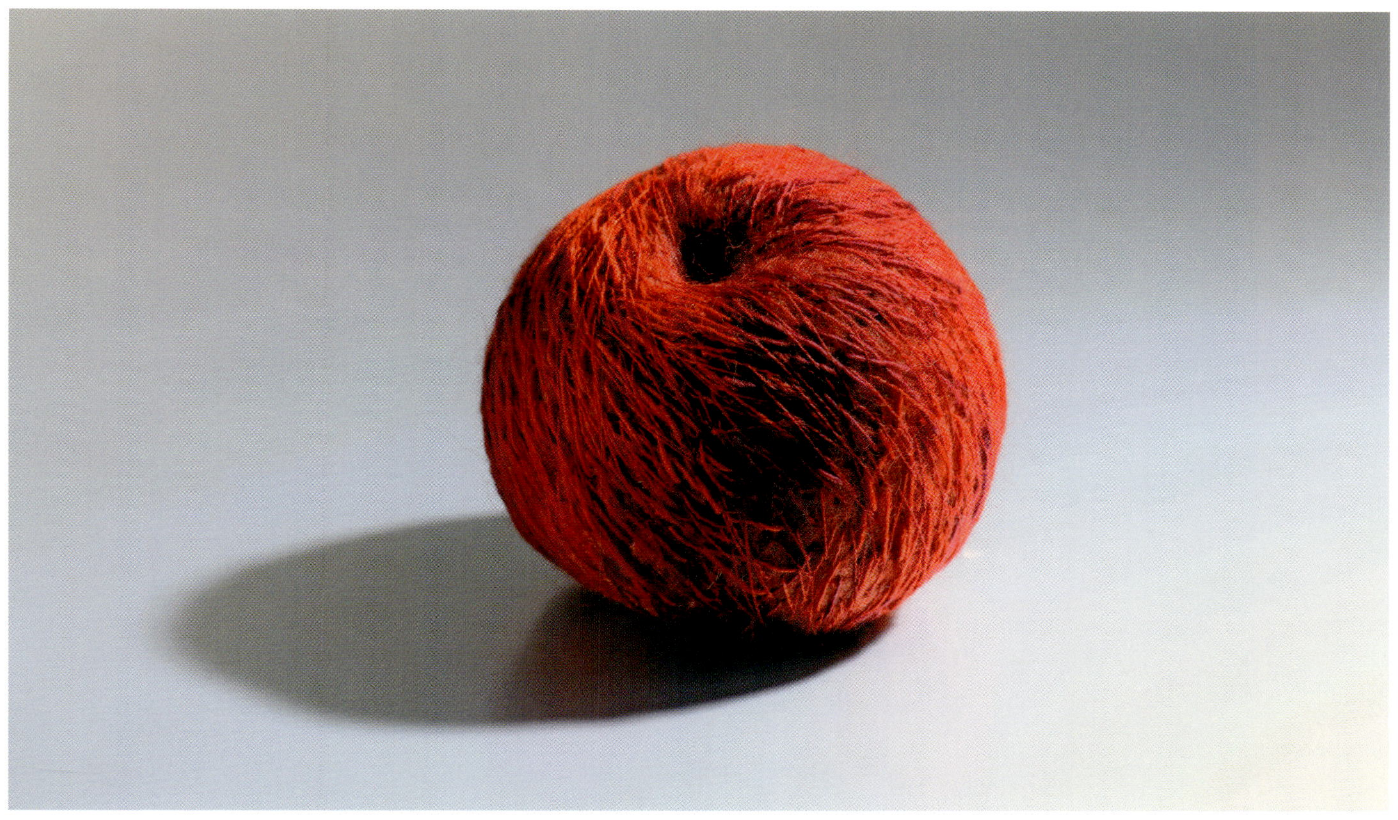

《녹색 생명》
《Viriditas》
양모, 모사, 자수
Wool, Wool thread, Embroidery

《녹색 생명》
《Viriditas》
〈초록의 사과 1〉
〈Greening of apples 1〉
기초조형학회 국제전 초대 개인
전, 세종문화회관 미술관

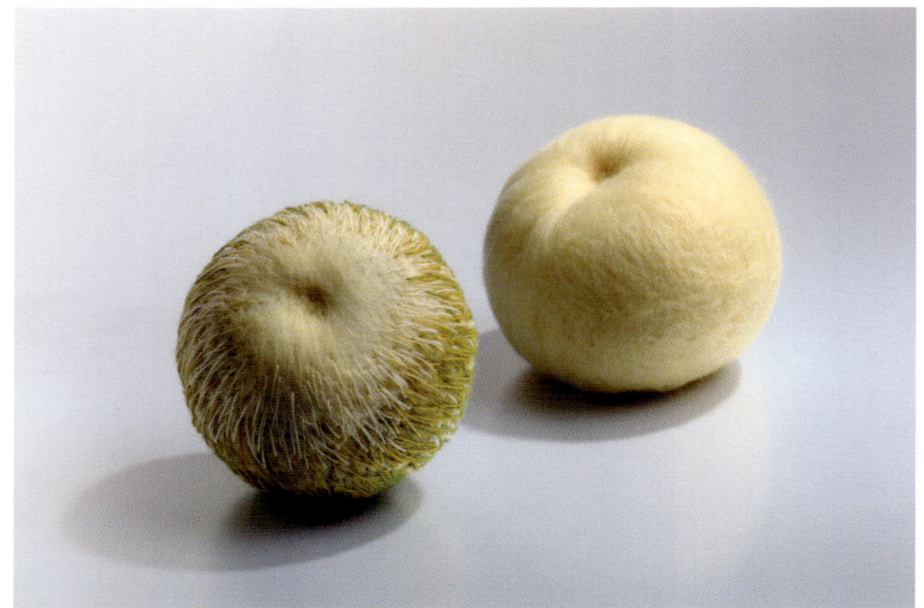

212

《녹색 생명》
《Viriditas》
〈초록의 사과 2〉
〈Greening of apples 2〉

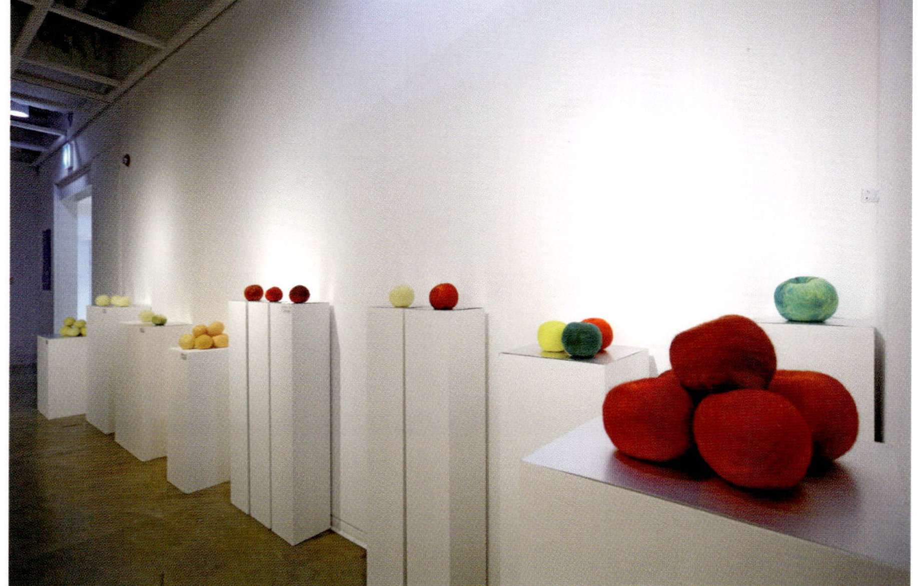

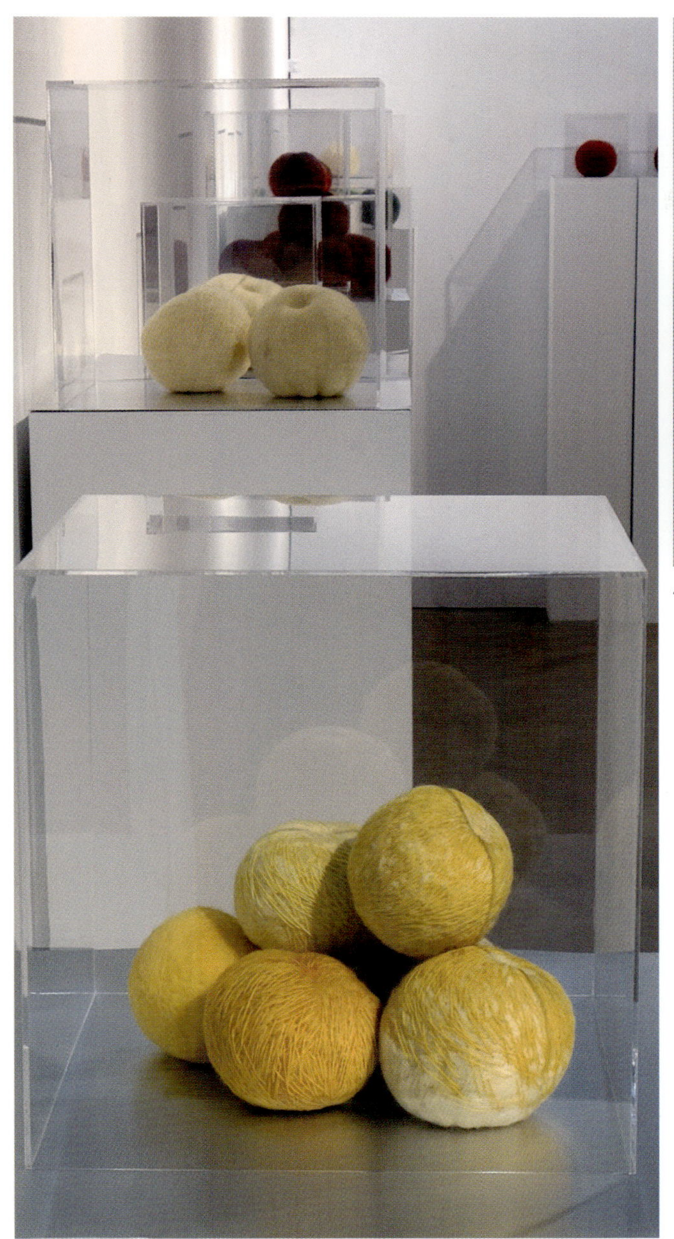

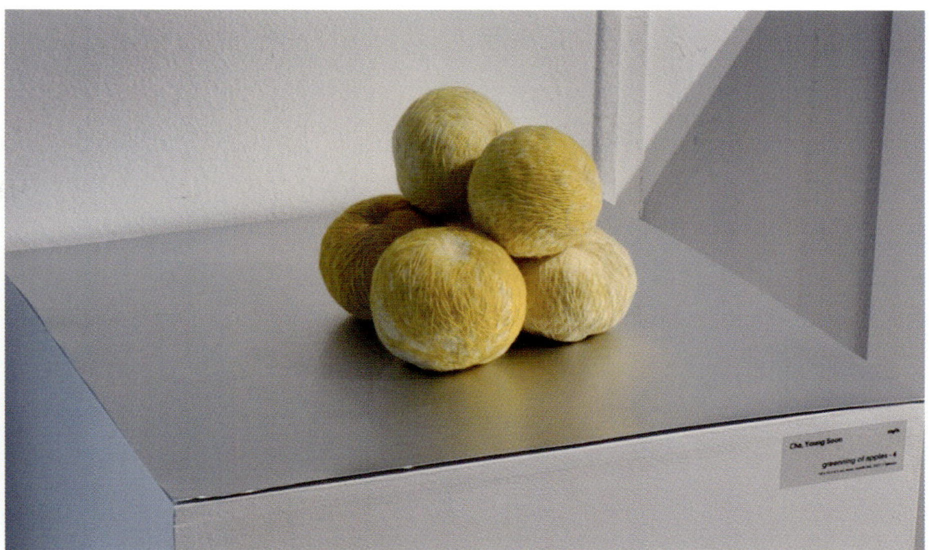

《녹색 생명》
《Viriditas》
〈초록의 사과 3, 4, 5, 6〉
〈Greening of apples 3, 4, 5, 6〉

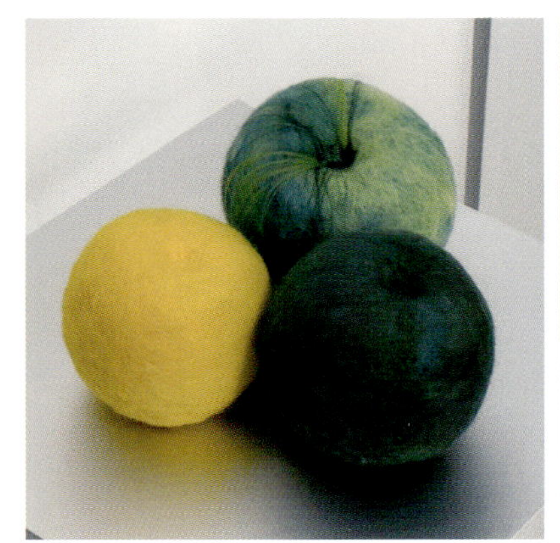

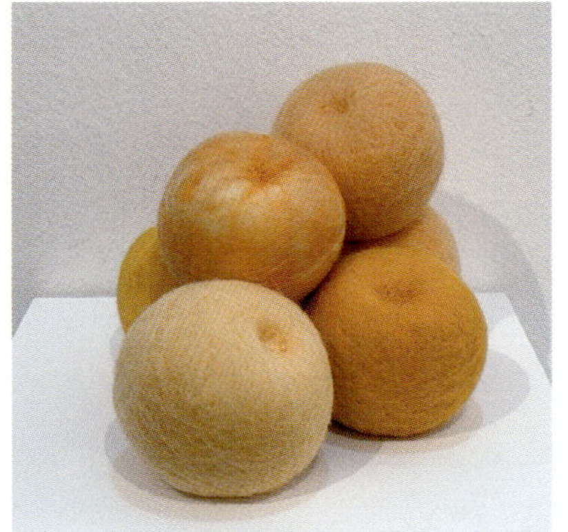

214

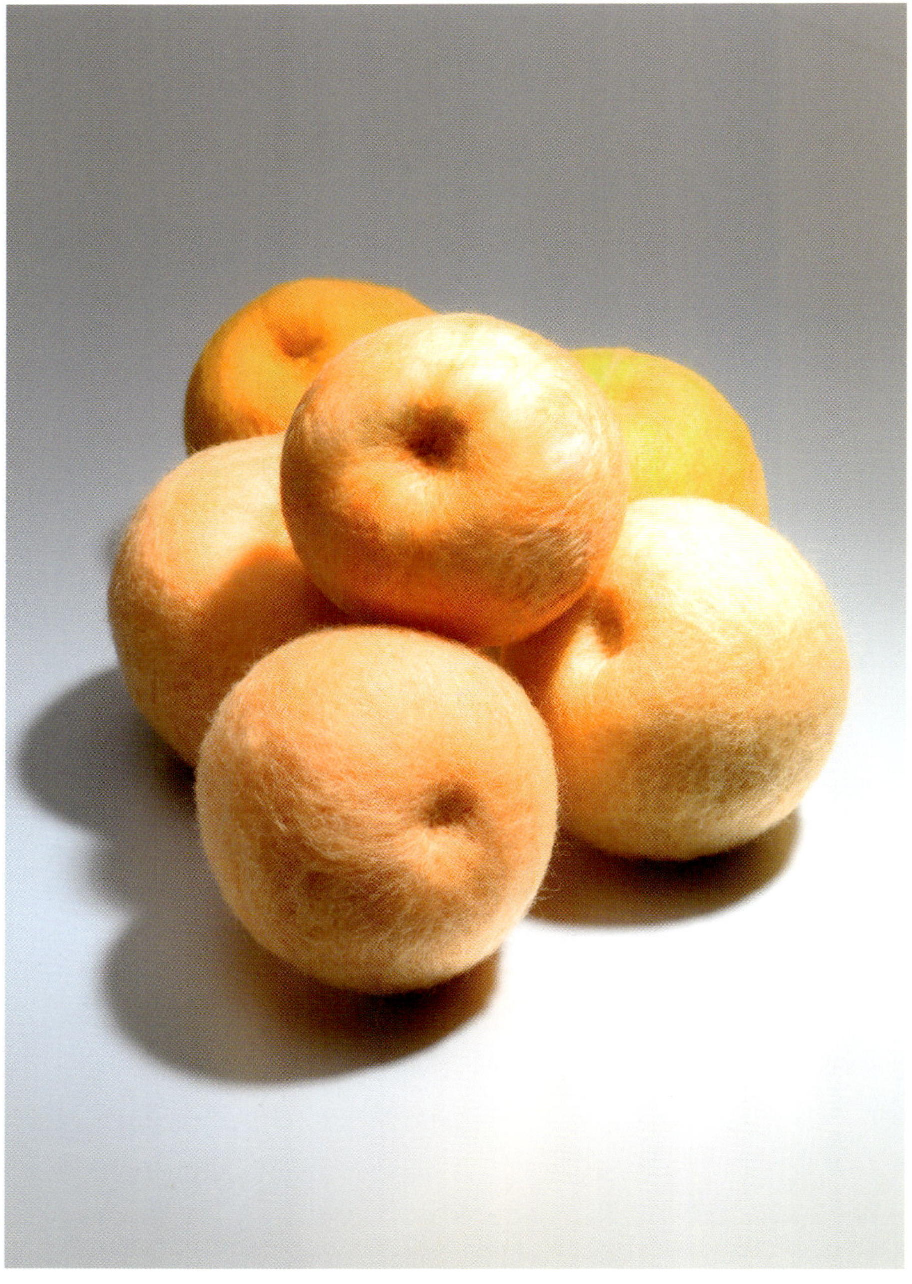

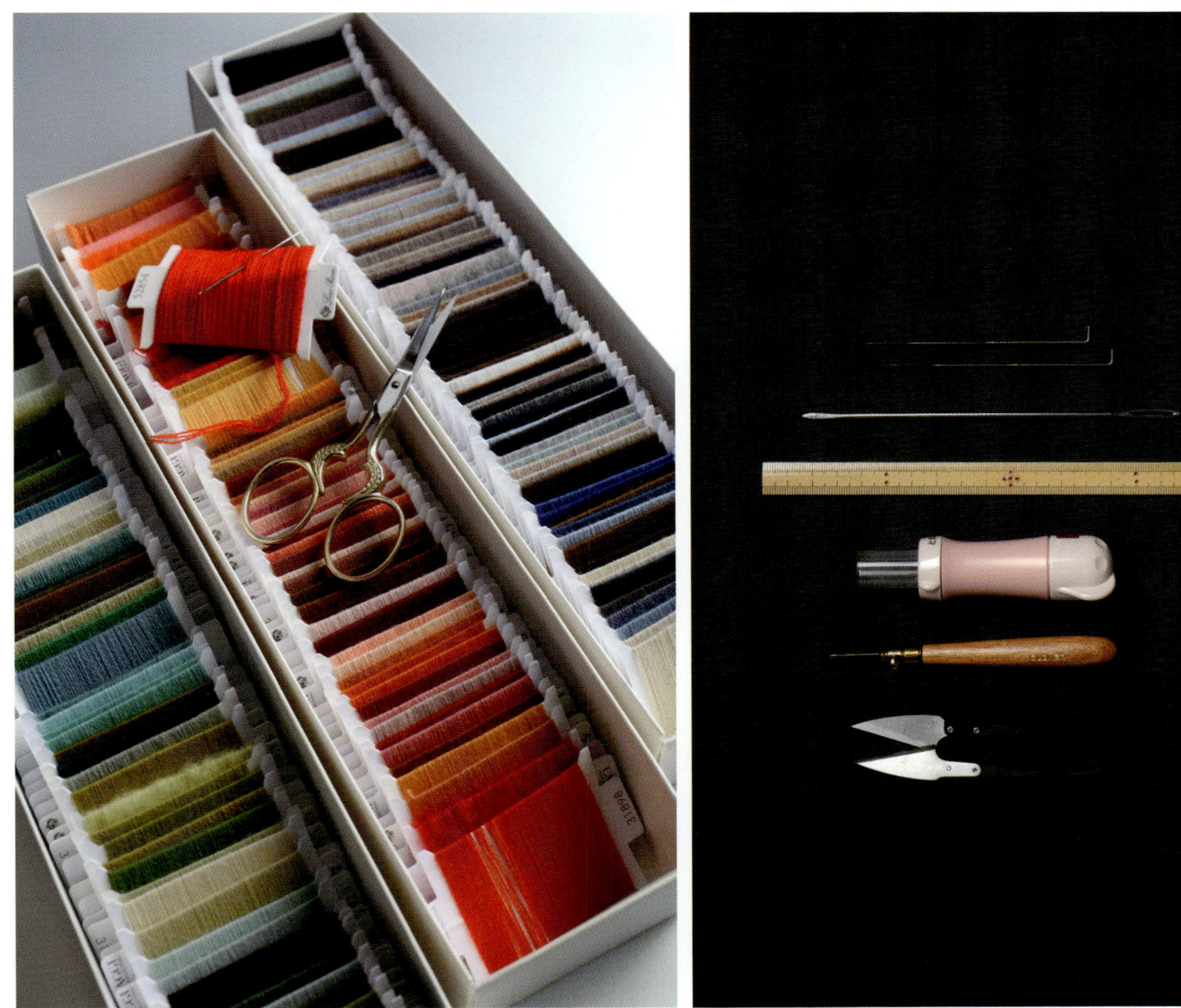

《녹색 생명》
《Viriditas》
캐시미어사
Cashmere thread

《녹색 생명》
《Viriditas》
펠트 조형에 필요한 도구들
The equipments for the needle felt

II 작품 연구과정

6) 기타: 국내외 초대전, 공모전, 그룹전 작품

(1) 국제 펠트 전문가 미니-컨퍼런스(International Mini-Conference for Professional Feltmakers):
국제 펠트 심포지엄 (International Felt Symposium)

- 기간: 2000년 1월 30일~2월 5일
- 장소: 덴마크 스칼스 공예학교(Skals Hand Arbejds Skole, Denmark)
- 기법: 물비누펠트(Wet felt), 기계자수(Machine Embroidery)
- 소재: 메리노 양모(Merino wool), 야생 양모(Wild sheep wool), 재봉사(Thread)

펠트라는 말은 그리스어 풀젠(fulzen), '결합시키다'라는 뜻에서 유래된 말이다. 이는 '실이 되기 이전의 섬유소를 압축해서 만든 섬유'를 의미한다.

펠트의 기원은 텍스타일의 초기 형태였을 것으로 추정하며, 가장 오래된 것들은 중앙아시아 Steppe에서 주로 발견된다. 해당 지방에서 펠트는 BC 600년경을 전후하여 생산된 것으로 추정된다.

1966년경 발견된 고대벽화를 통해, 신석기시대 튀르키예의 차탈회위크(Çatalhöyük)인들에게 알려졌음이 Harold Burnham에 의해 확인되었다.

일반적으로 순수한 펠트는 양모와 모피 섬유로 만들어진다. 양모와 모피 섬유에 습기와 열, 기타 유연제를 더하여 압력을 가하면 상호 연결되는 주름(crimp)이 나무껍질 같은 켜(scale)를 만들어낸다.

모섬유가 결합하면 축융에 의해 질기고 견고해져 세탁이 용이해지는 것은 물론 평면작업 및 입체물로 구성 작업하는 데 수월하다. 그래서 현대 섬유예술 분야에서도 자수와 함께 펠트 기법은 조형성을 높이는 기법으로 이용된다.

섬유는 직물 이전에 비직조된 섬유로 존재했다. 중앙아시아에서는 양을 기르는 유목민들의 생활에서 천막, 카페트, 말 안장 및 생활 용품 등에 유용하게 사용되었다. 전통적인 펠트 제작은 각 지역의 문화적 특징을 대변하는 상징적 코드(code)를 패턴화 한 작업이라 할 수 있다. 그러다 1970년대 이후 여행을 통해 다양한 문화권간의 교류가 이루어지면서 현대 미술가들에게는 기술적이고 실용적인 개념을 뛰어넘어 미적인 면을 추구하는 동시에 예술적 재료로서 각광받았다.

본 작품들은 기계자수와 손자수를 통해 실험적인 출발을 도모하였다. 펠트 제작기법은 직조와는 다른 형태로, 표현 범위가 넓고 자유로워 현대 섬유예술의 독창적 표현 영역으로 자리매김했다. 본 작품들은 기계자수와 융합한 평면 작품과 손수를 도입한 입체작품들로 구성된다.

펠트 제작의 새 지평(New Vision of Felt Making)

펠트의 물성과 가변성을 이용해 공간 표현 등을 통해 섬유예술매체로서 새로운 시각적 표현을 창안하였다.

작품에 투사된 자연물의 이미지를 패턴으로 디자인한 작품들로, 축융된 양모 위에 거미줄, 잎맥, 지면의 균열 등 자연으로부터 온 선의 이미지를 기계자수로 표현하여 선의 우연적 효과를 기계미학으로 풀어보았다.

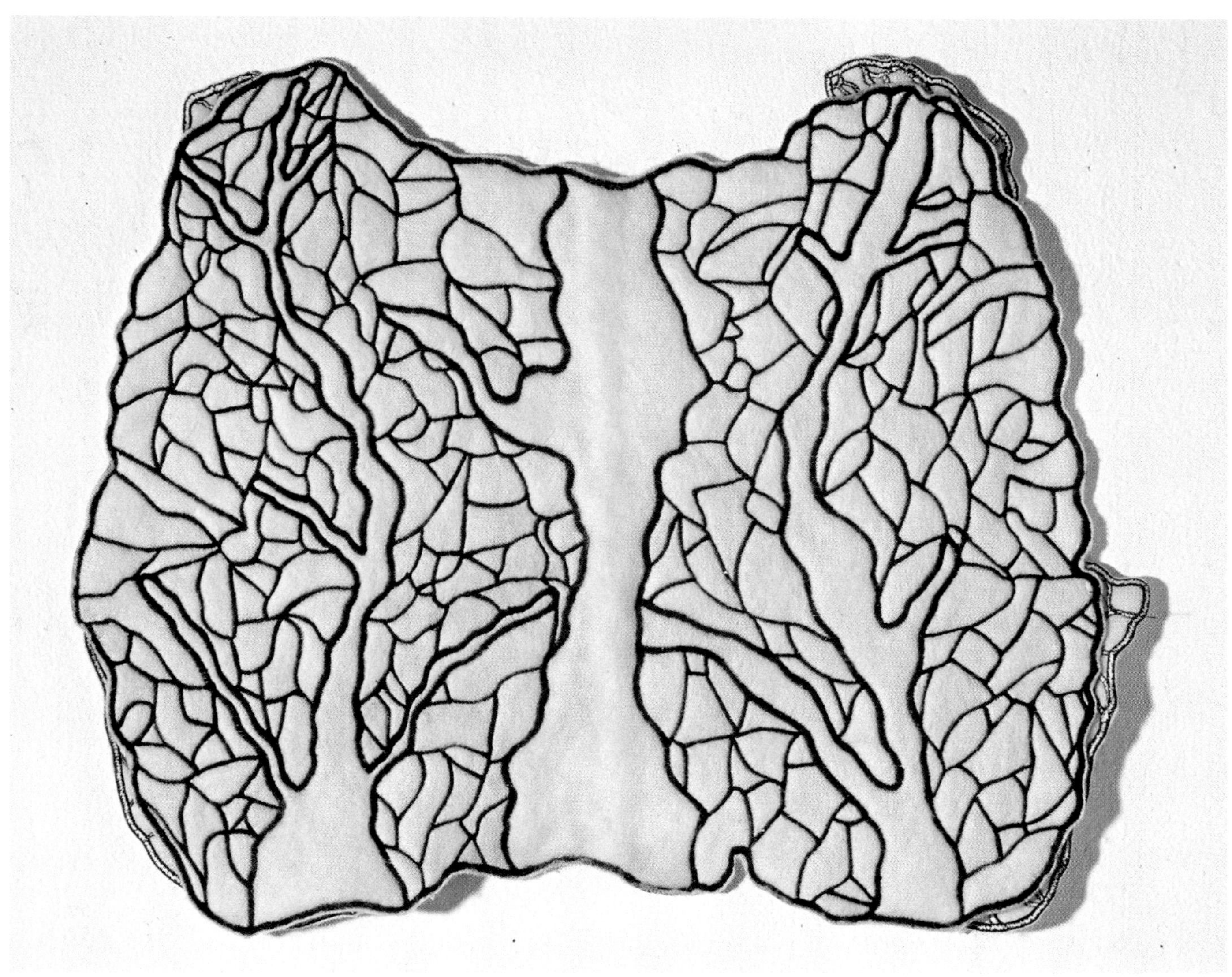

《펠트》
《Felt》

국제 펠트 심포지움, 쿠어, 스위스
International Felt Symposium in Cour,
Switzerland
스위스 야생 양모, 축융, 전동기계자수, 갤러리 안
카이저

Wild swiss wool, Felt, electronic machine
embroidery Gallery Ann Kaizer
1996.

II 작품 연구과정

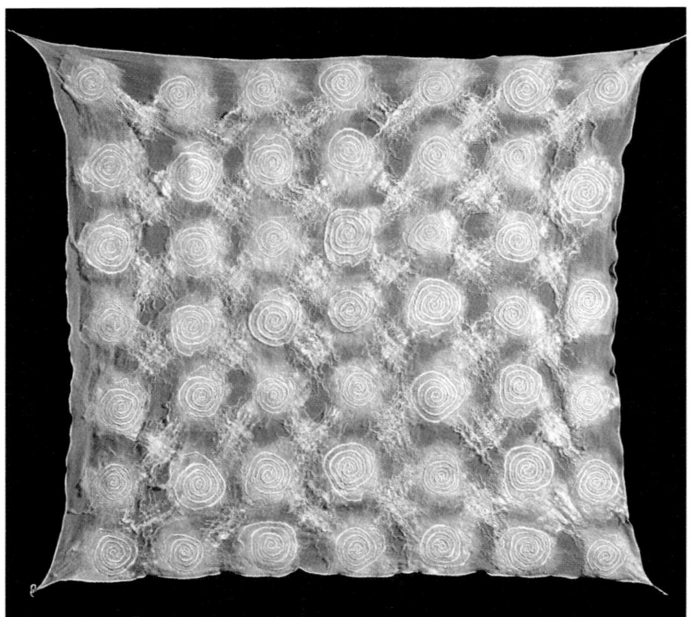

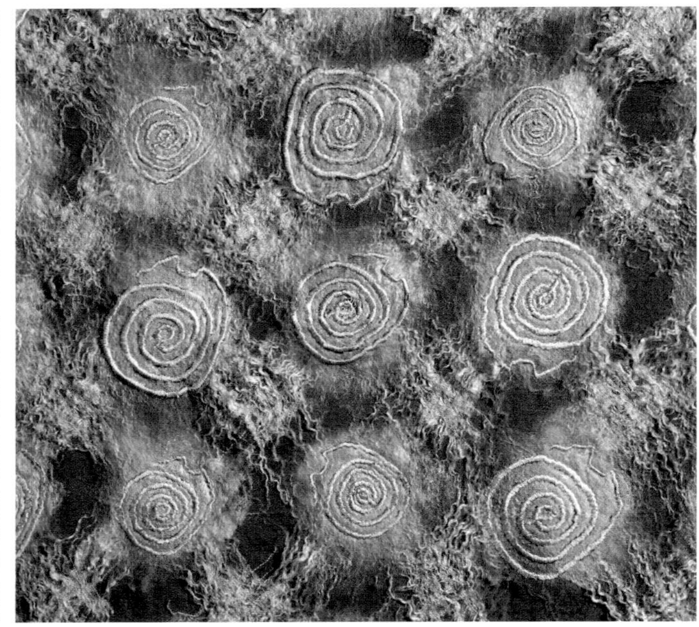

《펠트》
《Felt》
성운, 쉬폰, 양모, 비단솜, 비스코스사, 물펠트, 기계자수
Nebular, Chiffon, Wool, Raw silk fiber, Viscose, Wet felt,
Machine embroidery
W80 x H80 cm, 2003.

《펠트》(부분)
《Felt》(detail)

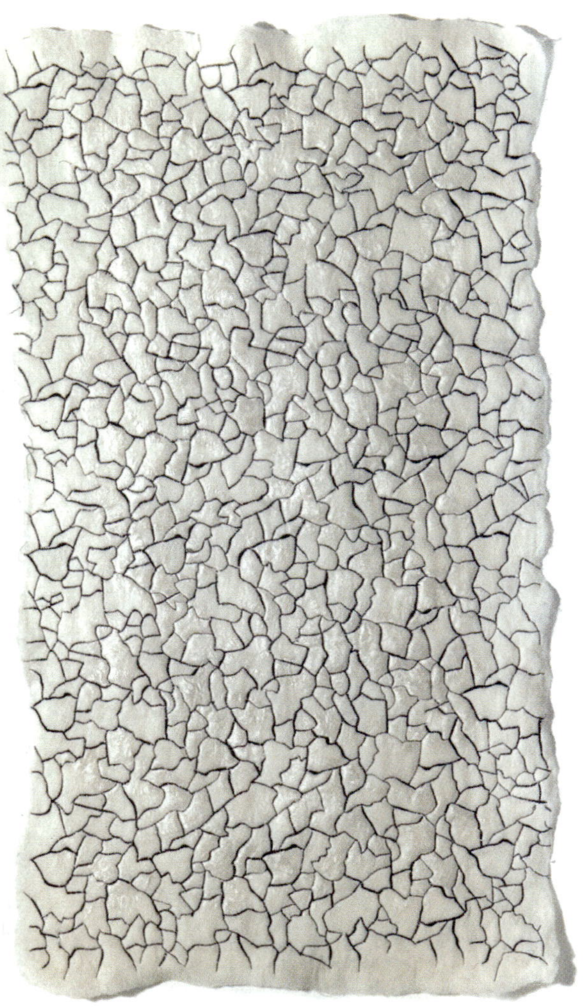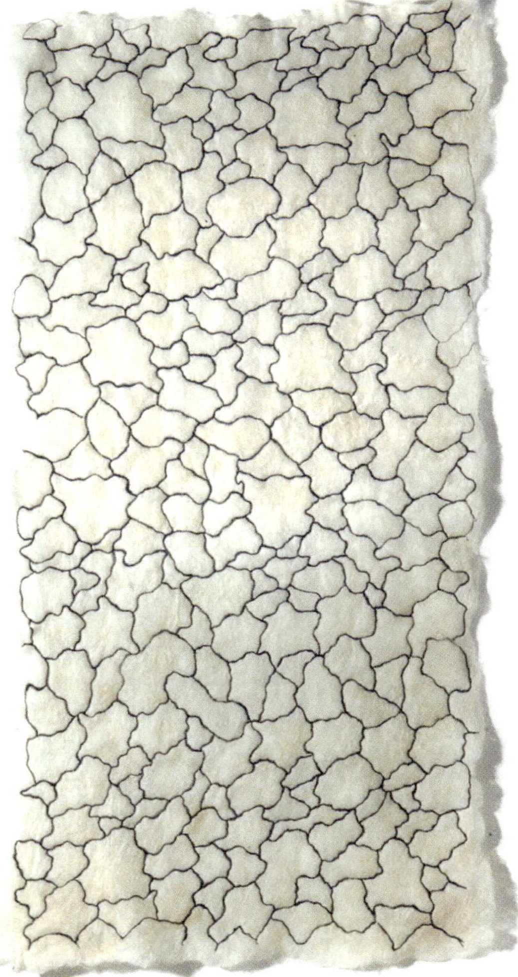

《펠트》
《Felt》
메리노 울, 비단솜, 비스코스사, 물펠트, 기계자수
Merino wool, Raw silk fiber, Viscose, Wet felt, Machine embroidery
스칼스 수공예 학교 소장
Collection of Skals Hand Arbejds Skole
W55 x H100 cm, 2000.

《펠트》
《Felt》
메리노 울, 비단솜, 비스코스사, 물펠트, 기계자수
Merino wool, Raw silk fiber, Viscose, Wet felt, Machine embroidery
W55 x H100 cm, 2000.

II 작품 연구과정

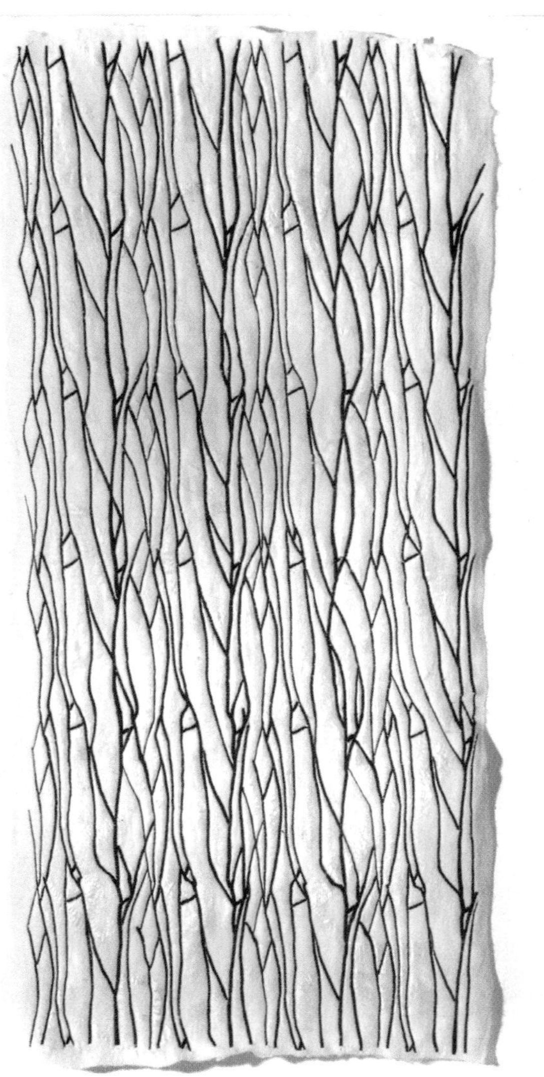
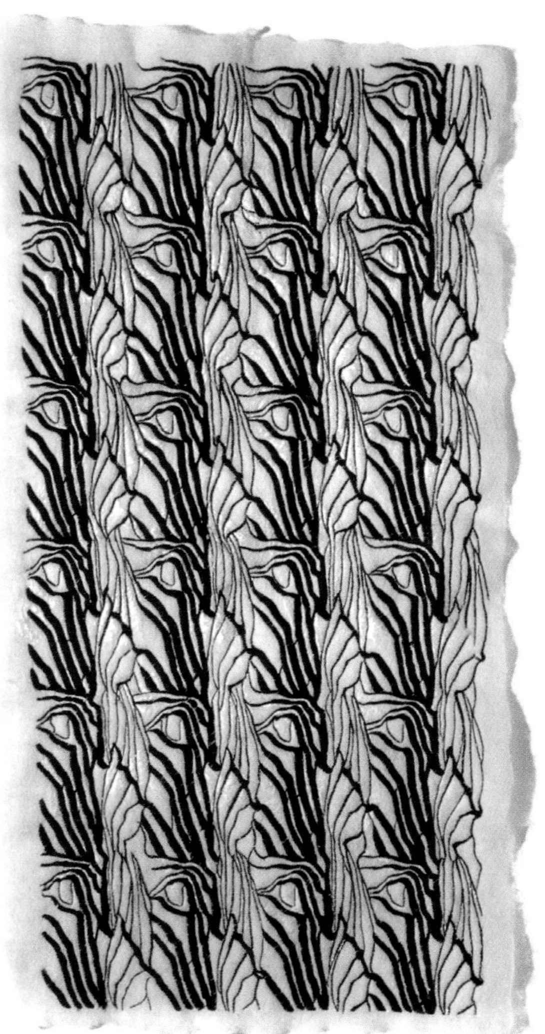

《펠트》
《Felt》
메리노 울, 비단솜, 비스코스사, 물펠트, 기계자수
Merino wool, Raw silk fiber, Viscose, Wet felt, Machine embroidery
W55 x H100 cm, 2000.

《펠트》
《Felt》
스위스 야생 울, 비단솜, 비스코스사, 물펠트, 기계자수
Swiss wild wool, Raw silk fiber, Viscose, Wet felt, Machine embroidery
W55 x H100 cm, 2000.

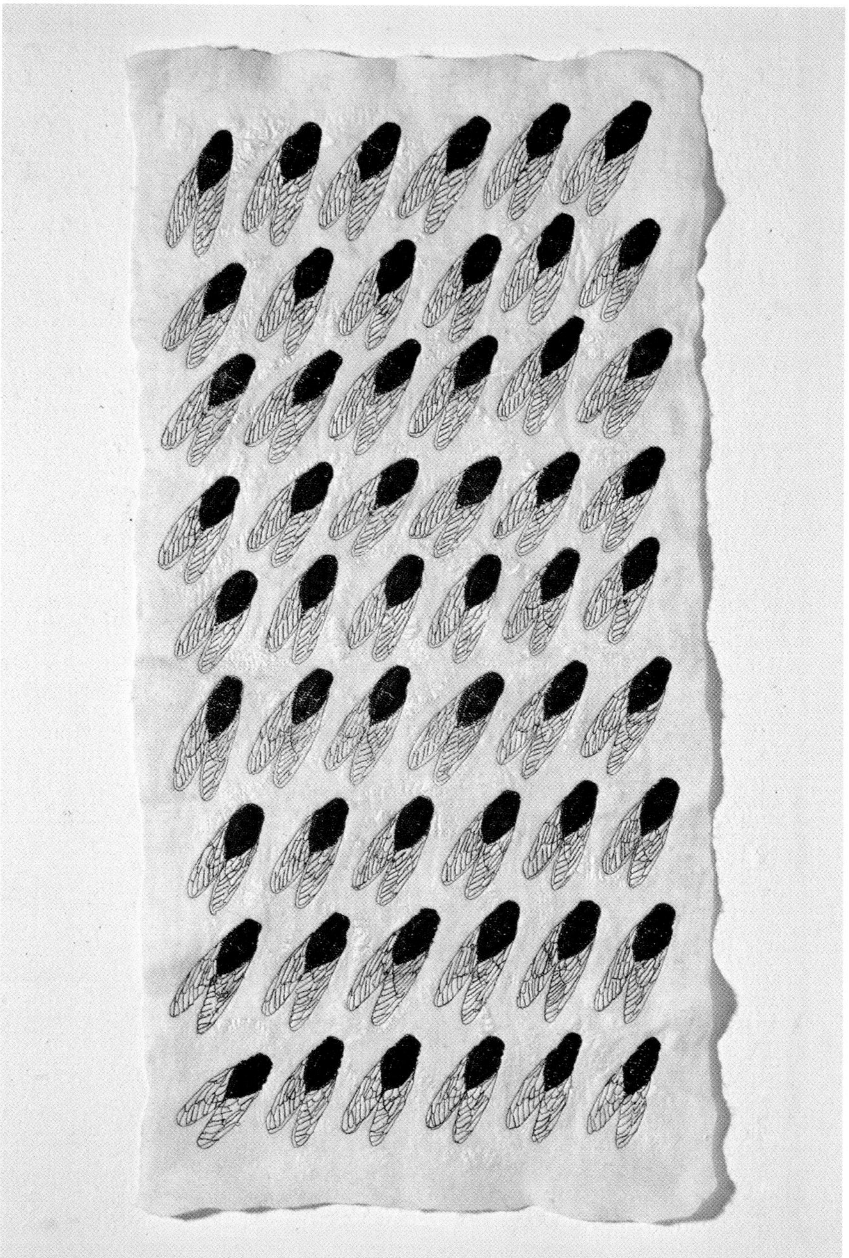

《펠트》
《Felt》
메리노 울, 비단솜, 비스코스사, 물펠트, 기계자수,
Merino wool, Raw silk fiber, Viscose, Wet felt, Machine embroidery
W55 x H100 cm

II 작품 연구과정

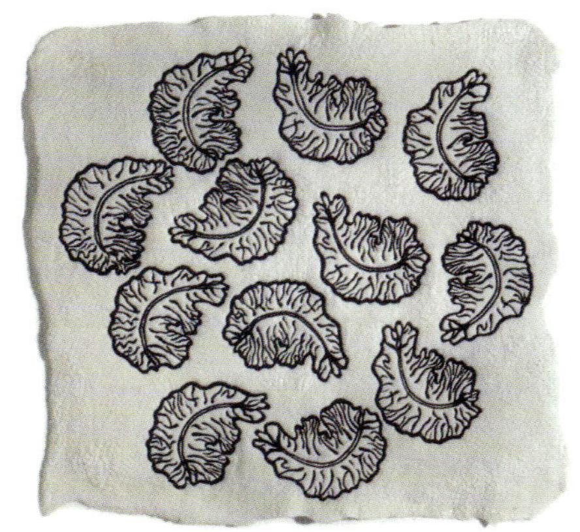

《펠트》
《Felt》
메리노 울, 비단솜, 비스코스사, 물펠트, 기계자수
Merino wool, Raw silk fiber, Viscose, Wet felt, Machine embroidery
W55 x H100 cm, 2000.

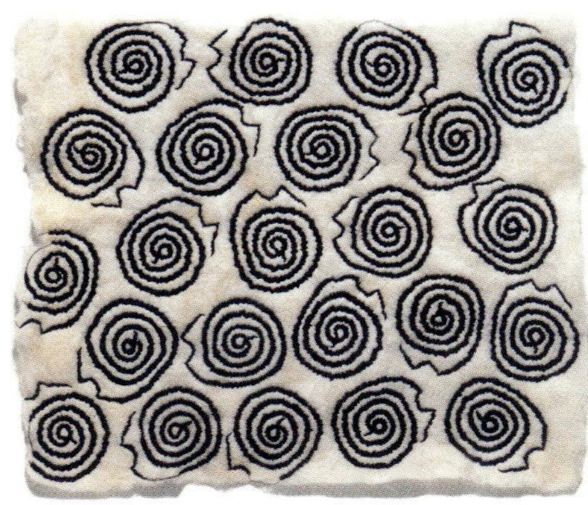

《펠트》
《Felt》
스위스 야생 울, 비단솜, 비스코스사, 물펠트, 기계자수
Swiss wild wool, Raw silk fiber, Viscose, Wet felt, Machine embroidery,
W70 x H60 cm, 2000.
Mary Burkett OBE, Royal Highnessand Chancellor IFA(International Felt Artist
Association) 창립자 소장

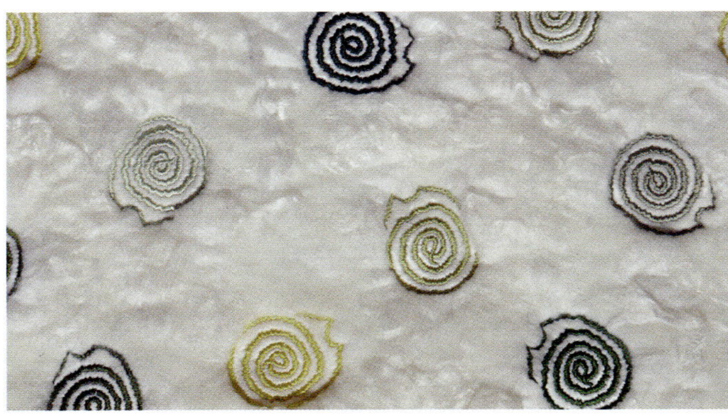

《펠트》
《Felt》
메리노 울, 비단솜, 비스코스사, 물펠트, 기계자수
Merino wool, Raw silk fiber, Viscose, Wet felt, Machine embroidery
W50 x H100 cm, 2001.

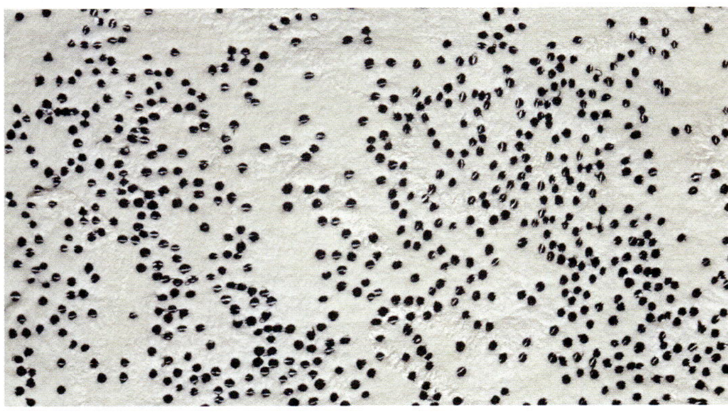

《펠트》
《Felt》
메리노 울, 비단솜, 비스코스사, 물펠트, 기계자수
Merino wool, Raw silk fiber, Viscose, Wet felt, Machine embroidery
핀란드 Academie Director 소장
W55 x H50 cm, 2000.

222

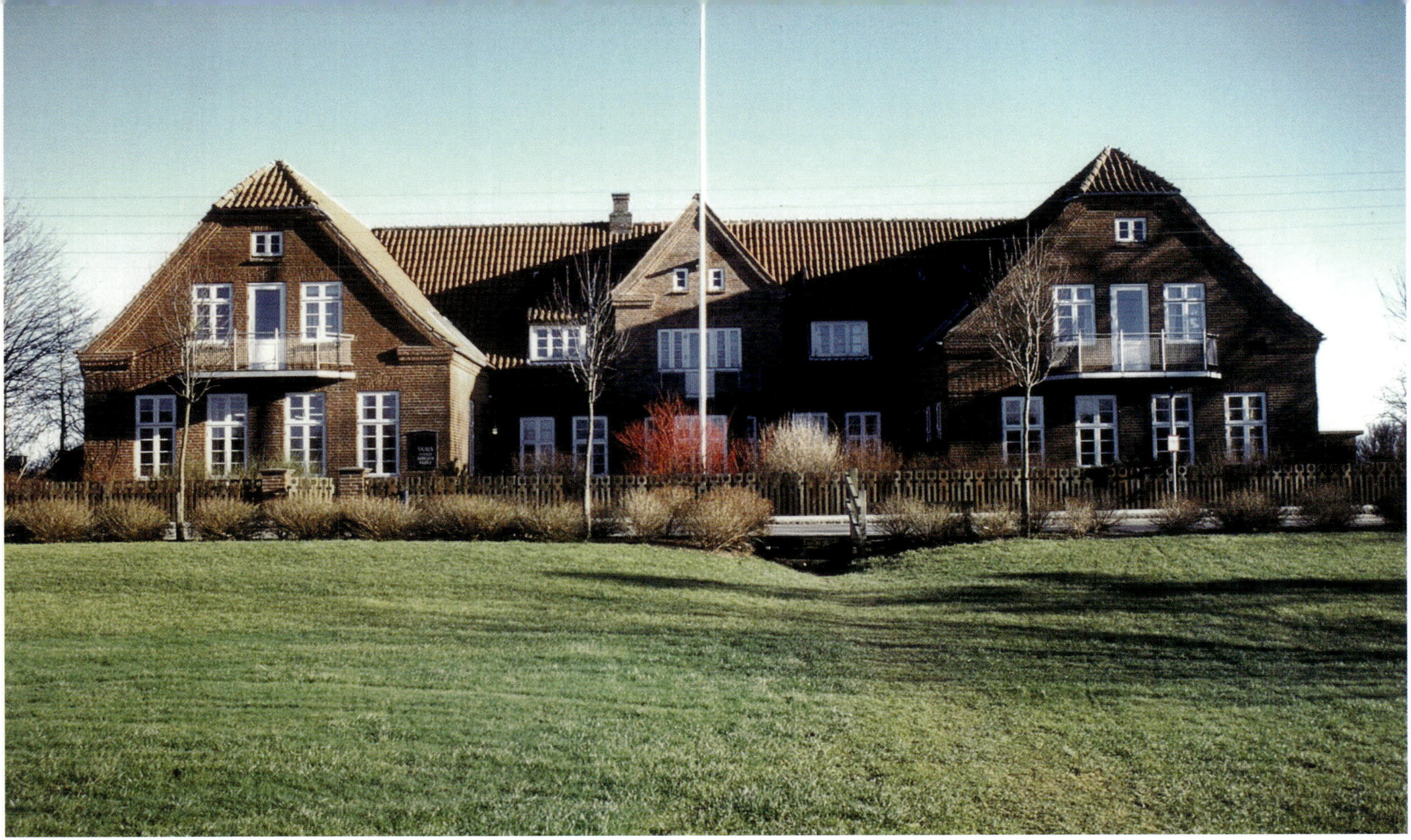

국제 펠트 전문가 미니-컨퍼런스, 스칼스, 덴마크, 2000
International Mini -Conference for Professional Feltmakers, Skals, Denmark, 2000

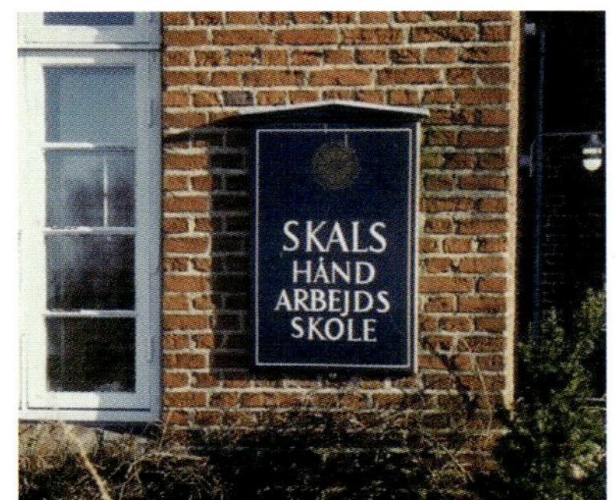

스칼스 공예 학교
Skals Hand Arbejds
Skole

II 작품 연구과정

(2) 기타 그룹전: 대구 텍스타일 아트 도큐멘타 국제 섬유 미술전
(International Contemporary Textile Art Exhibition, Daegu Convention Center EXC)

- 기간: 2004년
- 장소: 대구 컨벤션 센터

〈거미줄 풍경〉
〈Webscapel〉
은사, 거미줄 수
Silver thread, Cob-web broderie,
W200 x H400 cm, 2004.

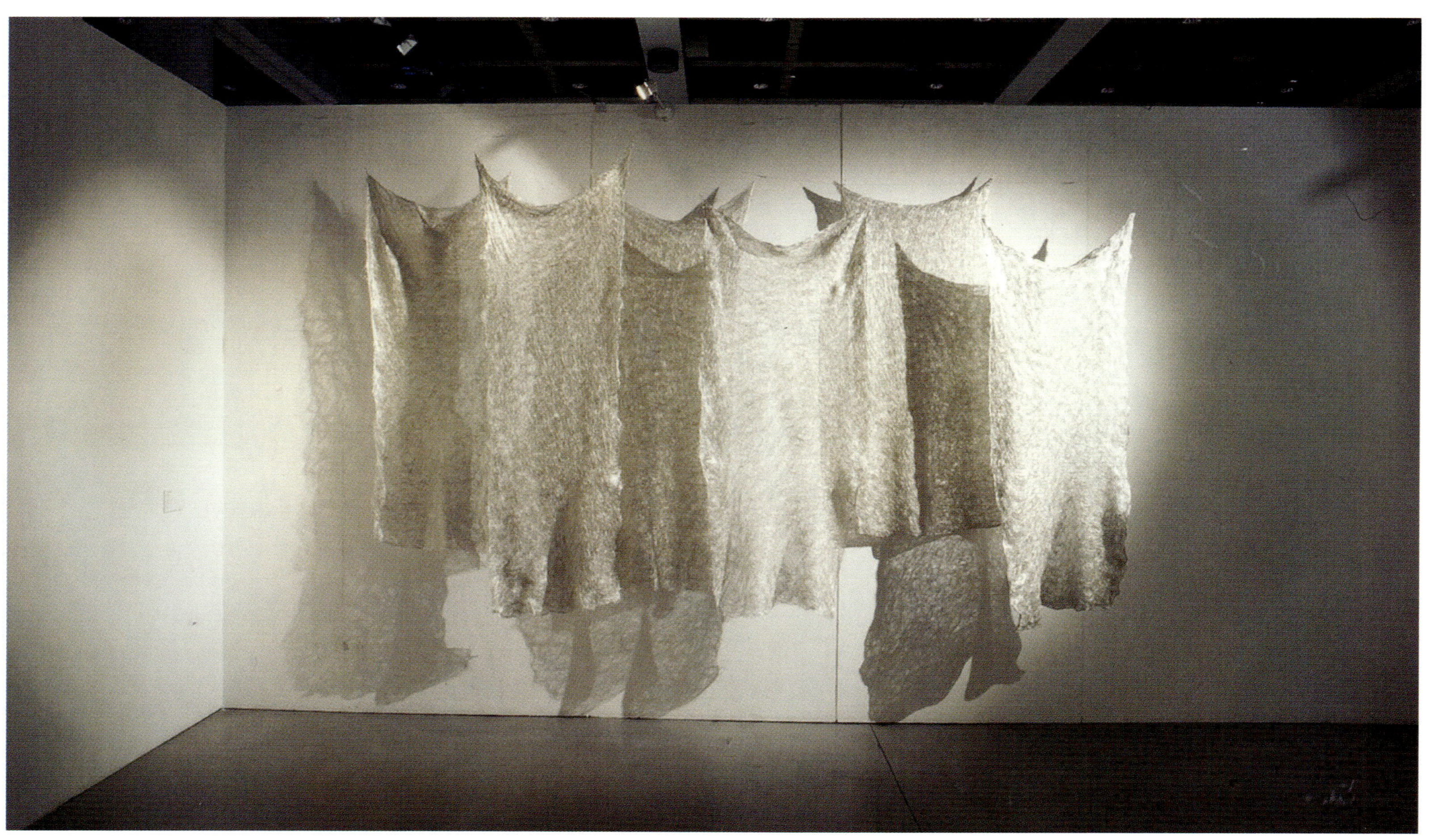

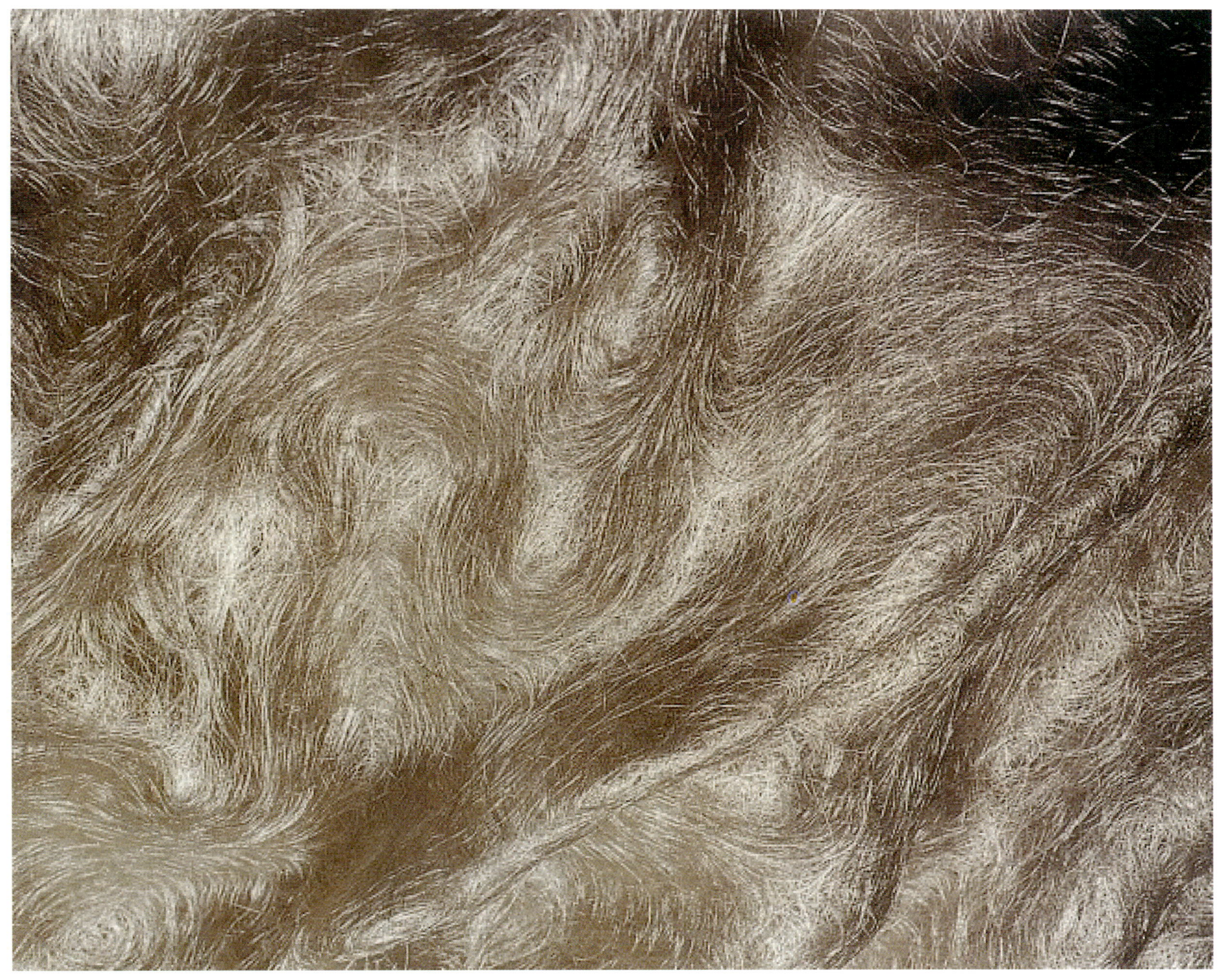

II 작품 연구과정

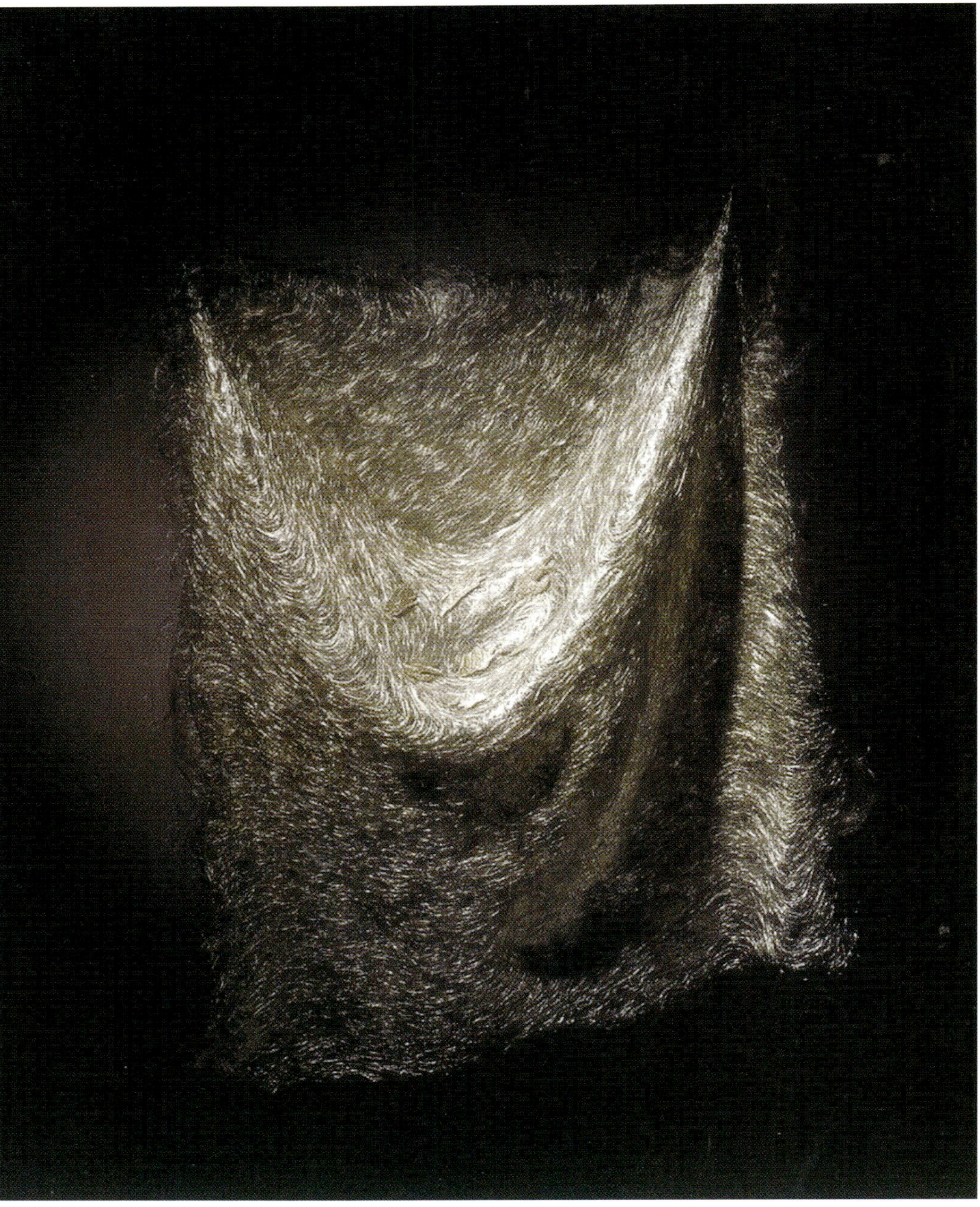

〈거미줄 풍경 III〉
〈Webscape III〉
은사, 거미줄 수
Silver thread, Cob-web broderie
W100 x H100 cm, 2004.

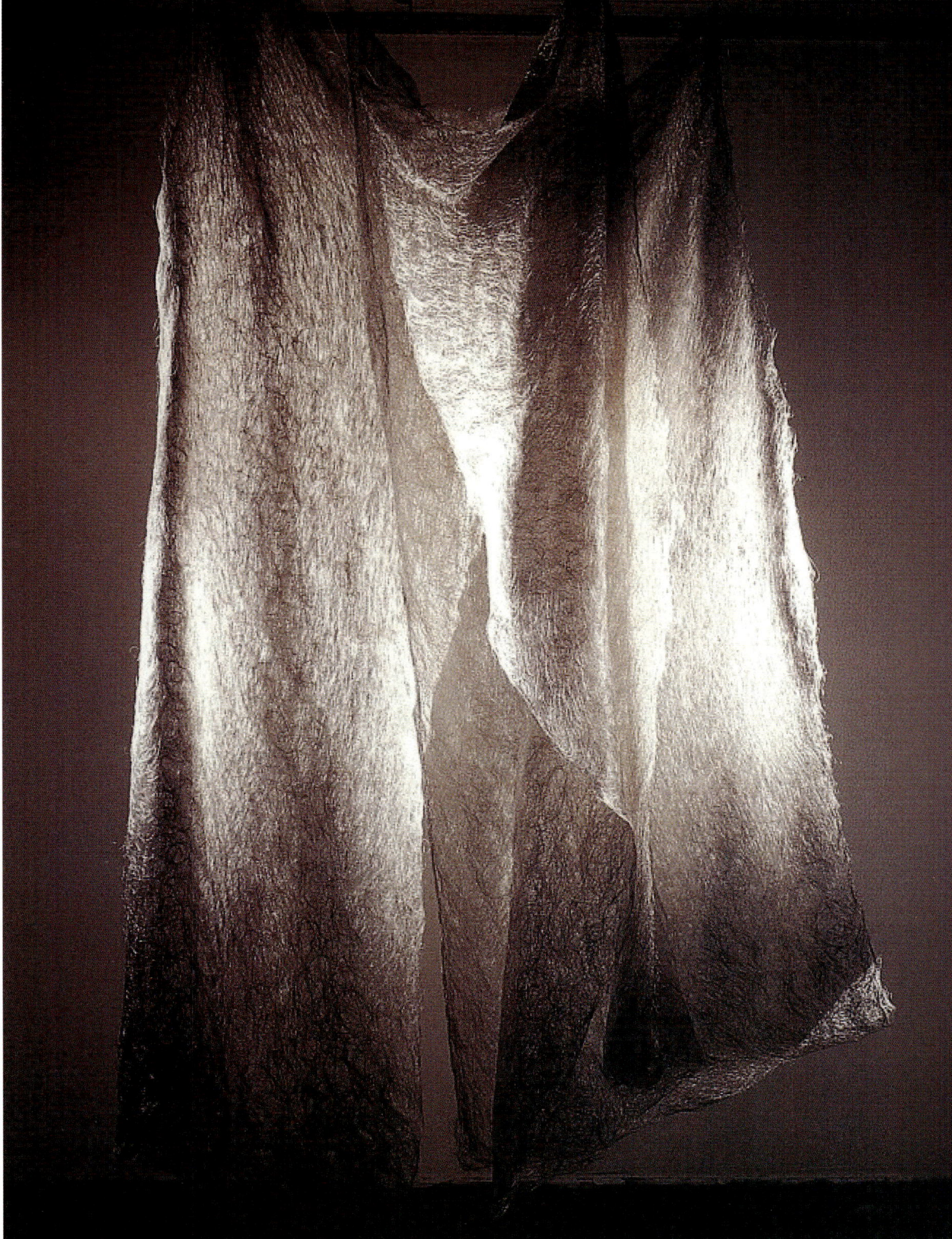

〈거미줄 풍경 II〉
〈Webscape II〉
은사, 거미줄 수
Silver thread, Cob-web broderie
W200 x H400 cm, 2004.

II 작품 연구과정

228

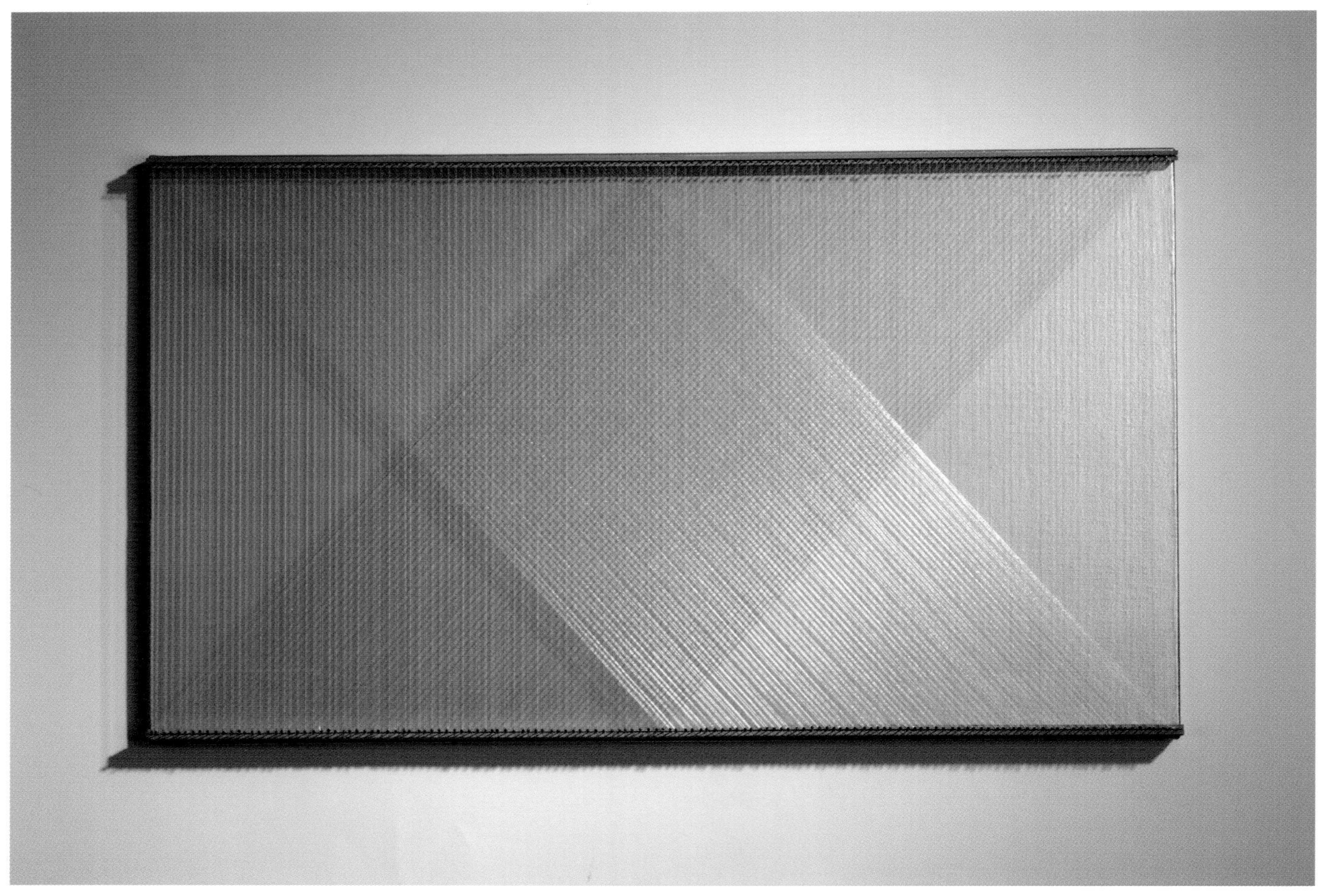

〈무제 21〉
〈Untitled 21〉
은사, 캔버스, 실 드로잉
Silver thread, Canvas, String drawing
W70 x H40 cm, 2021.

RESEARCH

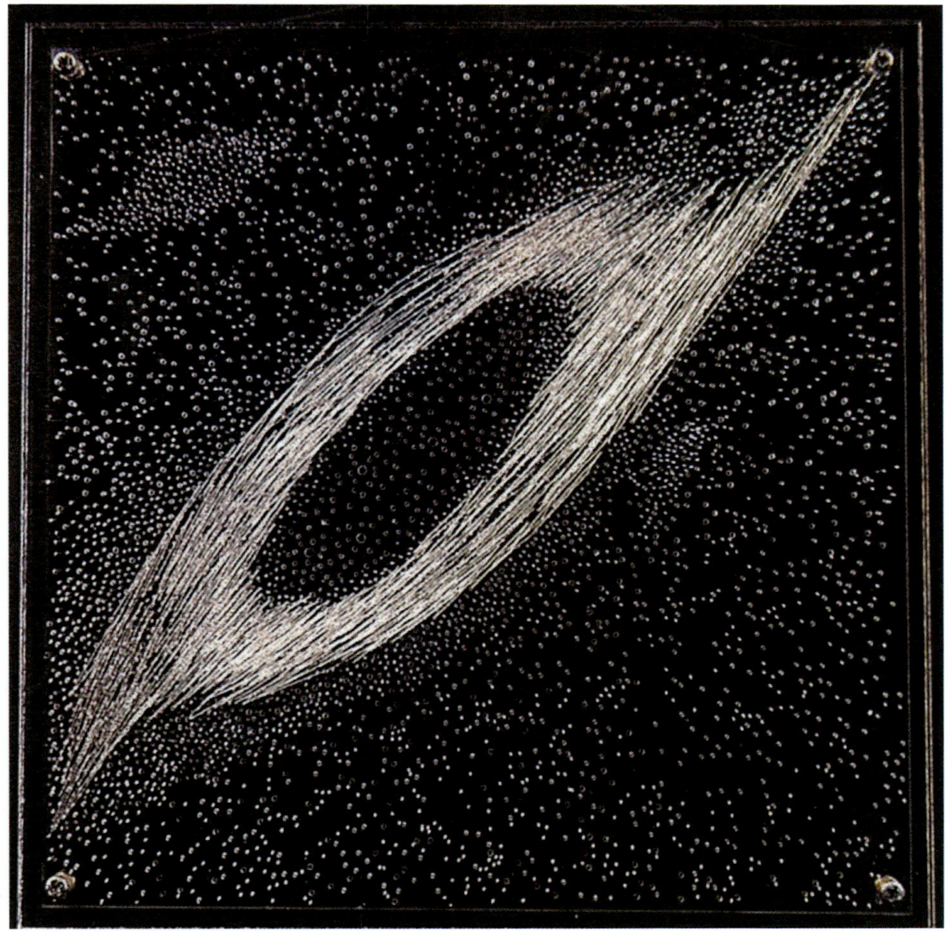

〈은하계〉
〈A Galaxy, Plexiglass〉
투명수지유리, 은사, 자수
Silver thread, Embroidery
*1999 이태리 꼬모 국제 미니어처 섬유공모전 당선작
International Mini-Textil Concour, Como, Italy, 1999.

II 작품 연구과정

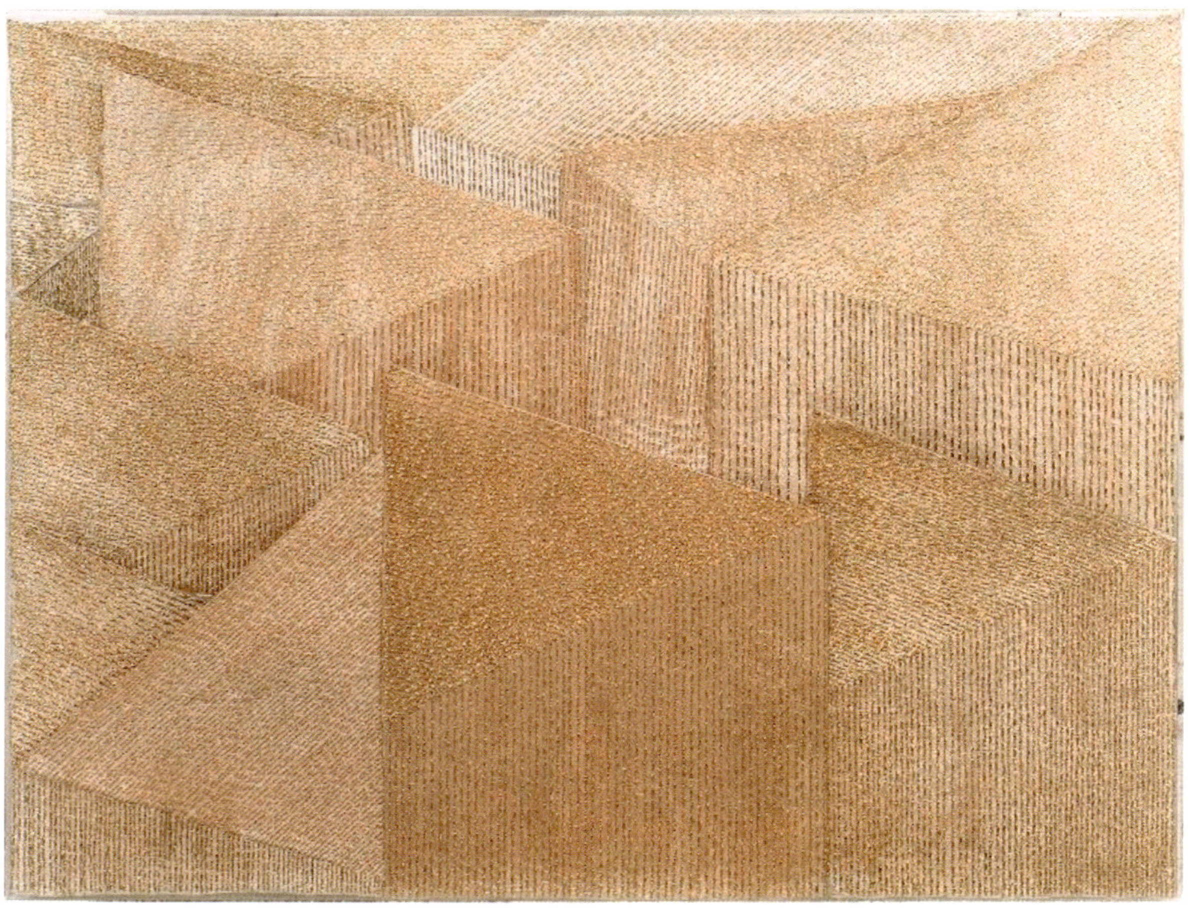

〈축조〉
〈Tecton〉
수제 비단종이, 금사, 자수
Handmade silk paper, Golden thread, Embroidery
W50 x H40 cm, 2015.

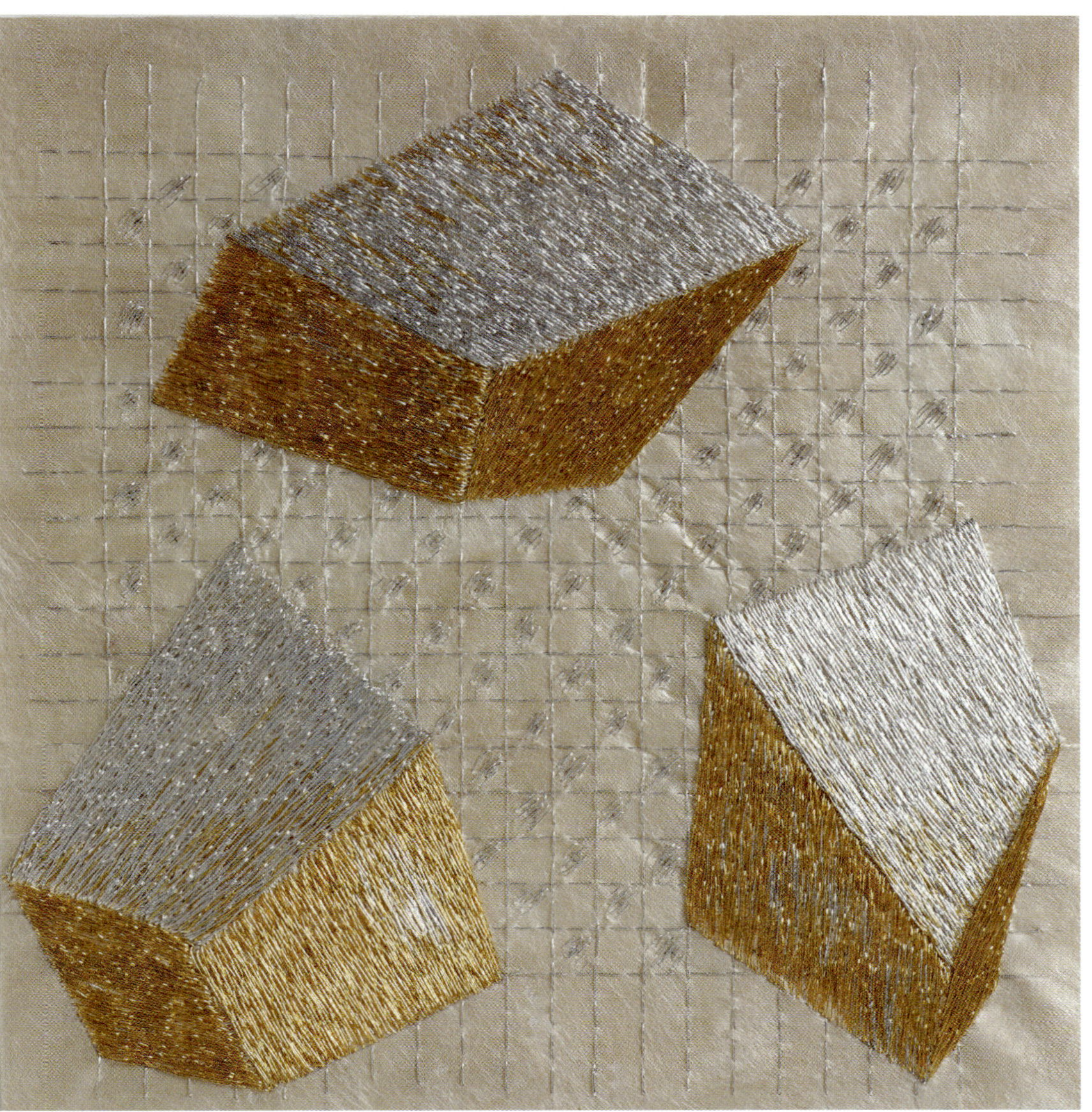

〈유사형태 3〉(00024)
〈Analo-Form 3〉(00024)
수제비단종이, 금사, 자수
Handmade silk paper, Golden thread, Embroidery
W25 x H25 cm, 1997.

II 작품 연구과정

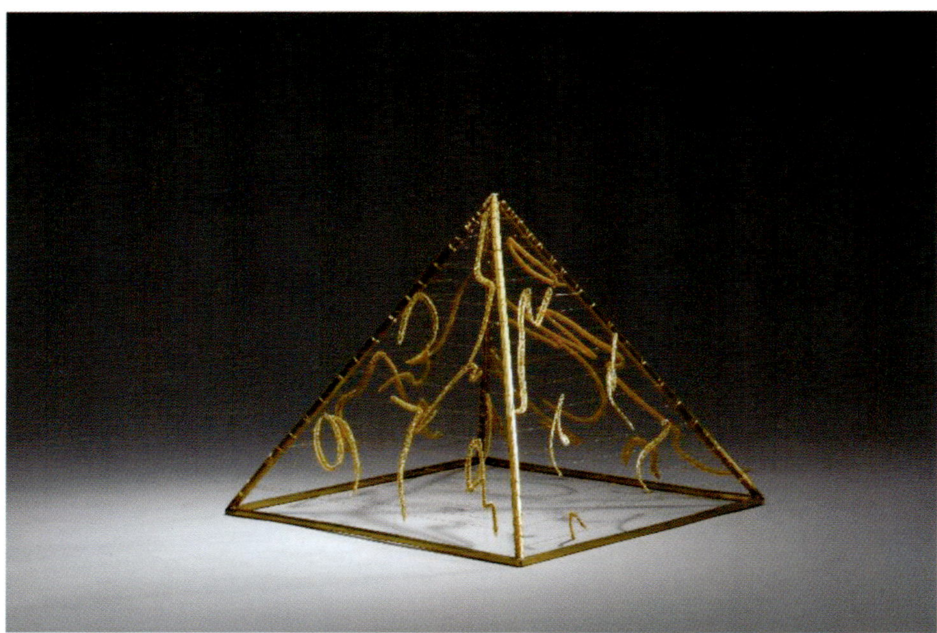

〈신비문자〉
〈Mystic Logo〉
금사, 황동, 설치자수 작업,
저자 미상의 난해한 문자를 차용한 모티브 변주
Golden thread, Brass, Installation embroidery
W22 x H22 x H19 cm, 2019.
국제 예술 & 디자인전, 손으로 미래 읽기
International Art & Design Exhibition,
Future by Hands

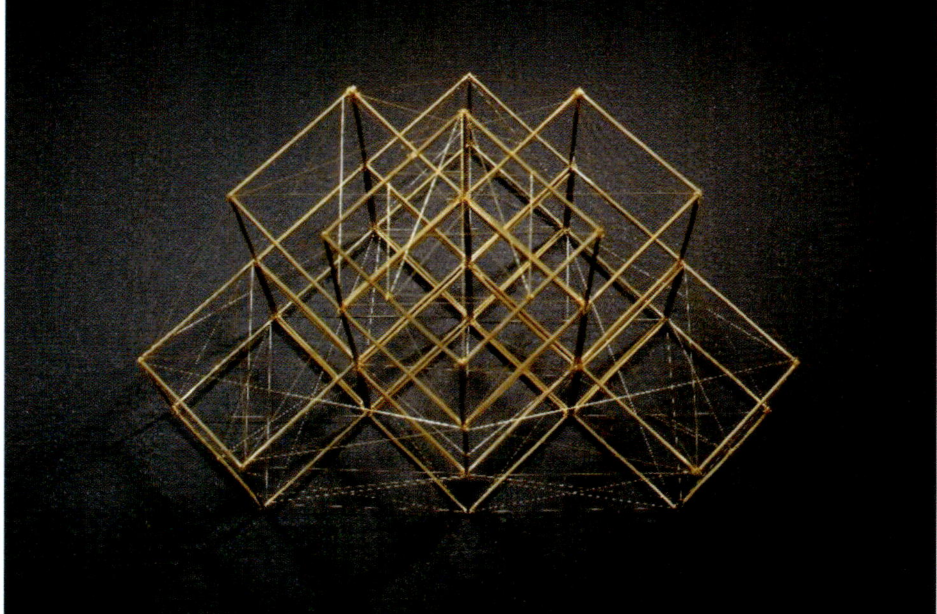

〈빛의 공간〉
〈Lumen Space〉
금사, 황동, 공간자수
Golden thread, Punto in aria broderie
W20 x H20 x D20 cm, 2019.

232

233

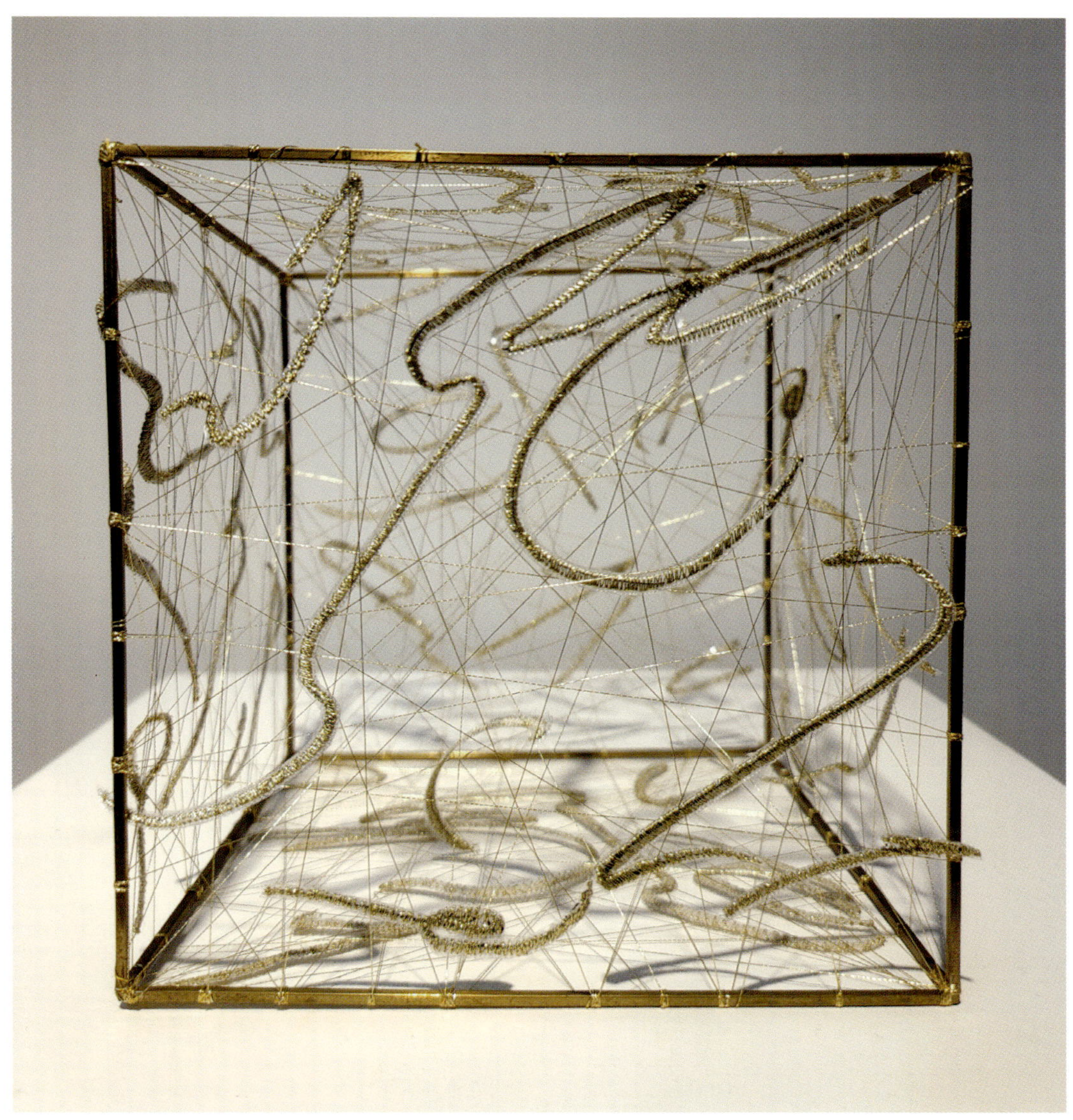

〈빛의 유희〉
〈Jeu de lumière〉
금사, 황동, 설치자수, 저자 미상의 난해한 문자를 차용한 모티브 변주
Golden thread, Brass, Installation embroidery
W15x H15 x D15, 2019.

II 작품 연구과정

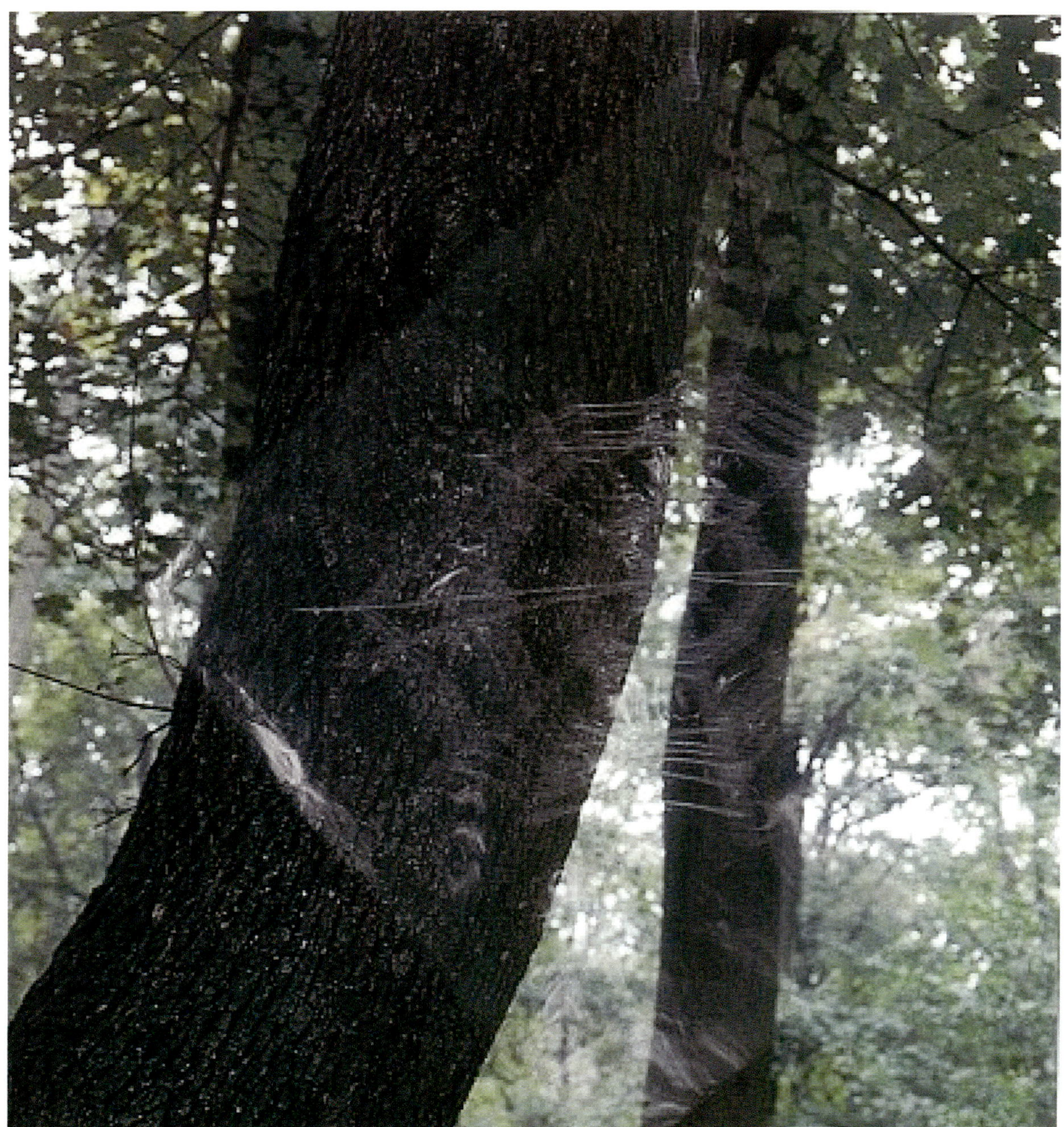

〈비가시적 전시〉
〈Invisible Exhibition〉
투명수지 필름, 은사, 자수
Transparency film, Silk thread,
Embroidery
패지노크 정원, 슬로바키아
Neviditelná výstava, Castle Park Pezinok
슬로바키아 공화국 문화, 환경, 외교부 초대
The Ministries of Culture, Environment,
and Foreign Affairs in Slovak Republic
W50 x H50 cm, 1999.

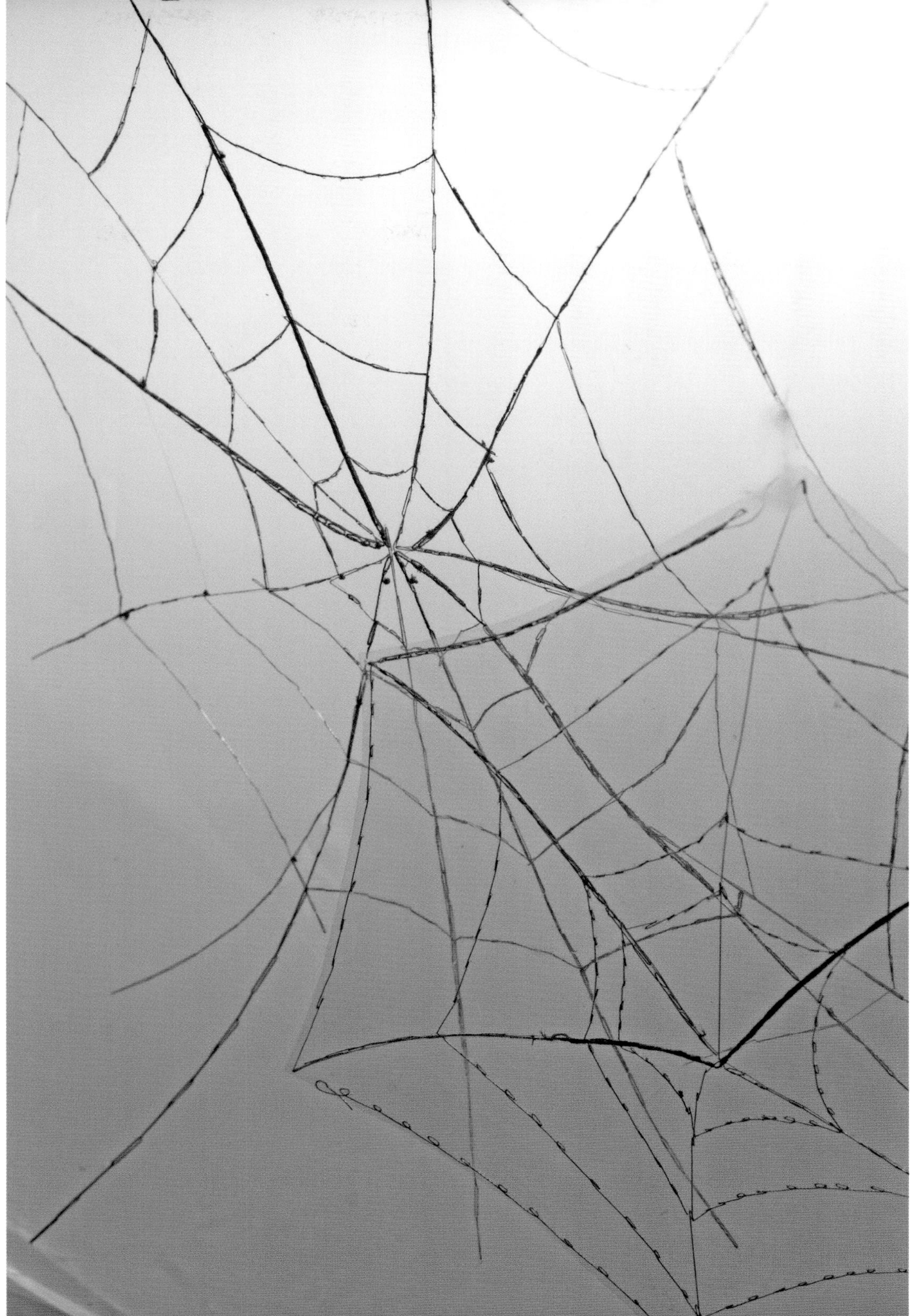

Detail

II 작품 연구과정

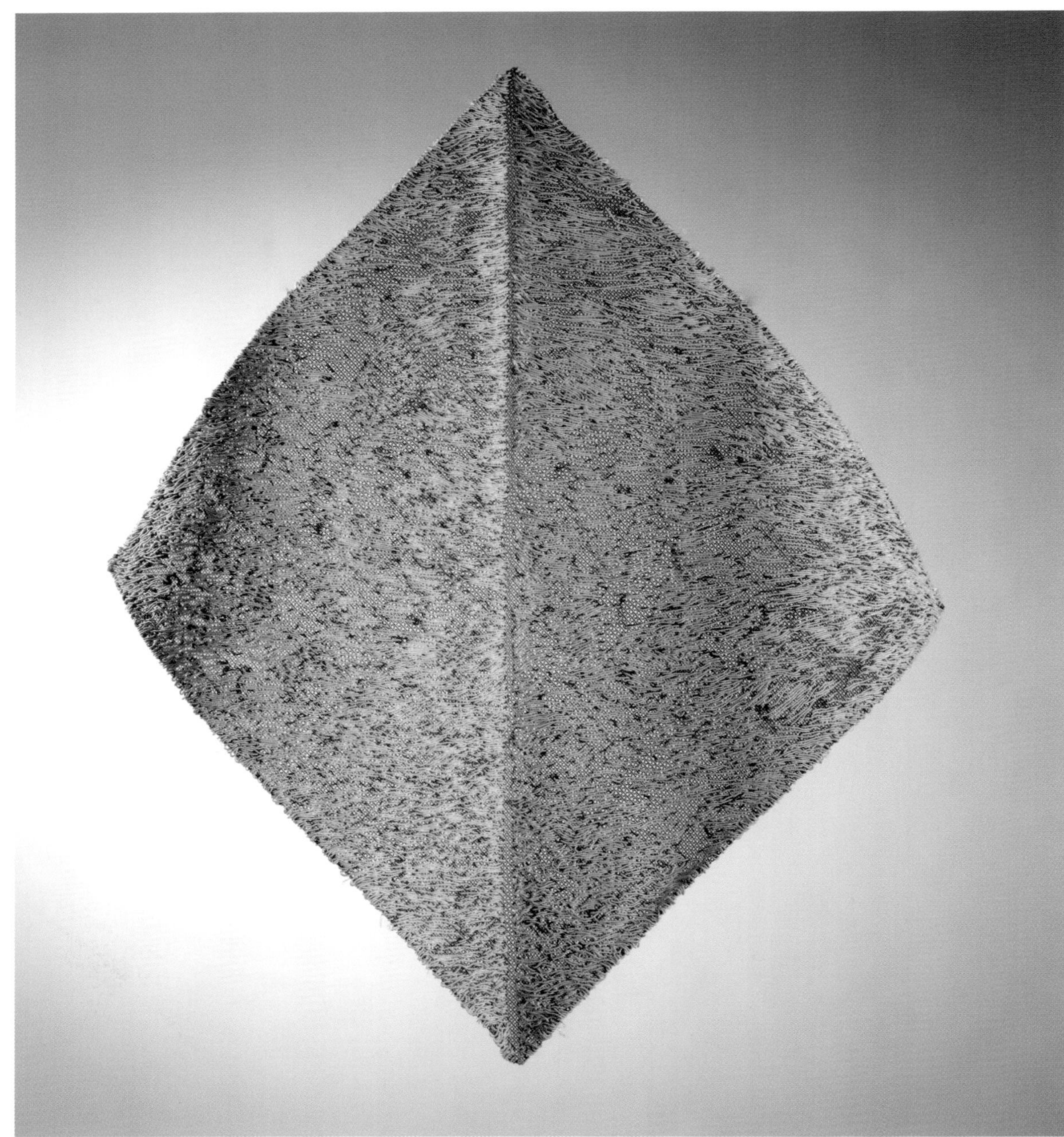

〈파동〉
〈Undulation〉
비스코스 끈, PVC 망, 자수
Viscose cord, PVC net, Embroidery
W60 x H60 cm, 2000.
인도네시아 국제 섬유미술교류전,
자카르타 텍스타일 박물관
International Joint Exhibition for Fiber
Arts of Indonesia & Korea
Jakarta Textile Museum, Jakarta,
Indonesia

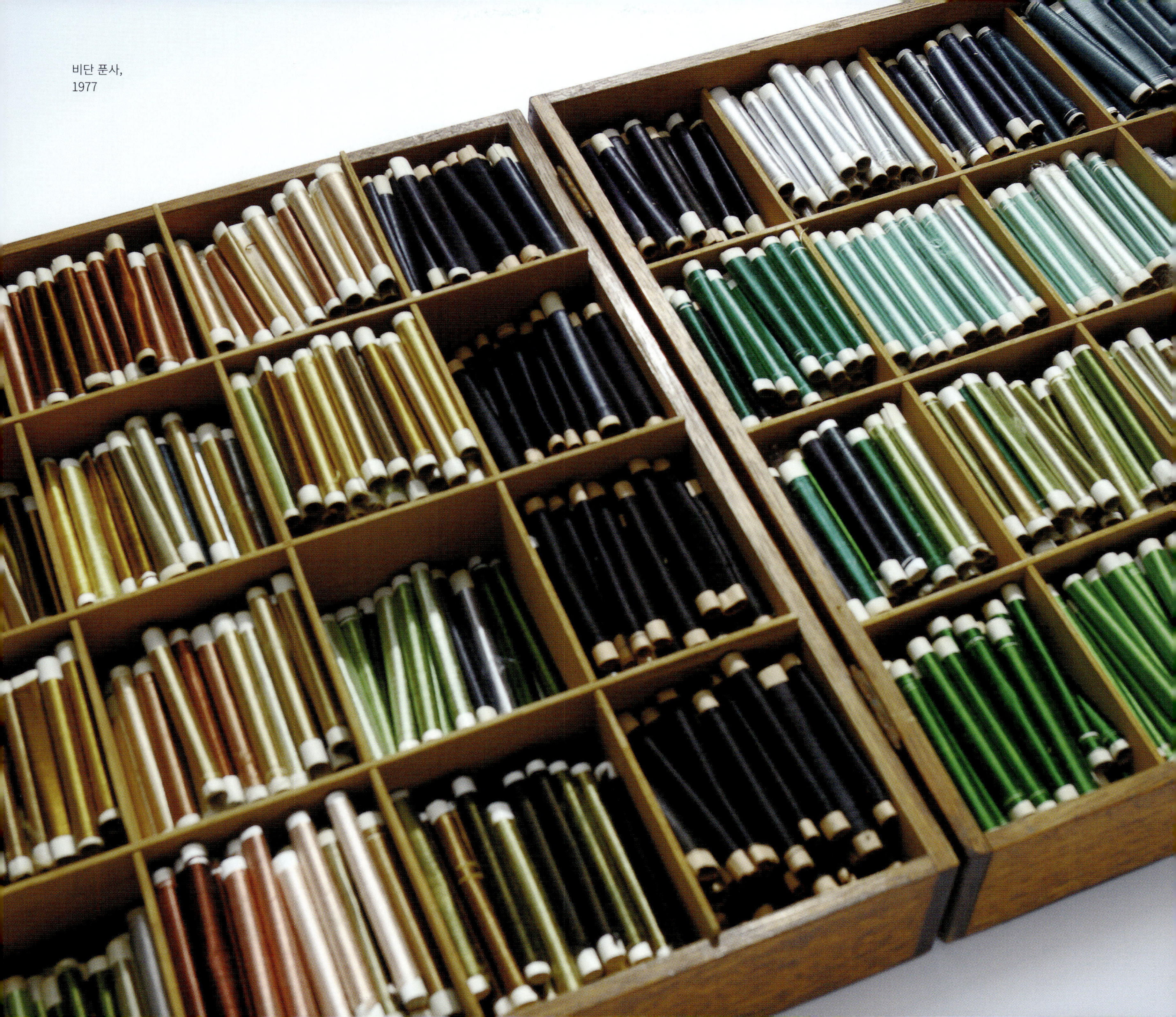

비단 푼사,
1977

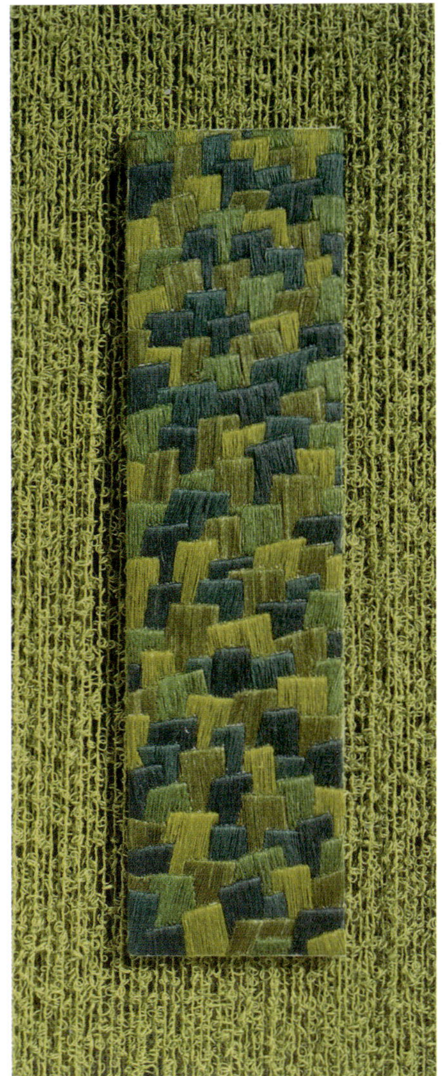

⟨생명⟩
⟨Greenness⟩
린넨사(BL), 자수
Linen thread (BL), Embroidery
W50 x H43.5 x D12.5 cm, 2000.
극동갤러리 개관전(섬유공예 25인 초대전)

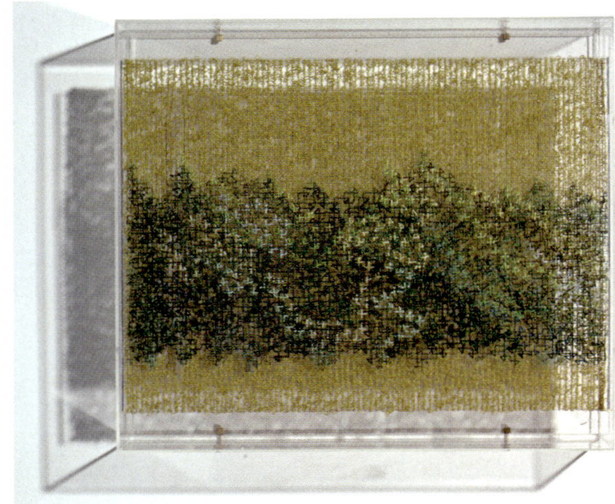

⟨계절의 이미지⟩
⟨Season's Image⟩
린넨사, 자수
Linen thread(BL), Embroidery,
W50 x H45 cm, 1999.

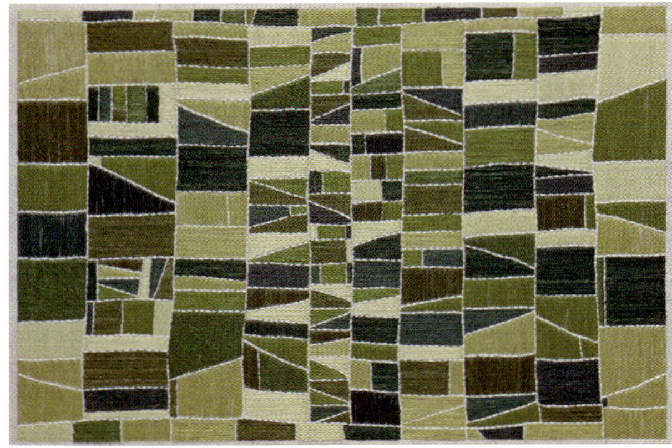

⟨계절의 이미지⟩
⟨Season's Image⟩
린넨사, 자수
Linen thread(BL), Embroidery,
W50 x H45 cm, 1999.

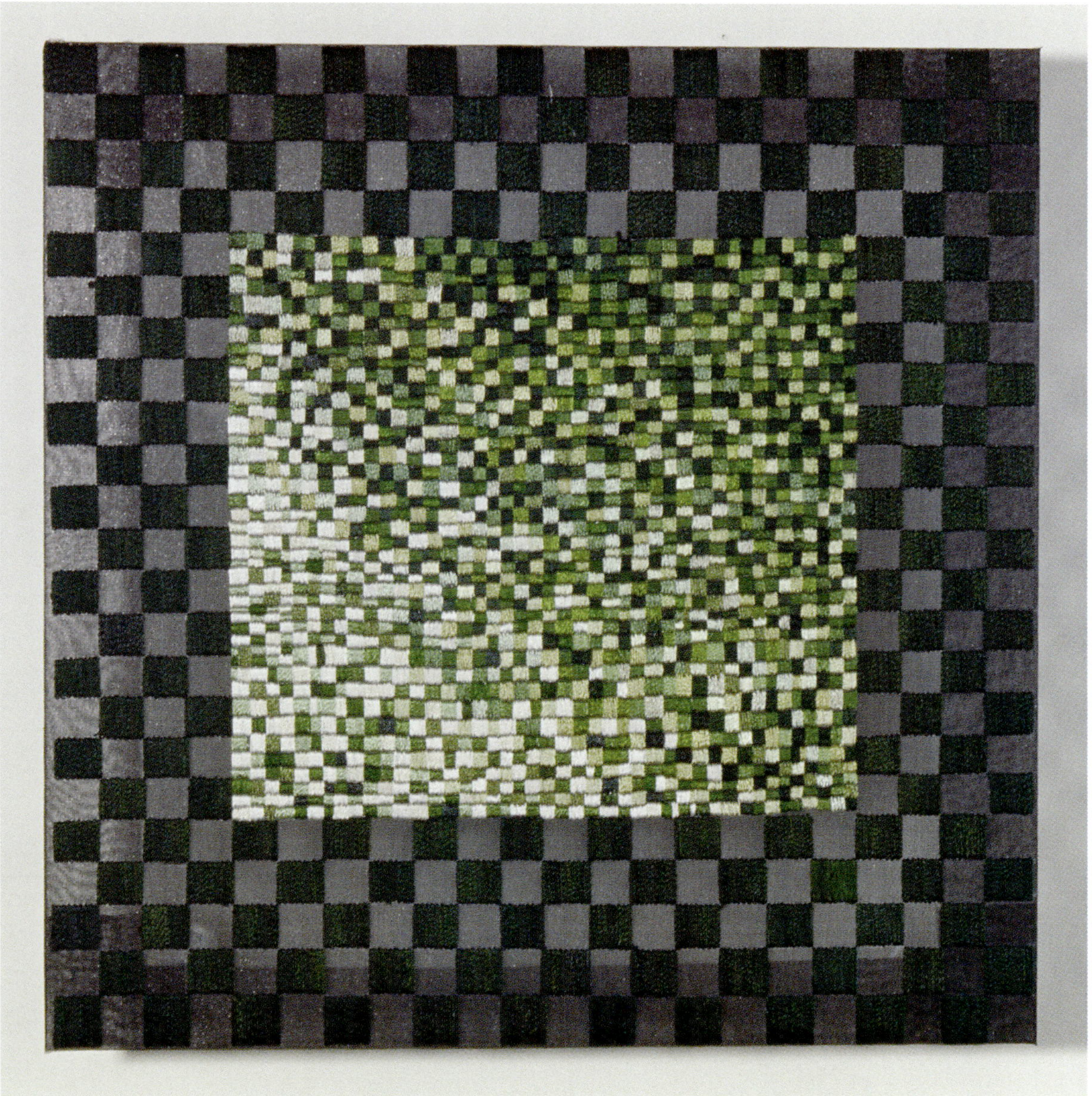

〈조각보〉
〈Patchwork〉
비단실, 실크노방
Silk thread, Oganza
W45 x H45 cm, 1998.

II 작품 연구과정

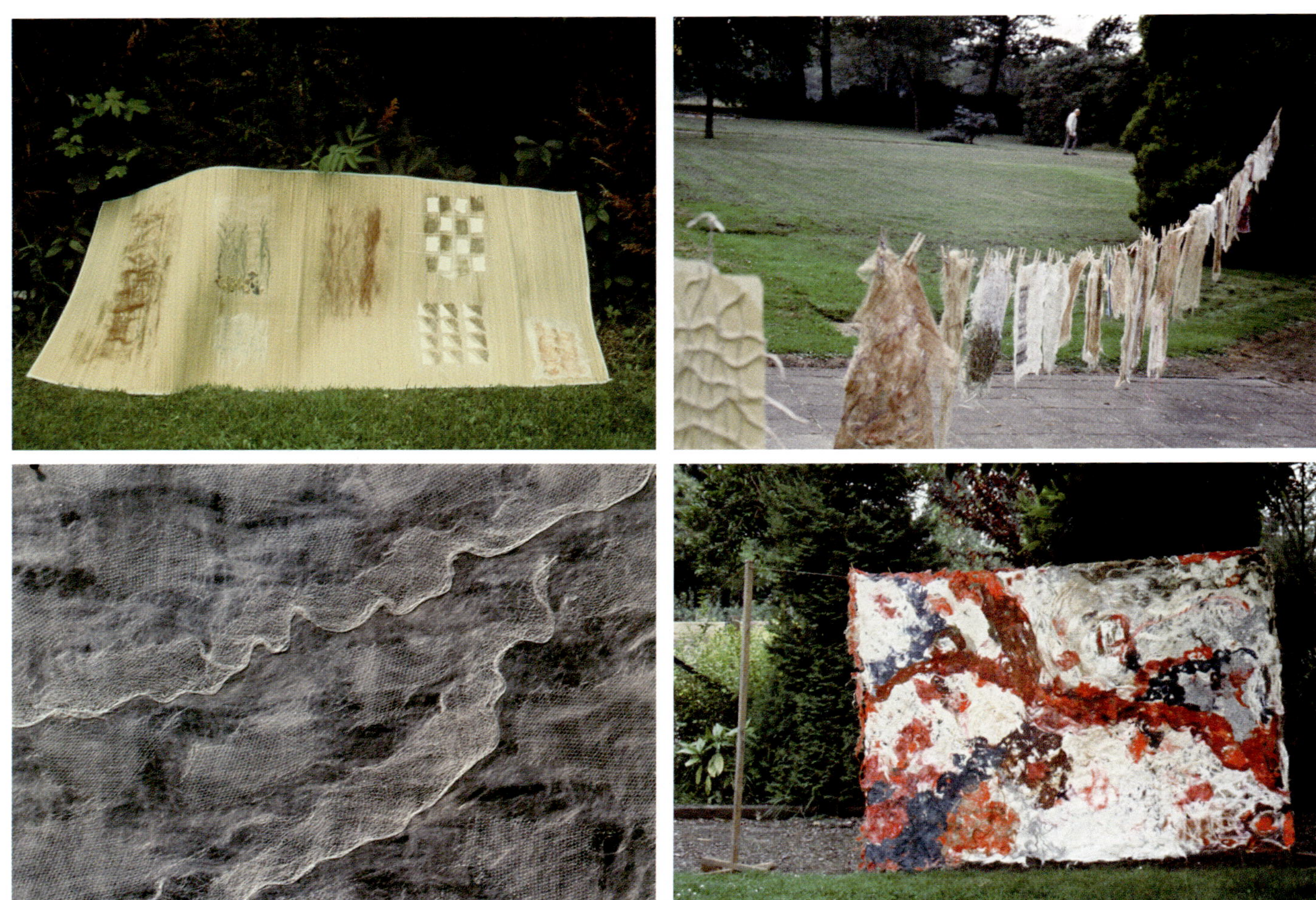

겐트 아르스콧 수도원, 국제 종이와 비단종이 워크숍
Abbey Arschot, International Silk Paper Making Workshop, Arschot, Belgium, 1987.

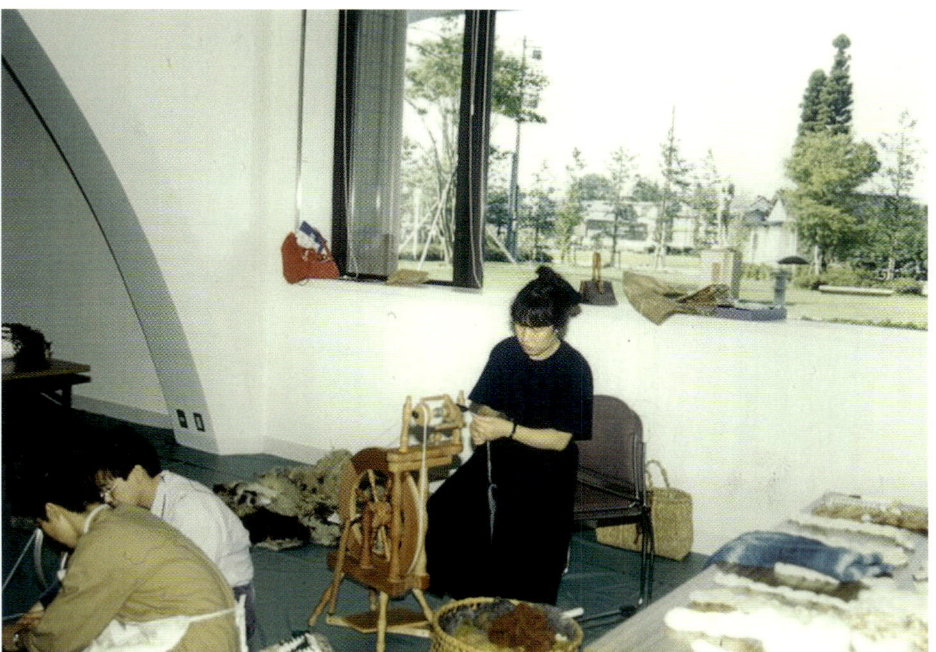

〈실꼬기〉
〈Spinning〉
도야마 국제 크래프트 페스티벌 초대전
Toyama International Craft Festival, Conference
& Workshop, Exhibition, Toyama, Japan, 1992.

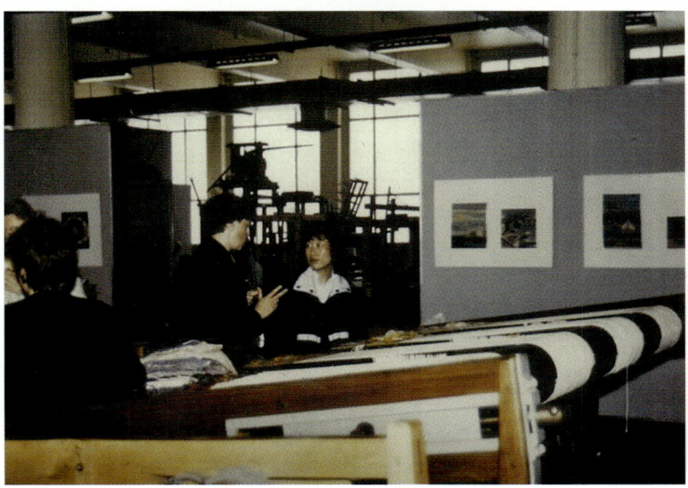

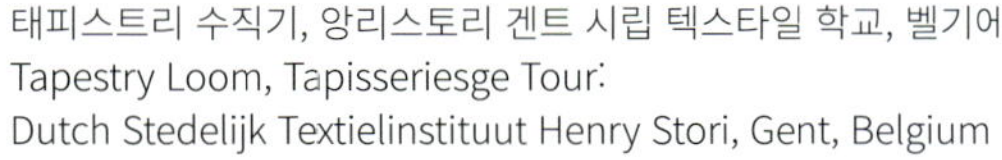

태피스트리 수직기, 앙리스토리 겐트 시립 텍스타일 학교, 벨기에
Tapestry Loom, Tapisseriesge Tour.
Dutch Stedelijk Textielinstituut Henry Stori, Gent, Belgium

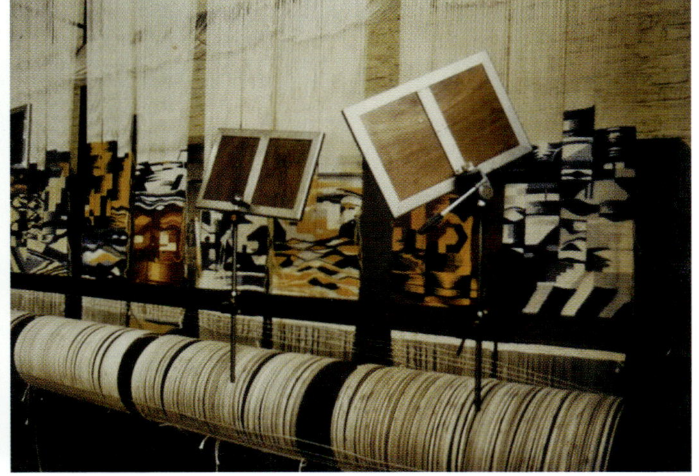

태피스트리 수직기, 앙리스토리 겐트 시립 텍스타일 학교, 벨기에
Tapestry Loom (Metier Tisser: F), Stedelijk Textielinstituut Henri Story,
Gent, Belgium

II 작품 연구과정

(3) 국제 레이스 워크숍: 레이스 역사의 이론적 배경과 기원

해외교수인솔 프로그램 중 레이스 워크샵 (ACD-EUROPE 2012~2014, Faculty Led Program)

- 2014년 워크숍 일정: 1월 10일~1월 25일
- 장소: 프랑스 노르망디 깡(Caen), 알랑송 레이스 미술관(UNESCO 세계 문화유산)
- 강사: 끌로데뜨 부보(Claudette Bouvot), 미쉘 부보(Michel Bouvot) 외 레이스 전문가, 교수
- 연수 목적: 프랑스 레이스 입문
- 내용: 레이스 전시 탐방 및 강의, 프랑스 전통 보빈 레이스 제작 기법 수강

- 1차: 단순 기법들을 이용한 책갈피 제작
- 강의: 덩뗄 깡(Dentelles Caen), 바이유(Bayeux), 샹띠이(Chantilly), 라 블롱드 꾸르설(La Blonde de Courseulles) 레이스의 특징, 알랑송 보자르 미술관, 레이스 미술관, 깡의 노르망디 미술관 레이스 전시 답사 및 워크숍
- 알랑송 포인트의 국립 아뜰리에(L'Atelier National Au Point d'Alençon)

242

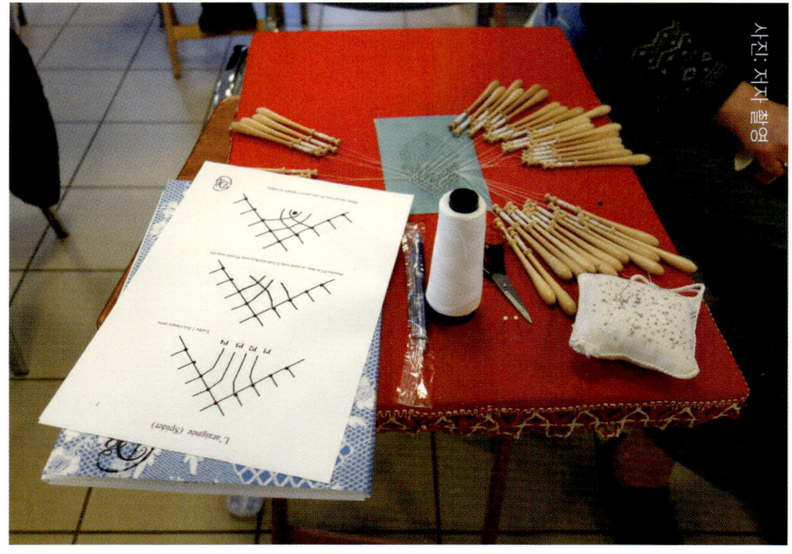

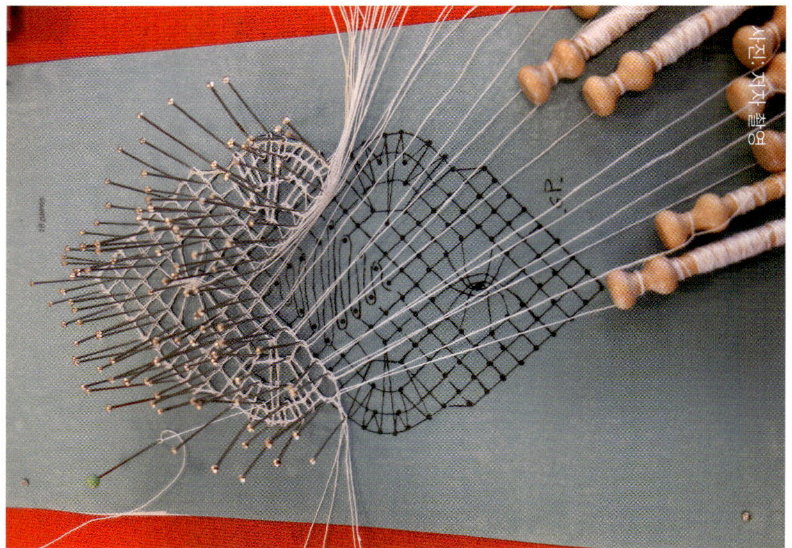

1. 실을 감은 보빈과 밑그림을 준비한다(초보자를 위해 4개의 보빈은 강사가 준비, 4개는 학생이 직접 감아 핀에 건다).

2. 레이스를 짜기 위해 필요한 기본 방법들이 적힌 설명서를 숙지한다.

3. 교차 꼬기에 사선넣기한다.

4. 중앙에 거미줄 모양을 넣는다.

5. 실이 교차되며 생기는 별무늬 패턴을 지나 알랑송 레이스 패턴을 짠다(알랑송 레이스에서 면을 채울 때 주로 사용하는 방법이다).

6. 다 짜낸 레이스는 단단하게 굳을 수 있도록 용액을 바른다.

7. 용액이 완전히 마르면 안쪽부터 핀을 뽑는다.

8. 작품이 완성된 후에는 보빈에 남아있던 실들을 모두 풀어 정리한다.

243

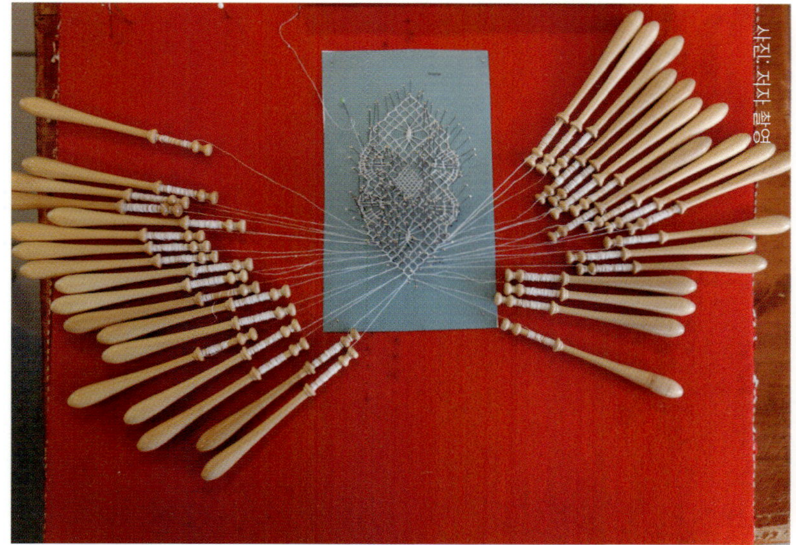

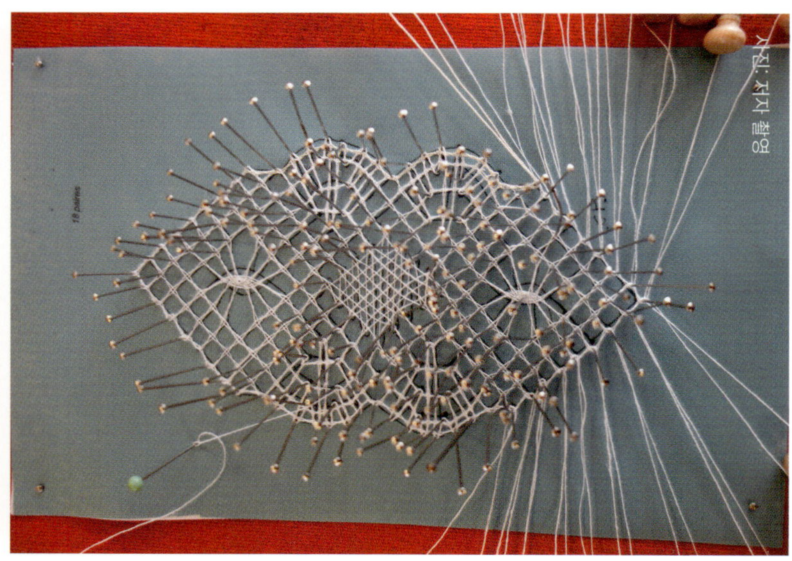

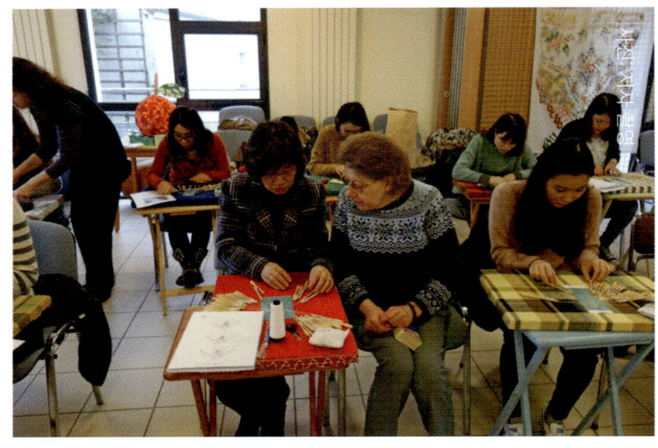

유럽의 레이스는 크게 바늘로 짠 레이스(Needle Lace), 보빈을 움직여 짠 레이스(Bobbin Lace), 메카닉 레이스(Mechanic Lace) 등이 있다.
본 레이스 워크숍은 이화여자대학교 조형예술대학 섬유예술 전공 학생들을 위해 프랑스 레이스 협회 창시자이자 회장(다수의 레이스 저서 저술가)인 미셸 부보(Michel Bouvot)의 강의 및 레이스 미술관 답사 인솔과 레이스 전문 제작자인 끌로데뜨 부보(Claudette Bouvot)외 3인 레이스 제작 전문가와 교수의 지도로 이루어진 Field trip 연수(3학점 부여) 과정이다.

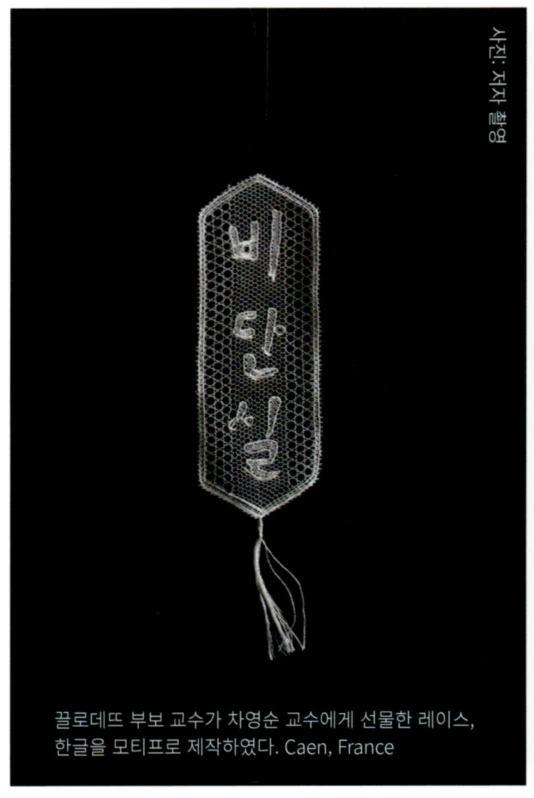

끌로데뜨 부보 교수가 차영순 교수에게 선물한 레이스,
한글을 모티프로 제작하였다. Caen, France

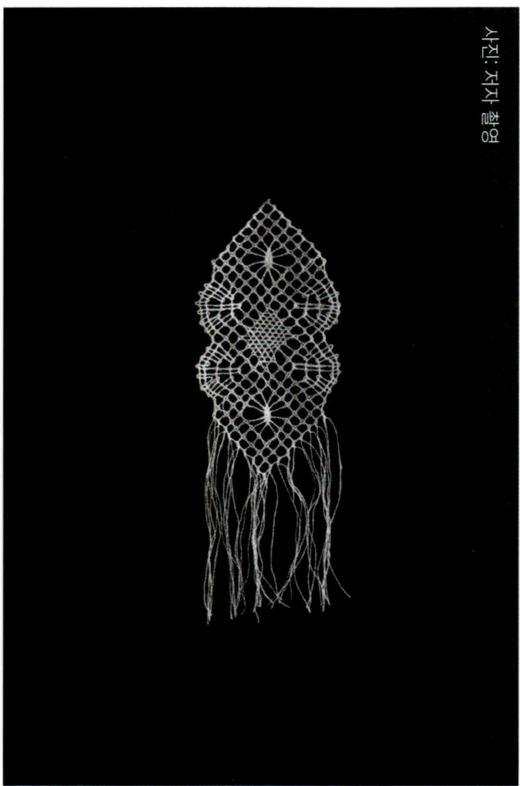

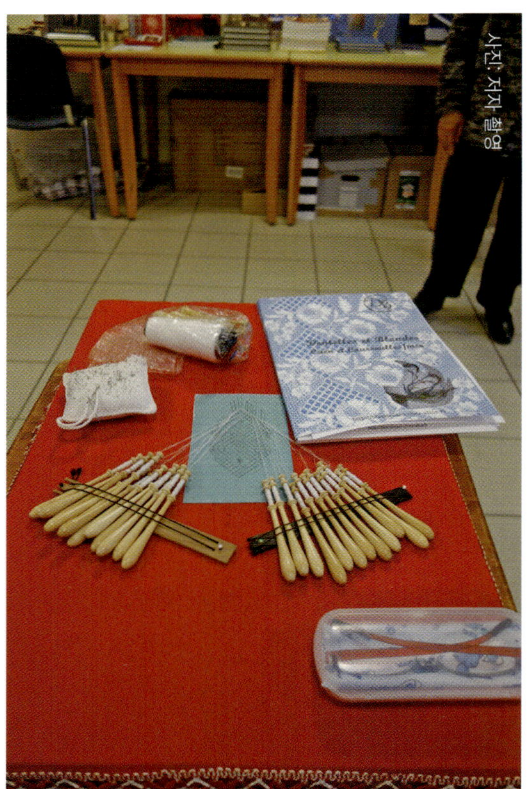

본 이미지들은 유네스코(UNESCO) 문화 유산으로 지정된 프랑스의 알랑송 미술관에 전시된 역사적 자료들로서 제작과정은 다음과 같다.

먼저 보빈 레이스 제작을 위해 면사, 마사, 또는 견사들의 실을 감은 보빈(작은 나무 방망이), 핀, 밑그림, 쿠션 등을 준비한 후 다음과 같은 과정을 거쳐 작업한다.

첫째, 밑그림을 그린 판지에 구멍을 내어 쿠션 위에 얹고 그리고자하는 부분을 핀으로 고정한다.

둘째, 레이스를 짜기 위한 기본 설명서를 참조해가며 실이 감긴 보빈을 핀에 걸어 패턴에 따라 한가닥씩 움직이며 꼬아간다.

셋째, 그 꼬임을 핀으로 고정시키면서 계속해서 반복하면 보빈의 움직임에 따라 레이스 무늬가 탄생한다.

245

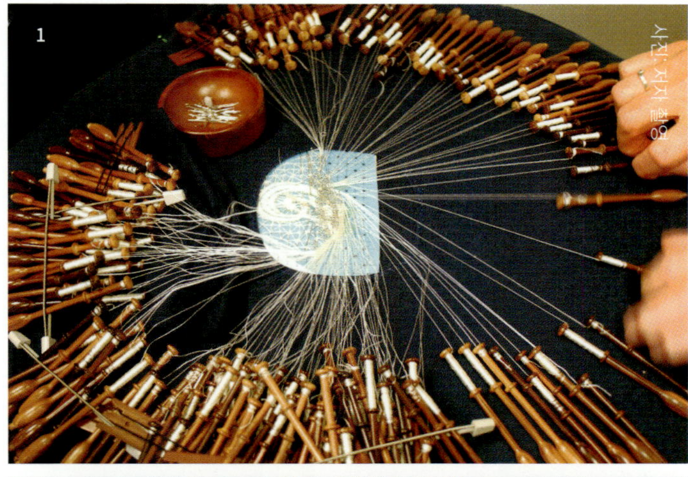

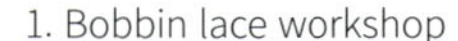

1. Bobbin lace workshop
2. Musée des beaux-arts et de la Dentelle d'Alençon
3. Detail

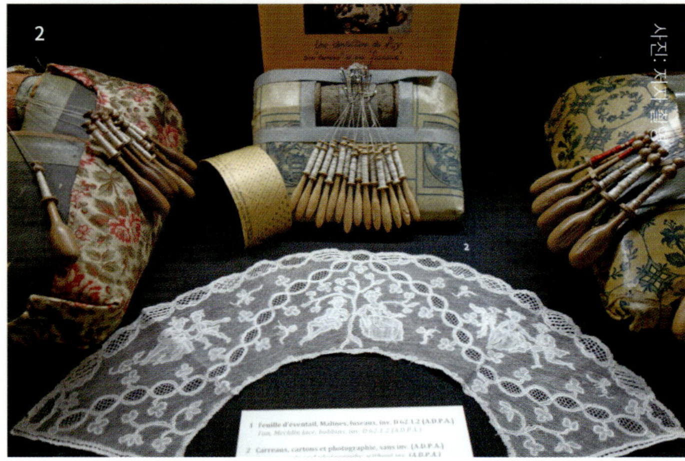

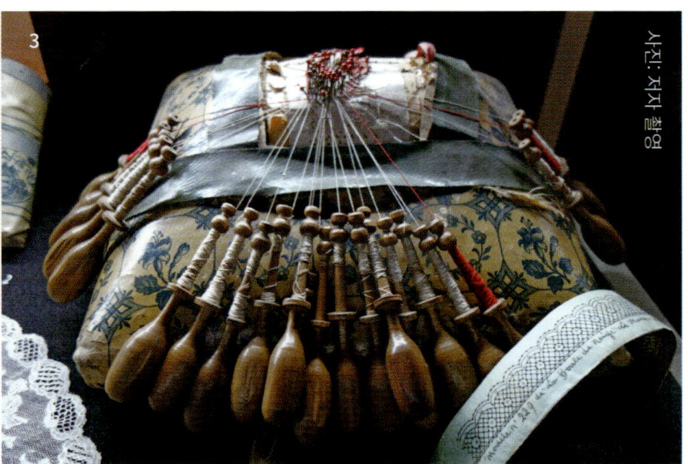

246

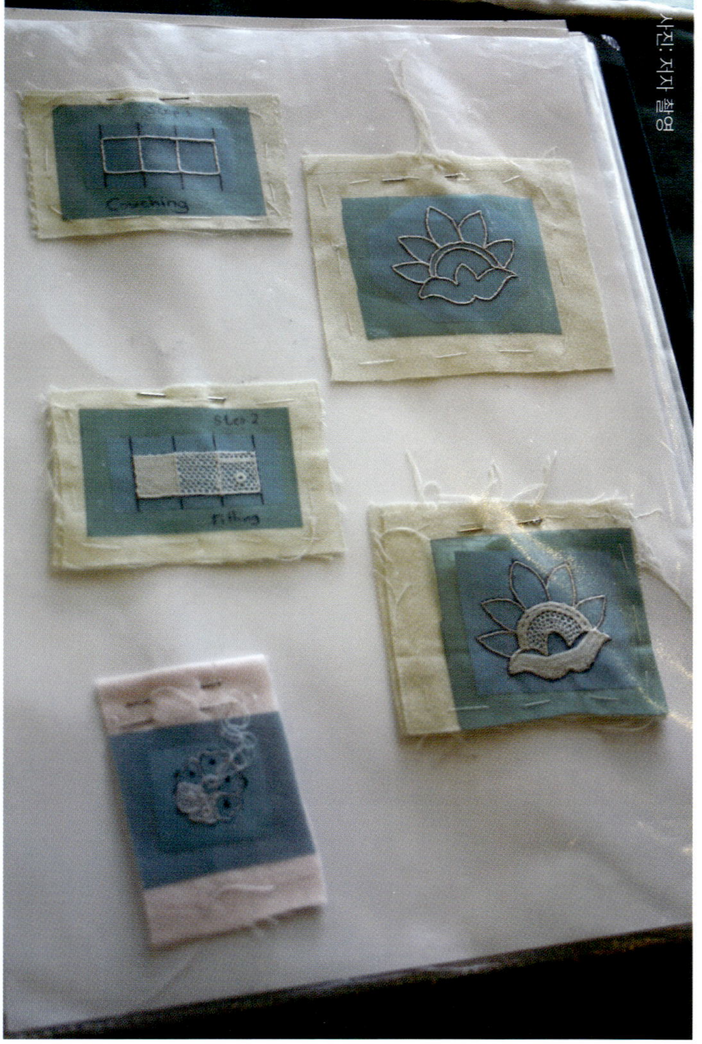

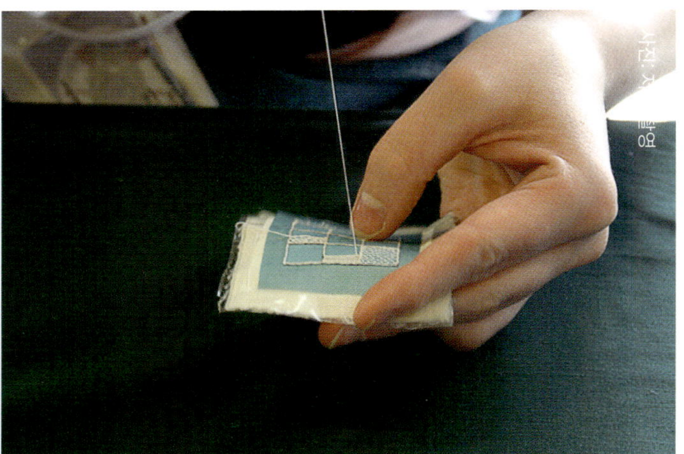

알랑송 포인트, 포왕 달랑송 국립 아뜰리에
Le Point d'Alençon, Atelier National au Point d'Alençon, Alençon, France, 2014.

247

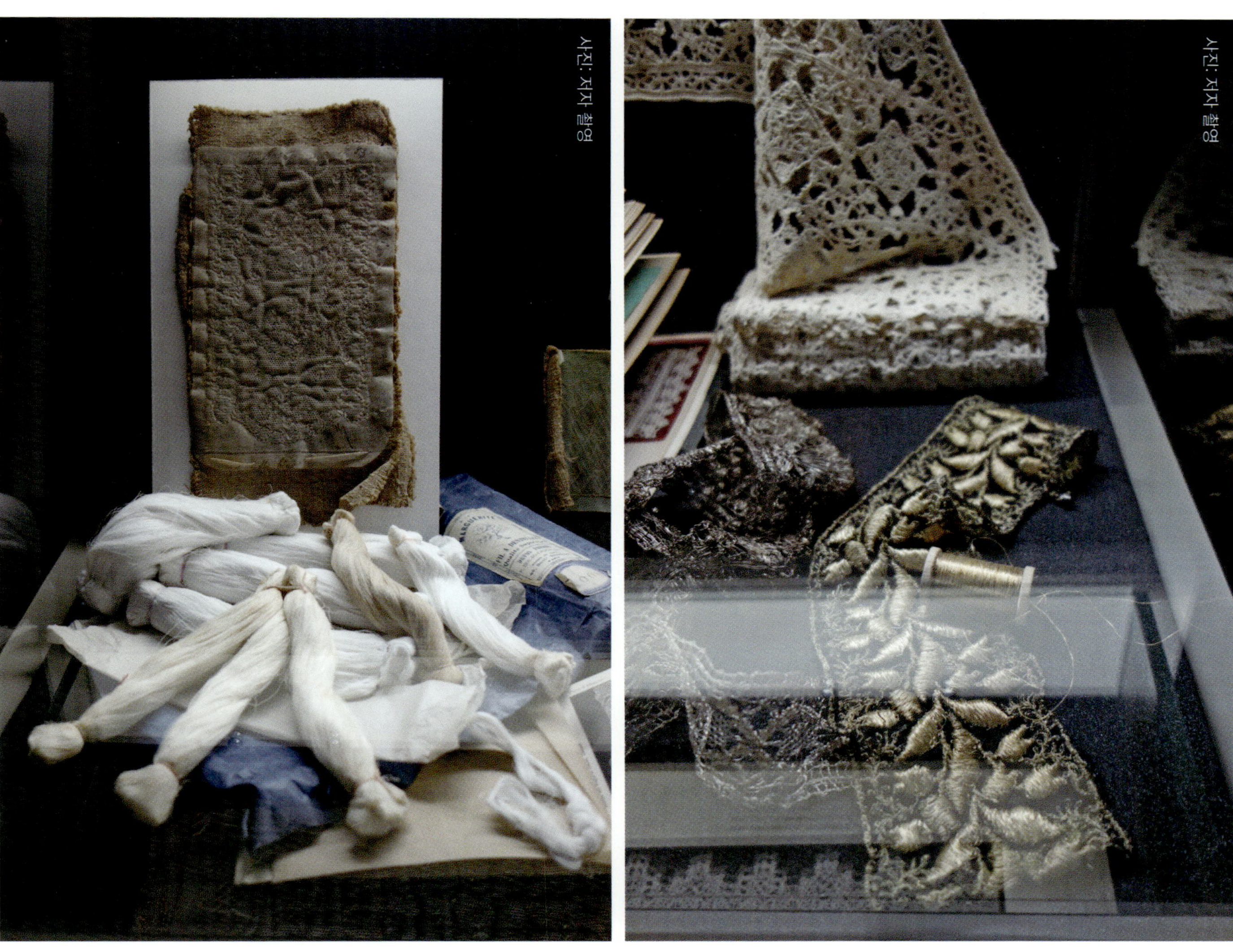

면사, 마사

금사

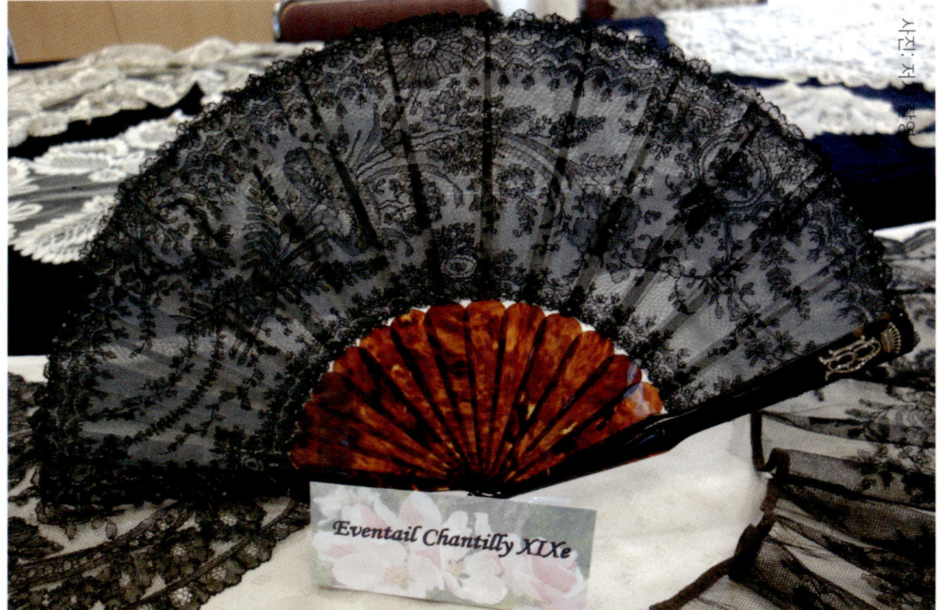

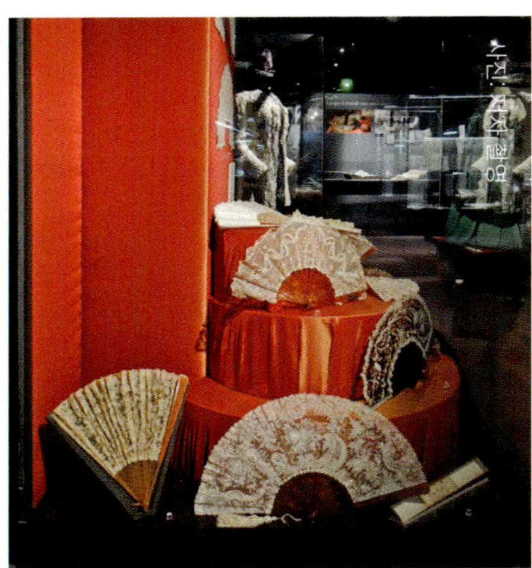

19세기 샹띠 레이스 부채, 쿠션, 손수건
XIXe Eventai Chantilly, Coussin, Mouchoir
알랑송 레이스 미술관
Musée des beaux-arts et de la Dentelle d'Alençon

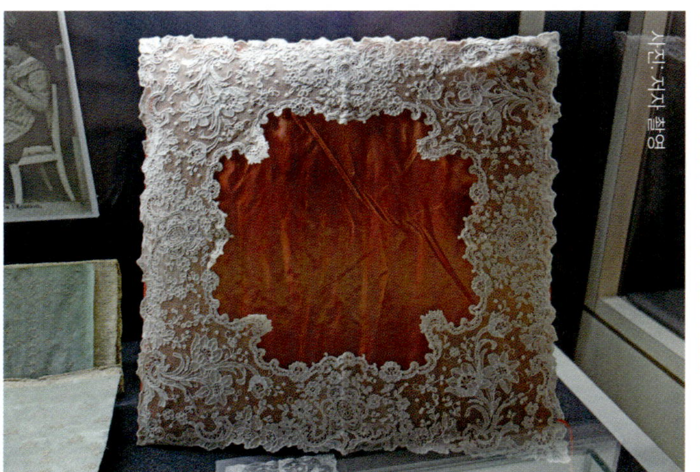

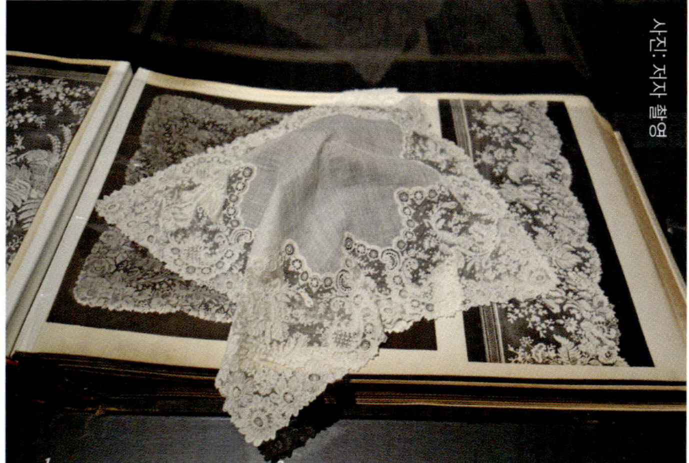

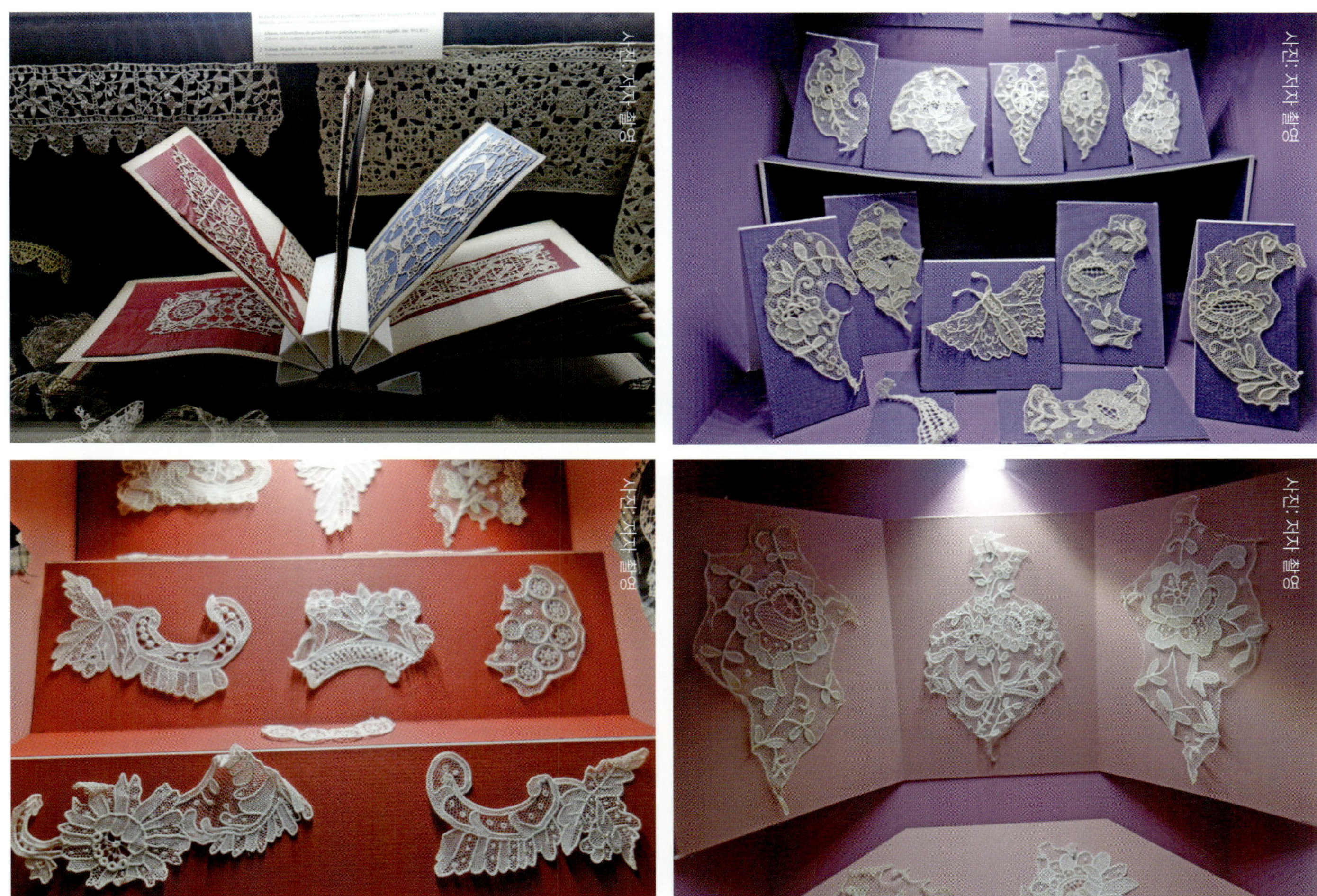

알랑송 레이스 미술관
Musé des Beaux-arts et de la Dentelle d'Alençon, Alençon, Francce, 2014.

유럽의 고건축과 바로크(Baroque)식 고전 정원들은 마치 자수와 레이스 패턴을 수놓은 직물과 손수건 문양을 띠고 있다. 그래서 이들은 "자수 정원" 또는 "레이스 정원"이라고 불린다. 대표적인 예로, 빌랑드리 샤토(Château de Villandry)의 정원(채마밭, Jardin de Villandry)과 네덜란드의 허트 루(National Museum Paleis Het Loo) 왕궁 정원, Bingen의 Hildegard의 수도원 정원 건축을 들 수 있다. 유럽 미술에서 화가들은 태피스트리, 자수, 직조 등에도 조예가 깊어 회화 및 섬유 예술, 건축과 연계하여 디자인할 수 있었다. 패턴의 정원들은 그로부터 일련의 영감을 받아 독자적으로 새롭게 재해석하여 제작한 작품들이다.

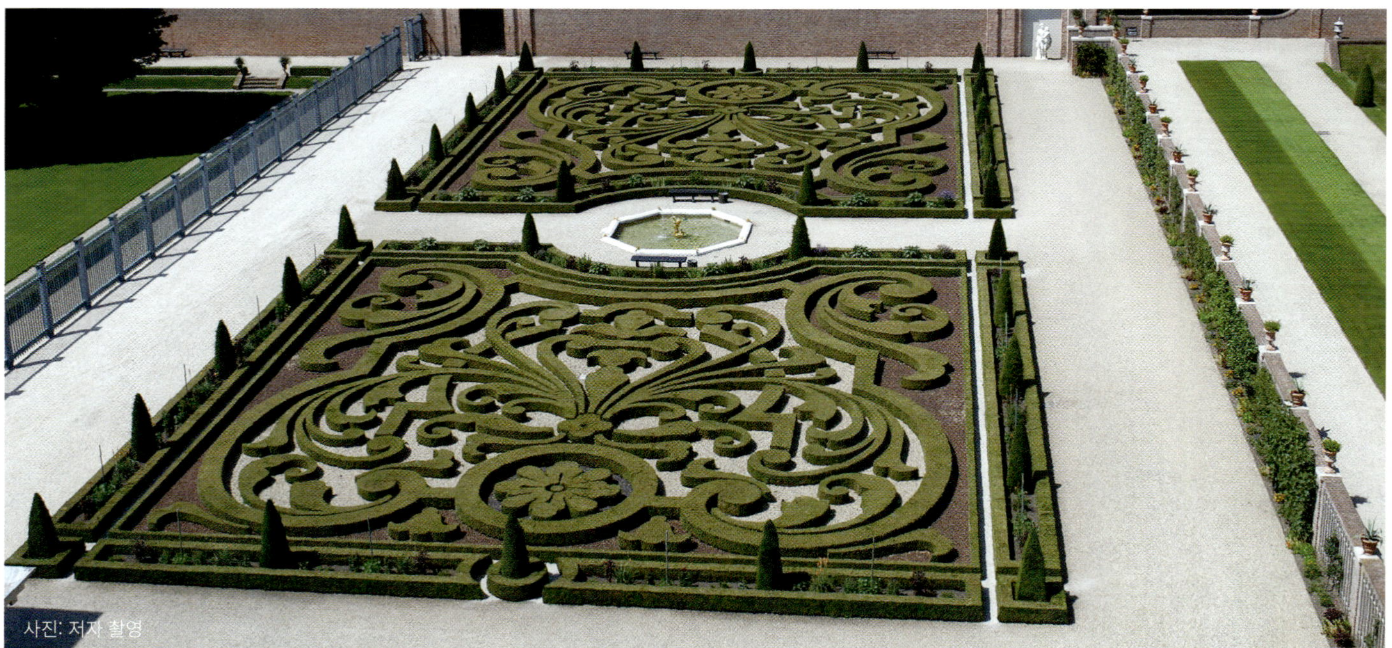

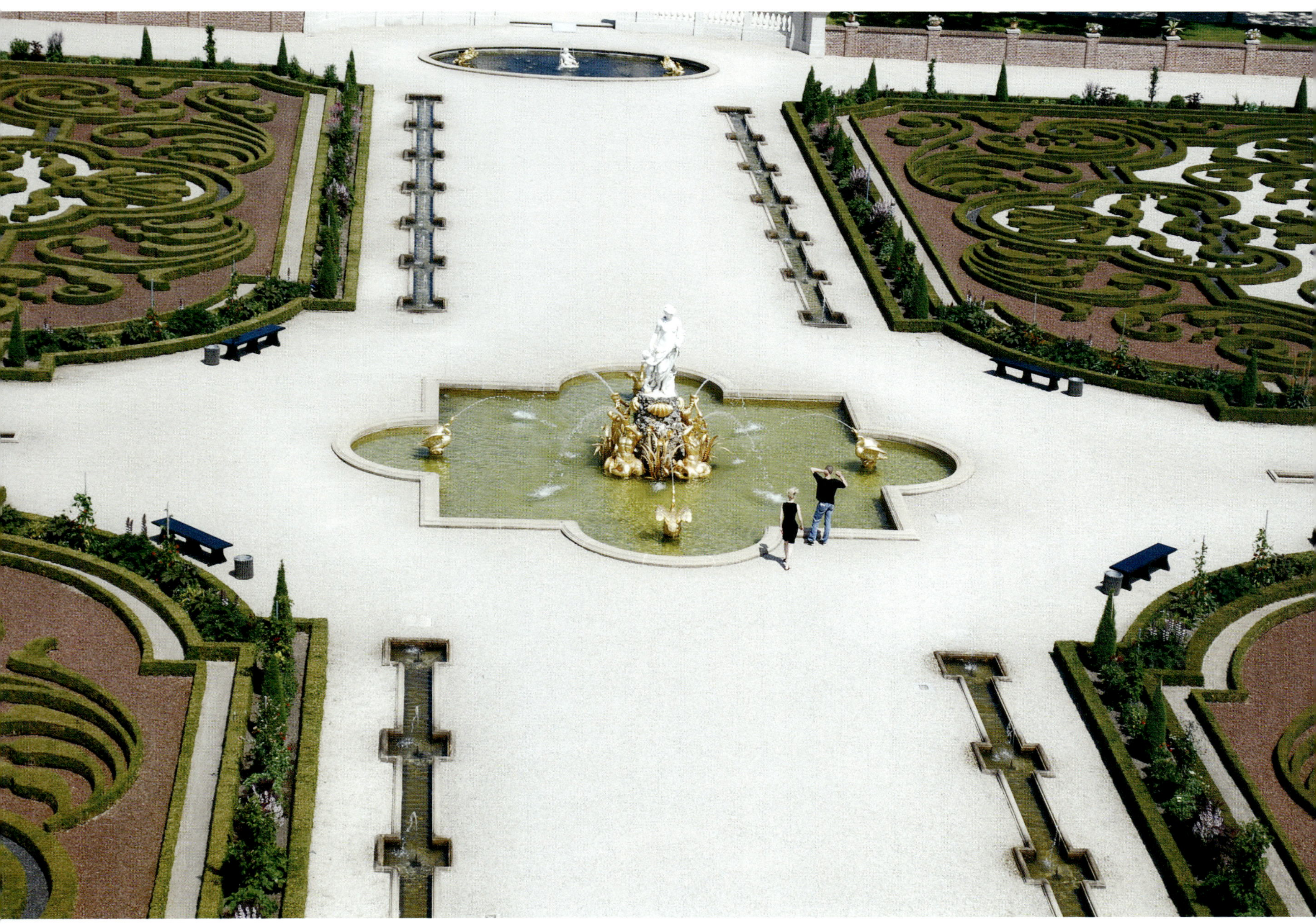

루아르 계곡에 위치하는 빌렁드리 샤토의 정원은 단(壇), 사각형 격자로 구획된 자수정원으로 구성되어 있다. 양식으로는 이탈리아 르네상스식 정원의 흔적을 보여주지만, 후대 바로크 양식의 자수정원에 선례가 되고 영향을 미쳤다. 빌랑드리 정원의 특징은 관상식물로만 구성되지 않았다는 점이다. 식용 야채로써 자수장식처럼 도안된 potager(야채밭), 약용식물로서 도안된 약초밭 등 미학과 실용적 목적이 결합된 생태적 정원이기도 하다. 빌렁드리 정원 건축 디자인과 자수공예가들의 도안에 있어서 우선 순위의 경계를 정하기는 모호하다. 조경건축가들은 자수로부터 정원 디자인에 대한 영감을 받았다고 하나 이미 이에 대한 표본책들을 만들어 이론서들이 존재했다.

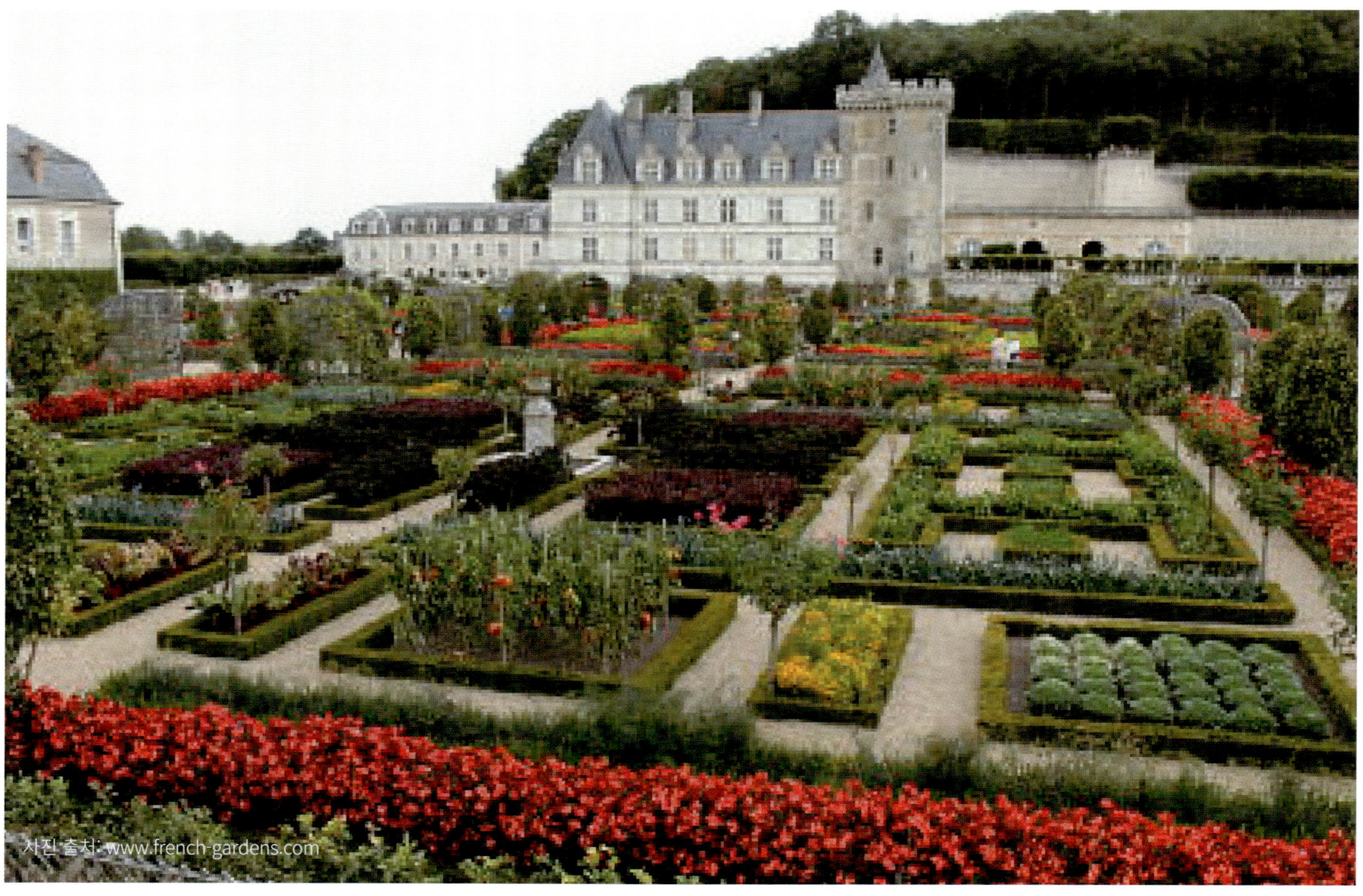

252

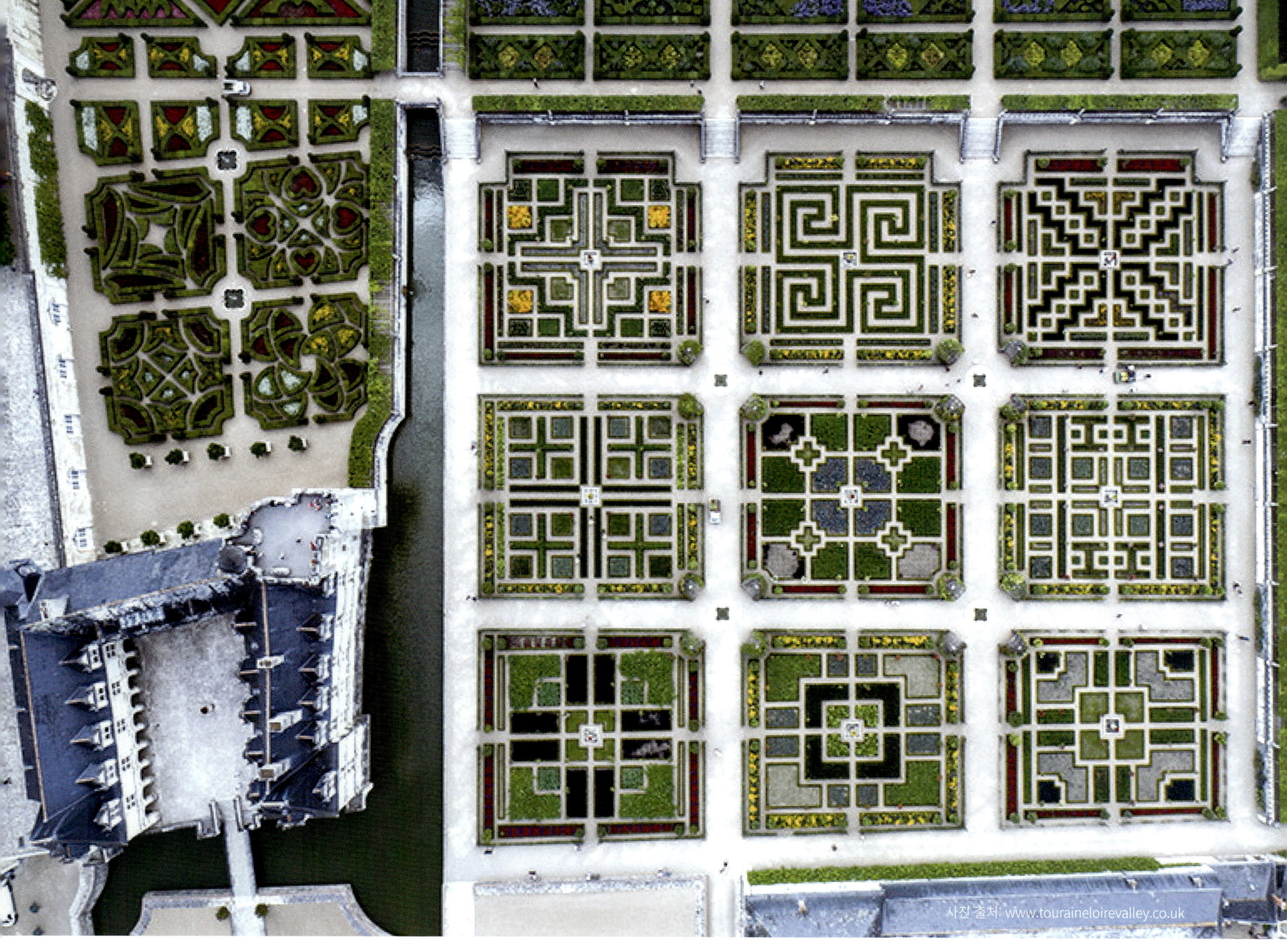

사진 출처: www.touraineloirevalley.co.uk

254

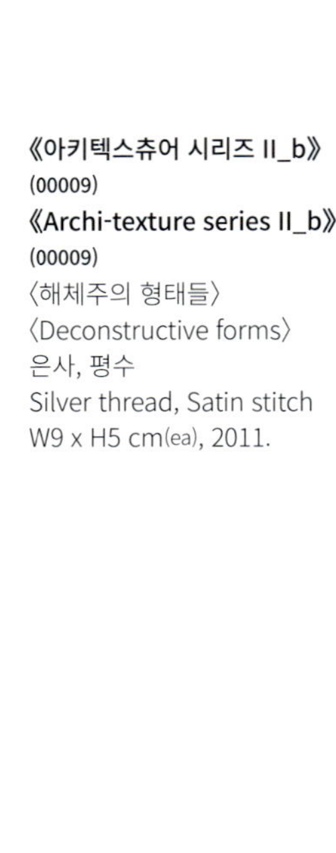

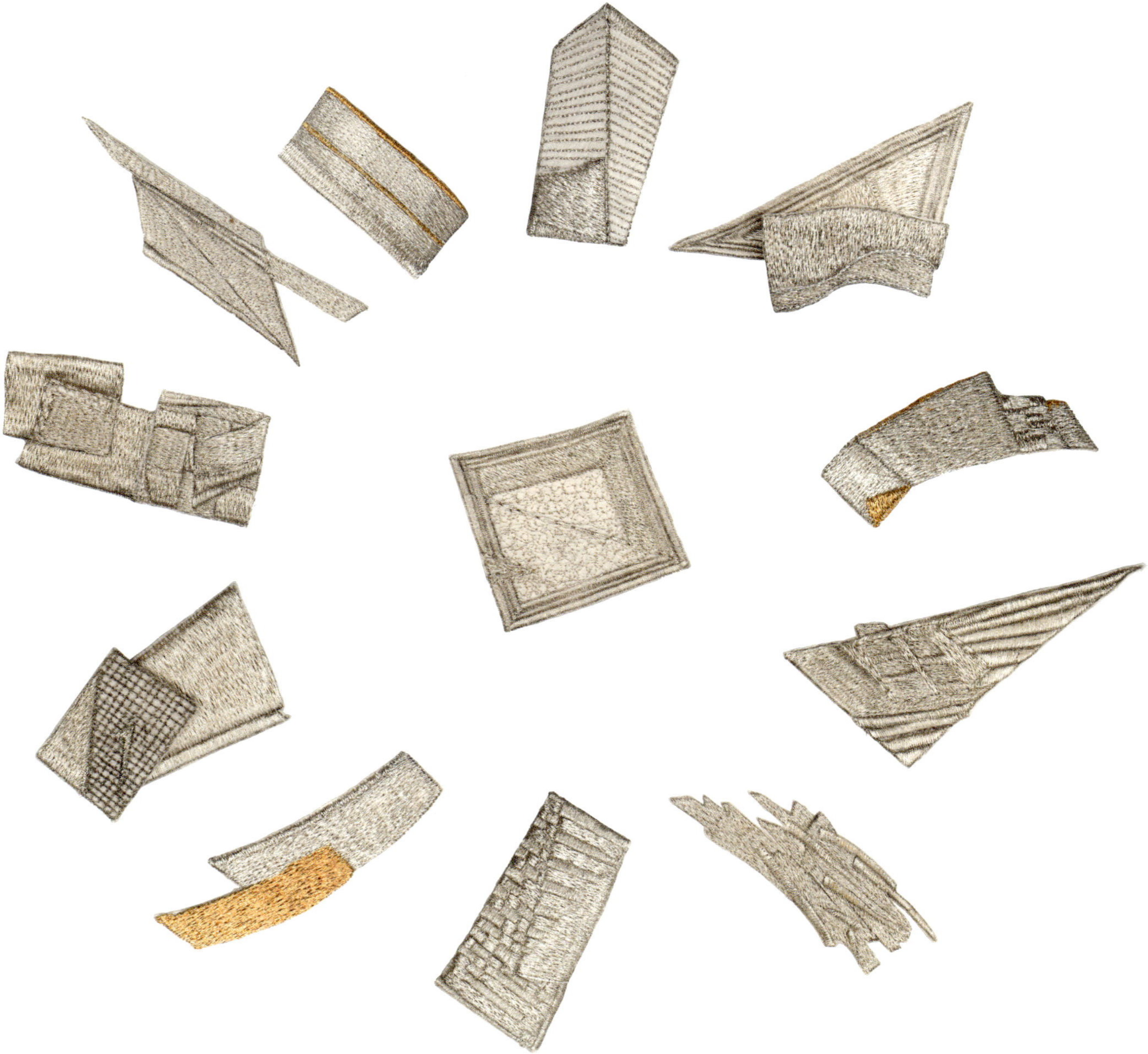

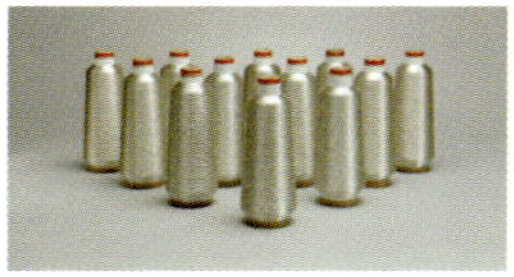

< 아키텍스츄어II_b>
00010
Silver thread no.1

에필로그(Epilogue)

'에필로그' 전은 필자가 이화여자대학교 섬유예술 전공에서 30여 년 동안 강사와 교수로 재직했던 임기를 마치며 그동안 발표했던 자수 작품들을 한자리에 모은 회고전이다. 이 회고전은 임기를 마치기 전 마지막 학기 강의의 일환으로, 지도교수로서의 작품 여정을 학생들에게 소개한다는 의미와 제자를 향한 감사의 뜻이 내포된 자리이기도 하다.

- 전시명: 회고전, 현대자수 이노베이션: 1994-2022
  RETRO, Contemporary Embroidery Innovation: 1994-2022
- 기간: 2022년 6월 8일 ~ 6월 12일
- 장소: 이화아트센터, 이화여자대학교 조형예술대학 2층
  Ewha Art Center, College of Arts and Design 2F,
  Ewha Womans University

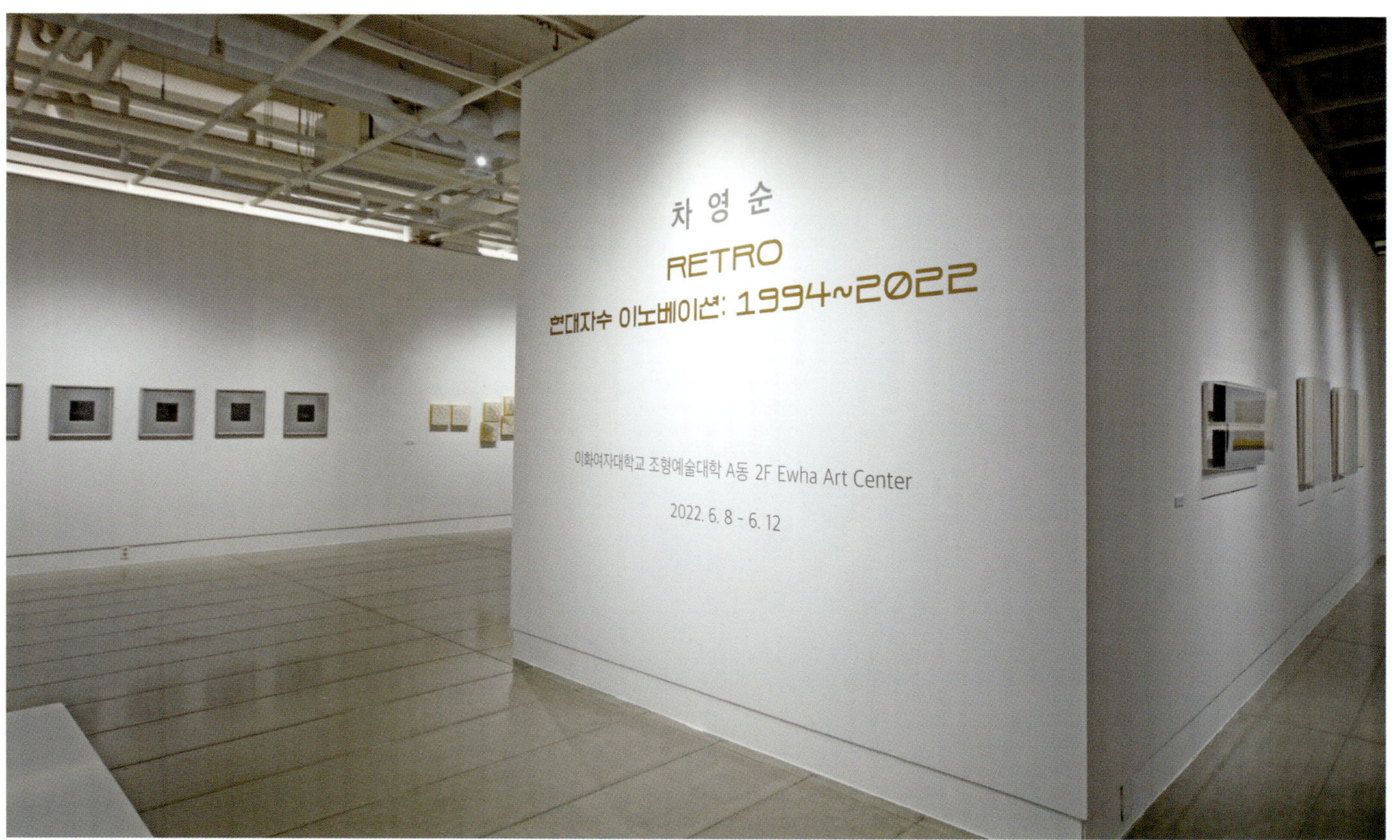

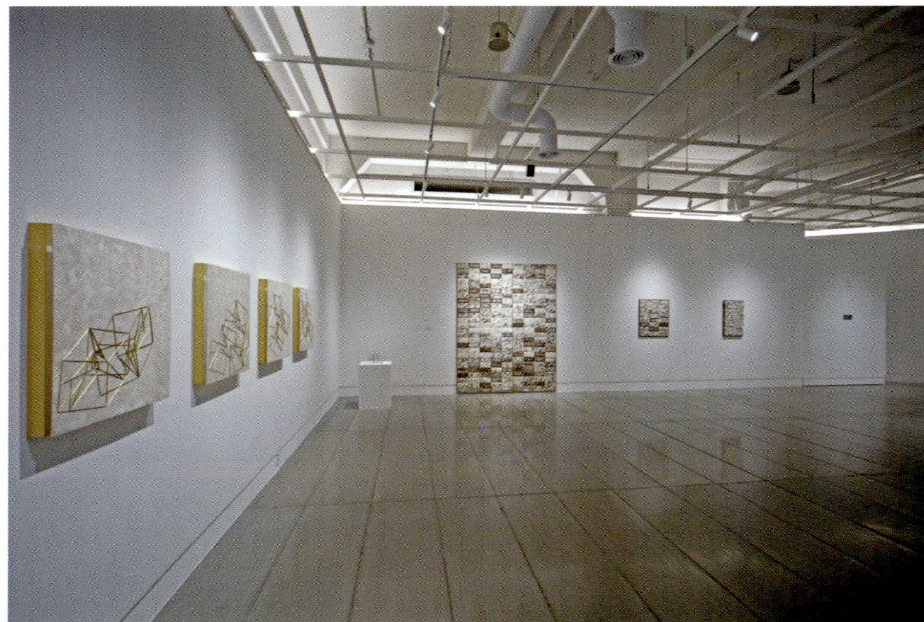

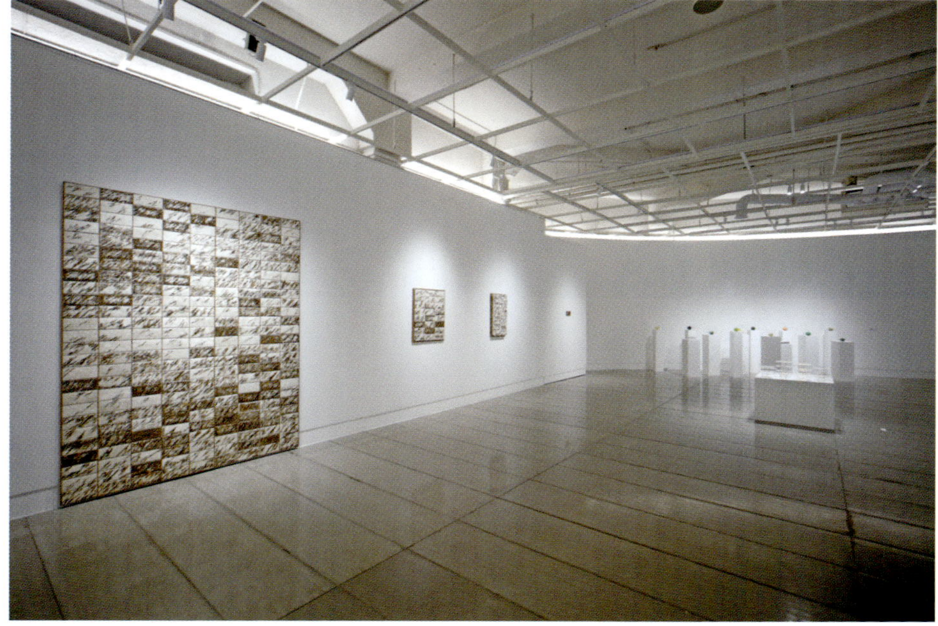

RESEARCH

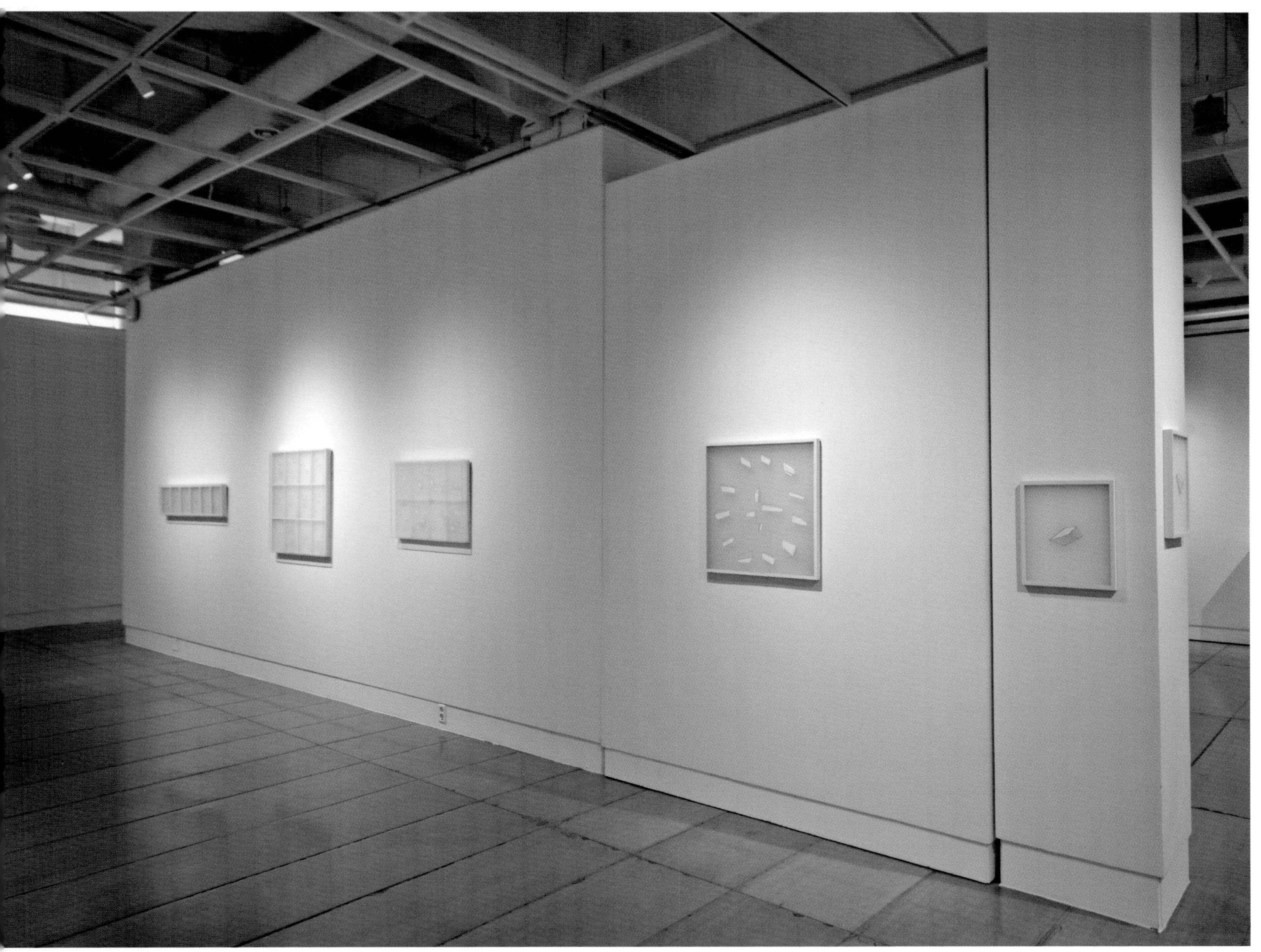

II 작품 연구과정

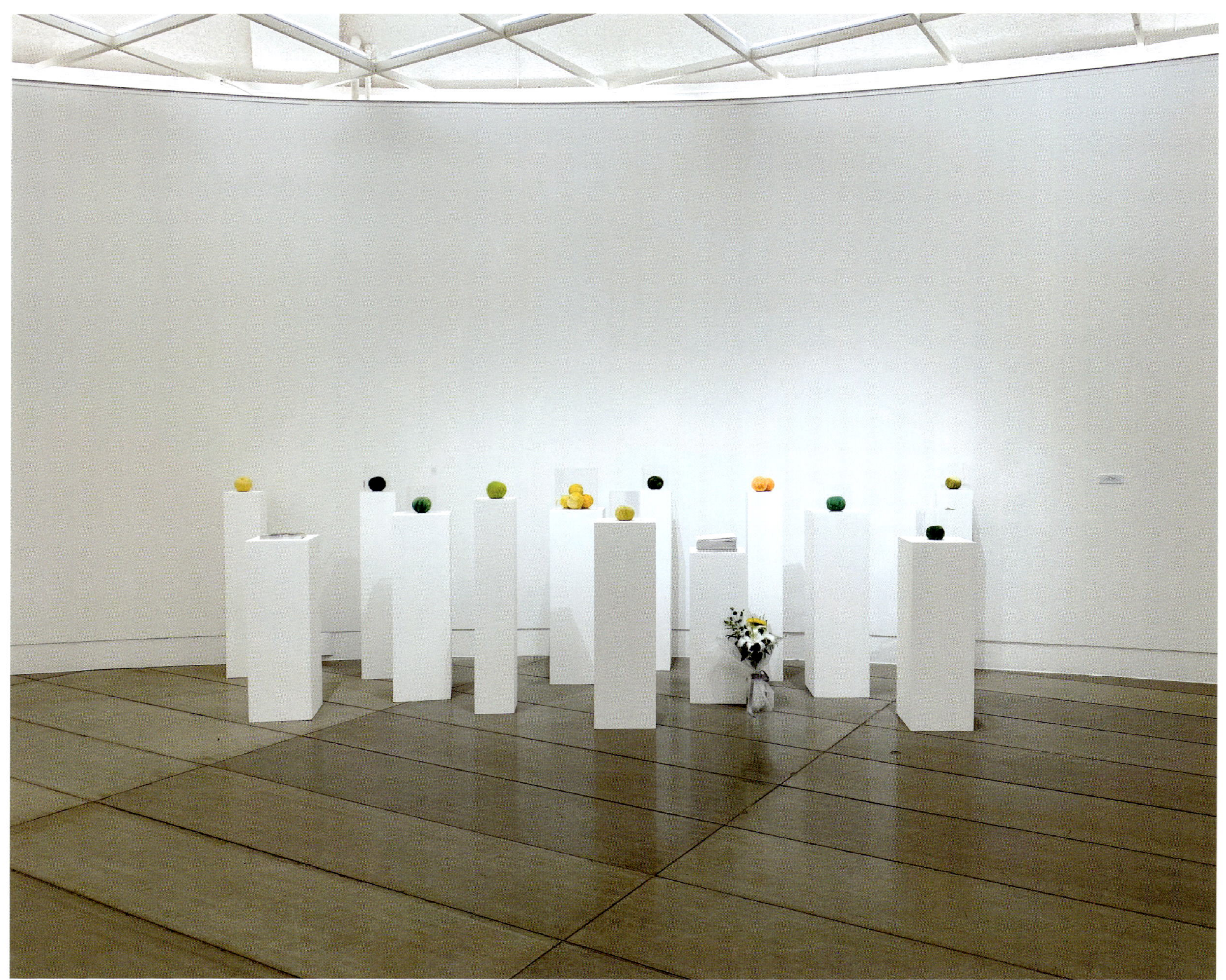

RESEARCH

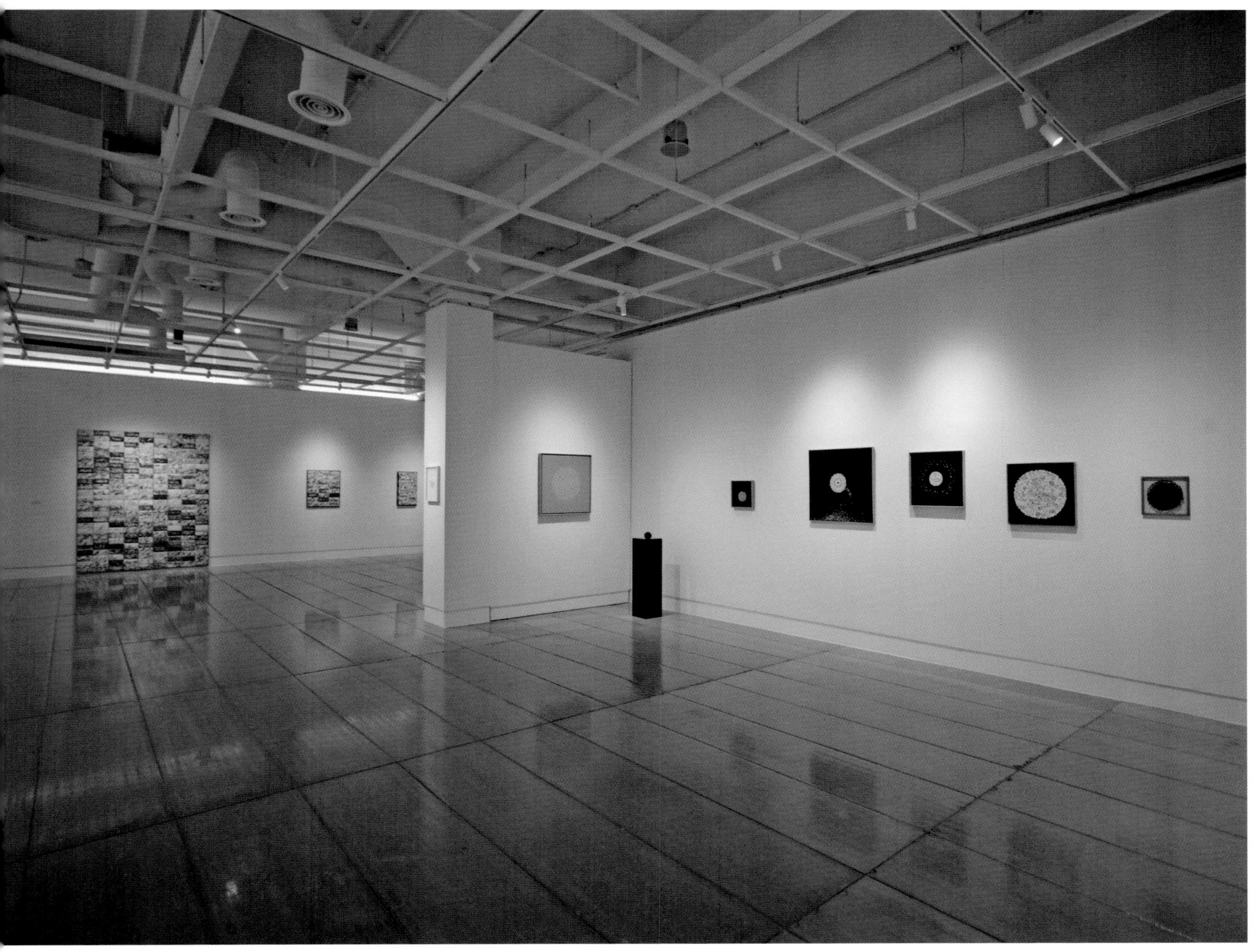

II 작품 연구과정

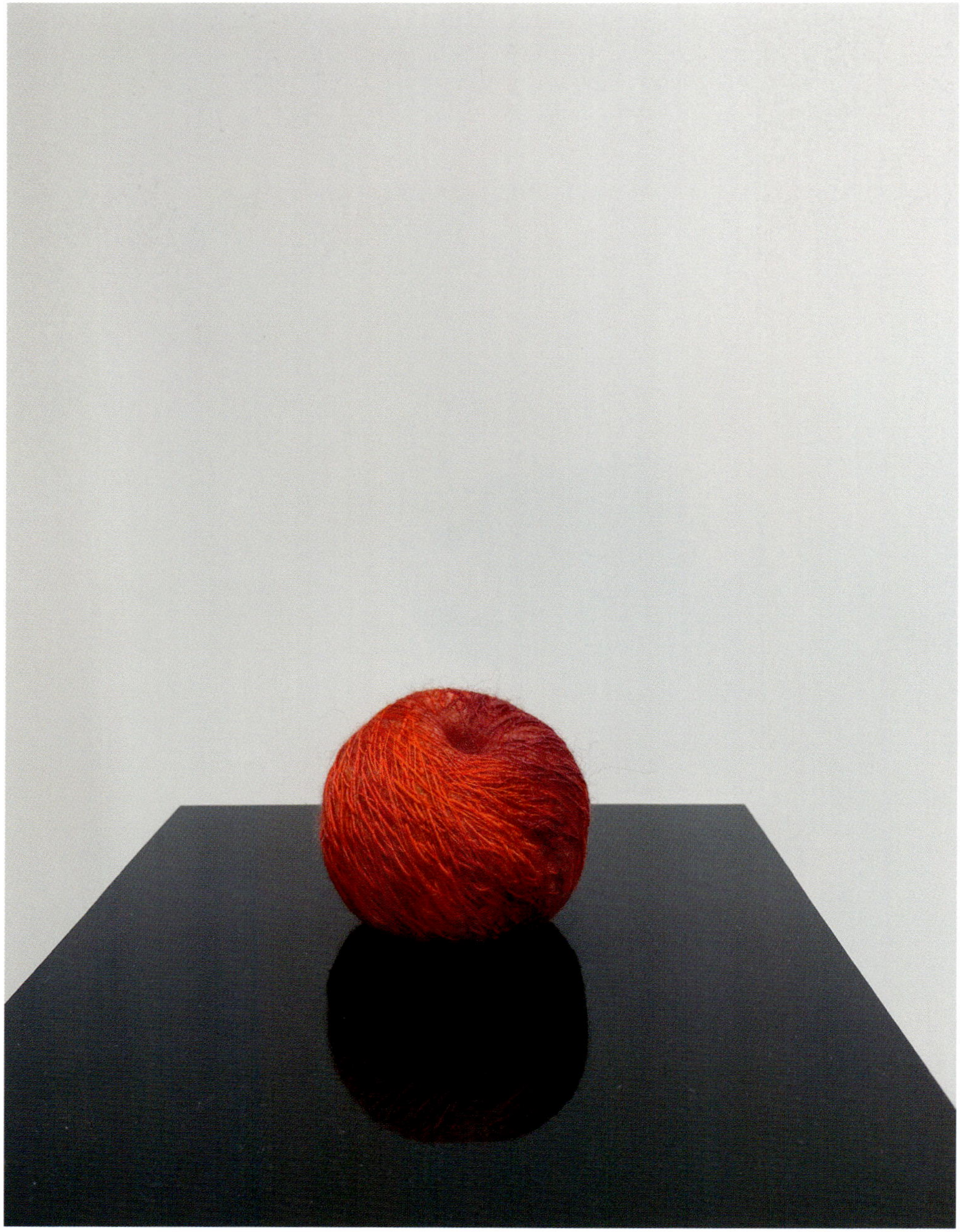

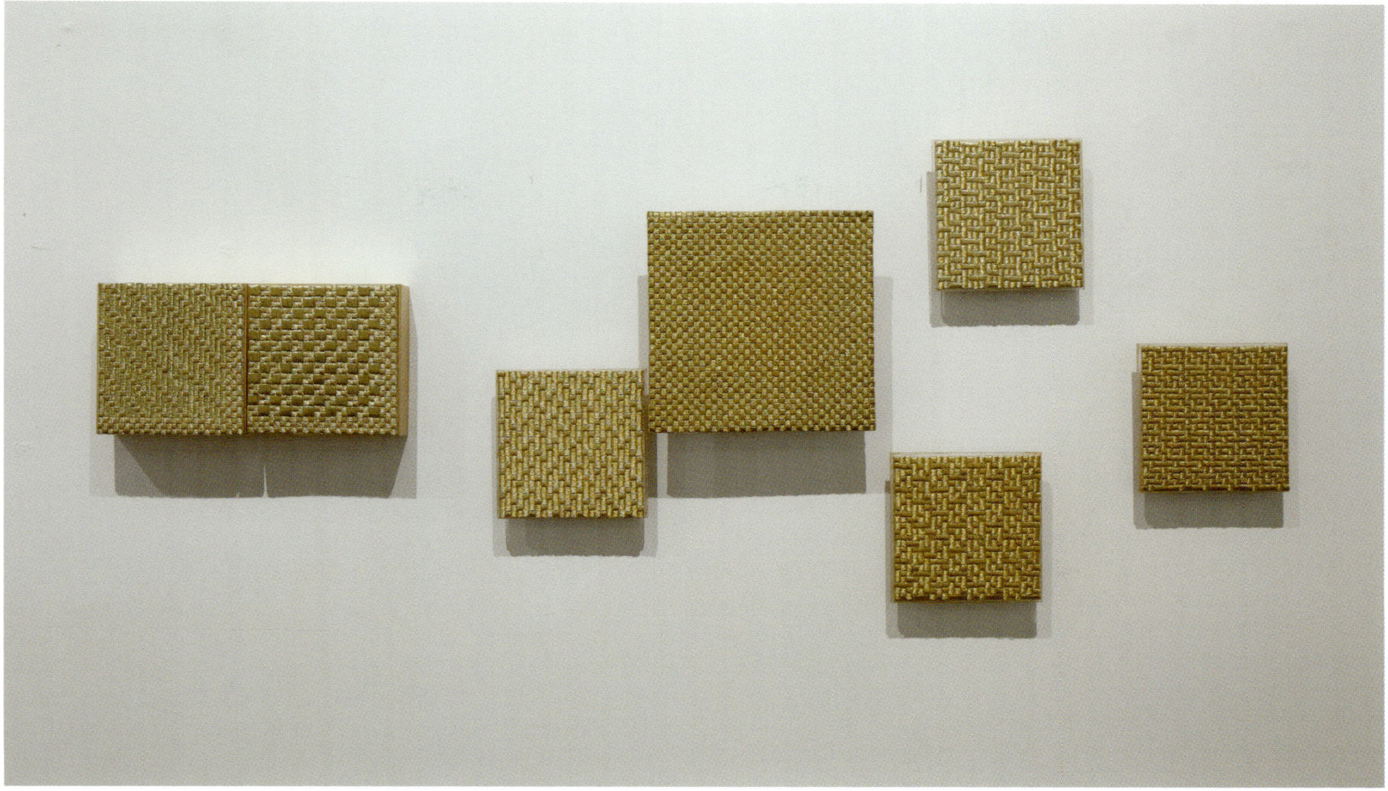

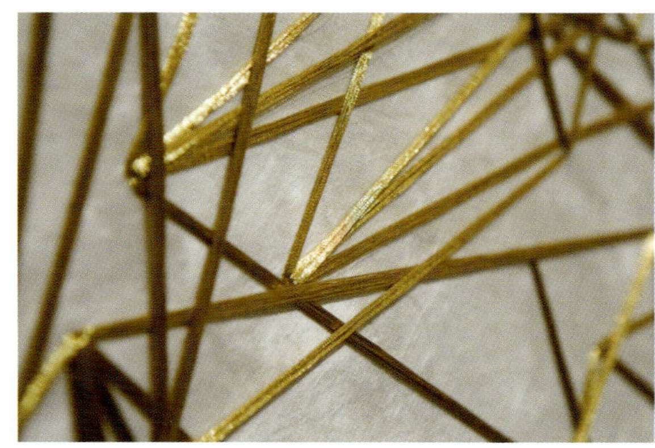

II 작품 연구과정

262

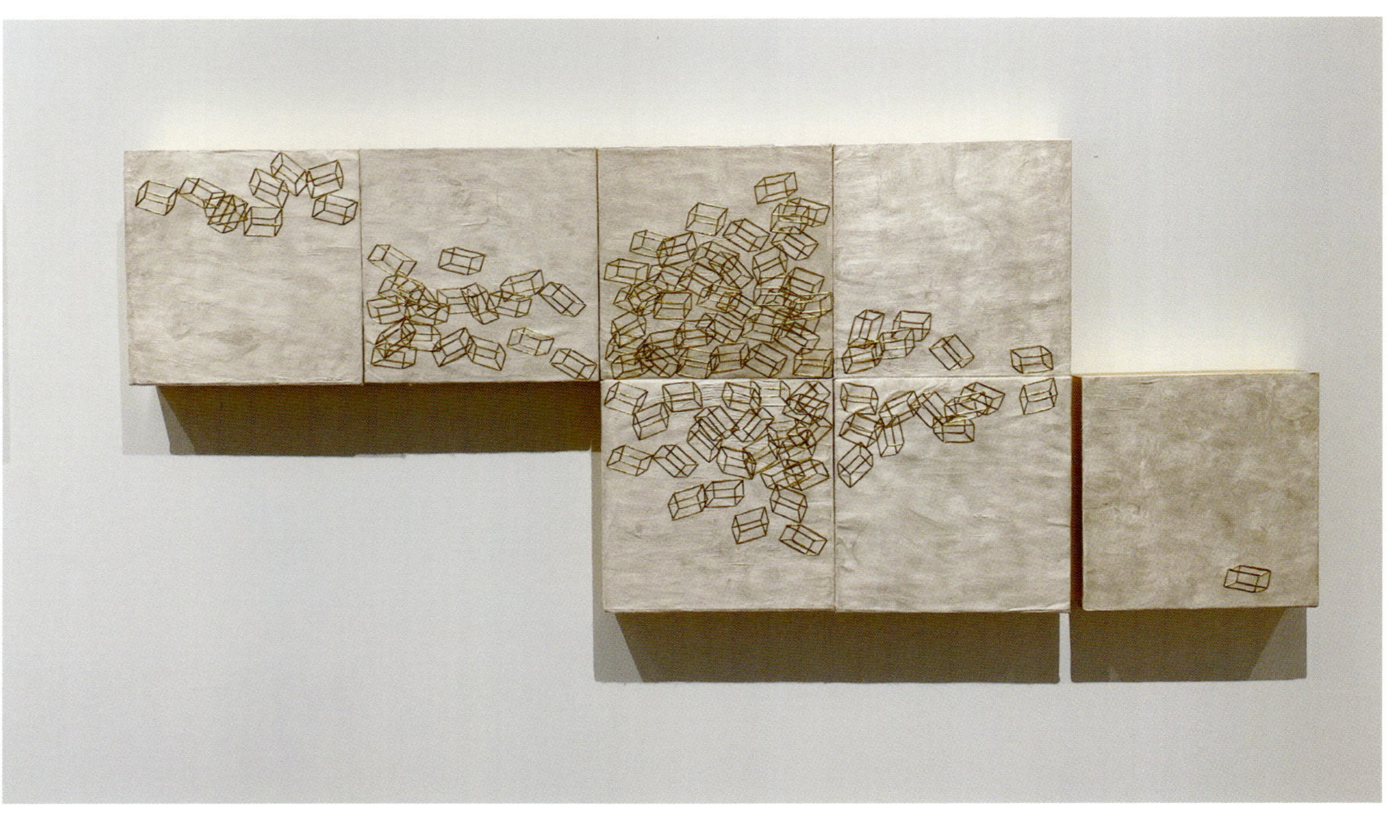

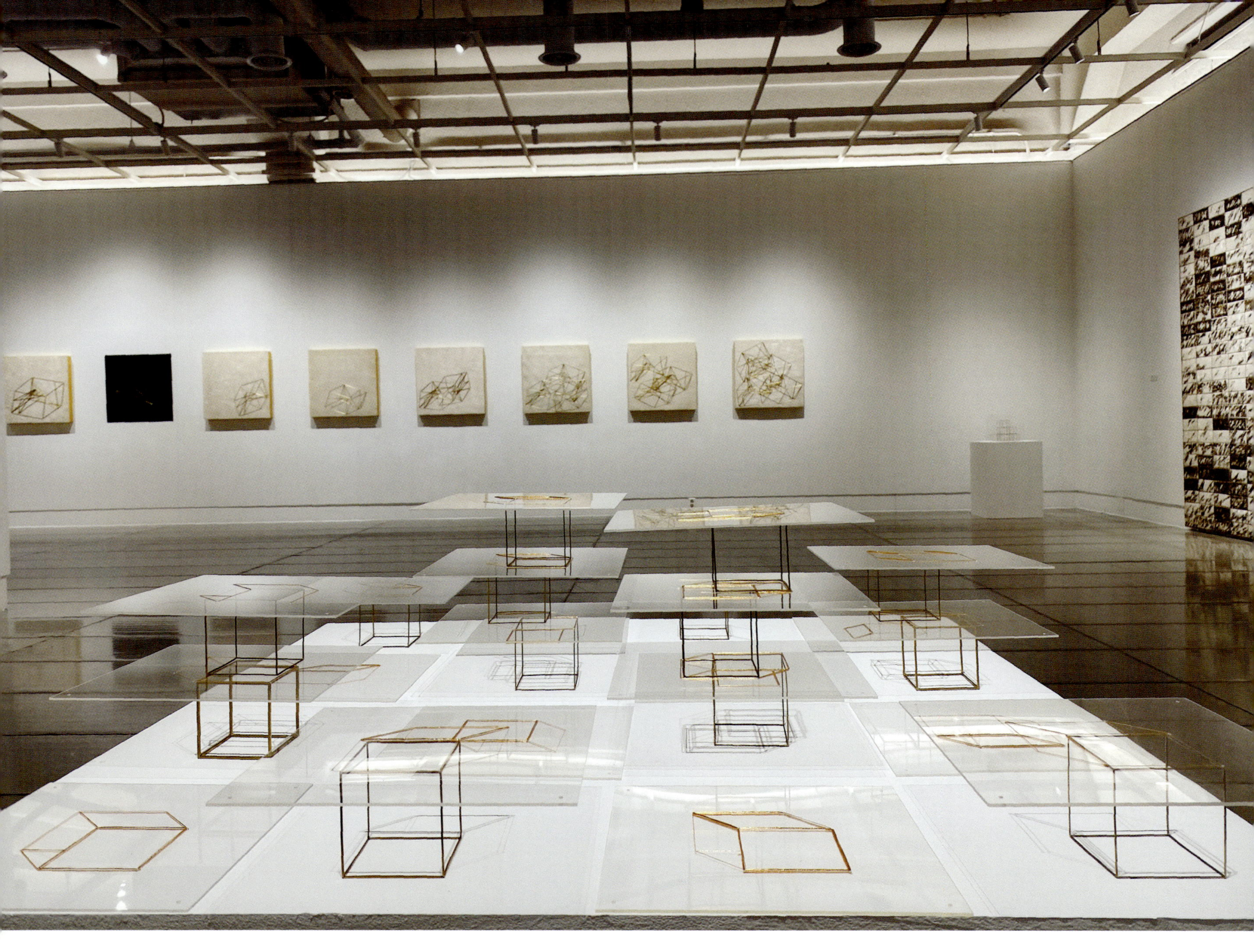

II 작품 연구과정

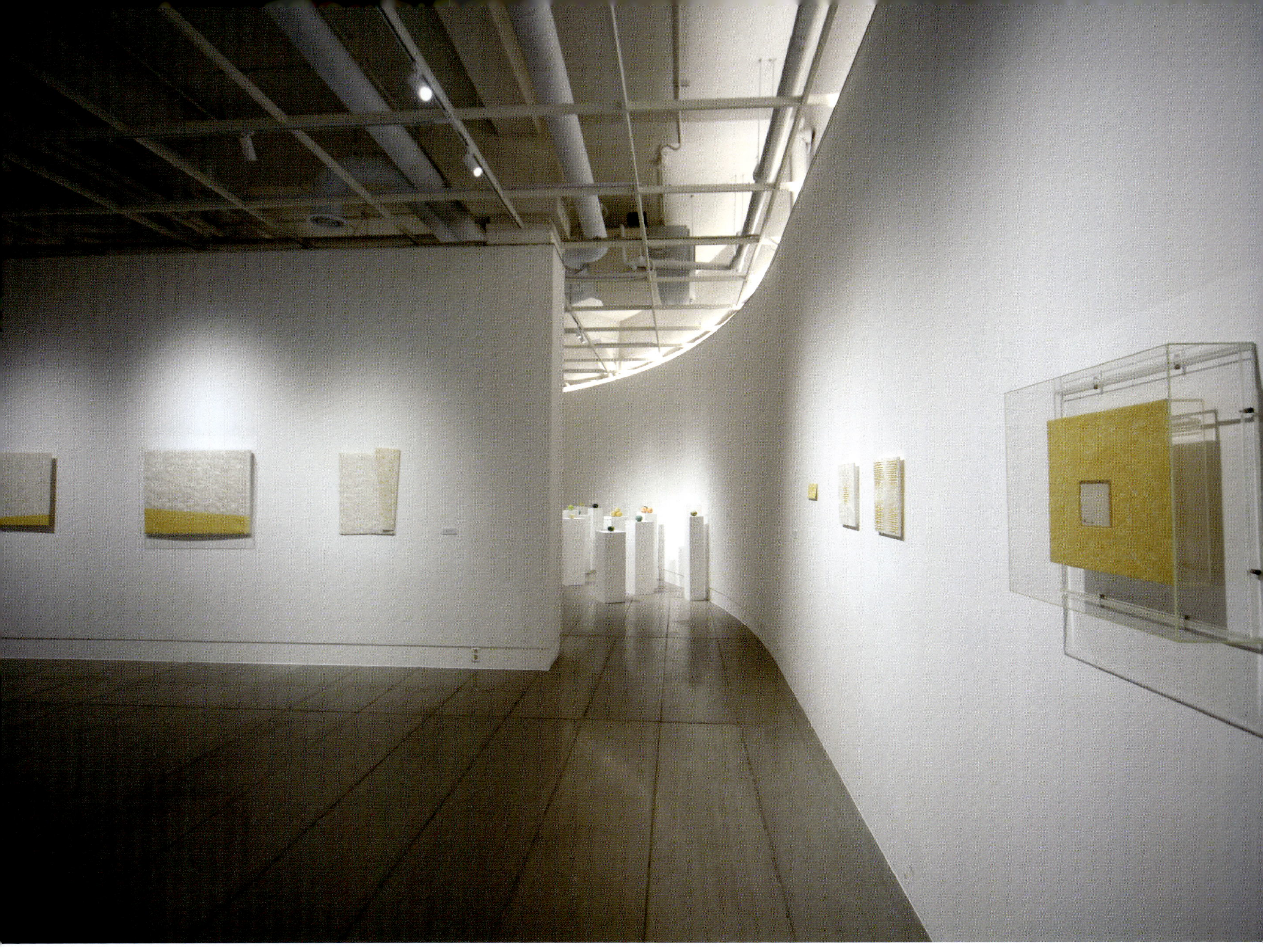

RESEARCH

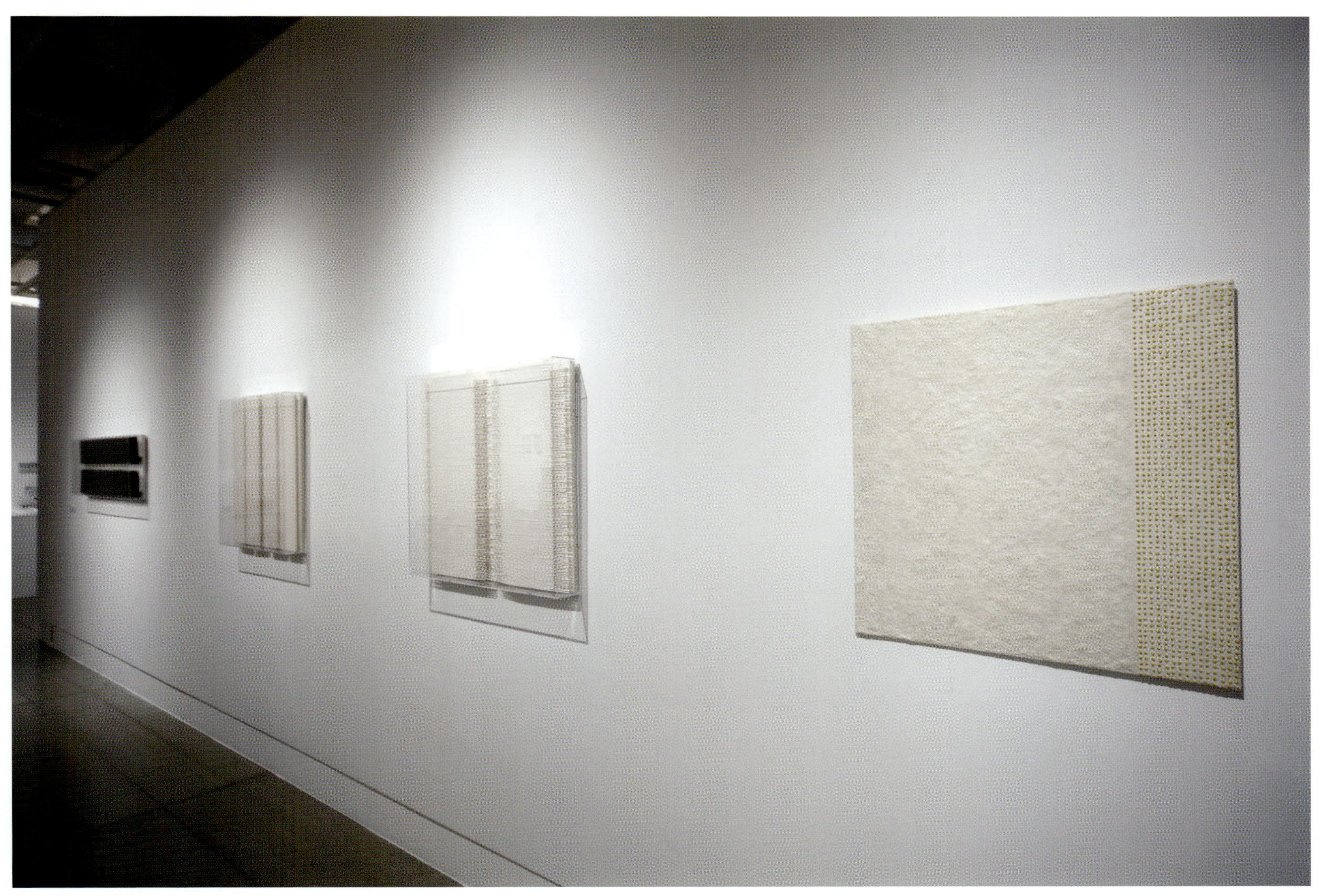

II 작품 연구과정

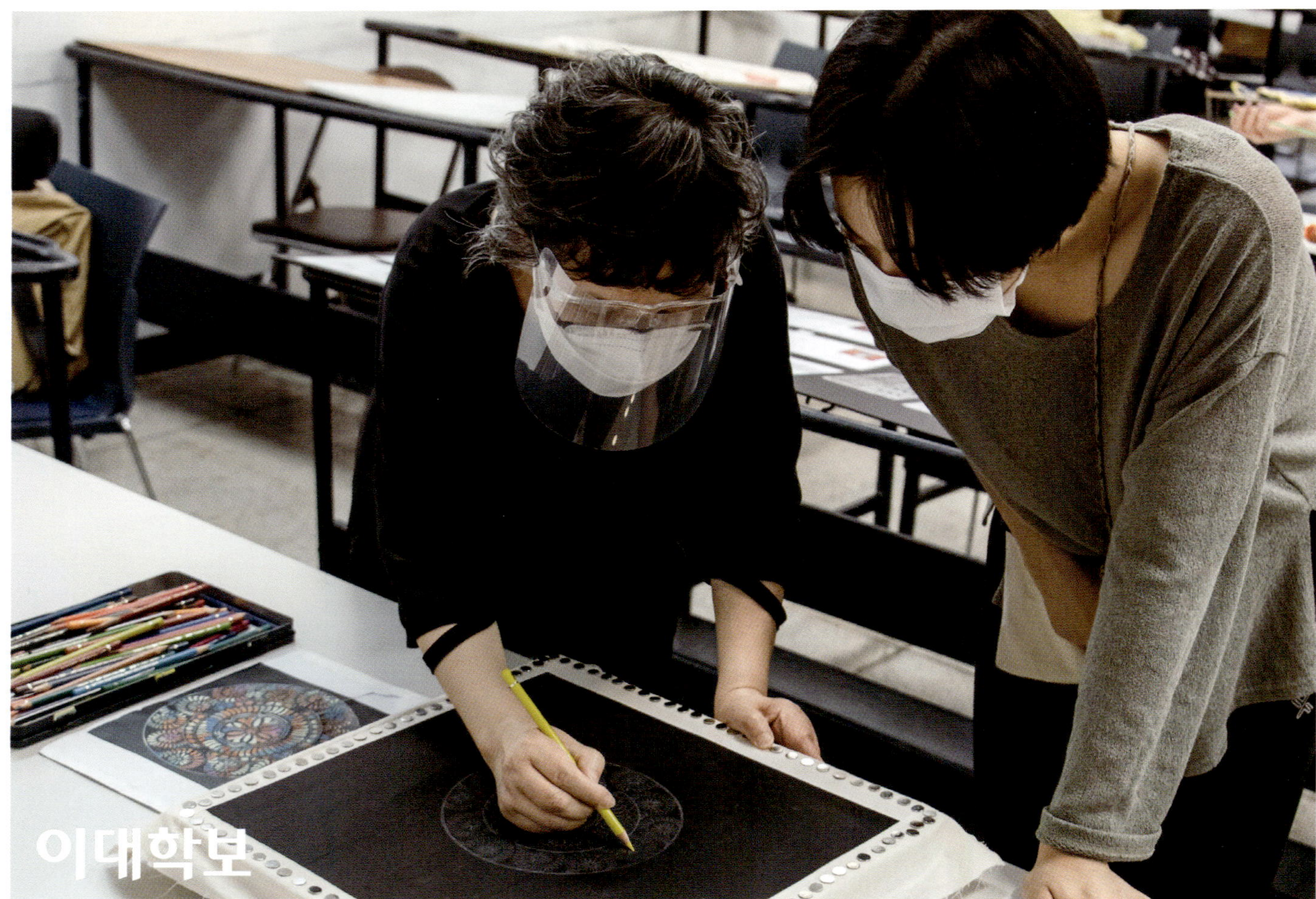

코로나 19 당시,
'한국의 자수와 문양' 실기 수업 중인
차영순 교수

2. 작품에 사용한 소재들

1) 솜의 종류

- 비단솜(Raw silk fiber의 원어명: White Mulberry Silk Tops/combed tops, Tussah Silk Tops/Natural Honey beige silk tops with lustre, Black Dyed Tussah Silk Tops, Silk Noil, Carded Tussah Silk Noil, Gummed Silk, Degummed Silk Filament Waste, Cocoon Strippings, Grade A Mulberry Silk Noil, Merino 64's/ Tussah Silk, Indian Silk Noil)
- 린넨 솜(raw fiber)
- 모시풀(raw rami and rami thread),
- 대나무 실크(Bamboo Silk Fleece)
- 린넨사 가루(Powder of Linen Threads)

2) 실

린넨사(흰색, 검은색, 회색, 노란색, 갈색/밤색, 녹색), 견사, 마사, 모사, 금사, 은사, 한지사(Hanji Cord), 화학사(synthetic threads), 화섬모사(chemical wool fiber), 금속사(metalic threads), 재봉사, 캐시미어사

3) 종이

수제 비단 종이, 수제 린넨 종이, 수제 모시 종이, 수제 종이 블록

4) 기타 재료

투명수지유리(plexiglas), 망사, 레이스 직물, 재봉사, 모사, 캐시미어사, 실가루, 메틸셀룰로스(methyl cellulose)

5) 종이 개발 기법

수제 비단종이, 수제 린넨종이, 수제 모시종이, 수제 종이 블록(비단솜, 면사 가루, 마사 가루)

6) 도구

바늘*, 가위, 드릴, 펜치, 니퍼, 블렌딩 보드(blending board), 사각 수틀, 니들펠트용 바늘(Felt needle)

   * 바늘은 몸통이 가늘고 바늘귀가 작은 것이 섬세한 땀을 이루어 수법을 섬세하고 정교하게 마무리할 수 있다. 귀가 큰 바늘은 36올의 금사를 꿰어 쓸 때 유용하게 사용된다.

3. 비단 종이 제작 방법

1) 투명 수지 유리 위에, 1)에 제시한 각종 솜을 종이의 특성에 따라 각각 구분하거나 혼합하여 가로결과 세로결을 교차하여 원하는 두께만큼 켜를 쌓는다(비단 종이도 양모펠트처럼 비직조술(non-woven fabric)을 활용하여 종이를 만들며 2, 4, 6, 8켜의 짝수 조합으로 솜을 쌓아 두께를 조절하는 것이 강도를 유지하기에 좋다).

2) 솜을 쌓은 위에 망사(pvc tulle)를 얹은 후 망사 위로 풀(Methyl cellulose)을 서서이 스며들게 부어준다.

3) 비단 솜에 함유된 공기가 빠져나갈 때까지 수직 방향으로 눌러가며 압착시킨다.

4) 비단솜이 젖은 후 투명해지면 망사 위로 남은 풀과 공기가 빠지도록 부직포 행주로 풀을 찍어낸 다음 망사 끝을 살짝 들추어 비단 솜의 압착상태를 확인한 후 섬유가 딸려 올라오지 않으면 망사를 걷어낸다(종이 블록은 상기한 색상의 린넨사를 잘게 잘라 가루로 만든 후 거친 표면 질감을 원하면 실의 길이를 적당한 길이로 잘라 실가루와 섞은 후 2켜 이상의 비단 솜 위에 뿌린다. 이후 프레스 방법은 평면 비단종이 제작 방법과 동일하다).

5) 프레스 작업이 끝나면 통풍이 잘되는 실내에서 직사광선을 피해 자연 건조한다(건조 시간은 계절과 환경에 따라 다르므로 건조하는 동안 꾸준한 관찰이 필요하다).

6) 충분히 건조된 비단 솜은 투명수지 유리로부터 모서리 부분부터 분리돼 종이로 탄생한다.

* 기타 재료 및 도구: 망사, 레이스, 노방(Silk Organza), 면 거즈, 캔버스/자수바늘, 펠트 바늘, 가위, 드릴, 니퍼, 펜치, 망치, 수틀, 침핀, 블렌딩 보드(Blending Board), sewing machine, etc.

4. 색채

작품에 사용한 색채들은 백색, 흑색, 회색, 황색, 갈색, 녹색, 적색, 금색, 은색 외 다채색으로 색에 대한 개인적 기호와 경험, 색채 감각에 의한 정서적 접근, 전통과 문화, 예술적 경험과 이론을 토대로 선택하여 의미를 부여하였다.

1) 흑색/백색(Black/White)

아키텍스츄어 시리즈와 본론에 기록된 여러 작품전에서 채용하고 있는 흑백의 색채는 서구 미니멀리즘, 절대주의와 구성주의에 대한 동조 및 음양 이론을 기반으로 한 한국적 색채 개념과 미학적 개념을 서양문화의 미학적 궤도와 조화시키려 사용한 것이다.

2) 백색/황색(White/Yellow)

백색의 모노크롬 작품들은 단순, 소박, 순수, 침묵의 의미로, 백색과 황색(노란색)의 병치(juxtaposition) 조합은 빛, 환희, 희망, 존귀, 고상함의 의미로 채용하였다.

3) 금색/은색(Gold/Silver)

빛을 연상시키는 비잔틴 이콘(icon)의 성상화 배경에 주로 사용한 금색은 신앙의 확장성을 나타내는 주된 색으로 초자연적이고 초월적인 성격을 지니는 금사를 천상의 색으로써 광휘의 상징으로 채용하였다. 은색은 차갑고 냉철한 이성의 색으로, 이지적이며 명료하고, 정갈함과 고결함의 상징으로 채용하였다.

4) 다채색(Poly chrome)

혼색을 원색으로 미분하여 작품으로 구현한 입체파와 인상주의 회화로부터 영감을 받아 풍부한 자연의 색채들을 채용함으로써 자연에 내재한 활기차고 풍성한 푸르른 생명의 기운을 상징한다.

참고문헌

1. 단행본

국립고궁박물관,『아름다운 궁중자수』, ㈜안드라픽스 미디어사업부(서울), 2013

국립민속박물관,『여성의 손끝으로 표현된 우리의 멋』, 신유문화사(서울), 1999

김혜경,『수(繡)』, 미진사, 1983

신응수,『제38회 대한민국 전승공예 대전』, (사)한국중요무형문화재기능보존협회, 2013

안상수,『Korean Motifs 1 Geometric Patterns』, 도서출판 안그라픽스, 1986

유선태,『현대섬유예술의 이해』, 미진사, 1995

임영주,『한국전통문양 1-3권』, 도서출판예원, 1998

조자용 외 3인,『이조(李朝)의 민화(民畵)』, 조자용 외3인, ㈜한국색채문화사, 1982

한상수,『주머니와 보자기전』, 도서출판 수림원(서울), 2007

허동화,『한국(韓國)의 자수(刺繡)』, 삼성출판사, 1978

허동화,『우리 규방문화』, 현암사(서울), 1997(초판), 2000(6판)

2008 세계수공예대회 , 중국공예미술협회. WCC General Assembly Record

McCune, Evelyn B.,『한국의 병풍』, 김서영 옮김, Asia Humanities press(Seoul, Korea), 1983

Reiff, Patricia, 세계복식문화사, 한국복식문화학회 올김, Thames & Hudson, 예담, London

Abegg, Margaret, *Apropos Patterns, for Embroidery, Lace and Woven Textiles*, Bern, Abegg Stiffung, 1978

Aoki, Kazuko, *Tiny Embroidery Tiny Garden Japanese Embroidery,* Ondori, 2004

Bath, Virginia Churchill, *Lace*, Harmondsworth, Penguin Books, 1974

Bernstein, David J., *The Mystery of the Bayeux Tapestry*, Weidenfeld & Nicolson, 1986

Browne, C.Wearden, J. Samplers, Victoria and Albert Museum, V & A Publishing, London, 1999

Bonneville, Francoise, The Book of Fine Linen, Paris-New York, France, 2011

Bouvot, Claudette et Michel, Zelie, Dentelliere a Alencon, Charles Corlet, Editions, 2012

Braddock, Sarah E, O'mahony, Marie, *Techno Textiles Revolutionary Fabrics for fashion and Design*, Thames and Hudson, 1999

Braddock, Sarah E, O'mahony, Marie, *Techno textiles 2*, Thames and Hudson, 2005

Buch, Charlotte, *Filt Toj og Ting*, Klematis, 2008

Cambell-Harding, Valerie, *Machine embroidery stitched patterns*, London: T.Batsfod Ltd, 1997

Clay, Liz, *Nunofelt*, A&C Balck Publishers Ltd, 2008

Colchester, Chloe, *The new textile trends and traditions*, NY: Rizzoli, 1990

Colchester, Chloe. *The new textile trends and traditions*, Thames and Hudson, 1990

Colchester, Chloe. *Textiles today a global survey of trends traditions*, Thames and Hudson, 2007

Constantine, Mildred, Larsen, Jack Lenor, *Beyond craft: the art fabric*, Kodansha International, 1986

Constantine, Mildred, Larsen, Jack Lenor, *The art fabric: mainstream*, Kodansha International, 1985

Cosentino, Remo, Humphrey, Nora, *Teinture et filage*, Dessin et Tolra, 1974

D'Art Musee de Normandie-Vill de Caen, Dentelles quand la Mode ne tient qu'a un Fil SOMOGY Editions, Rebus (Italie), 2012

Davidson, Marguerite Porter, *A Handweaver's pattern book*, Spencer Graphics, 1990

Earnshaw, Pat., *Bobbin and Needle Laces: Identification and Care*, McMinville, Robin & Russ Handweaves, 1983

Funk, Lissy, *A retrospective*, The Art Institute of Chicago, 1988

Gantner. E, Noll, G, Stang.M, History of Lace -La Dentelle d'Alecon, les editions de Saxe, Bury Palliser, Dover, 2012

Inge Evers, *Papier van zijdevezels*, Cantecleer Textielcabier, 1994

Jarry, Madeleine, *La Tapisserie-Art du XXeme siecle*, Office du Livre, 1974

Karaatz, Anne, *Lace, A History and Fashion*, New York, Rizzoli, 1989

Kunstmuseum Wolfsburg, *Art & Textiles: Fabric as Material and Concept in Modern Art from Klimt to the Present*, Hatje Cantz, 2013

참고문헌

Lars Spuybroek, *The architecutre of Variation*, Thames and Hudson, 2009

Majorel, Denise, Gislaine, Yver, *La Tapisserie Francaise- Muraille et laine*, Editions Pierre Tisne, 1946

MEZ AG, *European Coats Viyella Sponsor Prize for Modern Embroidery Design*, Freiburg, Coats Viyella, 1990

Musee des Beaux-arts et de la Dentelle, *Le Point d'Aelncon*, Eiditions de L'Etrave

Musee des Beaux Arts et de la Dentelle, *Faisons le Point-Le fil de l'excellence*, Eiditions de L'Etrave

Musee royaux d'art et d'histoire, *The Lace Collection*, 1978

Museum of Contemporary Art, Chicago, *Magdalena Abakanowicz*, New York: Abbeville Press, 1982

Nichols, Marion, *Embroidery Stitches, Including Crewel*, New York: Dover Publications, 1974

Mucsarnok in Budapest, *Magdalena Abakanowicz*, Muscarnok, 1988

Paris Art Center, *Nouvelles Tapisseries-The new Tapestry*, Chiffoleau, 1985

Paine, Sheila, *Embrodierd textiles traditional patterns from Five continents with a worldwide guide to identification*, Thames and Hudson, 1990

Paine, Sheila, *The art of embroidery inspirational stitches, textures and surfaces*, Thames and Hudson, 2006

Paleis en Tuinen, *Het Loo*, Drukerij Hooiberg,epe., 2007

Schoeser, Mary, *Silk*, New Haven: Yale University Press, 2007

Sinofzik, Anna, *High Touch: Tactile Design and Visual Explorations*, Gestalten, 2012

Sosset, Leon-Louis, *Tapisserie Contemporaine en Belgique*, le Perron, 1989

Verlet, Piere, Florisoone, Michel, Hoffmeister, Adolf & Tabard, Francois, *La Tapisserie, Histoire et Technique du XIVe au XXe Siecle*, Edita Lausanne, 1965

Verlet, Piere, Florisoone, Michel, Hoffmeister, Adolf & Tabard, Francois. *Le grand livre de la Tapisserie*, Edita Lausanne, 1965

Weltge, Sigrid Wortmann, *Bauhaus Textiles-women artists and the weaving workshop*, London: Thames and Hudson, 1993

Wilson, Kax, A History of Textiles, Westview Press Inc. US, 1979

2. 학위논문

조경민, 『실의 물성을 조형화한 청색 자수 연구』, 박사학위논문, 이화여자대학교, 2022

3. 도록

경기도 여성회관 개관 31주년 기념: 소중한 만남, 경기여성 작품전

서도호 집속의 집 (Do Ho SUH Home with in Home), Leeum, 2012

손으로 미래 읽기(Future by hands), 사단법인 조형디자인 협회, 2019

전주종이축제 '99, 한솔종이 박물관

한지-조형적 해석, 워커힐 미술관, 1998

1990 Verlag der Galerie Smend, Koln,Germany

Architexture III '97, Cha Young Soon 개인전 도록

Artfully Connected, Bergman Hall at the Embassy of Sweden, Tokyo, 2013

European Coats Viyella Sponsored Prize for Modern Embroidery Design, Plc. 1990 MEZ AG Freiburg Savile Row, London

Internationale Textielkunst Tentoonstelling, Landcommanderij Alden Biesen, 1988

Jesus Ragael Soto, Galerie Nationale du Jeu de Paume, 1997

La Nouvelle Tapisserie, Bonvent, Suisse, 1974

Le Triennale Internationale Arts du Tissu et de la Tapisserie de Tournai: Italia-La fibra sensible, 2008

RIJSWIJK Textile Biennale Textile Biennial, Museum Rijswijk, 2015

RIJSWIJK Textile Biennale Textile Biennial, Museum Rijswijk, 2013

RIJSWIJK Textile Biennale Textile Biennial, Museum Rijswijk, 2011

The 6th international Textile competition'99 – Kyoto-, The museum of Kyoto, 1999

VI. Biennale Der Textilkunst, 6e biennale d'art textile 1990-1991, Deutsches Textilmuseum Krefeld (8.Apr – 12, Aug. 1990)

Vingt ans D'art Textile 1968-1988 Angers, Musee Jean Lurcat et de la Tapisserie Contemporarine, 1989

참고문헌

4. 잡지

EGO Epoche, Aufstieg einer Gropmacht, England, 2011

Felt Matters, Issue 126 (March, 2017), International Feltmakers Association

예림 이화여자대학교 미술대학 창립 35주년 기념 특집호, 이화여자대학교 미술대학

작가 약력 및 경력

학력 및 경력

1980 이화여자대학교 조형예술대학 섬유예술과 졸업, 同교육대학원 미술교육전공

1984~1986 루벵 (Louvain) 시립예술아카데미 장식미술과 졸업, 루벵, 벨기에

1987~1990 겐트(Ghent) 시립 텍스타일학교 "앙리 스토리(Henri Story)" 졸업, 겐트, 벨기에

1988~1990 브뤼셀 라 깡브르(La Cambre) 고등 국립시각예술학교 수료(Soft-Sculpture 전공), 벨기에

1995~2022 이화여자대학교 조형예술대학 섬유예술전공 교수

現 한국현대자수연구소 대표

개인전

2022 Retro, 갤러리 마노 기획 초대전, 서울, 한국

2022 회고전, 이화아트센터, 서울, 한국

2021 KSBDA 기획 초대전, Viriditas II, 세종문화회관, 서울, 한국

2021 'Viriditas'전, 갤러리 마노 기획 초대전, 서울, 한국

2017 '패턴의 정원 II' 2017 International Fiber Art Fair (초대전), 예술의전당, 서울, 한국

2016 바이유 타피스트리(DTP) 재조명전, 갤러리 E.꽁빠뇽, 서울, 한국

2015 '패턴의 정원 I'전, 이화아트갤러리, 서울, 한국

2013 '바리에이션즈 오브 코드' 갤러리 마노 기획 초대전, 서울, 한국

2010 '더 코드' 갤러리 마노 기획 초대전, 서울, 한국

2008 해비치 미술관 초대전, 덕소, 한국

2007 '비스타', 더 노쓰 월 아트 센터 초대전, 옥스포드, 영국

2007 '아날로-모프' 갤러리 마노 기획 초대전, 서울, 한국

2006 '아키텍스츄어 VII', 갤러리 Arts Will, 서울, 한국

2005 '컨-텍스츄어 II', 관훈미술관, 서울, 한국

2004 '아키텍스츄어 VI-벽', 갤러리 마노 기획전, 서울, 한국

2003 '아날로-폼즈', 박영덕 갤러리 초대전, 서울, 한국

2001 '컨-스트럭쳐/컨-텍스츄어', 갤러리 가제, 후쿠오카, 일본

2001 '컨-스트럭쳐', 아트 사이드, 서울, 한국

2000 네츠. 크래프트 스페이스 목금토, 서울 한국

2000 '아키텍스츄어 IV: 연장성', 금산갤러리, 서울, 한국

1997 '아키텍스츄어 III', 서남미술관 기획 초대전동양빌딩 1F, 서울, 한국

1996 '도시풍경', 루벵 가톨릭대학 초청전, 루벵대학 본부 갤러리&아시아 공간, 루벵-라-뇌브, 벨기에

1994 개인전 '아키텍스츄어 II', 서남 미술관 불교방송국4F, 서울, 한국

1992 개인전 '아키텍스츄어 I', 조선일보 미술관, 서울

1988 한국인의 타피스트리전, '비이르벡(Bierbeek)' 드 보오르 (De Borre) 문화센터', 드 보오르(De Borre), 벨기에

그룹전, 초대전 및 공모전

2022, 2018, 2012 국제 종이예술 트리엔날레: Papier Global 2, 4, 5, Stadtmuseum Deggendorf, Handwerksmuseum Deggendorf, 데
     겐도르프, 독일

2022~1997 한국공예가협회전, 금보성 아트센터 外, 서울, 한국

2022~2004 한국섬유미술가회, 자카르타 텍스타일 박물관外, 인도네시아

2022~1995 한국종이조형작가회전, 길가온 갤러리 外, 한국

2022 이화섬유예술전, 이화아트센터, 서울, 한국

2021 제12회 국제 미니텍스틸 공모전, Musee Jean Lurcat et de la Tapisserie contemporaine d'Angers, 앙쥬, 프랑스

2021 한국의 색 오방전, 통인화랑, 서울, 한국

2021 한국기초조형학회 서울 국제 특별전

2021, 2019 강릉문화예술 활성화를 위한 한국섬유미술가회 초대전, 강릉, 한국

2021 이화여자대학교 조형예술대학 동창회 정기동창전 녹미회 온라인 전시

2022, 2021, 2020, 2019, 2016, 2015, 2013, 2009 한국공예가협회전, 한국

2000~2022, 한국섬유미술비엔날레전, 서울/광주시립미술관('13) 외, 한국

1995~2006 한국미술협회전, 예술의 전당, 한가람미술관 외, 서울, 한국

2020 SOFA(sculpture objects functional art and design, 영상전), 통인갤러리, 서울

2020, 2010, 2009, 2008, 2006, 2004 국제현대섬유예술제 'From Lausanne to Beijing', 상하이 시립도서관/소주/북경, 중국

2019 '백화백촉' 제2회 한일 텍스타일 미니어춰 국제교류 초대전, 이타미시립공예센터, 이타미, 일본

2019 SOFA (Sculpture Objects Functional Art and Design Fair), 시카고, 미국

2019 아시아-유럽 II, IV전, 쟝 뤼르사 타피스트리뮤지움(벨기에), 독일 텍스타일뮤지움 크레펠트(독일), 드로닝글룬트 쿤스트센터(덴
    마크), 쟈니나 몽쿠트-막스 뮤지움(리투아니아)

2018 여권통문 120주년 기념 국립여성사전시관 특별기획전, 국립여성사전시관, 고양시, 한국

2018 국제 보자기 포럼, 클레멘트 센터, 뉴욕, 미국

2018 이화섬유예술전, 서울, 한국

2018, 2012 글로벌 페이퍼 2, 4, 5, 데겐도르프시 수작업미술관, 독일

2017 23차 유럽 패치워크&한국보자기포럼 미팅, 세인트 마리 오 민느, 프랑스

2017 이화, 예술로 꽃피다, 스푼 아트쇼, 킨텍스, 경기, 한국

2017 청주아트페어, 옛연초제조창, 한국

2017, 2011, 2008, 2005, 국제 페이퍼 트리엔날레, 샤르미 뮤지움, 스위스

2016, 2015, 2007 크래프트 트렌드 페어, 코엑스, 서울, 한국

2016 아시아-유럽전III, 크레펠트 독일 섬유미술관, 독일

2016 자연, 다양성과 종이예술, 방코 두 브라질 문화센터, 브라질

2016 KBF 국제 보자기 포럼, 수원화성행궁채, 수원, 한국

2015 청주국제공예 비엔날레, 옛 연초제조창, 한국

약 력 및 경 력

2015 공예대전_Beyond Tradition, 크래프트 스페이스 목금토 갤러리, 서울, 한국

2014 현대 그래픽 비엔날레 '연속성', 페루지아, 이탈리아

2014 艺用之美-제 4회 한.중.일 예술명인 초대전, 상하이예술예품박물관, 중국

2013 청주국제공예비엔날 ECO-BIENNAL특별전: HEAD-HAND-HEART, (옛) 연초제조창, 청주, 한국

2013 타인에게 말 걸기, 성북구립미술관, 서울, 한국

2013 아트폴리 커넥티드, 국제공예전, 주일 스웨덴 대사관 버가맨 홀, 도쿄, 일본

2012 코스타리카 국제예술제-2012한국현대미술작가초대전(주빈국), 산 호세, 코스타리카

2012 뉴욕한지문화제, Hanji Project New York-Hanji Metamorphoses, 뉴욕 한지 프로젝트-한지의 은유, 뉴욕, 미국

2012 국제 줌치&비욘드 아트 전, 아트리움 갤러리, 로드 아일랜드, 미국

2012 국제 한국보자기포럼, 아트팩토리, 헤이리, 한국

2011 종이의 매혹, 부르크하우젠, 독일

2011 청주국제종이예술특별전-종이와 활자-, 청주, 한국

278

2011 국제종이예술가협회 25주년 기념전, IAPMA 25주년-은경축, 피츠로이,호주

2010 유로피언 패치워크 미팅 2010/핸즈 오브 코리아,생트-마리-오-민느, 알자스, 프랑스

2010 IAPMA 콩그레스 원주, 원주, 한국

2010 이화아트페어, 신세계 백화점 문화홀, 서울, 한국

2010 "In looking Together", 녹미인의 밤, 세종문화회관, 서울, 한국

2007~2010 KIAF(국제화랑미술제) 갤러리 마노 초대작가, 코엑스, 서울, 한국

2009 한독교류전(독일 프라우엔뮤지움 & 이화여자대학교 조형대학), 이화아트센터, 한국

2009 '디자인 메세-한국의 디자인', 독일 프라우엔 뮤지움 초청 한국공예가협회전, 본, 독일

2009 Between Art and Craft 2009, 갤러리 모아, 헤이리, 경기

2008 디아-로그, 뚜르네 국제 텍스틸 트리엔날레, 알 오 드라, 뚜르네, 벨기에

2008 WCC(국제공예협회), 국제평화센터, 항주, 중국

2008 뚜르네 국제 섬유 트리엔날레, 알 오 드라, 뚜르네, 벨기에

2008 OIDFA 월드 레이스 콩그레스, 오스터포트, 호로닝겐, 네덜란드

2007 제7회 대한민국 한지대전, 한지조명 특별초대전-한지와 빛-, 원주차악예술관, 원주, 강원

2007 이화여자대학교 조형예술대학 섬유예술과 동문전, 서울시립미술관 경희궁분관, 서울, 한국

2006~1995 한국미술협회전, 예술의 전당, 한가람 미술관外, 서울, 한국

2006~2000 아시아 섬유 미술전, 광주시립미술관 外, 한국

2005 '노던 피브르 6' 케라바 아트 뮤지움, 뚜슬라, 핀란드

2003 아뜰리에 펠트월드, 엘지패션갤러리, 서울, 한국

2001~2006 '아시아 섬유예술제', 후쿠오카, 일본/북경, 중국광주/한국

1999, 1989 제6차 국제 섬유 공모전 '99-교또, 교또 미술관, 일본

1999 '99 미니아르텍스틸 꼬모 -필리 두 루스-, 꼬모, 이태리

1996 'Doorzicht (조망전)', Artistieke Textielgroep et cetra, 반 홈벅-피론주 뮤지움, 루뱅, 벨기에

1995 이화여자대학교 미술대학 창립50주년, 이화여자대학교 미술관, 서울, 한국

1994 브뤼셀 말루 메디아띤 갤러리, 브뤼셀, 벨기에

1994 "피브르 에 필", "정체성-색채", 브뤼셀, 벨기에

1994 Artistieke Textielgroep et cetra, Kunstambachten galerij, 브뤼셀, 벨기에

1993 보석으로서의 장신구, 벨기에 공예가협회-불어권, 벨기에

1993 De tooi als Sieraad, Provinciaal Instituut voor Cultuur en Sport, Dommelhof, Belgium

1992 이화여자대학교 미술대학 미술관 개관기념 동창초대 작품전, 서울, 한국

1992 "피브르 에 필" 섬유전, "긴장, 울림, 대비", 보르넴, 벨기에

1992 그룹 떽스뚜라 주최 "현상전(Verschijneselen), 보르넴 뜨르딜프트 문화회관, 보르넴, 벨기에

1992 "살롱 도똔느 1992" 공모전, 파리, 프랑스

1992 "월드크래프트 카운실 프랑코폰" 주최 "레 샤프(L'Echarpe)전", 르뒤, 벨기에

1991 그룹 아를리스(Groupe Arelis) 현대 타피스트리전", 파리 시떼 엥떼르나쇼날 데 자아르, 파리, 프랑스

1990 "월드크래프트 카운실 프랑코폰" 주최 "국제 다분야 실험 아뜰리에", 루뱅 라 뇌브, 벨기에

약력 및 경력

1989 "피브르 에 필(Fibre et FII)" 10주년 기념전, 브뤼셀, 벨기에

1989 "드멘 드 라 리스" 주최 태피스트리 공모전, 브뤼셀, 벨기에

1989 "플랑드르 월드크래프트 카운실" 주최 유러피언 컨퍼런스 및 오스텐드 국제 페이퍼 워크샵 및 전시회, 핫셀트 미술관, 핫셀트,
　벨기에

수상

2021 '2021 KSBDA 서울국제특별전' 최우수작품상

2021, 2018, 2012 글로벌 페이퍼 트리엔날레 입선(3회), 독일

2020, 2008, 2006, 2004 '로잔느에서 베이징까지' 국제섬유예술 비엔날레 우수상(2006) 및 입선(4회), 소주, 항주, 상해, 북경, 중국

2017, 2011, 2008, 2005 국제 페이퍼 트리엔날레 입선(4회), 스위스

2008 한국공예가협회상

1992 동아공예대전 특선 및 입선, 서울 프레스센터 갤러리, 서울, 한국

1992 '한국 종이미술 공모전' 대상, 예술의 전당 한가람 미술관, 서울, 한국

1989, 1999 제1회, 제6회 교또 국제섬유공모전 입선(2회)

1978 전국대학생 미술공예공모전, 자수공예 장려상

1973 전국대학생 미술전 새마을 자수전, 특선: 문교부 차관 소장

작품소장

갤러리 말루 메디아띤, 브뤼셀, 벨기에

스칼스 공예학교, 스칼스, 덴마크

국제 펠트예술연합회 창립회장 Mary Burket, 런던, 영국

레나 시필라, 헬싱키 디자인 아카데미 원장, 핀란드

서울시립미술관, 한국

국립현대미술관(미술은행), 한국

그 외 개인 소장 다수(한국, 일본, 덴마크, 핀란드, 영국, 벨기에)

기타 활동내역

2009 한국문화재청 파견, 유네스코(UNESCO) 공예문화 국제회의 참가, 몬자(Monza), 이탈리아

2006 16 sexta-feira, CCBB-UMA Alternativa Multifacetada, Campo de Inverno, obra de Young Soon Cha-Exposicao Natureaza, Diversidade & Arte doe Papel-Centro Cultural Banco do Brasil-CCBBe reconchecido

2005 (Wo)man & technology 6th international Northern Fibre, Tuusula and Kerava Art Museum

1999 IV. International Symposium on Textile "White Nights"-강의, St,Petersburg, Russia

1999 Textile Interfaces -The 8th ETN Conference-강의, Rovaniemi, Finland

1994 Vrije Akademie Gent전, Stdelijk Textielinstituut, Henri Story, -De Wondere draad van Ariadne

1992 "도야마 국제 크래프트 페스티벌" 컨퍼런스 및 워크샵, 작품전 초대, 도야마, 일본

1991 "콘피구라 1 에르푸르트 '91초대전", 에르푸르트, 독일

1990 브래드포드 국제 섬유예술제(WCC-BF 장학생으로 파견), 브래드포드, 영국

1990 바르셀로나 시(市) 주최, "벨지움 브라반트 공예가 초대전", 바르셀로나, 스페인

1990 브뤼셀 시청 초대전 "트렁쁠렝(Tremplin)", 브뤼셀, 벨기에

1988 뚜르네 시(市) 예술상 공모전 당선, 뚜르네, 벨기에

1988 Kunst Weven, Stedelijk Technisch Instituut, Gent, Belgium

1981 University of Toronto Invitation Embroidery Exhibition by Siloam, University of Toronto

국제 펠트 대회 참가활동

2000 Mille Fluers Felt Carpet, Mary E. Burkett, Great Britain, 2000

Felt balls for UNICEF: Dutch Textile Museum in Tilburg, Textielmuseum, Tilburg, Netherlands, 1994

"Peace of Felt" Internationale filtsymposium, Cour, Switzerland, 1990

Filzvisionen: Internationales Filzsymposium, Galerie Anne Kaiser, 1996

약 력 및 경 력

International Mini-Conference for Professional Feltmakers "Felt works- Entering the 21st Century", Skals Handarbejdsskole, Denmark, 2000

"Felt towards the Year 2000" presents The International Felt Festival, Exhibitions & Workshop, 2000

The aterlier Felt-Workshop leader: Ewha Textile & Fashion Design Center, Seoul, Korea, 2002

Textile Interfaces: the 8th ETN Conference-Lecturer, Rovaniemi, Finland, 1999

"New Vision" International Felt Symposium, Cour, Switzerland, 1996

논문

조선 후기 책거리자수병풍에 대한 연구, 한국조형디자인학회조형디자인연구19(1)2016135 - 152 (18 pages)KCI등재(교)

16세기 이집트, 터키, 페르시아 카펫의 역사적 고찰 조형디자인연구, 2017, v.20 no.1, 33~47 KCI

구축적 조형소재로서 펠트의 융합가능성에 대한 연구 조형디자인연구, 2018, v.21 no.1, 195~216 KCI

현대미술에서의 감성적 조형 언어로서의 색채와 물질 연구 조형디자인연구, 2019, v.22 no.2, 79~100 KCI

조각보의 기하학적 형태가 지닌 조형성 연구 조형디자인연구, 2019, v.22 no.4, 181-201 KCI

애브젝션으로서의 출산 이미지 연구 서양미술사학회 논문집, 2020, no.53, 181-207 KCI

빙엔의 힐데가르트의 채색화 〈사파이어 청색 인간〉에 관한 고찰 서양미술사학회 논문집, 2019, no.50, 103~125 KCI(제1)

빛의 효과를 활용한 섬유 소재 예술성 연구 −신소재 섬유의 활용 예시를 중심으로− 한국공간디자인학회 논문집, 2021, v.16 no.1 , 315-326 KCI

지속가능성 측면에서 바라본 종이 조형 사례 연구 기초조형학연구, 2021, v.22 no.1 , 293-306 KCI(교)

쉬빙의 문자 작품에 내재된 기호적 특성 연구 기초조형학연구, 2021, v.22 no.5, 505-517 KCI(교)

한산모시와 에치고조후·오지야치지미 제작 비교 한복문화, 2021, v.24 no.1 , 115-127 KCI(교)

섬유예술과 현대미술을 탈경계화한 쉴라 힉스 작품의 예술적 함의에 관한 연구 서양미술사학회 논문집, 2021, no.54, 175-194 KCI(교)

예술 재료로서 섬유가 지니는 의미적 특성 연구-현대 작가들의 작품 분석을 중심으로 기초조형학연구. 2022, v.23 no.1, 355-367

KCI(교)

인디고 페라를 이용한 염색 시 조건에 따른 직물의 염색성에 관한 연구, 박정례·차영순, 문교류연구, 한국국제문화 교류학회, 2013, 2
권 1호, 63-85(교)

유럽레이스 약사, 제1회 국제문화교류학술지, 2011

프로젝트

2022 서울은 미술관 공공미술 프로젝트, 나이스 투 미추(美), 덕수궁 정동길, 지도교수

2019 서울은 미술관 공공미술 프로젝트 신촌동 지도교수

2015~2017 골목상권 활성화 프로젝트, 청년 창업 3개 팀 지도교수(서대문 구청-이화여대 주관), 이화여대52길, 서울

2016 E.Faro 프로젝트(서대문구청 도시재생 프로젝트) PM 이화여대 5길, 서울

283

약 력 및 경 력

CHA, YOUNG SOON

CURRICULUM VITAE

1980 College of Fine Arts, Graduate School of Art Education, Ewha Woman's University

1984-86 Stedelijke Academie voor Schone Kunsten(Dept. Art of Weaving), Leuven, Belgium

1987-90 Stedelijk Textiel Instituut Henri Story te Gent(Dept. Art of Weaving), Ghent, Belgium

1988-90 Ecole Nationale Superieure des Arts Visuels de la Cambre(Dept. Soft Sculpture), Brussels, Belgium

1995-2022 Proffessor of College of Arts & Design, Ewha Womans University

 Present Director of Institute of Korean Contemporary Embroidery Art

SOLO EXHIBITION

2022 Solo exhibition, Gallery Mano, Seoul, Korea

2022 Retrospective Exhibition, Ewha Art Center, Seoul, Korea

2021 Special solo exhibition invited by KSBDA-Viriditas II, Sejong Gallery in Sejong Performing Arts Center, Seoul, Korea

2021 'Viriditas' Gallery MANO, Seoul, Korea

2017 'Jardin du Pattern II', 2017 International Fiber Art Fair, Hangaram Art Museum in Seoul Arts Center, Seoul, Korea

2016 Bayeux Tapestry Represent(DTP), Galerie, E.Compagnon, Seoul, Korea

2015 'Jardin du Pattern I', Gallery Ewha Art, Seoul, Korea

2013 'The variations of Code' Gallery MANO, Seoul, Korea

2010 'The Code', Invited Solo Exhibition, Gallery MANO, Seoul, Korea

2009 Invited Solo Exhibition, Haevich Art Museum, Dukso, Korea

2007 'Vista' Invited Solo Exhibition, The North Wall Arts Center, Oxford, United Kingdom

2007 'Analo-morphe', Invited Solo Exhibition, Gallery MANO, Seoul, Korea

2006 'Architexture VII', Gallery Arts Will, Seoul, Korea

2005 'Con-Texture II', KWANHOON gallery, Seoul, Korea

2004 'Architexture VI-Wall', Gallery MANO, Seoul, Korea

2003 'Analo-Forms', Invited Solo Exhibition, Gallery BAIK, Seoul, Korea

2001 'Con-Structure/Con-Texture', Gallery KAZE, Fukuoka, Japan

2001 'Con-Structure', Art side, Seoul, Korea

2000 Nets. CRAFTSPACE MOKKUMTO, Seoul, Korea

2000 'Architexture IV: EXTENSION', KEUMSAN GALLERY, Seoul, Korea

1997 'Architexture III', Invited Solo Exhibition, Seonam Art Center, Seoul, Korea

1996 'Urbscape' Invited Solo Exhibition from Universitaire Catholic de Louvain, Halles Universitaire, Espace Asie, Belgium

1994 'Architexture II', Seonam Art Center, Seoul, Korea

1992 'Architexture I', Chosunilbo Gallery, Seoul, Korea

1988 Cultreel Centrum Van de Borre, Bierbeek, Belgium

285

GROUP EXHIBITION AND COMPETITIONS

2022 International Paper Art Triennale: Papier Global 5, Stadtmuseum Deggendorf, Handwerksmuseum Degendorf, Deggendorf, Germany

2021 Spring Reunion, Gil-gaon Gallery, Seoul, Korea

2021 12e Miniart Textile, Musee Jean Lurcat et de la Tapisserie contemporaine d'Angers, Angers, France

2021 Traditional colors of Korea Obangsaek, TONGIN Gallery, Seoul, Korea

2021 KSBDA Seoul International Special Exhibition

2021 Ewha Womans University-College of Arts alumni exhibition online

2021 Korean Fiber Art Association Exhibition, Gangneung, Korea

2021, 2020, 2019, 2016, 2015, 2013 Korean Craft Council Exhibition

2000-2020 Korea Fiber Artists Biennale Exhibition, Seoul/Kwangju City Museum, Korea

약력 및 경력

1995-2006 Exhibition of Korean Fine Arts, Seoul Arts Center, Seoul, Korea

2020 SOFA(sculpture objects functional art and design, on-line)

2020, 2009, 2008, 2006, 2004 'From Lausanne to Beijing', IFAB On-Line, Shanghai/Beijing/Souzou Hangzou/Heinan

2019 [Watching with hands], [Touching with the Eyes, Japan-Korea International Textile Art Miature Exhibition, The Museum of
     Arts & Crafts ITAMI, Japan

2019 SOFA (Sculpture Objects Functional Art and Design Fair), Chicago, USA

2019 Asia-Europe II,IV Exhibition, Musee de la Tapisserie(Belgium),Deutsches Textilmuseum Krefeld (Germany), Dronninglund
     Kunstcenter(Denmark), Janina Monkute-Marks Museum (Lithania)

2018, 2012 Global Papier 2,4 Stadt Deggendorf Handwerksmuseum, Germany

2018 Now, we declaire YeoKwonTongMun again from a global perspective Special Exhibition, The National Women's History Exhi-
     bition Hall, Koyang City, Korea

2018 International Bojagi Forum, The Clement Center, New York, USA

2017 23rd European Patchwork Meeting Korea Bojagi Forum, Sainte Marie Aux Mines, France

2017 Cheongju Art Fair, Old Tobacco Processing Plant, Korea

2017, 2011, 2008, 2005, Triennale Internationa du Papier, Charmey Museum, Suisse

2016, 2015, 2007 Craft Trend Fair, COEX, Seoul, Korea

2016 Asia-Europe III Exhibition, Deutsches Textilmuseum Krefeld, Germany

2016 Nature, Diversity, & the Art of Paper, Centro Cultural Banco do Brasil, Brasil

2015 Cheongju International Craft Biennale ,Old Tobacco Processing Plant, Korea

2015 Beyond Tradition, CRAFTSPACE MOKKUMTO, Seoul, Korea

2014 Biennale di Grafica Contemporanea 'Continuita', Perugia,Italy

2014 Beauty & Arts-The 4th Invitational Exhibition:Korea, China, Japan Craftman , Shanghai Art&Craft Museum, China

2013 Cheongju International Craft Biennale ECO-BIENNALE SPECIAL EXHIBITION, Korea

2013 To talk to someone, SeongBuk Museum Of Art, Seoul, Korea

2013 Artfully Connected, An International Craft Art Exhibition, Bergaman Hall,Embassy of Sweden, Tokyo, Japan

2012 'Korea Modern Art-Trazos de Korea', El XIII Festival International de Las Artes/ Costa Rica, Galeria Nacional, Costa Rica

2012 New York Hanji Festival, Hanji Project New York-Hanji Metamorphoses, New York, USA

2012 International Joomch&Beyond Art Exhibition, Atrium gallery, USA

2012 International Korea Bojagi Forum, Art Factory, Heyri, Korea

2011 Faszination Papier, Burghausen, Germany

2011 'Paper and Print(Type)', Cheongju International Craft Biennale/IAPMA, Korea   2011 Silver-25years of IAPMA, Fitzroy, Australia

2010 'European Patchwork Meeting 2010/Hands of Korea', Sainte-Marie-aux-Mines, Alsace, France

2010 IAPMA Congress Wonju, Wonju, Korea

2010, 2009, 2008, 2007 KIAF, Coex-Gallery MANO, Seoul, Korea

2009 International Joint Exhibition, Professors of Ewha Womans University& Artists from Frauen Museum, Ewha Art Center[Ewha Womans University], Seul, Korea

2009 'Design Messe-Design of Korea', Invited by Frauen Museum, Korea Craft Association, Bonn, Germany

2009 Between Art and Craft, Gallery MOA, Hyeri, Korea

2008 DIA-LOGUE, Musee de la Tapisserie, Tournai, Belgium

2008 Tournai International Textile Triennale, Halle Aux Draps, Tournai, Belgium

2008 WCC(World Craft Council), International Peace Center, Hangzou, China

2008 OIDFA World Lace Congress, Oosreport, Groningen, Netherlands

2007 The 7th Korean Hanji Art Competition Wonju Hanji Festival, Hanji Illumination Special Exhibition-Hanji & Light, Wonju, Korea

2005 'NORTHERN FIBRE 6' Kerava Art Museum, Finland

2003 The Atelier Felt World, Gallery LGF, Seoul, Korea

2001-2006 'Asia Fiber Art Exhibition, Fukuoka, Japan/Beijing, China/Kwangju,Korea

약 력 및 경 력

1999, 1989 Kyoto International Textile Competition, selected Work, The Museum of Kyoto, Japan

1999 IV. International Symposium on Textile "White Nights"-Lecture, St.Petersburg, Russia

1999 Textile Interfaces – The 8th ETN Conference-Lecture, Rovaniemi, Finland

1999 '99 MIARTEXTIL COMO –fili di luce–, COMO, Italy

1996 'Doorzicht', Artistieke Textielgroep et cetra, Provinciemuseum'Van Humbeek-Piron, Leuven, Belgium

1994 Artistieke Textielgroep et cetra, Kunstambachten galerij, Brussels, Belgium

1994 Un Jardin, Felt in Stitches, Redditch, The forge mill, Needle Museum, International Feltmakers Association

1994 Malou Mediatine, Brussels, Belgium, Geneve, Budapest, Bratislava, Paris et Marseille

1994 Fibre et Fil, Identites-Couleurs, Brussels, Belgium

1993 BIJOU-PARURE, World Crafts Council-Belgique Francophone, Belgium

1993 De tooi als Sieraad, Provinciaal Instituut voor Cultuur en Sport, Dommelhof, Belgium

1992 World Craft Council Francophone-L'Echarpe, Redui, Belgium

1992 Fibre et Fil: Spanningen, Trillingen, Kontrasten, Cultureer Centrum Ter Dilft, Bornem, Belgium

1992 Salon d'automne, Conseil General de l'Oise, Beauvais, Paris, France

1992 Verschijneselen, Cultureel Centrum 'Terdift'te Bornem, Bornem, Belgium

1991 Groupe Arelis, Salon de la Tapisserie Contemporaine, Paris Cite Internationale des Arts Paris, France

1990 International Filtsymposim, Arhus, Denmark

1990 Aterlier International Experimental Pluridiciplinare, Louvain-la Neuve, Belgium

1989 Concour de la Tapisserie par Dmaine de la Lice, Brussels, Belgium

1989 Fibre et Fil, Exposition, 10ans de Recherche, Group Fibre et Fil, Brussels, Belgium

1989 Conference Europeene World Craft Council Flandres – Het voorlopige resultaatvan eenLabo, Hasselt Museum, Hasselt, Belgium

AWARDS

2021 2021 KSBDA SEOUL International Special Exhibition, ⟨Academic Visual Work Best Award⟩ Seoul, Korea

2008 Korea Craft Council Award

2006 'From Lausanne to Beijing' International Fiber Art Biennale , ⟨Outstanding Award⟩, Suzhou, China

1992 The 20th dong-Ah craft Exhibition ⟨Special Price⟩, Seoul Press Center Gallery, Seoul, Korea

1992 'Korea National Paper Art Competition'⟨Grand Prix⟩, Seoul Hangaram Art Center, Korea

1990, 1999 The 1st, 6th ITF(International Textile Competition selected works -Kyoto-, Japan

2021, 2018, 2012 Global Paper 2, 4, 5, Germany

2017, 2011, 2008, 2005 International Paper Triennale, Switzerland

COLLECTION

Gallery Malou Mediatine, BXL, Belgium

Skals Handarbeidsskole, Skals, denmark

IFA, President Mme. Mary Burket(Royale mHighness and Chancellor), London, United Kingdom

Seoul Museum of Art, Korea

Leena Sipila, Design Academy Director, Helsinki, Finland

National Museum of Contemporary Art(Art Bank), Korea

Other private collections in Korea, Japan, Denmark, Finland, UK, Belgium, etc

ACTIVITIES

2009 l'UNESCO World Forum, Forum mondial de l'UNESCO sur la Culture et les Industries Culturelles, Monza, Italy

1999 Textile

MEMBERSHIPS and ACTIVITIES

Fibre et Fil, Belgium

W.C.C.(World Craft council): A.S.B.L.: Francophone, Belgium

약력 및 경력

V.V.O.H.T(Vlaamse Vereniging Voor Oud en Heedendaags Textiel), Belgium

Domain de la Lice, Belgium

Group 'et cetra···', Belgium

Group Textura, Belgium

Handweavers Guild of America, USA

ARELIS(Association pour la Creation, la Realisation et la Diffusion de la Tapisserie Francaise), France

IFA(Internationa Felt Makers Association), Great-Britain

IAPMA (International Association of Hand Papermakers and Paper Artists)

ETN (European Textile Network), Germany

OIDFA(International Lace Association)

Korea Art Association

Korea Craft Council

Korea Textile Art Biennale

Thesis/Journal Articles

A Study on Chaek-geo-ri embroidery folding screen in the Late Joseon. The Korea Association of Art & Design, 2016, v.19 no.1, p.135 - 152

A Historical study on the 16th century Egypt, Turkey, and Persia Carpet, The Korea Association of Art & Design, 2017, v.20 no.1, p. 33~47

A Study on possibilities of confluent of Felt as a constructive sculpture material, The Korea Association of Art & Design, 2018, v.21 no.1, p.195~216

A Study on colors and material as formative languages of emotion in Modern art, The Korea Association of Art & Design, 2019, v.22 no.2, p. 79~100

A Study on the formativeness in geometric forms of 'Jogakbo', The Korea Association of Art & Design, 2019, v.22 no.4, 181-201 KCI

A Study on the images of delivery as Abjection, Association of Western Art History, 2020, no.53, p.181–207I

An Aesthetic-theological Study on the Man in Sapphire Blue in Scivias, Association of Western Art History, 2019, no.50, p.103~125

The artistic design of textile materials using light effects, Korea Institute of Spatial Design, 2021, v.16 no.1, p.315–326

A Study of paper formative work from the perspective of sustainability, Korea Society of Basic Design & Art, 2021, v.22 no.1, p.293–306 KCI

A Study on the symbolic characteristics inherent in Xu Bing's text-based work, Korea Society of Basic Design & Art, 2021, v.22 no.5, p.505–517 KCI

Comparison of weaving techniques of Hansan Mosi and Echigo-jofu、Ojiya-chijimi, The Society of Korean Traditional Costume, 2021, v.24 no.1 , p.115–127

A Study on the artistic significance of Sheila Hicks' works challenging the boundaries of fiber art, Association of Western Art History, 2021, no.54, p.175–194

A Study on the semantic characteristics of Textile as a medium of artistic expression, Korea Society of Basic Design & Art, 2022, v.23 no.1, p. 355–367

A study on the dyeing property of fiber based on the conditions when dyeing with Indigofera, Korean Association for International Cultural Exchanging 2013, v.2 no.1, p.63–85

Projects

2019 Seoul Public Art Project, Advisor

2015–2017 Revitalization of Local Business Project, Advisor for 3 Youth Startup teams (hosted by Seodaemun-Gu office and Ewha Womans University), 5th Ewhayeodaegil, Seoul

2016 E.Faro Project (City Rehabilitation Project by Seodaemun-Gu office) Project Manager

차영순

이화여자대학교 섬유예술과를 졸업, 동교육대학원에서 미술교육을 전공했다.
이후 벨기에 루벵 장식미술 아카데미와 겐트 텍스타일 인스티튜트, 브뤼셀 라 깡브르 국립고등시각예술학교에서
직조와 태피스트리, 소프트 스컬프처를 전공하였다.
1991년 귀국해 이화여자대학교 섬유예술과에서 자수, 직조, 종이, 펠트 예술분야를 26년간 교육했으며,
해당 분야의 융합 연구에도 심도 있는 작품들을 발표해왔다.
『현대자수 이노베이션: 1994~2022』은 저자가 평생 일군 교육 및 작업에 대한 현대 자수예술의 기록이다.

자수이노베이션
ⓒ 차영순 2024

초판 1쇄	2024년 4월 30일
지은이	차영순
사진	Prism Studio
번역	Sophie C. Kim
펴낸이	이정원
펴낸곳	그림같은세상
등록일자	1995년 5월 17일
등록번호	10-1162
주소	경기도 파주시 교하읍 문발리 파주출판단지 513-9
전화	031-955-7374 (마케팅)
	031-955-7384 (편집)
팩스	031-955-7393
ISBN	979-11-5925-865-7 (03630)